Individu et société

4e édition

Claire Denis
Cégep de Sherbrooke

David Descent
*Cégep régional de
Lanaudière à Terrebonne*

Jacques Fournier
Cégep de Sherbrooke

Gilles Millette
Cégep de Sherbrooke

Avec la collaboration de
Martin Geoffroy et Anne Robineau
Université de Moncton

D1472918

Chenelière
Éducation

Individu et société
4e édition

Claire Denis, David Descent, Jacques Fournier et Gilles Millette

© 2007, 2001, 1995 Les Éditions de la Chenelière inc.
© 1991 McGraw-Hill Éditeurs

Édition : Luc Tousignant
Coordination : Martine Brunet
Révision linguistique : Julie Bourgon
Correction d'épreuves : Isabelle Roy
Conception graphique et infographie : Interscript
Conception de la couverture : Toxa
Illustrations : Bruno Laporte

**Catalogage avant publication
de Bibliothèque et Archives Canada**

Vedette principale au titre :

Individu et société

4e éd.

Comprend des réf. bibliogr. et un index.
Pour les étudiants du niveau collégial.

ISBN 2-7650-1117-6

1. Sociologie.   2. Québec (Province) – Conditions sociales –
21e siècle.   3. Structure sociale.   4. Différenciation sociale.
I. Denis, Claire, 1956-   .

HQ588.I53 2006   301   C2006-941911-6

Chenelière
Éducation

7001, boul. Saint-Laurent
Montréal (Québec)
Canada H2S 3E3
Téléphone : 514 273-1066
Télécopieur : 514 276-0324
info@cheneliere.ca

ISBN-13 : 978-2-7650-1117-0
ISBN-10 : 2-7650-1117-6

Dépôt légal : 1er trimestre 2007
Bibliothèque et Archives nationales du Québec
Bibliothèque et Archives Canada

Imprimé au Canada

3   4   5   6   ITG   12   11   10   09

Nous reconnaissons l'aide financière du gouvernement du Canada
par l'entremise du Programme d'aide au développement de l'industrie de l'édition (PADIÉ) pour nos activités d'édition.

Sources des photographies

Chapitre 1
p. 1 : Search4Stock ; p. 2 : Rainer Grosskopf/Getty Images ;
p. 5 : Christopher Muir/Istockphoto ; p. 7 : Royalty-Free/Corbis ;
p. 9 : Royalty-Free/Corbis ; p. 16 : John Henley/CORBIS ;
p. 24 : Joe Kickass/Istockphoto.

Chapitre 2
p. 31 : Brandon Blinkenberg/Istockphoto ; p. 37 : akg-images ;
p. 38 : Bettmann/CORBIS ; p. 39 : Bettmann/CORBIS ;
p. 41 : Topham Picturepoint/PONOPRESSE ; p. 45 : Royalty-
Free/Corbis ; p. 50 : CP PHOTO/Jacques Boissinot.

Chapitre 3
p. 57 : Search4Stock ; p. 58 : Guy Stubbs ; Gallo Images/
CORBIS ; p. 67 : CP PHOTO/Ryan Remiorz ; p. 74 : Wilson
Wen/epa/Corbis ; p. 84 : Getty Images.

Chapitre 4
p. 93 : Andrei Tchernov/Istockphoto ; p. 105 : Jim Craigmyle/
Corbis ; p. 113 : CP PHOTO/Fred Chartrand ; p. 116 : Royalty-
Free/Corbis ; p. 122 : Royalty-Free/Corbis.

Chapitre 5
p. 141 : AP Photo/John Moore ; p. 143 : Rainer Holz/zefa/
Corbis ; p. 144 : Christian Poveda/Corbis ; p. 157 : Roger
Ressmeyer/CORBIS ; p. 162 : Kevin Dodge/Corbis.

Chapitre 6
p. 169 : Christian Schmidt/zefa/Corbis ; p. 174 : Phillpell/
Istockphoto ; p. 178 : Hulton-Deutsch Collection/CORBIS ;
p. 181 : Reuters/CORBIS ; p. 189 : Nicolas
Nadjar/Shutterstock ; p. 197 : CHARLES PLATIAU/
Reuters/Corbis ;
p. 198 : Reuters/CORBIS.

Chapitre 7
p. 207 : Search4Stock ; p. 208 : AFP/Getty Images ; p. 213 :
Hans Gedda/Sygma/Corbis ; p. 216 : Bettmann/CORBIS ;
p. 222 : Libre de droits/Corbis ; p. 226 : Christopher Farina/
Corbis ; p. 236 : HERWIG PRAMMER/Reuters/Corbis.

Chapitre 8
p. 239 : Ragne Hanni/Istockphoto ; p. 244 : Bo Zaunders/
CORBIS ; p. 251 : Sean Adair/Reuters/CORBIS ; p. 257 :
CP PHOTO/Aaron Harris ; p. 264 : Lisa F. Young/Istockphoto ;
p. 270 : CP PHOTO/Dimitrios Papadopoulos.

Chapitre 9
p. 279 : Steve Niedorf Photography/Getty Images ;
p. 285 : Alexander Walter/Getty Images ; p. 295 : Reza
Estakhrian/Getty Images ; p. 305 : Jessica Jones Photography/
Istockphoto ; p. 312 : James Blinn/Shutterstock.

DANGER

LE
PHOTOCOPILLAGE
TUE LE LIVRE

Avant-propos

Cet ouvrage est destiné aux étudiantes et aux étudiants qui désirent travailler dans les champs d'activité des sciences et des techniques humaines. Pour atteindre cet objectif, il s'avère essentiel d'acquérir une compréhension minimale de la société et des phénomènes sociaux. Voilà ce qu'entend apporter le manuel que vous tenez entre les mains, *Individu et société, 4ᵉ édition*. Une lecture sociologique de notre monde est non seulement utile dans le contexte de toute pratique professionnelle, mais encore est-elle indispensable pour saisir la réalité de manière plus juste.

Nous avons divisé le manuel en trois parties. Dans la première, « La nature de la sociologie », nous présentons la sociologie d'abord en la distinguant des autres sciences humaines, puis en exposant les principales théories sur lesquelles elle s'appuie.

La deuxième partie, « L'organisation de la vie sociale », traite plus précisément des différents modes d'insertion de l'individu dans la société et présente certains concepts fondamentaux, qui aident à lire la dynamique sociale : la culture, la socialisation, les valeurs, les normes, le contrôle social, la déviance et les groupes, pour n'en nommer que quelques-uns.

La troisième partie, « Les inégalités et les différences sociales », porte sur le processus de différenciation sociale. Ce processus, que l'on observe dans toutes les sociétés, nous permet de comprendre le fait que l'identité d'un individu est largement tributaire des valeurs propres à son groupe d'appartenance. Par ailleurs, l'étude de ce processus nous éclaire également sur quelques-unes des conséquences négatives de la vie sociale : l'exploitation, la discrimination, le racisme et le sexisme.

Au terme de votre lecture, vous aurez sans doute compris que l'être humain est un produit de la société dans laquelle il vit. La sociologie nous amène d'ailleurs à faire ce constat parfois un peu sombre. Mais nous espérons aussi que vous aurez fait un autre apprentissage, plus réjouissant celui-là : celui de comprendre que l'être humain est un acteur de la société et que c'est par ses actions qu'il peut améliorer celle-ci. Nous souhaitons vous transmettre cette pensée qui ne nous a pas quittés tout au long de la rédaction de cet ouvrage.

Remerciements

Depuis 1991, de nombreux collègues nous ont aidés à produire les différentes versions de cet ouvrage d'introduction à la sociologie.

Nous profitons de la publication de cette quatrième édition pour les remercier de nouveau. Merci d'abord à Maurice Angers (Collège de Maisonneuve) pour son excellent travail à titre de consultant dans les deux premières éditions du manuel. Merci aussi à Gérard Daigle (Cégep de Trois-Rivières), dont l'aide nous a été précieuse pour la préparation de la troisième édition. C'est à lui que l'on doit notamment les questions à développement que l'on trouve maintenant sur le site Web de l'éditeur.

À Jean-Adrien Chavannes (Cégep Limoilou), à André Lecomte et à André Rondeau (Cégep de Trois-Rivières), à Louis-Philippe Veilleux (Cégep Beauce-Appalaches) ainsi qu'à tous les enseignants et enseignantes qui, au fil des ans, nous ont témoigné leurs encouragements et fait part de leurs judicieux conseils, nous disons également un grand merci.

Pour cette quatrième édition, nous désirons témoigner notre reconnaissance à Frédéric D'Astous (Cégep de Granby Haute-Yamaska), à Anne-Andrée Denault (Cégep de Trois-Rivières), à Nancy Moreau (Collège de Maisonneuve) et à Luce Rochefort (Cégep de Sainte-Foy), qui, par leurs commentaires et leurs suggestions, nous ont orientés dans notre travail d'écriture.

Toute notre gratitude également à Martin Geoffroy et à Anne Robineau, de l'Université de Moncton, qui ont accepté de créer les activités interactives proposées sur ODILON.CA et de réécrire, à la demande de notre éditeur, les rubriques « Sociologie en action ».

Enfin, nous remercions toute l'équipe de Chenelière Éducation, qui a soutenu le projet avec professionnalisme et enthousiasme : Luc Tousignant, éditeur ; Martine Brunet, chargée de projet ; Julie Bourgon, réviseure et Isabelle Roy, correctrice.

Claire Denis, David Descent, Jacques Fournier et Gilles Millette

Table des matières

Troisième partie

Les inégalités et les différences sociales

La nature
de la sociologie

Première partie *1*

Chapitre 1

La perspective sociologique

1.1 La perspective : une manière de voir

Hier, vers 17 h 15, en pleine heure de pointe, un homme s'est mis à escalader la structure métallique du pont Jacques-Cartier, sous l'œil ahuri des automobilistes. Certains se sont d'ailleurs arrêtés, entravant la circulation, déjà au ralenti à ce moment de la journée où des milliers de travailleurs du centre-ville de Montréal retournent chez eux. Parvenu à mi-hauteur, l'homme, dont les mouvements semblaient calmes et précis, s'est immobilisé. Puis il a baissé la tête vers le fleuve. Vêtu seulement d'un veston, il ne paraissait pas avoir froid, ainsi suspendu dans l'air frais de novembre. La foule qui grossissait retenait son souffle.

Dès leur arrivée sur les lieux, soit une quinzaine de minutes après le début du drame, les policiers ont interdit l'accès au pont, ce qui a eu pour effet de perturber gravement la circulation pendant plus de deux heures. À l'aide d'un porte-voix, ils ont tenté de dissuader l'homme d'attenter à ses jours. Pendant plus de quarante minutes, le désespéré, un avocat qui venait de prendre sa retraite, a écouté, imperturbable, les arguments des policiers. Soudain, il s'est jeté dans les eaux froides du fleuve. La clameur est alors montée de la foule incrédule.

Après quelques heures de recherches, les plongeurs de la Sûreté du Québec ont retrouvé le corps du malheureux à quelques kilomètres de son point de chute.

Ce drame — un suicide qui s'est produit un après-midi de novembre à Montréal — a été relaté selon le point de vue du journaliste d'un quotidien à grand tirage qui a assisté à l'événement. Nous connaissons bien ce type de récit puisqu'il y en a dans la plupart des journaux. Mais, dans un cas comme celui-ci, en quoi consiste exactement le travail du journaliste ?

La fonction du journaliste consiste à rendre compte des faits. Il précise l'heure, la saison, les lieux, les acteurs et les témoins du drame ; il cherche à rendre ce que l'atmosphère a de dramatique ; il rapporte certaines attitudes du désespéré de même que celles des policiers ; il donne des renseignements sur la situation de l'homme qui s'est suicidé. Il s'agit là d'un point de vue possible sur le suicide ou d'une façon particulière d'envisager ce phénomène.

Ce chapitre a pour objectif de mettre en lumière le point de vue particulier qu'adoptent les sociologues lorsqu'ils observent les phénomènes humains. Nous verrons, entre autres, comment la perspective du sociologue se distingue de celles des autres spécialistes des sciences humaines. Ce que l'on désigne par le terme **perspective** est un point de vue, une manière de voir, qui permet de considérer certains aspects d'un phénomène plutôt que d'autres.

PERSPECTIVE
Point de vue permettant d'envisager un phénomène sous un certain angle.

Revenons au drame décrit au début du chapitre. Supposons que la psychologue de l'homme qui s'est suicidé nous parle de ce dernier. Elle évoquera certainement les événements malheureux qui ont marqué sa vie, ses efforts pour surmonter la dépression, ses tentatives de suicide antérieures. Comme on le voit, le point de vue de la psychologue diffère grandement de celui du journaliste. La première tente de faire comprendre la vie affective de l'homme, tandis que le second se penche sur les circonstances entourant l'événement que constitue le suicide en tant que tel.

Le sociologue a aussi un point de vue qui lui est propre. En ce qui concerne la personne qui vient de se suicider, le sociologue désire connaître certaines caractéristiques sociales qui la relient à telle ou telle catégorie d'individus, comme son sexe, son état civil, sa religion, de même que sa situation sociale définie par son emploi, sa scolarité, son revenu, etc. Le sociologue apprend ainsi qu'il s'agit d'un homme célibataire, protestant et nouvellement retraité. On constate donc que le point de vue du sociologue ne porte pas sur les raisons personnelles qui ont poussé cet individu particulier à se suicider ni sur la façon dont il a fait son geste. Le sociologue désire plutôt savoir pourquoi certains types de personnes ont davantage tendance à se suicider que d'autres.

Le journaliste, on l'a vu, cherche surtout à connaître les faits entourant le suicide en tant qu'événement; de son côté, la psychologue tente de comprendre le geste de l'homme en remontant aux événements importants de sa vie. Les différentes façons dont le journaliste, la psychologue et le sociologue envisagent les choses, dans notre exemple, montrent bien qu'il est possible de comprendre un phénomène humain — en l'occurrence le suicide — en adoptant des points de vue différents. C'est ce que l'on nomme une perspective, en sociologie.

La perspective employée pour analyser des faits ou des événements n'est bien souvent qu'une fenêtre, qu'un point de vue sur un phénomène plus vaste.

Exercice de sensibilisation

Une attitude nécessaire : se méfier des évidences

Au terme d'une recherche, les résultats paraissent souvent évidents au point que plusieurs personnes peuvent se demander si elle était vraiment utile. Afin de prévenir ce type de réaction, le sociologue Paul Lazarsfeld, à partir des résultats de l'enquête *The American Soldier* publiés par Stouffer en 1949, dresse une liste de propositions, qu'il accompagne de brefs commentaires entre parenthèses, pour mieux montrer les réactions probables des lecteurs. Nous vous invitons, avant de prendre connaissance de la suite, à lire les six propositions de Lazarsfeld et à vous demander si chacune d'elles vous semble évidente.

1. Les individus dotés d'un niveau d'instruction élevé présentent plus de symptômes psycho-névrotiques que ceux qui ont un faible niveau d'instruction. (On a souvent commenté l'instabilité mentale de l'intellectuel contrastant avec la psychologie moins sensible de l'homme de la rue.)

2. Pendant leur service militaire, les ruraux ont, d'ordinaire, meilleur moral que les citadins. (Après tout, ils sont habitués à une vie plus dure.)

3. Les soldats originaires du sud des États-Unis supportent mieux le climat chaud des îles du Pacifique que les soldats du Nord. (Bien sûr, les habitants du Sud sont plus habitués à la chaleur.)

4. Les simples soldats de race blanche sont davantage portés à devenir sous-officiers que les soldats de race noire. (Le manque d'ambition des Noirs est presque proverbial.)

5. Les Noirs du Sud préfèrent les officiers blancs du Sud à ceux du Nord. (N'est-il pas bien connu que les Blancs du Sud ont une attitude plus paternelle envers leurs *darkies*?)

6. Les soldats américains étaient plus impatients d'être rapatriés pendant que l'on combattait qu'après la reddition allemande. (On ne peut pas blâmer les gens de ne pas avoir envie de se faire tuer.) (Lazarsfeld, 1968)

Par la suite, Lazarsfeld amène le lecteur aux constatations suivantes :

Voilà quelques échantillons de corrélations du type le plus simple qui constituent les « briques » avec lesquelles se construit la sociologie empirique. Mais pourquoi, si elles sont si évidentes, dépenser tant d'argent et d'énergie à établir de telles découvertes ? Ne serait-il pas plus sage de les considérer comme données et de passer tout de suite à un type d'analyse plus élaboré ? Cela pourrait se faire, n'était un détail intéressant à propos de cette liste. *Chacune de ces propositions énonce exactement le contraire des résultats réels.* L'enquête établissait en réalité que les soldats médiocrement instruits étaient plus sujets aux névroses que ceux qui avaient un niveau d'instruction élevé, que les habitants du Sud ne s'adaptaient pas plus facilement au climat tropical que les habitants du Nord, que les Noirs étaient plus avides de promotion que les Blancs, etc.

Si nous avions mentionné au début les résultats réels de l'enquête, le lecteur les aurait également qualifiés d'« évidents ». Ce qui est évident, c'est que quelque chose ne va pas dans tout ce raisonnement sur l'« évidence ». En réalité, il faudrait le retourner : puisque toute espèce de réaction humaine est concevable, il est d'une grande importance de savoir quelles réactions se produisent, en fait, le plus fréquemment et dans quelles conditions. Alors seulement la science sociale pourra aller plus loin (Lazarsfeld, 1968).

Pourquoi doit-on adopter une perspective pour étudier les phénomènes humains ? Ne serait-il pas plus intéressant d'analyser globalement le suicide plutôt que de l'envisager selon une perspective particulière ? Les phénomènes humains, tout comme ceux de la nature, sont très complexes. L'adoption d'une perspective permet de rétrécir et de concentrer notre champ de vision. Son effet peut être comparé à celui de jumelles, qui limitent notre champ de vision, mais nous permettent de porter notre regard sur certains aspects du paysage. Des jumelles puissantes permettent d'observer en profondeur ce qui ne serait pas visible à l'œil nu. On peut alors découvrir des aspects du phénomène qui n'apparaîtraient pas sans cette perspective particulière. Par exemple, lorsqu'un géographe regarde les falaises le long du fleuve Saint-Laurent en Gaspésie, il ne voit pas seulement la beauté du paysage, l'eau, le sable et les roches de différentes couleurs. À l'aide de ses connaissances en géographie physique — sa perspective particulière —, il peut rétrécir et concentrer son champ de vision. Il remarque alors une série de roches stratifiées qui sont très ondulées au lieu d'être droites à l'horizontale comme elles ont d'abord été formées au fond de l'océan. Cela l'amène à imaginer les différents mouvements de l'écorce terrestre qui sont à l'origine de cette formation rocheuse.

La lecture de ce chapitre devrait vous permettre de répondre aux questions suivantes :

- Qu'est-ce qu'une perspective ?
- Qu'est-ce que la perspective sociologique ?
- Comment la perspective sociologique peut-elle devenir scientifique ?
- Qu'est-ce qui distingue la perspective sociologique des perspectives adoptées par les autres sciences humaines ?
- Quelles sont les principales caractéristiques de la perspective sociologique ?
- Comment la perspective sociologique considère-t-elle le rapport entre la société et l'individu ?
- Quels sont les niveaux d'analyse de la perspective sociologique et quels sont leurs apports ?

1.2 La perspective sociologique : voir le social en nous

Un suicide, comme la plupart des actions humaines, peut être décrit et interprété selon plusieurs perspectives, avons-nous constaté. Le journaliste n'a pas la même manière de voir le suicide que la psychologue ou le sociologue. Ce ne sont pourtant pas là les seules perspectives selon lesquelles le suicide peut être envisagé. Les policiers ou les responsables des services de prévention du suicide, par exemple, adoptent d'autres perspectives. Chacun de nous a une manière qui lui est propre de voir le suicide ou toute autre action humaine.

Cependant, notre vision personnelle des actions humaines relève souvent du bon sens, du sens commun ou encore des fausses évidences qui émergent chez les individus d'une même société.

Une **société** est un ensemble d'individus, de groupes sociaux et d'institutions interdépendants. Les nombreuses interactions des membres d'une société facilitent l'acquisition d'opinions semblables parmi les individus ; il s'agit du **sens commun,** c'est-à-dire de l'interprétation que les gens plongés dans la vie quotidienne donnent de leur

SOCIÉTÉ
Ensemble d'individus, de groupes sociaux et d'institutions interdépendants.

SENS COMMUN
Interprétation que les gens plongés dans la vie quotidienne donnent de leur activité.

activité (Morin, 1996). Ces interprétations peuvent parfois être de bonnes intuitions, mais elles peuvent aussi être de fausses évidences, comme l'a démontré Paul Lazarsfeld. Souvent, elles correspondent aux opinions dominantes et aux préjugés courants dans la société.

Dans les sociétés occidentales, nous sommes portés à attacher une grande importance aux décisions que prend un individu. Nous avons tendance à croire que l'individu décide entièrement de ses actes. C'est ce qu'on appelle le libre arbitre. Mais lorsque nous adoptons la perspective sociologique, nous découvrons que la société joue un rôle majeur dans les choix qui semblent personnels.

Prenons l'exemple de la formation du couple et du choix du conjoint. Autrefois, dans la société traditionnelle, les obligations sociales et financières amenaient la famille et la parenté à s'occuper directement du destin amoureux des jeunes gens. Les **pressions sociales,** c'est-à-dire l'influence exercée par la société sur l'individu, étaient très fortes. Depuis l'avènement de la société moderne, le libre choix du conjoint s'est imposé. Mais le point de vue sociologique montre que des pressions sociales influent encore sur la formation du couple. Certaines règles plus ou moins explicites guident toujours le choix du conjoint. L'homogamie sociale, c'est-à-dire la tendance à choisir une personne en fonction des ressemblances sociales, est une de ces règles. Selon les enquêtes sociologiques, en plus d'avoir en commun des caractéristiques physiques, les conjoints proviennent

> **Le sentiment de notre individualité nous empêche dans bien des cas de reconnaître les pressions sociales agissantes.**

souvent de la même région, du même quartier, et ils partagent souvent le même niveau de scolarité, la même origine sociale, la même religion, la même langue ou la même origine ethnique (Lacourse, 1999).

Le sentiment de notre individualité nous empêche dans bien des cas de reconnaître les pressions sociales agissantes. Même si les êtres humains mènent leur vie selon leur volonté et prennent des décisions qui façonnent leur destin, ils sont influencés par le contexte social dans lequel ils vivent. Ainsi, leurs valeurs, c'est-à-dire ce à quoi ils croient, ce qui oriente leurs actions, risqueraient d'être fort différentes s'ils étaient nés à une autre époque, dans un autre pays ou dans un autre milieu. Le social fait partie de notre être, de la même manière que nous sommes faits de chair et d'os. Le social en nous, ce sont les façons de penser et d'agir que nous avons assimilées au contact des autres et qui, de ce fait, ne sont pas propres à une seule personne.

Le point de vue sociologique permet de découvrir comment la formation de notre individualité s'inscrit dans le contexte social dans lequel nous évoluons. En suggérant une explication générale à des phénomènes humains, la perspective sociologique nous aide à comprendre que le social fait partie de nous.

Les sociologues font des recherches sur un large éventail de sujets, que ce soit les rapports amoureux, la famille, la répartition des richesses, le mode de vie des jeunes, la pratique religieuse, le sport, etc. Même si ces sujets d'études sont variés, les sociologues s'entendent pour adopter une même perspective. Cette perspective, selon Raymond Aron, un des grands sociologues français, considère la réalité comme sociale, c'est-à-dire qu'elle y voit le résultat de l'action réciproque des individus entre eux et de l'influence qu'exerce la société sur les individus.

Les membres d'un couple ont souvent des traits comparables.

La **perspective sociologique** est donc le point de vue qui nous permet de voir l'aspect social de la réalité humaine. Lorsqu'il observe une activité humaine comme l'éducation des enfants ou les relations amoureuses, le sociologue porte un regard particulier sur ces deux activités humaines qui, dans sa lorgnette, reflètent les individus, les groupes et les sociétés impliqués.

1.3 Une démarche scientifique : du général au particulier

Il n'est pas nécessaire d'être un sociologue pour remarquer l'aspect social de l'activité humaine. Certaines occupations quotidiennes permettent de reconnaître facilement le social en nous. Par exemple, imaginons une étudiante d'origine asiatique qui arrive dans un cours au cégep. Elle sera sans doute frappée par le fait que dans une société les individus adoptent sans s'en rendre compte des comportements semblables. De même, le fait de voyager dans un pays étranger nous aide à prendre conscience de nos habitudes, qui sont issues de l'appartenance à un groupe social particulier et que l'on ne trouve pas nécessairement ailleurs.

Reconnaître le social en nous, c'est adopter, sans prétention scientifique, un point de vue sociologique. Cependant, pour que ce point de vue devienne une perspective sociologique dans le sens que les sociologues donnent à cette expression, il doit être élaboré à l'aide d'une démarche scientifique rigoureuse à la fois dans son vocabulaire et dans ses méthodes. Une **science** est un ensemble cohérent de connaissances fondées sur l'observation de la réalité. L'utilisation d'une démarche scientifique a pour résultat de produire des connaissances qui ont été élaborées avec rigueur et qui peuvent être vérifiées. Selon Nicole Delruelle-Vosswinkel (1987), la démarche scientifique en sociologie consiste en trois mouvements distincts :

- la description correcte et complète des faits ;
- l'explication des faits, c'est-à-dire la recherche des causes ou des facteurs qui y sont reliés ;
- la compréhension de la signification des faits dans la société, c'est-à-dire de leur logique.

Pour décrire les faits, les sociologues utilisent les mêmes méthodes et les mêmes techniques que celles qui sont employées dans les autres sciences humaines. D'une manière plus concrète, Raymond Quivy et Luc Van Campenhoudt (1988) proposent une démarche de recherche en trois actes et sept étapes (*voir la figure 1.1*).

Les trois premières étapes permettent d'accomplir le premier acte, d'effectuer la rupture, c'est-à-dire de rompre avec les illusions et les préjugés qui inspirent souvent nos premières idées. La rupture permet d'aller au-delà des apparences immédiates et des fausses évidences afin de donner une base plus solide aux

> Reconnaître le social en nous, c'est adopter, sans prétention scientifique, un point de vue sociologique.

connaissances qui seront construites au deuxième acte. La constatation, le dernier acte de la recherche, est le moment où l'on effectue la collecte et l'analyse des informations avant de tirer les principales conclusions.

Figure 1.1 Les étapes de la démarche scientifique

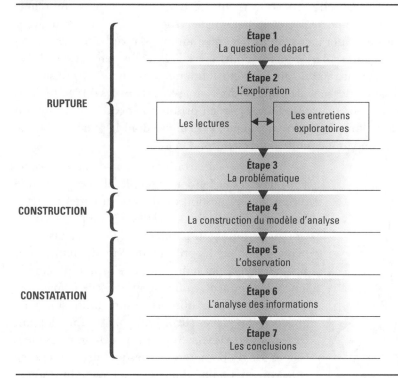

RUPTURE
- **Étape 1** La question de départ
- **Étape 2** L'exploration — Les lectures ↔ Les entretiens exploratoires
- **Étape 3** La problématique

CONSTRUCTION
- **Étape 4** La construction du modèle d'analyse

CONSTATATION
- **Étape 5** L'observation
- **Étape 6** L'analyse des informations
- **Étape 7** Les conclusions

Source : Raymond Quivy et Luc Campenhoudt, *Manuel de recherche en sciences sociales*, Paris, Bordas, 1988, p. 15.

La sociologue Shirley Roy a mené, à une époque où l'on en parlait encore peu (1985), une recherche sur le phénomène de l'itinérance à Montréal. Sa recherche a été publiée en 1988 sous le titre *Seuls dans la rue (Portraits d'hommes clochards)*.

L'auteure affirme que c'est le hasard, et d'abord la curiosité de connaître un univers étranger, qui l'a incitée à mener une étude auprès des itinérants qui se présentent aux soupes populaires de Montréal. À l'époque, on estimait que la population d'hommes itinérants se situait entre 10 000 et 15 000. On comptait aussi environ 3000 femmes itinérantes et 4000 jeunes de 13 à 20 ans.

La recherche débute avec la formulation de *la question de départ*, première étape de la recherche : « Qu'est-ce qui a pu mener des individus à adopter ce mode de vie si détérioré, si marginal ? » Cette première interrogation suscite d'autres questions : « Comment, dans une société où la production et la consommation sont survalorisées, des individus peuvent-ils se situer tout à fait en marge ? Les clochards choisissent-ils ou subissent-ils ce mode de vie ? » (Roy, 1988, p. 17).

Tous les préjugés existant à l'époque laissent entendre que l'itinérance constitue un phénomène individuel, un mode de vie marginal et asocial. C'est l'individu, par ses déficiences, ses déviances et ses incapacités, qui est responsable de sa situation. L'explication la plus courante veut que l'augmentation du nombre d'itinérants soit le résultat de la désinstitutionnalisation des patients atteints d'un trouble mental et de la fermeture

Portrait d'un itinérant montréalais.

des hôpitaux psychiatriques. Cette explication n'est pas suffisante aux yeux de Shirley Roy. Après avoir vécu près de six mois à l'Accueil Bonneau, un centre d'accueil pour les itinérants à Montréal, elle a découvert un univers beaucoup plus complexe. *L'exploration*, deuxième étape de la recherche, amène la sociologue à préciser d'autres facteurs à l'origine de l'itinérance comme l'augmentation de la pauvreté, l'exclusion du travail pour les moins scolarisés et les moins spécialisés, et l'isolement social. Au-delà des éléments qui entraînent directement l'itinérance comme l'alcoolisme, la désinstitutionnalisation des malades atteints de troubles mentaux, les difficultés liées à la réintégration sociale à la suite d'un séjour en prison ou encore l'exclusion du travail en l'absence d'une formation adéquate, la manière dont la société est organisée (sa structure) apparaît comme un facteur fondamental.

La problématique, troisième étape de la recherche, se précise. Pour la sociologue, il faut chercher une réponse à la question de départ du côté des structures et des institutions sociales. « Nous posons d'entrée de jeu que l'itinérance ou la clochardise sont principalement le produit de l'inadéquation des structures qui, par leur rigidité, leur immuabilité et leurs insuffisances, sont responsables de la marginalisation d'un bon nombre d'individus, sinon de groupes complets » (Roy, 1988, p. 19). En adoptant cette manière de voir, Shirley Roy s'éloigne des idées reçues de l'époque selon lesquelles l'itinérance constituerait un phénomème strictement individuel. Une fois la problématique déterminée, la sociologue termine ce que Quivy et Van Campenhoudt désignent comme le premier acte d'une recherche, à savoir la rupture. Vous trouverez au chapitre 6 un dossier sur l'itinérance.

Le deuxième acte de la recherche, qui en amorce la quatrième étape, consiste en *la construction du modèle d'analyse* que le chercheur désire utiliser pour confirmer ou infirmer ses hypothèses. Paul Bernard et Johanne Boisjoly se demandent, dans un article publié en 1992 et intitulé « Les classes moyennes : en voie de disparition ou de réorganisation ? », comment évoluent les classes moyennes au Canada et au Québec (Daigle, 1992, p. 297-334). Cette question de recherche s'appuie sur une tendance observée aux États-Unis. Dans cette société qui se perçoit pourtant comme le pays des classes moyennes, on observe un éclatement et une redéfinition de celles-ci. Les classes moyennes seraient menacées à la fois par la stagnation des revenus de leurs membres et par la création de nouveaux emplois situés principalement aux deux extrémités des classes moyennes. Plus précisément, il y aurait une modification importante du modèle plus égalitaire qui prévalait depuis la fin de la Seconde Guerre mondiale, à savoir le fordisme. Ce modèle élaboré par Henry Ford, un producteur d'automobiles, reposait sur le versement de salaires relativement élevés à des travailleurs assez peu qualifiés de la grande industrie, de manière à ce qu'ils puissent acheter les automobiles et les autres produits de cette industrie. Ce qui succède au fordisme chez nos voisins du Sud, c'est la création d'emplois haut de gamme dans les sphères administratives, professionnelles et techniques, et la création de très nombreux emplois faiblement qualifiés et rémunérés. Ce nouveau modèle toucherait particulièrement les jeunes travailleurs nouvellement arrivés sur le marché du travail.

À partir des analyses existantes, les sociologues Bernard et Boisjoly posent deux hypothèses concernant l'évolution des classes moyennes au Canada :

> Selon bien des analyses, une classe professionnelle-managériale est en train de se former dont les privilèges l'éloignent fortement des autres travailleurs. Et corrélativement, nous assistons à l'effritement graduel de la barrière traditionnelle qui sépare le travail ouvrier, manuel, du travail non manuel des cols blancs (Daigle, 1992, p. 299).

La vérification de ces hypothèses nous amène au dernier acte de la recherche, à savoir la constatation. Pour ce faire, il faut d'abord réaliser *l'observation*, cinquième étape de la recherche. Il s'agit dans ce cas de délimiter le champ d'observation, de concevoir et de tester l'instrument d'observation afin de procéder à la collecte des informations. Paul Bernard et Johanne Boisjoly décident d'utiliser les informations contenues dans les recensements canadiens pour vérifier leurs hypothèses. Ils limitent leurs observations aux trois derniers recensements qui existent à l'époque, soit ceux de 1971, de 1981 et de 1986. Ils réunissent un ensemble de questions (portant sur le groupe professionnel, le statut d'emploi et le niveau de scolarité) tirées de ces recensements pour déterminer 26 catégories de travailleurs qu'ils utiliseront dans leur étude. En ce qui concerne cette recherche, les chercheurs décident d'utiliser des données existantes issues d'un questionnaire : le recensement. Dans d'autres situations, les chercheurs doivent élaborer eux-mêmes leurs questionnaires. C'est ce que fait Shirley Roy dans son étude sur l'itinérance. Elle aurait pu aussi recourir à l'entrevue ou encore au récit de vie. Le cours de méthodologie des sciences humaines vous offre plus d'informations sur ces techniques de recherche.

L'analyse des informations, sixième étape de la recherche, permet à Paul Bernard et à Johanne Boisjoly de constater des modifications importantes dans l'évolution des classes moyennes au Canada depuis le début des années 1970. D'abord, il y a eu une croissance entre 1971 et 1986 des classes moyennes administratives et professionnelles (le travail non manuel qualifié). L'obtention du diplôme universitaire est de plus en plus nécessaire pour accéder au marché du travail non manuel qualifié. Par ailleurs, le travail non manuel routinier (bureau, vente, services) demeure important dans les classes moyennes. Cependant, les chercheurs constatent une féminisation du personnel, surtout dans les bureaux et les services, et une précarisation (plus d'emplois non réguliers) dans cette main-d'œuvre.

Dans *les conclusions*, septième étape de la recherche, les sociologues rappellent le but de leur recherche et ses résultats. Au Canada, les classes moyennes sont en voie de réorganisation. La classe moyenne administrative et professionnelle occupe une position privilégiée et, de ce fait, elle a tendance à se mettre au service des classes supérieures. De leur côté, les travailleurs non manuels routiniers tendent à se rapprocher de la situation de la classe ouvrière traditionnelle. Bernard et Boisjoly s'interrogent également sur la situation de ces classes au Québec. Ils pensent que le Québec suit la tendance nord-américaine vers un éclatement des classes moyennes. Si cette tendance n'est pas irréversible, elle constitue néanmoins un défi social et économique important pour la société québécoise. Vous trouverez au chapitre 7 plus d'informations concernant les classes sociales.

Les sociologues ont-ils une façon de travailler qui les caractérise ?

Toutes les sciences essaient d'expliquer des faits particuliers à l'aide d'un principe général. Par exemple, le médecin qui soigne une blessure est un praticien qui utilise une partie du savoir en biologie. Grâce à cette science, il sait qu'en général une plaie prend de quatre à cinq jours pour se cicatriser. La connaissance du principe général (le temps nécessaire à la guérison d'une plaie est directement lié au phénomène de coagulation du sang) facilite grandement le travail du médecin. Il peut soigner rapidement des individus différents.

Pour comprendre la logique des faits sociaux, les sociologues ont élaboré une approche particulière. Ils tentent de trouver un principe général qui puisse expliquer pourquoi certains groupes d'individus adoptent des comportements apparentés. Revenons à l'exemple relaté au début du chapitre. Plutôt que d'envisager le suicide sous l'angle personnel, le sociologue examinera le taux de suicide sous l'angle social. Il tentera donc de décrire, d'expliquer et de comprendre le comportement de l'individu en fonction du comportement des groupes auxquels il appartient.

Émile Durkheim, l'un des fondateurs de la sociologie au XIXe siècle, a mené une étude approfondie sur le suicide. Ses recherches en France et dans d'autres pays d'Europe lui ont permis de démontrer que le suicide n'est pas simplement un acte isolé de désespoir. Il a ainsi mis en lumière, en observant ce phénomène selon la perspective sociologique, que les personnes qui sont rattachées aux autres par des liens d'affection et de responsabilité risquent moins de se suicider que celles qui sont coupées des autres.

Les données recueillies par Durkheim à l'époque prouvent que certains types de personnes, comme les hommes, les protestants, les riches et les célibataires, présentent un taux de suicide beaucoup plus élevé que certains autres types de personnes, comme les femmes, les catholiques et les juifs, les pauvres et les personnes mariées. Le sociologue explique ces résultats en fonction de l'appartenance et de l'intégration sociales de l'individu, le principe général étant qu'un individu bien intégré dans un groupe social aura moins tendance à vouloir s'enlever la vie. Dans les sociétés européennes de la fin du XIXe siècle où les hommes occupent une position dominante, les femmes sont moins indépendantes que ces derniers ; par conséquent, elles sont davantage tournées vers les autres et entretiennent avec eux des liens plus solides. De même, les rites du catholicisme et du judaïsme privilégient les rapprochements sociaux et une stricte soumission au groupe, par opposition au protestantisme, qui met l'accent sur la liberté individuelle de pensée et d'action, d'où un sentiment d'appartenance sociale plus faible. Par ailleurs, vu leurs moyens matériels plus importants, les personnes riches peuvent davantage que les personnes pauvres faire des choix qui constituent une manifestation de leur individualisme, ce qui entraîne chez elles un sentiment de solidarité sociale plus faible. La liberté des pauvres est limitée par leur condition. Enfin, les célibataires sans enfants ont moins de responsabilités sociales que les personnes mariées et sont donc moins fortement intégrés à la société.

Les recherches sur le suicide menées par Durkheim sont un exemple, largement utilisé par les sociologues, qui illustre comment la perspective sociologique permet d'expliquer un fait particulier à l'aide d'un principe général. Les sociologues, comme l'ensemble des scientifiques, pensent que l'action humaine n'est pas seulement le fruit du hasard ; si vous vous reportez à vos autres cours en sciences humaines (en psychologie ou en économie, par exemple), vous retrouverez ce point de vue. Il y a, selon eux, des ressemblances ou des constantes que l'on peut découvrir dans le comportement individuel de nombreuses personnes. Ces constantes, qui sont habituellement plus fortes dans les cas où les individus partagent des caractéristiques comme le groupe ethnique, le sexe, l'âge ou l'occupation, permettent aux sociologues de comprendre et d'expliquer l'action humaine.

Au-delà de l'explication et de la compréhension, le sociologue peut aussi s'intéresser à la prévision. Dans certains cas, l'observation des constantes dans l'action humaine permet de faire des prévisions (Delruelle-Vosswinkel, 1987).

Avant qu'Émile Durkheim publie son étude sur le suicide, on supposait que ce phénomène était un acte de désespoir isolé ou même un acte de lâcheté. À la suite d'une observation rigoureuse des différentes statistiques de son époque, Émile Durkheim a pu réaliser la première étape de la connaissance scientifique en sociologie : décrire complètement et correctement le suicide en tant que phénomène social. Il a remarqué des constantes dans les différents taux de suicide. Par exemple, le taux de suicide des hommes est systématiquement plus élevé que celui des femmes. Comment expliquer ce fait ? Cela nous amène à la deuxième étape de la connaissance scientifique en sociologie : découvrir les différentes causes du suicide et chercher une explication générale. L'intuition sociologique de Durkheim était la suivante : le suicide est étroitement lié à l'appartenance et à l'intégration sociales. L'**intégration sociale** est l'interdépendance des membres d'une société et des groupes sociaux, d'où résulte la cohésion de la société. Les principales variations des taux de suicide reflètent, selon Durkheim, des variations de l'intégration sociale. Prenons le cas du suicide anomique, ainsi que l'a nommé Durkheim. Dans certaines sociétés, à certaines époques, comme au moment de transformations importantes provoquées par une crise, il peut se produire un dérèglement de la société, qui affaiblit l'intégration des individus. L'anomie est l'état d'une société caractérisé par une désintégration de ses règles. Selon Durkheim, dans une situation d'anomie, on remarque une augmentation du taux de suicide.

> **INTÉGRATION SOCIALE**
>
> Interdépendance des différents membres d'une société et des groupes sociaux, qui entraîne la cohésion de la société.

Pour Durkheim, le taux de suicide peut indiquer le degré d'anomie d'une société ou d'un groupe social. Un taux élevé de suicide révèle un certain dérèglement de la société. L'explication du suicide nous amène à la troisième étape de la connaissance scientifique en sociologie : comprendre la logique du suicide dans la société.

La figure 1.2a montre que, depuis 1921, le taux de suicide au Canada est toujours plus élevé chez les hommes que chez les femmes. En 2003, il y a eu 18,5 suicides pour 100 000 hommes comparativement à 5,4 suicides pour 100 000 femmes.

Depuis le début des années 1970, le taux de décès par suicide a connu une hausse progressive, pour atteindre un sommet en 1982 et en 1983 (*voir la figure 1.2a à la page suivante*).

Durkheim avait observé que le taux de suicide augmentait avec l'âge. Des études indiquent que c'est encore vrai aujourd'hui (Gouvernement du

Les sociologues ont constaté plusieurs modifications dans l'environnement social des jeunes qui rendent leur intégration sociale plus difficile.

Québec, 1998) dans la plupart des sociétés. Cependant, au Québec et au Canada, on observe une augmentation importante du taux de suicide (*voir la figure 1.2b à la page 15*) des jeunes depuis les années 1960. Ainsi, le taux de suicide chez les hommes de 20 à 24 ans a dépassé celui des hommes de 60 à 64 ans depuis 1974.

Les sociologues ont constaté plusieurs modifications dans l'environnement social des jeunes qui rendent leur intégration sociale plus difficile. Entre autres, les modifications — particulièrement rapides au Québec — des valeurs liées à la religion, à la famille, au mariage et à la situation économique ont eu et ont encore pour effet d'augmenter le degré d'anomie et, par conséquent, le taux de suicide chez les jeunes.

Réseau thématique   Une démarche scientifique

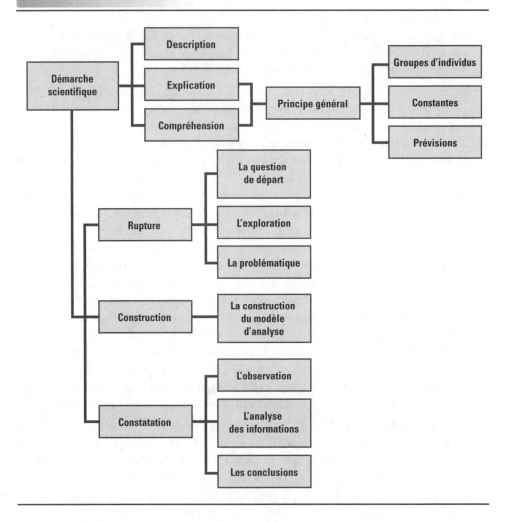

Figure 1.2   Le taux de suicide au Canada et au Québec

a)   Le taux de suicide selon le sexe au Canada (1921-2003)

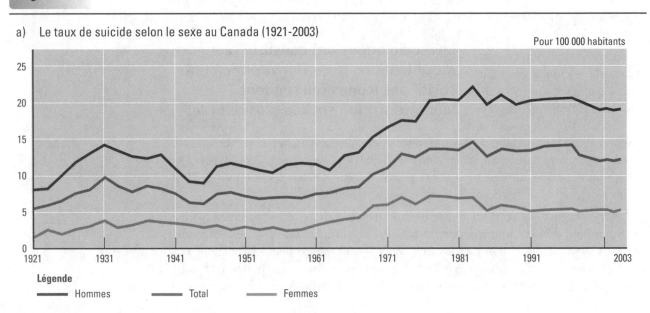

Figure 1.2 Le taux de suicide au Canada et au Québec (*suite*)

b) Le taux de suicide chez les hommes de 15 à 24 ans et de 60 à 64 ans
au Canada et au Québec (1960-2003)

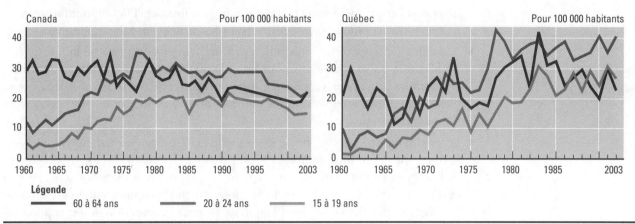

Source : Statistique Canada, 102-0551 et produit nº 84F0209X au catalogue, 22 juin 2006.

1.4 Les sciences humaines : une famille aux intérêts communs

La sociologie n'est pas la seule science qui s'intéresse à l'aspect social de la réalité humaine ; il y a aussi l'anthropologie, l'économie, les sciences politiques, l'histoire, la psychologie, etc. Toutes ces disciplines font partie, avec la sociologie, des sciences humaines. Les **sciences humaines** ont pour objet de connaissance les différents aspects de la vie des êtres humains en société.

> La sociologie s'intéresse autant à l'individu qu'à la société ; c'est pourquoi son champ d'études est très vaste.

On distingue habituellement les sciences de la nature des sciences humaines. Les sciences de la nature, comme l'astronomie, la biologie, la physique, la géologie et la chimie, traitent de phénomènes d'ordre naturel. Pour leur part, les sciences humaines étudient, chacune selon sa propre perspective, le comportement social de l'individu.

Chacune des sciences humaines adopte un point de vue particulier dans l'étude de la vie humaine :

- L'anthropologie examine surtout les sociétés et les cultures du passé. L'Égypte des pharaons, les Mayas et les Aztèques, par exemple, sont de grandes civilisations aujourd'hui disparues qui intéressent les anthropologues. En outre, plusieurs recherches anthropologiques ont pour objectif de décrire la culture des différentes communautés autochtones préindustrielles, comme celles que l'on trouve en Amérique du Sud. Enfin, les anthropologues utilisent de plus en plus leurs connaissances pour nous aider à comprendre les diverses cultures qui sont établies dans les différentes sociétés industrielles contemporaines.

> **SCIENCES HUMAINES**
> Sciences qui portent sur les différentes facettes de la vie humaine en société.

- L'économie cherche avant tout à connaître la façon dont les gens produisent des biens et des services à l'aide des ressources qui sont à leur disposition. Cette science humaine permet de comprendre les questions liées à l'emploi, aux revenus et aux prix des biens de consommation.

- Les sciences politiques étudient l'exercice du pouvoir et de l'autorité, le fonctionnement du gouvernement et les relations internationales. Elles nous informent sur les règles de la démocratie moderne et sur les principales idées politiques.

- L'histoire s'intéresse aux individus et aux événements du passé de même qu'à la signification qu'ils acquièrent pour nous. D'où vient le nationalisme au Québec ? Qui sont les principaux représentants de ce courant de pensée ? Voilà deux exemples de questions auxquelles vous pourriez avoir à répondre en vous servant de données historiques.

- La psychologie se penche sur la personnalité et le comportement individuel. C'est l'étude des comportements et des processus mentaux. Les psychologues recherchent les lois générales qui règlent le comportement des humains, tant en ce qui concerne la personnalité, le développement (le comportement en fonction de l'âge) ou les domaines fondamentaux comme la sensation, la perception ou l'apprentissage.

SOCIOLOGIE
Étude systématique des comportements sociaux et des groupes humains.

La **sociologie,** pour sa part, est l'étude systématique des comportements sociaux et des groupes humains. Elle a pour objet de décrire et d'expliquer soit les comportements sociaux particuliers comme le suicide, le travail ou encore la pratique religieuse, soit un groupe social dans son ensemble. Elle s'intéresse autant à l'individu qu'à la société ; c'est pourquoi son champ d'études est très vaste. Lorsqu'on consulte un manuel de sociologie ou le programme d'un colloque de sociologues, on trouve l'expression « sociologie de » associée à la plupart des activités humaines. Par exemple, les auteurs d'*Initiation thématique à la sociologie* (Lafontant et autres, 1990) parlent entre autres de sociologies de l'enfance et de la jeunesse, de la famille, du mariage, de la vieillesse, de la religion, de la déviance et de la criminalité, des relations ethniques, des institutions politiques, de l'économie, du travail et des classes sociales. Par ailleurs, dans leur ouvrage intitulé *Sociologie contemporaine*, Durand et Weil (1997) traitent de sociologies rurale, urbaine, des organisations, de l'éducation, des loisirs, du sport, de l'information et de la communication. Ce sont là les champs d'études sociologiques les plus classiques. Mais l'intérêt et la curiosité des sociologues ne s'arrêtent pas là. De nouveaux domaines de recherche sociologique apparaissent régulièrement. Ainsi, Michèle Pagès-Delon (1989) se penche sur l'apparence corporelle dans *Le corps et ses apparences. L'envers du look,* tandis que Jean-Claude Kaufman étudie le sentiment amoureux dans *Premier matin : Comment naît une histoire d'amour* (2002).

La sociologie de la vieillesse et du vieillissement s'intéresse notamment aux personnes âgées.

1.5 Les principales caractéristiques de la sociologie : globalité, explication, connaissance, groupe social

Au-delà de la diversité des thèmes de recherche et des champs d'application, la sociologie conserve une unité. Quelle est l'approche particulière à la sociologie ? Quelle est la nature de cette discipline scientifique ? Le sociologue canadien Kenneth Westhues précise quelques caractéristiques qui distinguent la sociologie des autres disciplines des sciences humaines (Tepperman et Curtis, 1992). Nous décrivons dans les pages qui suivent les quatre caractéristiques les plus importantes retenues par cet auteur.

La globalité

La première caractéristique de la sociologie est le fait qu'elle procède à une analyse sociale globale. Dans les écrits des fondateurs de la sociologie, on trouve toujours cette préoccupation de comprendre la vie sociale dans sa totalité. Quand Durkheim écrit sur le suicide, il ne se pose pas comme un spécialiste de la question. Il veut plutôt montrer comment la perspective sociologique permet d'expliquer le suicide par rapport à la société entière. Les sociologues contemporains sont toujours soucieux d'analyser les phénomènes sociaux en les replaçant dans la société globale. La globalité distingue, entre autres, la sociologie de l'économie et des sciences politiques. Ces deux dernières sciences humaines limitent elles-mêmes leur objet à certains aspects de la vie en société : la production, la distribution et la consommation des biens ou des services dans le cas de l'économie ; les institutions gouvernementales et la structure du pouvoir en ce qui concerne les sciences politiques. Or, la sociologie, parce qu'elle étudie la vie sociale dans sa totalité, va jusqu'à faire une sociologie de l'économie et une sociologie de la politique.

L'explication

La sociologie insiste particulièrement sur l'explication. Ce trait la distingue, selon Westhues, du journalisme et de l'histoire, qui partagent une préoccupation plus importante pour la description des événements. Dans un sens, les journalistes sont les chroniqueurs du présent et les historiens, ceux du passé. Le rôle du chroniqueur est d'abord de relater. Le but premier de la sociologie est moins de relater que d'interpréter, d'expliquer. Le sociologue a tendance à distinguer parmi les faits et les événe-

> **Le but premier de la sociologie est moins de relater que d'interpréter, d'expliquer.**

ments ceux qui lui apparaissent comme significatifs de ceux qui ne le sont pas à ses yeux. Le fait d'insister sur l'explication conduit souvent le sociologue à choisir les faits qui peuvent l'amener à une généralisation, à la différence de l'historien, qui cherche à décrire l'événement particulier.

La connaissance

Le but de la sociologie est la connaissance et non l'action. Cela ne veut pas dire que la connaissance soit incompatible avec l'action ; il s'agit simplement de deux choses différentes. Cette troisième caractéristique différencie les sociologues des travailleurs sociaux, des avocats, des travailleurs communautaires ou de toute personne qui désire modifier certains aspects de la société. La connaissance exige un certain détachement des intérêts sociaux immédiats. Être libre d'attaches ne veut pas dire favoriser l'inaction. En fait, les sociologues ne sont pas indifférents à l'action, mais leur recherche de la connaissance vise surtout une action subséquente mieux éclairée.

—— Le groupe social

La quatrième caractéristique de la sociologie nous permet de bien la distinguer de la psychologie. La perspective de la sociologie est essentiellement une perspective sociale. Lorsqu'un psychologue observe des gens, ce qu'il voit d'abord, par la lorgnette de sa discipline, ce sont des individus. Le groupe ou la société se présente seulement comme un grand nombre de personnes dont le psychologue cherche à comprendre le fonctionnement individuel. En sociologie, c'est exactement l'inverse. Le groupe apparaît le premier. Ce qu'un sociologue voit d'abord dans un couple d'amoureux, une famille, une nation ou plus généralement dans une communauté humaine, c'est le groupe. Contrairement aux psychologues, qui passent beaucoup de temps à analyser le comportement individuel, les sociologues désirent savoir de quels groupes (au point de vue du groupe ethnique, du sexe, de l'occupation, de la religion, de l'âge, de la catégorie de revenu, du quartier de résidence, du lieu de naissance, etc.) l'individu fait partie.

Ce sont ces différents groupes d'appartenance que le sociologue cherche à retrouver en chacun de nous. L'individu emmagasine en lui le social lorsqu'il est en relation avec d'autres individus dans différents groupes sociaux. Dans chacun de ces groupes, il joue un rôle social. Par exemple, dans une relation de couple, l'individu apprend à jouer le rôle de conjoint. Un **rôle social** est l'ensemble des attentes qui guident le comportement de l'individu dans une situation sociale donnée. Même s'ils sont joués par des personnes différentes, les rôles sociaux peuvent se ressembler parce qu'ils correspondent à des attentes relativement uniformisées, qui proviennent des modèles sociaux. Les **modèles sociaux** sont des attentes de comportements relativement uniformisées qui orientent la conduite en société. Ainsi, il y a plusieurs manières acceptables d'être un conjoint dans notre société. Mais, selon le modèle social qui prévaut aujourd'hui chez nous, on s'attend à ce que les conjoints éprouvent de l'affection l'un pour l'autre et un amour réciproque, ce qui n'est pas le cas dans toutes les sociétés.

La perspective sociologique voit l'individu à travers les rôles sociaux qu'il joue dans les différents groupes sociaux. La différence entre les perspectives psychologique et sociologique apparaît plus clairement dans leurs applications. Les psychologues cliniciens utilisent leur connaissance de l'être humain pour aider les individus à modifier certains de leurs comportements. Dans la plupart des applications de la psychologie, le problème est localisé chez l'individu, et la solution requiert des transformations de l'individu. La sociologie appliquée cherche à modifier non pas l'individu, mais les habitudes, la façon de fonctionner du groupe ou de la société. Selon Kenneth Westhues (Tepperman et Curtis, 1992), la différence entre ces deux perspectives est très apparente dans le métier de travailleur social. La majorité des travailleurs sociaux adoptent une perspective psychologique et deviennent des travailleurs de cas. Chaque personne ou chaque famille est un « cas » qu'il faut rencontrer, conseiller et aider à s'adapter aux conditions de la vie contemporaine. Une minorité de travailleurs sociaux adoptent une perspective plus sociologique. Ces derniers évitent le travail de cas, s'intéressant plutôt au travail communautaire et aux programmes de prévention sociale. Ainsi, ils tentent surtout de favoriser une prise en charge du problème social par l'individu et sa communauté. Ils visent à modifier l'organisation des conditions de la vie contemporaine de telle façon que les individus puissent eux-mêmes faire face aux difficultés inhérentes à la vie en société.

RÔLE SOCIAL

Ensemble des normes et des obligations auxquelles est assujetti un individu à l'intérieur d'un groupe ou d'une collectivité. Ce à quoi les autres s'attendent de sa part.

MODÈLES SOCIAUX

Attentes de comportements relativement uniformisées qui guident la conduite en société.

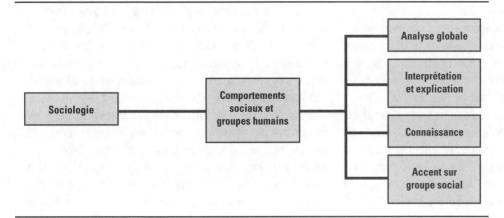

Dossier 1.1 La perspective sociologique et les agressions sexuelles d'enfants

Pourquoi des hommes abusent-ils des enfants ? Comment peut-on prévenir ces abus ? Voilà deux questions importantes pour David Finkelhor, un des responsables d'un centre de recherche sur la violence conjugale. Selon lui (Finkelhor, 1987), la réponse réside dans la façon dont les hommes ont été élevés, c'est-à-dire dans leur socialisation (vous trouverez aux chapitres 4 et 9 plus d'information concernant le processus de socialisation en général et la socialisation masculine en particulier). Les explications d'ordre psychologique, qui remontent au passé de l'agresseur, lui paraissent inefficaces, car les agresseurs ne sont pas très différents de l'ensemble de la population. Selon cet auteur, il faut plutôt examiner l'éducation des hommes et les conditions dans lesquelles ils ont grandi pour comprendre ce qui les prédispose à abuser sexuellement des enfants.

En ce qui concerne la problématique des abus sexuels, David Finkelhor étudie trois composantes de la socialisation des hommes : l'expression affective, l'attrait sexuel et le rôle de protecteur. Ensuite, l'auteur explique comment faire de la prévention.

L'expression affective

Selon Finkelhor, les hommes prêtent à presque toute expression affective une qualité sexuelle. En d'autres mots, dans la société contemporaine, la plupart des hommes éprouvent beaucoup de difficulté à distinguer les comportements sexuels qui exploitent des autres comportements d'ordre affectif. Pour eux, traduire des sentiments, c'est choisir une forme d'expression sexuelle. Cette façon de faire remonte à leur enfance, alors qu'on leur apprenait qu'ils ne devaient pas être dorlotés ou choyés. Les « petits hommes » ne devaient pas connaître la dépendance, ni avoir besoin d'affection, mais, une fois devenus grands, ces petits hommes n'ont plus que la sexualité pour exprimer leurs besoins affectifs. Ainsi, l'homme qui se sent seul, délaissé, qui a envie de compassion et de rapprochements humains ne connaît qu'une avenue, celle de la sexualité. Celle-ci acquiert pour lui une grande force parce qu'elle offre l'unique possibilité de satisfaire tous ses autres besoins affectifs.

Pour comprendre ce phénomène, les hommes n'ont qu'à se rappeler leurs premières sorties avec des filles durant leur adolescence. Combien de fois ont-ils alors entendu les reproches des filles : « Vous ne voulez pas de notre amitié ; tout ce que vous cherchez, c'est à assouvir vos désirs sexuels » ? Et, selon Finkelhor, il est vrai que les hommes ont du mal à satisfaire leurs besoins affectifs avec les femmes ailleurs qu'au lit.

Dans les relations que les hommes ont avec les enfants, il existe un certain parallèle. Les hommes éprouvent beaucoup de difficulté à créer des liens affectifs intimes avec des enfants parce qu'ils traînent avec eux tout un bagage sexuel mêlé à leurs émotions tendres. Les hommes qui abusent sexuellement des enfants agissent peut-être ainsi parce que le comportement des enfants sert de miroir à leurs propres besoins affectifs réprimés. Mais il y a aussi le fait que ces agresseurs font de la projection en attribuant aux enfants des besoins affectifs qu'ils n'ont eux-mêmes jamais satisfaits.

Tout cela reflète un problème qui n'est pas simplement une affaire de comportements sexuels qui entraînent l'exploitation sexuelle des enfants. Quand l'homme s'aperçoit que ses besoins affectifs se traduisent en comportements sexuels, il est frappé par le fait que ces comportements ne sont pas acceptables en société. Il se soustrait alors à la présence des enfants, les évite. Nous trouvons ce genre de comportement chez les pères de fillettes qui approchent de la puberté. En voulant maintenir une relation intime avec leur enfant, ils éprouvent envers elle une attirance sexuelle qui les effraie. Parfois, ils évitent la situation, parfois ils y succombent. Ils commencent à fantasmer et, éventuellement, ils passent du fantasme à l'acte, ne pouvant résister au besoin d'assouvir leurs puissants besoins affectifs.

L'attrait sexuel tel qu'il est défini par l'homme

Outre cet aspect de la socialisation de l'homme, il existe une deuxième composante qui se rapporte à l'attrait sexuel. Selon Finkelhor, il est facile de comprendre pourquoi les hommes sont plus facilement attirés par les enfants. Les enfants sont jeunes, délicats et faibles, caractéristiques que recherchent les hommes. En soi, cet ensemble de caractéristiques — l'âge tendre, la petite taille et la faiblesse — représente une attraction et une qualité sexuelles importantes. C'est un profil que favorisent les médias et la publicité, et qui aujourd'hui fait partie de nos attitudes et de nos valeurs. Ce n'est pas le cas pour les femmes, à qui l'on apprend à rechercher des partenaires qui sont plus âgés, plus grands et plus forts. La séduction que l'enfant exerce sur l'homme s'explique en partie par la position d'autorité de ce dernier, le pouvoir ayant été sexualisé par les hommes. Par exemple, il arrive assez fréquemment que des médecins, des thérapeutes et des employeurs s'engagent dans des relations sexuelles avec leurs patients, leurs clients, leurs employés. On constate ce phénomène principalement lorsque les médecins, les thérapeutes et les employeurs sont des hommes. Leur situation privilégiée leur fournit des occasions et des possibilités d'entrer en relation avec leurs victimes. Mais, surtout, c'est le fait pour ces hommes d'être dans une situation de pouvoir à l'égard d'un être plus faible qu'eux qui est enivrant au point de vue sexuel. On peut établir un parallèle entre cette situation et celle qui implique des enfants : étant donné qu'ils sont jeunes, délicats et faibles, ils sont très attirants sexuellement pour un grand nombre d'hommes dans notre société.

Les hommes sont mal socialisés dans le rôle de protecteur

Il existe une troisième composante dans le phénomène de la socialisation des hommes, qui est liée au rôle de protecteur. Notre société, en effet, donne aux hommes la permission de ne pas s'occuper des enfants. Par tradition, les hommes n'ont pas grandi dans un milieu qui leur attribue des responsabilités en tant que gardiens, protecteurs, pourvoyeurs de soins aux enfants. Il en résulte chez les hommes une absence de compréhension de l'enfant, une absence d'empathie, si bien qu'il ne savent pas se mettre à la place de l'enfant pour vraiment comprendre ses réactions. Dès leur jeune âge, les garçons doivent délaisser leurs comportements enfantins pour devenir des hommes. « Il faut faire de toi un homme ! » disent les parents et les éducateurs, de sorte qu'une fois adulte l'homme ne sait pas retrouver son « moi » d'enfant. Et parce que l'adulte mâle n'a pas cette capacité de retrouver le cœur d'enfant qui bat en lui, il a beaucoup de difficulté à s'identifier à l'enfant qui deviendra sa victime. On entend d'ailleurs les commentaires suivants de la part de presque tous les abuseurs après qu'ils ont été appréhendés : « Eh bien ! je ne crois pas avoir fait quelque chose de si mal... Après tout, je n'ai pas commis de viol. C'étaient des attouchements pour s'amuser. Qu'est-ce que vous avez tous à vous énerver pour si peu ? Je ne vois pas quel mal j'ai bien pu faire. » Ces abuseurs sont incapables de comprendre que la dimension sexuelle de leur relation avec l'enfant risque d'être bouleversante, voire douloureuse pour la victime. Cela leur échappe parce qu'ils ne peuvent pas se mettre à la place de l'enfant ni comprendre comment un enfant se sent lorsqu'un adulte le trahit.

La prévention : modifier la socialisation

Ces trois composantes du processus de socialisation des hommes en général peuvent sans doute les prédisposer à commettre des abus sexuels. Cette conception comporte évidemment des conséquences fort importantes. Mais il faut souligner que le problème des abus sexuels ne réside pas uniquement dans cette conception. C'est plutôt un élément dans une problématique qu'il faut essayer de saisir dans son ensemble. Ainsi, la socialisation sexuelle des hommes n'est qu'un des nombreux facteurs qui entrent en jeu. Pour le moment, nous examinerons les effets de cette socialisation et ses conséquences sur la prévention. D'abord, il faut remettre en question la façon dont on élève les garçons aujourd'hui et se demander comment on pourrait modifier les trois composantes de la socialisation :

1. On attribue aux émotions des hommes une qualité sexuelle lorsqu'on nie leur droit d'éprouver et d'exprimer des sentiments autres que sexuels.

2. On cultive chez les hommes le goût des partenaires sexuelles jeunes, menues et faibles.
3. On ne favorise pas chez les hommes le rôle de protecteur d'enfants.

Par exemple, dans le premier cas, il faut combler les besoins affectifs des jeunes garçons, leur permettre d'éprouver et d'exprimer des sentiments d'affection, de vivre des relations où la tendresse, la dépendance et les sentiments délicats sont acceptés, et ce, sans pour autant associer ces sentiments à des manifestations sexuelles. Il faut encourager ce genre de relation entre les garçons, et entre les garçons et les filles. Il faut aussi amener les garçons et les hommes à rechercher des relations sexuelles avec des partenaires qui sont leurs égales tant au point de vue du statut social qu'au point de vue de l'âge, de l'intelligence et du pouvoir. D'autre part, il faut encourager les femmes à réclamer cette égalité et espérer que les hommes apprendront à considérer cette égalité comme attrayante et stimulante sexuellement.

Enfin, il faut promouvoir chez les hommes une meilleure compréhension et une plus grande empathie à l'égard des enfants. C'est là un objectif très difficile à atteindre parce que la problématique des abus sexuels a pour effet, dans bien des cas, d'éloigner les hommes des enfants. Ainsi, peu d'hommes travaillent dans les garderies ou dans les écoles primaires auprès des enfants. Les adolescents qui cherchent l'occasion de gagner un peu d'argent en gardant des enfants n'ont pas la tâche facile. Pour bien des parents, en effet, le fait de laisser leurs enfants seuls avec un jeune garçon est inquiétant, car ils savent que la probabilité de commettre des abus sexuels est plus grande chez les garçons que chez les filles. Il faut donc créer des occasions pour permettre aux garçons et aux hommes d'assumer leurs responsabilités en tant que pourvoyeurs de soins aux enfants. Évidemment, il faudra effectuer ces changements de façon graduelle et réfléchie afin de ne pas placer les enfants dans des situations de risque. Mais il ne faut pas perdre de vue l'importance d'augmenter chez la population masculine la capacité de s'identifier aux enfants, de bien comprendre leurs besoins et de se soucier de leur bien-être.

David Finkelhor est codirecteur du Family Research Center et du Family Violence Research Program de l'Université du New Hampshire. Il est l'auteur de nombreux ouvrages dont *Sourcebook on Child Sexual Abuse* (1986), *Nursery Crimes* (1988) et *Stopping Family Violence* (1988).

1.6 Un des objectifs de la sociologie : voir au-delà des apparences

Selon Peter L. Berger (1986), la perspective sociologique permet de voir « derrière la façade », de constater que les choses sont loin d'être ce à quoi elles ressemblent. Grâce à la perspective sociologique, nous pouvons en venir à découvrir des phénomènes qui sont généralement mal connus. Celle-ci nous incite à aller au-delà des explications habituelles pour nous aider à trouver des réponses surprenantes à première vue. En effet, il est facile de ne plus remarquer la société tant nous sommes habitués à y vivre. Pour illustrer cette affirmation, voici quelques exemples.

On croit souvent que le divorce résulte des problèmes de la vie quotidienne qui érodent le sentiment amoureux des conjoints. Cette raison, qui est fondée, n'explique pas pour autant l'énorme augmentation du taux de divorce qu'ont connue le Québec et le Canada depuis le milieu des années 1960. La figure 1.3 indique que le taux de divorce au Canada s'est accru considérablement depuis 1966. Pourquoi le taux de divorce des couples contemporains est-il de quatre à cinq fois supérieur à celui des couples de la période précédente ? Les membres d'un couple actuel sont-ils tellement différents de ceux des générations précédentes ? Y a-t-il aujourd'hui une proportion plus élevée d'individus instables ?

La multiplication des divorces depuis le début des années 1960 ne reflète pas seulement les choix individuels des hommes et des femmes, elle donne aussi à penser qu'un nouveau modèle de relation entre les femmes et les hommes s'est établi.

Ce nouveau modèle social a été officialisé par l'adoption au Canada des lois sur le divorce en 1968 et en 1985. Ces lois ont permis de supprimer plusieurs obstacles juridiques à la dissolution du mariage. Avant 1968, il n'était pas facile d'obtenir un divorce au Canada ; le seul motif reconnu était l'adultère. En 1968, la loi reconnaissait, en plus de l'adultère, la cruauté physique ou mentale comme délit conjugal pouvant être un motif du divorce. De plus, la séparation de fait, depuis au moins trois ans, devenait un motif supplémentaire permettant d'obtenir un divorce.

Figure 1.3 Le taux de divorce au Canada et au Québec

a) Le taux de divorce au Canada et au Québec (1951-2003)

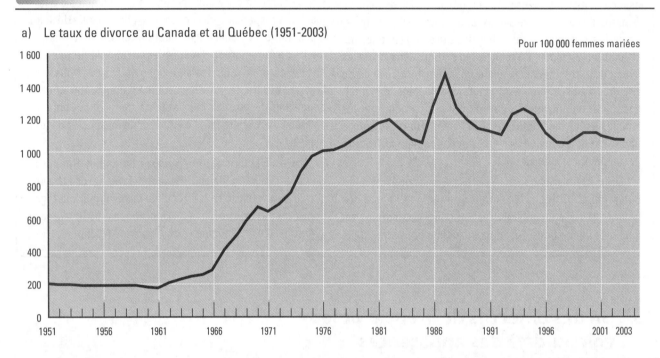

b) Indice synthétique de divortialité (1969-2002)

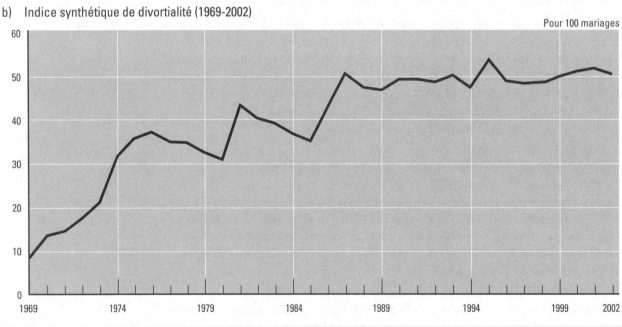

Sources : Statistique Canada, au catalogue n° 84-F0213XPB et Institut de la statistique du Québec, 1969-2002.

SOCIOLOGIE EN ACTION

Guy Rocher
Professeur titulaire, Université de Montréal

Guy Rocher est sans conteste un des pionniers de la sociologie québécoise. Titulaire d'un doctorat en sociologie de l'Université Harvard (1958), il entame sa carrière en dirigeant l'École de service social de l'Université Laval et sa revue *Service social* (1958-1960) tout en enseignant la sociologie et la psychologie sociale. Puis, en 1960, il devient professeur au Département de sociologie de l'Université de Montréal, où il est encore actif à ce jour, en plus d'être chercheur au Centre de recherche en droit public à la Faculté de droit de la même université. La perspective sociologique a certes eu une influence sur la formation de l'esprit critique de ce grand penseur du social.

Au cours de sa carrière, Guy Rocher a écrit pas moins de 16 livres, plus de 200 articles, chapitres de livres et documents d'étude. Plusieurs de ces ouvrages, comme la fameuse *Introduction à la sociologie générale* (Rocher, 1969) et la présentation des théories de Talcott Parsons (Rocher, 1972), lui ont valu des prix prestigieux et ont été traduits en plusieurs langues. Depuis plus de 50 ans, ce sociologue engagé contribue aux grandes transformations du Québec. À plusieurs reprises, il a conseillé le gouvernement québécois en tant que membre de la Commission royale d'enquête sur l'enseignement (Commission Parent, 1961-1966), puis en tant que président du Comité d'étude pour la fondation de l'Université du Québec à Montréal (1965-1966). Il a également occupé le poste de sous-ministre au Développement culturel (1977-1979) et au Développement social (1981-1983). De nombreux prix nationaux et internationaux ont

récompensé ce grand intellectuel, Chevalier de l'Ordre national du Québec et Compagnon de l'Ordre du Canada.

Récipiendaire de plusieurs doctorats honorifiques (en droit, Université Laval, 1996; en sociologie, Université de Moncton, 1997), Guy Rocher continue ses recherches et poursuit son rôle de citoyen engagé. Ainsi, dans un article sur la recherche, il critique les nombreuses normes qui régulent aujourd'hui la recherche scientifique (Rocher, 1997*a*). Il trouve l'idéologie de l'excellence trop prédominante et élitiste. La survivance des plus aptes à évoluer dans cet univers fait que les chercheurs doivent être en perpétuelle adaptation. Il voit alors un double défi à relever : celui de ne pas tomber dans la régulation excessive et celui de respecter la créativité des chercheurs.

Les sociologues en action développent aussi une culture politique en prenant part aux changements sociaux. Guy Rocher revient sur la nécessité d'une culture politique dynamique au Québec. Dans un de ses écrits (Rocher, 1997*b*), il expose l'évolution de la culture politique québécoise en lien avec l'histoire des classes sociales : l'évolution de la classe rurale jusqu'à la fin des années 1950, celle de la classe ouvrière dans les années 1960 et 1970, puis celle de la classe moyenne aujourd'hui. Ces étapes ont amené à une redéfinition de l'État et de la démocratie. Les groupes de pression se font plus entendre qu'autrefois, où l'Église représentait le groupe le plus fort. La professionnalisation du Québec a largement contribué à cet essor démocratique. Le nationalisme, d'abord canadien-français, puis ensuite québécois, a aussi joué un rôle très important dans le développement culturel et politique du Québec. Quelle que soit l'option politique des individus, il est clair pour Guy Rocher que le Québec a besoin d'un État fort.

Pour cela, il faut aussi que les institutions soient solides. Concernant l'éducation, Guy Rocher a pris position pour la défense du réseau collégial remis en question par le gouvernement Charest. Dans une conférence retranscrite et publiée par la CSN (Rocher, 2004), ce grand sociologue qui a tant participé à l'élaboration du système d'éducation québécois affirme que le cégep a un rôle formateur de premier plan. Selon lui, cette institution permet d'orienter les élèves dans une période de leur vie remplie d'hésitations devant un marché du travail de plus en plus complexe. Elle favorise aussi une transition souple entre le secondaire et l'université, ce qui a pour effet de réduire le décrochage et d'encourager le «raccrochage» scolaire. Elle aide les individus à atteindre une certaine égalité devant l'acquisition des connaissances et, enfin, elle participe à l'enrichissement de la culture québécoise. Pour Guy Rocher, la perspective sociologique permet une réflexivité sur notre société. Cette réflexivité est chaque jour à entretenir comme un bien précieux dont on a hérité.

Avec la Loi de 1985 sur le divorce, la rupture du mariage au moyen d'une séparation de fait d'au moins un an constituait une raison suffisante pour obtenir un divorce. Depuis cette année-là, la loi reconnaît la «fin de l'amour» comme une cause de la rupture du mariage. Le divorce n'est plus seulement l'incident tragique qui brise la vie conjugale, il est aussi la preuve qu'il n'y a plus d'amour dans le couple.

Les lois canadiennes sur le divorce sont l'expression d'un nouveau modèle de relation entre les hommes et les femmes mariés. Ce nouveau modèle de relation est le résultat d'un changement social important. Un **changement social** est une transformation durable et collective des modèles sociaux.

CHANGEMENT SOCIAL

Modification durable et collective des modèles sociaux.

La conception traditionnelle du mariage, assurant la lignée familiale, a été notamment été remise en question avec les débats entourant les mariages de conjoints de même sexe.

Il n'existe pratiquement plus de «mariages d'intérêt» arrangés par les parents. Les «mariages obligés», parce que la jeune femme est enceinte, sont beaucoup plus rares depuis l'apparition de la pilule, la généralisation des autres méthodes anti-conceptionnelles et la plus grande acceptation de l'avortement et de la fille-mère, qu'on appelle plus justement «mère célibataire». Les mariages d'aujourd'hui sont avant tout des mariages d'amour. On ne se sent plus contraint de rester en couple dès que l'on n'est plus heureux à deux. Le fait d'avoir en commun des enfants ne paraît plus constituer un obstacle à la séparation. Dans la famille traditionnelle (Shorter, 1981), le mariage remplissait un rôle social: il servait à transmettre la propriété et à assurer la lignée; c'est pourquoi le mariage était soumis à l'autorité des parents. Dans la famille contemporaine (Roussel, 1989), le mariage ne joue plus ce rôle social; il est devenu une affaire privée qui relève uniquement de l'intimité entre deux personnes.

Plusieurs sociologues prétendent que les mariages arrangés d'autrefois étaient plus stables parce qu'ils ne reposaient pas sur le sentiment amoureux. Les membres du couple étaient aussi liés par leur rôle social, lequel était défini par la communauté. D'ailleurs, les lois et les croyances religieuses accentuaient la responsabilité sociale des membres du couple. Avant 1968, le mariage était presque indissoluble. Le divorce devant les tribunaux avait un caractère exceptionnel et il ne pouvait se réaliser que si l'un des conjoints avait commis l'adultère.

Les mariages d'aujourd'hui semblent présenter toutes les conditions pour être plus heureux étant donné la diminution des obligations créées par l'entourage, mais ils sont moins stables que les mariages d'autrefois. Il y a donc eu des changements ailleurs que dans la relation entre les conjoints; en effet, les rôles de l'homme et de la femme dans la société ont été redéfinis, ce qui a rendu du même coup la vie à deux plus exigeante. Si l'on veut comprendre le divorce selon la perspective sociologique, il faut observer que par delà les causes personnelles de mésentente entre l'homme et la femme, c'est-à-dire derrière cette façade, se trouve la nouvelle place des sexes dans la société. On s'explique le divorce des membres d'un couple par le fait qu'ils se disputent continuellement, qu'ils ne s'aiment plus; bref, qu'ils n'éprouvent plus de plaisir à vivre ensemble. Derrière la façade, on découvre des raisons sociales qui indiquent en général pourquoi les divorces sont plus nombreux qu'auparavant. Ainsi, le divorce dévoile notre modèle de société et définit le cadre général dans lequel les choix individuels de la femme et de l'homme sont faits. Une analyse approfondie complète les explications familiales (celles qui sont devant la façade) mais partielles du phénomène social qu'est le divorce.

1.7 Le rapport société-individu : contrainte ou liberté ?

L'analyse du suicide par Émile Durkheim, que nous avons vue précédemment, nous a montré l'influence qu'exerce la société sur l'individu. L'exemple portant sur le divorce permet d'imaginer que les relations entre les individus au sein d'un couple peuvent être différentes selon les époques et les sociétés. Est-ce à dire que les comportements des individus sont déterminés par la société ? L'inverse est-il vrai : les individus exercent-ils une influence sur la société ? Et, comme se le demandent les auteurs de *Sociologie basique* (Coiffier et autres, 1992), qui joue le rôle prépondérant dans le fonctionnement social : les individus ou la société ?

Les réponses à ces questions sont complexes. On trouve, dans la documentation sociologique, deux grands courants qui reposent sur deux conceptions de la vie en société. Certains sociologues voient la vie en société comme le résultat de multiples actions, décisions, collaborations et rivalités entre des individus libres.

> Certains sociologues voient la vie en société comme le résultat de multiples actions, décisions, collaborations et rivalités entre des individus libres.

Pour eux, la société est le produit de l'interaction d'individus autonomes. Elle est une construction humaine qui change selon la volonté des acteurs sociaux que sont les individus. Dans une certaine mesure, ces sociologues considèrent que les individus sont les premiers responsables du fonctionnement social. Un des fondateurs de la sociologie (*voir le chapitre 2*), le sociologue allemand Max Weber (1864-1920), est un représentant de ce courant de pensée.

D'autres sociologues, dont Émile Durkheim (1858-1917) et Karl Marx (1818-1883), favorisent une perspective déterministe. Le **déterminisme social** est une perspective

DÉTERMINISME SOCIAL

Perspective sociologique selon laquelle la structure sociale a une influence cruciale sur la vie des individus.

sociologique qui considère que la structure sociale a une influence prépondérante sur la vie des individus. Ces sociologues estiment que les comportements sociaux sont largement conditionnés par la société. C'est ainsi que, pour Durkheim ou Marx, la société est une organisation sociale qui existe indépendamment des individus et qui conditionne leur comportement. Une **organisation sociale** est la manière dont les différentes parties de la société sont organisées entre elles. Selon ces sociologues, la société dans laquelle nous vivons possède une organisation sociale particulière, qui encourage ou décourage certains comportements chez les individus. Par exemple, la tendance à ne vivre que pour soi — à savoir l'individualisme —, qui est caractéristique de la société moderne, est, selon Durkheim, une conséquence du type de société dans laquelle nous vivons (Durand et Weil, 1997).

ORGANISATION SOCIALE
Mode d'organisation des différentes parties de la société.

Le premier courant sociologique s'appuie sur une conception de l'être humain comme étant d'abord un individu rationnel qui décide librement de ce qu'il fait (Coiffier et autres, 1992). Le deuxième courant repose sur une conception selon laquelle l'être humain est pour ainsi dire fabriqué par la société. Ainsi, l'individu est déterminé par la structure sociale de sa société.

Qu'est-ce qui définit le mieux un individu ? Son aspect rationnel, calculateur, ou son besoin de se conformer à la société, de suivre ses règles ? L'individu est-il le produit de sa société ou est-ce plutôt la société qui est le produit des individus ? On peut s'accorder à dire que l'être humain est un individu à la fois rationnel et irrationnel, et que la société et l'individu sont étroitement liés parce qu'ils sont interdépendants. Cependant, comme le constatent Durand et Weil (1997), tout se passe comme si les études sociologiques portant sur les sociétés entières adoptaient la conception de l'individu comme produit de sa société, tandis que les études qui s'intéressent d'abord aux individus épousent plus facilement l'autre conception de la société et de l'individu. La sociologie propose donc deux grandes façons de voir les relations entre l'individu et la société.

Réseau thématique   Le rapport société-individu

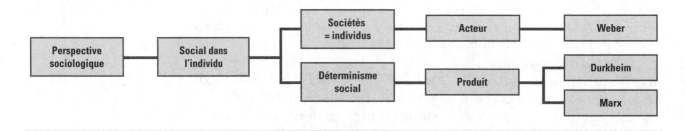

1.8 Les trois niveaux d'analyse en sociologie : macro, micro, méso

Dans leur étude des phénomènes, les scientifiques ont le choix de s'intéresser à l'infiniment petit ou à l'infiniment grand. Les études sociologiques se distinguent par leur niveau d'analyse : étudie-t-on la société dans son ensemble ou seulement une partie de celle-ci ?

MACROSOCIOLOGIE
Étude des phénomènes qui se produisent à une grande échelle ou dans une civilisation entière.

La **macrosociologie** s'intéresse aux phénomènes qui se produisent à une grande échelle ou dans une civilisation entière. Ce niveau d'analyse peut se comparer à l'étude d'une ville observée d'un hélicoptère. Par exemple, à vol d'oiseau, on constate rapidement que les autoroutes facilitent la circulation des automobiles d'un lieu à un autre et qu'il y a une grande différence entre un quartier riche et un quartier pauvre.

Pour sa part, la **microsociologie** s'intéresse à l'étude des petits groupes. Pour ce faire, elle recourt parfois à des études expérimentales en laboratoire. Pour reprendre l'exemple de l'étude d'une ville, on explore maintenant celle-ci à l'échelle des rues et l'on note au passage les types de relations que les individus entretiennent entre eux dans les parcs, ou encore les situations qui amènent les individus à réagir aux passants de façon sympathique ou à leur témoigner de l'indifférence.

Enfin, la **mésosociologie** s'intéresse à l'étude des groupes d'une taille importante ; ce niveau d'analyse se situe entre la société et l'individu. Cette fois, l'hélicoptère qui survole la ville repère une grande entreprise, une usine ou un chantier de construction. On examine comment le travail est organisé. L'observateur peut déduire de quelle façon l'appartenance à un groupe de travail structure les relations entre les individus.

Les sociologues trouvent utile de faire appel aux trois niveaux d'analyse. Nous pouvons apprendre beaucoup en recourant à ceux-ci pour observer un même phénomène. Par exemple, nous pouvons étudier le comportement criminel sur le plan macroscocial en examinant le taux de criminalité dans une société ou dans plusieurs sociétés. Sur le plan microsocial, nous pouvons chercher à déterminer les phénomènes sociaux qui poussent certains individus à devenir des criminels ou des délinquants. Enfin, sur le plan mésosocial, nous pouvons examiner les relations entre l'appartenance à un groupe et l'activité criminelle.

> **MICROSOCIOLOGIE**
> Étude des petits groupes qui peut se faire par l'intermédiaire d'études expérimentales en laboratoire.

> **MÉSOSOCIOLOGIE**
> Étude des groupes de grande taille, le niveau d'analyse se situant entre la société et l'individu.

Réseau thématique   Les trois niveaux d'analyse en sociologie

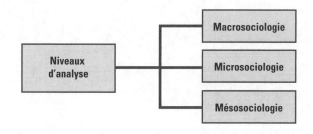

1.9 L'apport de la sociologie : connaître, être, agir

L'étude de l'individu et de la société à l'aide de la perspective sociologique peut donner aux étudiants trois types de bénéfices : un savoir, un savoir-être et un savoir-faire.

Le premier bénéfice appartient au domaine de la connaissance. La perspective sociologique permet de mieux connaître l'individu, la société et la relation entre eux. Elle permet de saisir comment les individus sont des êtres sociaux qui peuvent véritablement développer leur personnalité grâce à la société. Plusieurs études montrent l'importance du milieu dans le développement de l'enfant. L'individu, sous cet angle, est un produit de la société. La perspective sociologique permet aussi de comprendre que l'individu est, sous un autre angle, un acteur, en ce sens qu'il peut agir pour modifier la société dans laquelle il vit.

Le deuxième bénéfice de la perspective sociologique relève du domaine des attitudes et du jugement. L'étude de l'individu et de la société, selon cette approche, favorise le développement de l'esprit critique et l'acquisition d'attitudes qui facilitent la vie en société, comme la tolérance ou l'acceptation de la différence.

Dans toutes les sociétés, les gens tiennent pour vraies certaines idées et certaines perceptions d'eux-mêmes; qu'elles soient authentiques ou non, elles forment pour les gens la base de la réalité. La perspective sociologique permet de sonder notre façon familière de voir la société, de telle sorte que nous pourrons adopter un regard critique quant à ce que nous tenons pour vrai.

Le troisième bénéfice de la perspective sociologique a trait à l'influence qu'une personne peut exercer sur la société. La perspective sociologique rend l'individu capable de prendre part plus activement à la société dans laquelle il vit. Elle lui enseigne qu'il a la possibilité de façonner son monde, que ce soit dans un domaine particulier ou d'une manière plus globale. L'actualité nous montre périodiquement qu'il est possible de changer les règles de la société, comme l'a fait Laure Waridel, cofondatrice et présidente d'Équiterre, une organisation vouée à la promotion des choix écologiques et socialement responsables. Cette jeune sociologue est considérée comme l'une des pionnières du commerce équitable et de la consommation responsable au Québec. Elle a notamment publié *Une cause café* (1997) et *L'envers de l'assiette et quelques idées pour la remettre à l'endroit* (2003).

1. La perception que l'on a de la réalité est liée à notre manière de voir, c'est-à-dire à notre perspective personnelle, laquelle permet de considérer certains aspects d'un phénomène plutôt que certains autres.

2. La perspective sociologique nous révèle que, par-delà la marge d'autonomie dont les individus disposent, des forces sociales conditionnent leurs gestes quotidiens.

3. Les recherches d'Émile Durkheim sur le suicide ont permis de démontrer que les personnes qui sont peu intégrées socialement ont davantage tendance à se suicider que celles qui sont plus intégrées. Autrement dit, la décision individuelle de se suicider est liée à des conditions sociales.

4. La sociologie est une science humaine qui s'intéresse à l'aspect social de la réalité humaine. Elle partage cette préoccupation avec, notamment, l'anthropologie, l'économie, l'histoire, la psychologie et les sciences politiques.

5. La sociologie est l'étude systématique des comportements sociaux et des groupes humains. Elle se distingue par le caractère global de son analyse, par l'accent qu'elle met sur l'interprétation et l'explication, par son objectif qui est la connaissance et non l'action, et par sa perspective qui est avant tout sociale.

6. La perspective sociologique est particulièrement utile parce qu'elle permet de voir au-delà des apparences. Elle révèle de quelles façons les pressions sociales agissent sur nous dans la vie quotidienne.

7. La perspective sociologique permet de comprendre que l'individu est à la fois un produit de sa société et un acteur capable de modifier celle-ci.

8. Les études sociologiques se distinguent par leurs niveaux d'analyse. La macrosociologie étudie les phénomènes qui se produisent à une grande échelle, tandis que la microsociologie s'intéresse aux petits groupes. Quant à la mésosociologie, elle adopte une position intermédiaire en étudiant des groupes d'une taille importante.

9. On peut retirer trois bénéfices de l'approche sociologique : une meilleure connaissance de l'individu, de la société et de la relation entre eux ; le développement d'un esprit critique et l'acquisition de certaines attitudes qui facilitent la vie en société ; la possibilité d'exercer une influence sur la société.

MOTS-CLÉS

1. Pourquoi utilise-t-on plusieurs perspectives pour expliquer les phénomènes humains ? À quoi sert une perspective ?

2. Expliquez la différence entre la perspective sociologique et la perspective psychologique du suicide.

3. Montrez comment la perspective sociologique permet d'expliquer un phénomène social à l'aide d'un principe général.

4. Pourquoi dit-on que la perspective sociologique est essentiellement une perspective sociale ?

5. Pourquoi dit-on que la perspective sociologique permet de voir derrière la façade ?

6. En vous appuyant sur les deux grands courants de pensée qui lient l'individu à la société, prenez position quant à l'influence des structures sociales sur l'individu et à l'influence de l'individu sur les structures sociales.

7. Vrai ou faux ?

   a) Chaque phénomène social doit être étudié selon une perspective particulière.

   b) La perspective sociologique permet de voir le social en nous parce qu'elle s'intéresse seulement à l'influence qu'exerce la société sur les individus.

   c) L'anomie est le principe général qui, selon Émile Durkheim, permet d'expliquer le suicide.

   d) La sociologie se distingue de la psychologie en raison de son approche globale.

   e) La perspective sociologique est essentiellement une perspective sociale parce qu'elle s'intéresse d'abord aux individus.

   f) Ce que les sociologues voient au-delà des apparences, ce sont les règles sociales.

   g) Le déterminisme social est plus présent chez les sociologues qui font des études macrosociologiques.

ACTIVITÉS INTERACTIVES   ODILON.CA

Chapitre 2

Les théories sociologiques

2.1 Des visions différentes

Aéroport de Mirabel, 18 janvier, 0 h 30. Un groupe d'élèves du cégep revient d'un stage de six semaines au Nicaragua, en Amérique centrale. Après avoir récupéré leurs bagages, les stagiaires montent dans l'autocar qui les ramènera chez eux. Encore deux heures de route, et ils retrouveront leur famille et leurs amis. Ariane est assise à l'avant; elle n'arrive pas à dormir même si elle s'est éveillée très tôt le matin. Elle est frappée par le confort de l'autocar.

Une semaine plus tard, elle est encore sous l'effet de l'expérience qu'elle a vécue pendant son stage. Elle regarde d'un œil différent les gens de son entourage, que ce soit au collège ou dans le quartier résidentiel qu'elle habite avec ses parents. Elle trouve que tous ces gens consomment beaucoup trop et gaspillent les ressources, qu'ils vivent comme des égoïstes dans des maisons trop grandes et trop luxueuses. Il faut dire que le thème de son stage était justement «L'appauvrissement devrait-il préoccuper les riches?».

Depuis son retour, Ariane n'a plus la même vision de la pauvreté. Avant le stage, elle n'avait pas pris conscience des écarts entre les riches et les pauvres. Elle croyait que la plupart des gens pauvres sont des paresseux et parfois même des profiteurs qui vivent aux dépens des autres. Les cours, les activités préparatoires au stage et le stage lui-même dans un pays où le chômage dépasse les 50 % lui ont permis de voir la pauvreté autrement. Les personnes pauvres lui apparaissent maintenant comme les victimes d'un contexte économique ou d'une situation sociale difficile.

Ces deux visions contradictoires des personnes pauvres, soit comme profiteurs, soit comme victimes, peuvent, si elles sont systématisées, servir à expliquer des faits ou des comportements humains, c'est-à-dire qu'elles peuvent devenir des éléments de théorie sur le phénomène social de la pauvreté. Une théorie peut être comparée à des jumelles qui permettent d'observer la réalité sociale grâce à une lentille particulière.

La lecture de ce chapitre devrait vous permettre de répondre aux questions suivantes:

- Quelle est l'origine de la sociologie?
- Qui sont les fondateurs de cette discipline?
- Quelles sont les trois principales théories que les sociologues utilisent lorsqu'ils étudient les phénomènes sociaux?
- Comment peut-on faire une analyse sociologique d'une activité humaine comme le sport à l'aide de chacune des trois principales théories sociologiques?

2.2 L'origine de la sociologie : trois révolutions

La sociologie comme discipline scientifique date de la fin du XIXe siècle, alors que se produisent des transformations sociales profondes à la suite de la révolution industrielle en Occident. La sociologie apparaît donc en même temps que la société industrielle. Les précurseurs de la sociologie contemporaine sont des penseurs sociaux qui désirent comprendre un monde transformé par de grands bouleversements et qui cherchent à résoudre les problèmes sociaux de leur époque.

Selon Durand et Weil (1997), les trois révolutions (politique, industrielle et scientifique) qui ont marqué le XIXe siècle ont mené à la naissance de la sociologie. La révolution politique, soit la Révolution française, est caractérisée par l'effondrement de la société dite de l'Ancien Régime (royauté, noblesse, paysannerie, etc.) et par l'apparition d'une nouvelle classe de gens au pouvoir, la bourgeoisie, qui essaie de mettre en place une société plus égalitaire. Cette transformation politique fait la preuve que l'on peut changer la société, comme le désirent les penseurs sociaux de l'époque. En ce qui concerne la révolution industrielle, c'est-à-dire l'invention de la machine et ses innovations continuelles, elle permet de changer profondément le travail tel qu'il existait dans la société rurale. L'exploitation sauvage des travailleurs et les conditions de vie misérables constituent d'ailleurs les sujets des premières enquêtes de type sociologique.

La sociologie comme discipline scientifique date de la fin du XIXᵉ siècle, alors que se produisent des transformations sociales profondes à la suite de la révolution industrielle en Occident. La sociologie apparaît donc en même temps que la société industrielle.

Quant à la révolution scientifique, elle a comme résultat l'apparition de nouvelles technologies. Les nouvelles connaissances dans les domaines de la physique et de la chimie permettent la mise au point de techniques industrielles, tandis que les techniques médicales se perfectionnent grâce aux découvertes en biologie. Encouragés par ces développements scientifiques et techniques, les précurseurs de la sociologie croient qu'il est possible d'élaborer une science qui a pour objet la vie en société de même que des techniques sociales qui pourront aider à résoudre les problèmes que pose la vie en société.

Ce nouveau contexte politique, scientifique, économique et, somme toute, social favorise l'émergence d'une nouvelle vision de la vie en société. Reprenons l'exemple de la pauvreté pour illustrer la profondeur de ce changement. Avant le XIXᵉ siècle, la pauvreté était considérée comme naturelle puisqu'elle faisait partie de la condition humaine. Seules quelques personnes, des visionnaires (comme le philosophe Jean-Jacques Rousseau), osaient affirmer vers la fin du XVIIIᵉ siècle que les êtres humains étaient égaux à la naissance. La majorité des gens croyaient plutôt le contraire. La pauvreté était vue comme une «volonté de Dieu», le résultat du péché originel, un mauvais sort. Elle était assimilée à un malheur, et on croyait que rien ne pouvait l'enrayer. On pouvait la déplorer, l'alléger dans certains cas, mais on ne pouvait ni la prévenir ni l'empêcher. Ce n'est que lorsque les gens ont commencé à penser qu'ils pouvaient améliorer la société pour s'offrir de meilleures conditions de vie qu'ils ont considéré la pauvreté non plus comme un malheur, mais comme une injustice qui pouvait être soulagée par une réorganisation de la société.

Selon Jean-Michel Berthelot (1992), ce sont les transformations sociales profondes qu'a connues le XIXᵉ siècle qui ont imposé peu à peu l'idée que les phénomènes sociaux comme la pauvreté ne se réduisent pas à un plan «divin» ou «naturel», mais sont plutôt le résultat de l'organisation de la vie en société. Jusqu'au XVIIIᵉ siècle, on avait tendance à expliquer les phénomènes sociaux, et d'une façon générale l'ordre social, soit par le droit divin, soit par le droit naturel. Selon cette conception, la pauvreté et d'autres phénomènes sociaux tels que la déviance et l'exploitation des travailleurs étaient soit une création de Dieu, soit une création humaine remontant au début de la vie selon les termes d'un contrat originel. Dans les deux cas, les phénomènes sociaux se réduisaient à un plan préétabli et échappaient à la maîtrise des êtres humains. Or, les transformations profondes qui se produisent au XIXᵉ siècle favorisent une remise en question de cette façon d'expliquer les phénomènes sociaux. Dès lors, on rejette l'idée d'un droit divin. Certaines personnes considèrent que l'organisation de la société est une conséquence de la nature. Pour elles, les phénomènes sociaux sont le prolongement des phénomènes naturels. D'autres pensent plutôt que des phénomènes sociaux comme la pauvreté s'expliquent par d'autres phénomènes sociaux comme la répartition des ressources dans la société. Les problèmes sociaux paraissent alors une conséquence de la vie en société elle-même. Ainsi, étant donné qu'il semble possible de modifier la société et son organisation, il devient possible d'agir sur les problèmes sociaux.

C'est dans ce nouveau contexte que la sociologie commence à se construire comme science de la vie en société. Cette entreprise se déroule durant tout le XIXᵉ siècle et au début du XXᵉ siècle. Berthelot (1992) distingue quatre phases dans la constitution de la sociologie contemporaine :

- la période du défrichement et des précurseurs entre 1810 et 1890 ;
- la période de la fondation entre 1890 et 1914 ;
- la période de la maturation entre 1914 et 1950 ;
- la période de l'institutionnalisation et de l'internationalisation depuis le milieu des années 1950.

C'est en Allemagne et en France qu'apparaîtra la nouvelle discipline. Cependant, la Première Guerre mondiale (1914-1918) ayant tué en France comme en Allemagne une grande partie de la jeunesse intellectuelle, c'est aux États-Unis que s'effectue la période de maturation.

Berthelot précise quatre dimensions importantes dans ce processus historique de constitution de la sociologie en tant que discipline scientifique.

1. La sociologie apparaît comme un savoir permettant de résoudre les nouveaux problèmes dans un monde qui connaît des transformations rapides. Il s'agit d'élaborer une connaissance qui puisse être utile. Les fondateurs de la sociologie étaient des penseurs sociaux parce qu'ils voulaient trouver le moyen de résoudre les problèmes sociaux de leur époque tels que les conditions misérables des travailleurs ou, encore, les taux de suicide très élevés. Pour les fondateurs de la sociologie comme Émile Durkheim, les sociologues sont en quelque sorte des médecins qui s'attaquent aux pathologies sociales. Pour d'autres fondateurs, comme Karl Marx, l'activité de la connaissance est une étape importante dans le processus d'un changement fondamental de la société rendu possible par la révolution.

2. Le savoir sociologique naissant va se distinguer radicalement des réflexions précédentes sur la vie sociale par son souci d'élaborer une **connaissance empirique,** c'est-à-dire une connaissance qui s'appuie sur les faits. La sociologie ne s'intéresse plus seulement à ce que devrait être la société, elle veut aussi décrire correctement la société telle qu'elle est. Les recensements statistiques et les enquêtes sociales qui sont mises au point à l'époque fourniront les faits, les interrogations et même les techniques dont pourront se servir les sociologues.

3. La sociologie s'est constituée comme discipline scientifique lorsque son savoir s'est institutionnalisé, c'est-à-dire lorsqu'il a commencé à être diffusé dans les universités. Les premiers sociologues universitaires étaient soit des philosophes, soit des juristes, soit même

CONNAISSANCE EMPIRIQUE
Connaissance qui s'appuie sur l'expérience et l'observation.

des prêtres, comme le père Georges-Henri Lévesque, qui a fondé la Faculté des sciences sociales de l'Université Laval à Québec.

4. Ces nouveaux penseurs ont construit et transmis un nouveau savoir en utilisant la science comme norme de référence pour l'étude de la vie en société, que ce soit en ce qui concerne les règles de construction de la connaissance ou la façon d'entreprendre une action visant à transformer la société.

Dossier 2.1 Quelques défis de l'avenir de la sociologie au Québec

Guy Rocher est un des sociologues les plus respectés du Québec. Il a publié en 1998 dans la revue *Cahiers de recherche sociologique* un bref essai intitulé « L'institution-nalisation universitaire de la sociologie québécoise franco-phone », dans lequel il présente quelques défis de l'avenir de la sociologie au Québec.

Guy Rocher rappelle d'abord quelques faits importants. Même si le premier département universitaire de sociologie au Canada a été fondé à l'Université McGill en 1922, le développement de la sociologie au Québec a véritablement débuté à la fin des années 1940 et au début des années 1950. Le Département de sociologie de l'Université Laval a été fondé en 1943 et celui de l'Université de Montréal, en 1955. Le troisième Département de sociologie à naître dans une université francophone du Québec est celui de l'Université du Québec à Montréal; il a été fondé en 1969. L'enseignement de la sociologie a connu une grande ex-pansion, son âge d'or, durant les années 1960 et 1970. Cependant, la croissance de la population étudiante s'est stabilisée au début des années 1980.

À l'aube du troisième millénaire, voici comment Guy Rocher voit les défis de l'avenir de la sociologie au Québec :

« … la sociologie québécoise a besoin d'abord de re-construire sa légitimité, de la consolider, à la fois en elle-même et aux yeux des autres. Cette légitimité peut prendre appui tout autant sur les bases de l'analyse critique, qui fait partie de la tradition sociologique depuis ses débuts, que sur ses recherches théoriques et empiriques. À cet égard, je crois que deux voies s'imposent. En premier lieu, les recherches sur la société québécoise devront s'engager beaucoup plus vigoureusement que ce n'est le cas actuel-lement dans la voie du comparativisme, pour sortir du carac-tère trop ethnocentrique qui a dominé jusqu'à présent. Des historiens québécois ont déjà amorcé ce mouvement; la sociologie aura avantage à s'inspirer de cet exemple. Cela mène à la seconde voie, celle de l'interdisciplinarité que la sociologie aura toujours plus intérêt à pratiquer, non

seulement avec d'autres disciplines sociales, notamment l'histoire, la science politique, le droit, l'économie, mais aussi avec des disciplines plus éloignées, tels la médecine, le génie, la biologie.

En s'inspirant de cette approche interdisciplinaire, l'en-seignement de la sociologie doit tenir compte de la restruc-turation du marché du travail pour les jeunes sociologues. On peut croire — sans être exagérément optimiste — que les prochaines années verront se rouvrir le marché du tra-vail dans la fonction publique, dans l'enseignement collé-gial et universitaire et peut-être aussi dans le secteur privé. Mais les exigences de ce marché seront différentes de ce qu'elles étaient dans les années soixante et soixante-dix. Il est plus que probable qu'une formation interdisciplinaire plutôt qu'exclusivement disciplinaire sera un atout pour répondre aux attentes de ce nouveau marché du travail.

Dans une autre perspective, la sociologie québécoise devrait s'efforcer de jouer, plus qu'elle ne l'a fait jusqu'à présent, le rôle de pont entre les sociologues de langue française et les sociologues de langue anglaise, et même d'autres langues, l'allemand, l'espagnol, l'italien. L'idée cir-cule, mais sans être appliquée suffisamment, et la sociolo-gie francophone du Québec est particulièrement bien placée pour remplir ce rôle. Elle a été cependant jusqu'ici trop exclusivement tournée vers la sociologie française et trop peu en contact vivant avec la sociologie anglo-saxonne, celle des voisins états-uniens et celle des collè-gues anglophones du reste du Canada.

À cette fin, la sociologie québécoise devrait faire une percée dans la théorie sociologique. Elle a beaucoup à dire et peut apporter plus qu'elle ne l'a fait jusqu'à présent aux discussions entre théoriciens sur la scène internationale sur le chapitre de l'une ou l'autre des théories qui ont cours dans le champ de la sociologie. La sociologie québécoise dispose d'un riche corpus de recherches empiriques locales pour élaborer une contribution originale à la pensée théorique » (Rocher, 1998, p. 30-31).

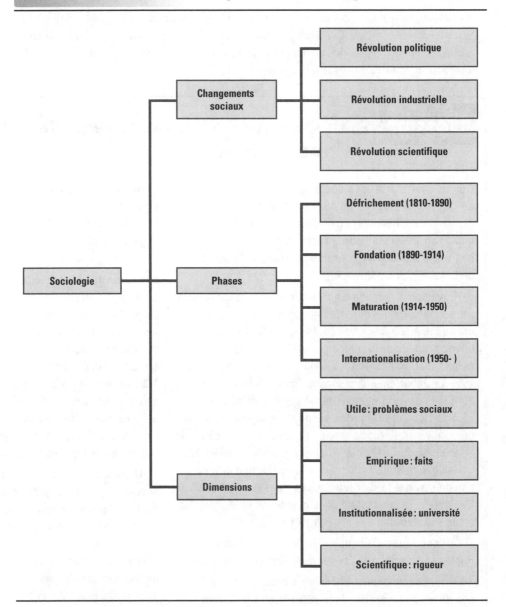

2.3 Les fondateurs : Comte, Marx, Durkheim et Weber

Dans un ouvrage d'envergure publié en 1992 sous la direction de Karl M. Van Meter et intitulé *La sociologie*, on trouve les textes essentiels de 38 auteurs parmi les plus représentatifs de la sociologie mondiale depuis ses débuts. Il est impossible dans le cadre de cet ouvrage de présenter tous ces auteurs. Nous verrons brièvement les préoccupations de quatre de ces sociologues, qui sont souvent présentés comme les principaux fondateurs de la sociologie. Auguste Comte (1798-1857) et Karl Marx (1818-1883) sont deux auteurs qui ont vécu au XIXe siècle ; ils sont habituellement considérés comme des précurseurs de la sociologie. Émile Durkheim (1858-1917) et Max Weber

(1864-1920), qui ont vécu durant la deuxième moitié du XIXe siècle et au début du XXe siècle, sont pour leur part considérés comme des fondateurs de la sociologie contemporaine.

—— Auguste Comte : nature et société

Philosophe français, Auguste Comte vit dans un monde qui a connu de profondes transformations entre la Révolution française de 1789 et les débuts de l'industrialisation qui marquent la première moitié du XIXe siècle. Il insiste dans son œuvre sur l'existence de lois sociales qui ont la même importance que les lois de la nature. Selon Comte, les phénomènes sociaux apparaissent à la suite des phénomènes naturels : la vie en société est en quelque sorte le prolongement de la nature. Cette conception dite naturaliste amène Comte à élaborer une science qu'il nomme d'abord « physique sociale », puis « sociologie ». Pour lui, la physique sociale est « la science qui a pour objet propre d'étude l'étude des phénomènes sociaux, considérés dans le même esprit que les phénomènes astronomiques, physiques, chimiques et physiologiques, c'est-à-dire assujettis à des lois naturelles invariables, dont la découverte est le but spécial de ses recherches » (Dérec, 1978, p. 81).

Auguste Comte (1798-1857)

Deux principes sous-tendent l'œuvre d'Auguste Comte : des lois régissent les différentes étapes du développement de l'humanité, et l'on doit classifier les sciences. Selon Comte, l'évolution des sociétés et de la connaissance au cours de l'histoire de l'humanité connaît trois stades distincts : les stades théologique, métaphysique et scientifique. À chacun de ces stades, la réalité est appréhendée différemment.

1. Le stade théologique remonte à l'origine de l'humanité. Les phénomènes naturels sont expliqués comme étant des créations de l'esprit, tels la superstition, la religion ou le fétichisme. La mythologie gréco-romaine, c'est-à-dire l'ensemble des mythes et des légendes propres aux civilisations grecque et romaine, est caractéristique de ce stade.

2. Le stade métaphysique, qui commence autour du Moyen Âge, est un stade de transition où les phénomènes naturels s'expliquent par des lois naturelles ou encore par des abstractions. C'est le stade de la recherche de la cause principale. Au stade théologique, on a tendance à associer une croyance ou un mythe différent à chacun des phénomènes. À ce stade, on essaie de découvrir la cause dont toutes les choses dérivent : l'absolu, Dieu.

3. Le stade scientifique est l'aboutissement du processus de la connaissance. À ce stade, on fait une analyse complexe et consciente grâce à l'utilisation de méthodes systématiques qui relèvent du positivisme. Le **positivisme** est l'application aux sciences sociales et aux sciences politiques des méthodes utilisées jusque-là dans les sciences dites positives, comme les mathématiques, et qui font de l'expérimentation, comme la chimie et la physique.

> **POSITIVISME**
>
> Application en sciences sociales et en sciences politiques de méthodes, jusque-là adoptées par les sciences positives, qui font de l'expérimentation.

Auguste Comte propose une classification des sciences suivant un ordre de complexité croissant. Le développement des sciences est inégal. Certaines sciences, comme l'astronomie ou la physique, ont déjà atteint le stade scientifique, alors que d'autres, comme la physique sociale ou la sociologie, en sont encore à leurs balbutiements. Selon Nicole Dérec (1978), Auguste Comte peut être considéré comme un fondateur de la sociologie parce qu'il conçoit les sciences sociales, et plus particulièrement la sociologie, comme des sciences positives, qui construisent un savoir à l'aide de l'observation des phénomènes sociaux.

> Selon Comte, les phénomènes sociaux apparaissent à la suite des phénomènes naturels : la vie en société est en quelque sorte le prolongement de la nature.

Voici quelques œuvres d'Auguste Comte :

- *Opuscules de philosophie sociale* (1820-1826)
- *Cours de philosophie positive* (1830-1842)
- *Système de politique positive* ou *Traité de sociologie instituant la religion de l'humanité* (1851-1854)

—— Karl Marx : production et société

Philosophe, économiste et historien, Karl Marx vit presque à la même époque qu'Auguste Comte. Sa pensée et sa vision du monde sont cependant très différentes de celles de Comte. Le capitalisme, c'est-à-dire la propriété par des particuliers des entreprises naissantes, ses contradictions et, d'une façon plus générale, le changement dans l'histoire sont ses principaux champs d'intérêt. Karl Marx et Friedrich Engels sont à l'origine d'un courant de pensée déterminant en sciences sociales auquel on a attribué un nom inspiré du premier : le marxisme. Né en Allemagne, Marx y fait ses études, puis s'y marie. En 1843, il émigre en France, où il rencontre Engels dans les milieux socialistes. Avec lui, il écrit entre autres le *Manifeste du parti communiste* en 1848. En 1849, il s'installe définitivement à Londres, où, vivant dans une pauvreté extrême, il rédige ses principaux ouvrages, dont *Le capital*.

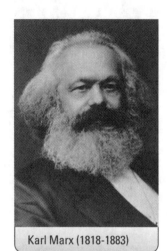

Karl Marx (1818-1883)

Toute sa vie, Marx restera étroitement lié aux partis révolutionnaires européens. La pensée de Marx est d'abord orientée vers un projet politique et social, à savoir la création d'une société plus juste et plus humaine. Les transformations profondes des conditions de vie, comme le déracinement des paysans qui deviennent des ouvriers au moment de la première révolution industrielle, l'incitent à élaborer une explication originale de la vie en société.

MATÉRIALISME HISTORIQUE

Conception selon laquelle les phénomènes sociaux proviennent du lien matériel entre l'homme et la nature.

La pensée de Marx repose sur une conception philosophique : le **matérialisme historique.** Selon cette conception, les phénomènes sociaux sont le résultat du rapport matériel de l'homme à la nature. En produisant leurs moyens d'existence, les êtres humains produisent leur vie matérielle elle-même. Cette vie matérielle est caractérisée par le mouvement et le principe de contradiction. Selon Durand (1992), Marx et Engels conçoivent que la matière est mouvement ; ainsi, la stabilité ou le repos n'est qu'un équilibre momentané du mouvement général. Cela amène Marx et Engels à attacher une grande importance aux tensions, aux conflits et aux contradictions. Selon le principe de contradiction, chaque situation est formée par l'unité des contraires, c'est-à-dire que chaque élément doit être envisagé comme une contradiction entre deux composantes. La contradiction est dépassée par la disparition d'une des composantes et par la transformation de l'autre composante en une nouvelle contradiction. Suivant ce principe, les changements dans l'histoire humaine ne se font pas de façon graduelle et linéaire. Ils se produisent plutôt au moment des révolutions, comme ce fut le cas lors de la révolution industrielle du XIXe siècle.

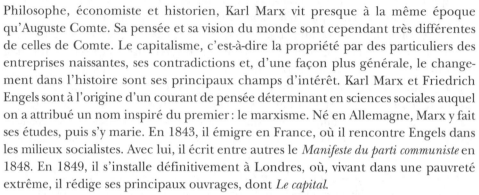

Selon Marx, les phénomènes sociaux sont le résultant du rapport matériel de l'homme à la nature.

L'apport principal de Karl Marx à la sociologie est, selon Durand, sa conception des classes sociales. Pour Marx, les classes sociales ne sont pas des masses d'individus, mais plutôt des ensembles qui se structurent dans des rapports de classes. Les classes sociales existent en dehors des individus, car elles sont pour ainsi dire le prolongement de l'organisation de la vie matérielle. Il faut savoir qu'une société, selon Marx, est composée de trois grandes parties : l'économie, qui est l'infrastructure ou la base de la société, l'organisation politique et sociale, et enfin la structure idéologique, c'est-à-dire la superstructure, qui comprend les connaissances, les conceptions du monde, la religion, etc. Pour Marx, l'importance de l'infrastructure est assez grande pour déterminer la superstructure. Dans la société capitaliste, la façon dont sont organisés les moyens de travail ou de production (l'infrastructure) provoque un conflit entre les deux grandes classes, c'est-à-dire entre la classe des propriétaires des moyens de travail, ou la bourgeoisie capitaliste, et la classe des individus qui ne possèdent que leur force de travail, ou la classe ouvrière. La lutte entre ces deux classes engendrera éventuellement une autre société, qui sera, selon Marx, plus égalitaire. C'est de cette théorie que se sont inspirés les révolutionnaires de 1917 en Russie.

L'écroulement du modèle communiste, à la fin du XXᵉ siècle, met pour l'instant dans l'ombre les ouvrages de Marx et d'Engels. Cela ne réduit pas, cependant, l'influence considérable du marxisme sur la sociologie. Ainsi, il serait difficile aujourd'hui d'utiliser en sociologie le concept d'individu sans faire référence aux écrits de Karl Marx. Une phrase célèbre résume sa conception : « Ce n'est pas la conscience des hommes qui détermine leur être, c'est inversement leur être social qui détermine leur conscience » (Durand, 1992, p. 130). L'individu construit son identité au moyen des rapports qu'il établit avec la nature et avec les autres individus dans une société donnée en participant à la production collective. Ainsi, les individus qui, au XIXᵉ siècle, subissaient pendant plus de 12 heures par jour des conditions de travail pénibles et répétitives avaient une existence limitée par le capitalisme industriel. Selon Marx, ces conditions de vie imposées par l'organisation capitaliste du travail influent fortement sur ce qu'il appelle la richesse individuelle de l'individu (Durand et Weil, 1997).

Voici quelques œuvres de Karl Marx :

- *L'idéologie allemande* (écrit en 1846 avec Engels)
- *Manifeste du parti communiste* (1848 avec Engels)
- *Travail salarié et capital* (1849)
- *Les luttes de classes en France 1848-1850* (1850)
- *Contribution à la critique de l'économie politique* (1859)
- *Salaire, prix et profits* (1865)
- *Le capital* (tome I : 1867 ; les deux autres tomes ont été publiés par Engels en 1885 et en 1894)

—— Émile Durkheim : l'organisme social

Premier à enseigner la sociologie dans un cadre universitaire en France, Émile Durkheim est le fondateur d'un courant sociologique, l'École française de sociologie, resté vivant jusqu'à nos jours. Il est aussi le précurseur du fonctionnalisme, une des trois principales théories sociologiques.

Le nom d'Émile Durkheim est étroitement lié à l'institutionnalisation de la sociologie, c'est-à-dire à sa reconnaissance et à sa diffusion dans les universités en France. Après avoir reçu une formation en philosophie, il devient professeur de pédagogie et de sciences sociales à l'Université de Bordeaux, en 1887, et plus tard responsable de la première chaire de sociologie créée à Paris, à la Sorbonne, en 1912. Ses cours portent sur la pédagogie et l'éducation, de même que sur la famille, le suicide, la religion, la criminalité, la morale, le droit et l'histoire de la sociologie. Il collabore à *L'Année sociologique,* une revue qui rend compte des recherches de ce que l'on a coutume d'appeler l'École française de sociologie.

Émile Durkheim (1858-1917)

La pensée d'Émile Durkheim se situe dans la lignée de celle d'Auguste Comte. Durkheim adopte les méthodes et les buts du positivisme de Comte. Le modèle des sciences de la nature l'amène à étudier les **faits sociaux** comme des phénomènes qui peuvent être révélés par des signes objectifs comme les statistiques. Pour Durkheim, comme pour Comte, la sociologie doit être utile. Elle doit produire un savoir qui aide à résoudre les problèmes sociaux. Selon lui, le rôle du sociologue est comparable à celui du médecin, qui est capable de diagnostiquer les maladies de son patient.

> **Pour Durkheim, les faits sociaux peuvent être révélés par des signes objectifs comme les statistiques.**

À l'instar de Marx et de Comte, Durkheim désire comprendre les problèmes posés par l'évolution des sociétés. Au moment où il élabore sa pensée, à la fin du XIXe siècle, la société industrielle est définitivement installée. Cette nouvelle société lui apparaît, comme à plusieurs intellectuels français de l'époque, plongée dans une grave crise morale, qui se révèle entre autres par des faits sociaux comme le déclin de l'influence de la religion et une augmentation du taux de suicide. Cette crise morale est, selon Durkheim, une manifestation du type de solidarité sociale que l'on trouve dans la société industrielle. Dans les sociétés les plus simples comme les sociétés traditionnelles, la solidarité naît de la ressemblance entre les individus. C'est la **solidarité mécanique.** À l'autre extrémité, les sociétés industrielles, à travers le processus de la division du travail, spécialisent de plus en plus les individus dans des tâches différentes et complémentaires. La solidarité ne peut être que le fruit de la collaboration, et les individus ne se sentent solidaires que parce qu'ils occupent chacun une fonction spécialisée dans un ensemble plus vaste. En ce sens, ils doivent être solidaires des autres étant donné qu'ils dépendent les uns des autres pour la satisfaction complète de leurs besoins. C'est la **solidarité organique.** S'inspirant de la biologie, Durkheim voit la société comme un organisme vivant composé de différentes parties qui ont chacune un rôle à jouer dans le fonctionnement de l'ensemble.

Pour Durkheim, le passage de la solidarité mécanique à la solidarité organique s'explique tout simplement par des faits sociaux comme l'augmentation de la population des sociétés modernes et de leur densité.

L'avènement de la solidarité organique favorise à la fois l'autonomie et la dépendance des individus. L'autonomie et l'individualisme sont plus grands grâce à la division du travail, mais la dépendance est également plus grande puisque les individus ne peuvent plus, comme dans la société traditionnelle, se suffire à eux-mêmes. Selon Durkheim, le problème majeur de ce type de société est de maintenir la cohésion ou la solidarité entre les individus. D'après Claude Polin (1978*a*), Durkheim considère que la prépondérance morale, c'est-à-dire le fait pour une société d'imposer des valeurs et des règles de conduite à l'individu, est saine et souhaitable. Sans la prépondérance morale, l'individu se détruit lui-même par excès de liberté. Il ne peut normalement s'épanouir que dans l'intégration à une structure qui le dépasse.

Voici quelques œuvres d'Émile Durkheim:

- *De la division du travail social: étude sur l'organisation des sociétés supérieures* (1893)
- *Règles de la méthode sociologique* (1895)
- *La prohibition de l'inceste et ses origines* (1896)
- *Le suicide: étude de sociologie* (1897)
- *Les formes élémentaires de la vie religieuse: le système totémique en Australie* (1912)

Max Weber : une science humaine

Contemporain d'Émile Durkheim, Max Weber est le père de la sociologie dite compréhensive et par là un des précurseurs de l'interactionnisme, un courant sociologique qui s'est particulièrement développé aux États-Unis à partir de 1950.

Max Weber naît en Allemagne d'un père juriste et député, et d'une mère très croyante. Il rencontre très tôt des intellectuels et des hommes politiques dans le salon de ses parents. Il fait des études en droit, en histoire et en économie politique. Puis il enseigne le droit et l'économie politique dans des universités allemandes. Il se préoccupe des questions sociales et en particulier du sort des travailleurs soumis aux nouvelles conditions de la production industrielle.

Max Weber (1864-1920)

Weber aborde les sciences sociales en prenant comme modèle non pas les sciences de la nature, comme Durkheim ou Comte, mais plutôt les sciences humaines. La pensée de Weber prend sa source dans un bouleversement intellectuel, en Allemagne, provoqué par la rencontre de l'histoire, de la philosophie et de l'économie politique. Selon Claude Polin (1978b), la sociologie est pour Weber une science de l'action, c'est-à-dire une science de l'être humain en tant qu'être agissant. L'explication sociologique consiste à dégager le sens des actions humaines. Et c'est là l'originalité de Weber, qui veut établir la sociologie sur l'individu et son action. Science de l'action, la sociologie est donc une **science compréhensive,** car elle cherche à comprendre la rationalité et le but des actions humaines. Le travail du sociologue s'apparente à celui de l'historien qui désire comprendre les humains tels qu'ils ont été, tels qu'ils ont agi et pensé.

> **SCIENCE COMPRÉHENSIVE**
> Science qui cherche à comprendre la rationalité et le sens des actions humaines.

Weber croit que les actions humaines et leur signification peuvent être comprises à l'aide de ce qu'il appelle un type idéal. Par exemple, l'esprit du capitalisme serait le type idéal qui permet de comprendre la pensée et le comportement des entrepreneurs capitalistes. Cet esprit est une mentalité économique — un « éthos » selon les mots de Weber — qui s'est d'abord développée en étroite relation avec les croyances religieuses des protestants. Lorsqu'il débute, l'entrepreneur capitaliste a besoin d'accumuler de l'argent.

> La sociologie est pour Weber une science de l'action, c'est-à-dire une science de l'être humain en tant qu'être agissant.

Gagner de l'argent et éviter d'en jouir tout de suite pour continuer à accumuler du capital, voilà l'attitude essentielle au développement du capitalisme. Cette mentalité existait chez les protestants de l'Angleterre au moment de la révolution industrielle.

Les Églises protestantes ont adopté des pratiques religieuses austères et sévères. On trouve aussi ces pratiques chez les premiers colons de la Nouvelle-Angleterre. Weber établit une relation serrée entre le puritanisme et l'esprit capitaliste à ses débuts. Le côté austère ou ascétique des protestants s'oppose à la jouissance spontanée des richesses et décourage la consommation, particulièrement des objets de luxe, tout en justifiant le désir de conserver et d'acquérir des biens durables.

L'esprit du capitalisme est né de l'esprit de l'ascétisme chrétien, mais, comme le rappellent Durand et Weil (1997, p. 64), « le fondement religieux s'est perdu et désormais la base mécanique assure le relais : le puritain *voulait* être un homme besogneux, tandis que nous sommes *forcés* de l'être ».

Alors que, pour Marx, l'action humaine est d'abord le reflet de la vie matérielle, Weber affirme le contraire. Pour lui, ce sont certaines croyances religieuses qui ont favorisé le développement de la mentalité économique caractéristique de l'entrepreneur capitaliste.

En utilisant le modèle des sciences humaines et de la culture, Weber construit une sociologie qui s'oppose aussi à celle de Durkheim. Selon Claude Polin, dans la pensée de Weber, il n'y a pas de faits sociaux qui puissent être mesurés de la même façon que les choses, comme l'affirme Durkheim. Il n'y a que des interprétations sociologiques des actions humaines. Weber ne croit pas non plus qu'il y ait des lois en sociologie ; il n'y a que des types d'action sociale.

Voici quelques œuvres de Max Weber :

- *L'éthique protestante et l'esprit du capitalisme* (1904-1905)
- *L'objectivité de la connaissance dans les sciences et la politique sociale* (1904)
- *Essai sur quelques catégories de la sociologie compréhensive* (1913)
- *L'hindouisme et le bouddhisme* (1916)
- *Le judaïsme antique* (1917)
- *Économie et société* (1919 ; ouvrage inachevé)

Réseau thématique   Les fondateurs : Comte, Marx, Durkheim et Weber

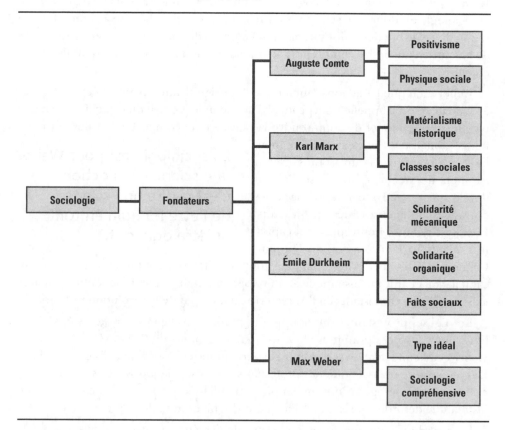

2.4 Trois théories sociologiques

Depuis l'époque des fondateurs, la sociologie s'est considérablement développée. Elle a beaucoup évolué sur le plan des techniques de recherche et sur celui de l'explication des phénomènes sociaux. Les grandes enquêtes sociologiques menées aux États-Unis pendant la période de la maturation de la sociologie (1914-1950) sont associées au développement d'une véritable sociologie empirique, c'est-à-dire une sociologie qui s'appuie sur l'observation et l'enquête sociale (Berthelot, 1992).

L'explication sociologique se raffine grâce à l'utilisation de nombreuses techniques de recherche (l'observation, les récits de vie, les questionnaires, les entrevues, l'analyse de statistiques et l'analyse de contenu) et elle se complexifie, car de nouvelles façons de voir les phénomènes sociaux apparaissent. Depuis le milieu des années 1950, la sociologie s'est institutionnalisée et enracinée dans plusieurs pays à la fois. Elle s'est en même temps diversifiée quant à sa fonction d'explication. La pluralité des méthodes et des explications caractérise aujourd'hui la sociologie. Par exemple, Nicole Delruelle-Vosswinkel présente neuf théories sociologiques contemporaines dans son *Introduction à la sociologie générale* (1987). Pour leur part, Durand et Weil (1997) distinguent huit courants sociologiques majeurs. Selon le sociologue québécois Guy Rocher (1993), les sociologues contemporains ne peuvent plus se cantonner dans une seule école de pensée. La multiplication des écoles de pensée montre selon lui la limite de chacune. On se rend maintenant compte que la réalité sociale est trop complexe pour être enfermée dans une seule vision sociologique.

Malgré leur diversité et leur pluralité, il est possible de classifier les sociologues en se basant sur les réponses qu'ils donnent aux deux questions fondamentales suivantes, que nous avons évoquées dans le chapitre 1 et dans la section précédente sur les fondateurs:

1. Est-ce que l'individu est le produit de la société ou est-ce plutôt la société qui est le produit des individus?

2. Quel est l'objectif du travail du sociologue? Consiste-t-il à favoriser les transformations sociales ou au contraire à favoriser l'intégration sociale des individus?

Selon les réponses qu'ils donnent à ces deux questions fondamentales, les auteurs élaborent des théories sociologiques très différentes. Dans le contexte des sciences humaines, une **théorie** est un ensemble cohérent d'énoncés qui cherchent à expliquer des faits, des comportements et des problèmes humains. Si les causes d'un phénomène sont bien précisées, il est alors possible de suggérer des solutions ou encore des pistes de recherche. Mais, pour cela, il faut qu'une théorie soit suffisamment structurée.

> **THÉORIE**
> Ensemble cohérent d'énoncés qui tentent d'expliquer des faits, des comportements et des problèmes humains.

Selon Durand et Weil (1997), on peut d'abord distinguer les théories sociologiques selon qu'elles considèrent que c'est la société qui détermine l'individu ou, à l'inverse, que c'est l'individu qui, en tant qu'être autonome, façonne la société. Reprenons l'exemple de la pauvreté pour illustrer cette distinction. Dans un article paru dans la revue *L'actualité* le 1er mai 1994, Louise Gendron se demande quel est le vrai visage des personnes qui reçoivent des prestations d'aide sociale. Les assistés sociaux sont-ils des victimes d'un contexte économique difficile (la société détermine l'individu) ou plutôt des paresseux ou des profiteurs qui préfèrent vivre aux crochets de l'État (l'individu est libre)? La tendance dominante chez les sociologues, selon Frédéric Lesemann (1994), est de considérer que les assistés sociaux sont des victimes de la société. En effet, la majorité des études sur la pauvreté peuvent, selon Lesemann, être qualifiées de positivistes dans le sens que Comte et Durkheim donnaient à ce mot. Dans cette optique, la pauvreté est étudiée suivant une approche macrosociologique: c'est la situation économique et démographique globale qui détermine la condition des individus. À l'aide de ces études, on peut reconnaître des groupes vulnérables, comme les familles monoparentales ou les travailleurs des secteurs d'activité qui déclinent. Plusieurs grands sociologues contemporains adhèrent à cette façon de penser. Selon eux, la structure sociale existe indépendamment des individus et a une influence déterminante sur la vie de ces derniers. D'autres recherches sont au contraire axées sur la pauvreté telle qu'elle est vécue au quotidien. Elles se penchent sur certains sujets et recueillent leur histoire personnelle. Selon Frédéric Lesemann, ces recherches tentent de comprendre et d'interpréter l'expérience de la pauvreté en s'intéressant aux individus eux-mêmes.

On peut aussi distinguer les théories sociologiques selon les buts qu'elles poursuivent. Certaines théories, comme celle de Karl Marx, visent le changement dans la société. Durand et Weil (1997) parlent dans ce cas d'une sociologie des conflits parce qu'elle essaie de déterminer les oppositions à la transformation des sociétés. D'autres théories veulent au contraire faciliter le consensus et cherchent les moyens de favoriser une meilleure intégration à la société. C'est le cas de la pensée d'Émile Durkheim.

Comme on vient de le voir, les sociologues disposent d'un large éventail de possibilités lorsqu'ils désirent élaborer des théories au sujet des sociétés humaines. La décision d'examiner tel phénomène ou de rapprocher des faits entre eux en vue de mettre au point une théorie ne se prend pas au hasard. Au contraire, l'élaboration d'une théorie est guidée par un modèle général ou une approche. Une **approche** est une manière de voir qui précise les questions qui intéressent le sociologue de même que la façon dont il les traitera.

> **APPROCHE**
> Vision qui détermine les questions qui préoccupent le sociologue de même que la façon dont il les traitera.

Tableau 2.1

Les caractéristiques de trois approches classiques en sociologie

Approche	Orientation	Image de la société	Questions typiques
Fonctionnalisme	Macrosociologie	Un système relativement stable composé de plusieurs parties liées entre elles ; chaque partie influe sur le fonctionnement de la société dans son ensemble.	• Comment la société est-elle intégrée ? • Comment les différentes parties sont-elles liées entre elles ? • Quelles sont les effets de chaque partie sur le fonctionnement de la société ?
Marxisme et conflit social	Macrosociologie	Un système caractérisé par les inégalités sociales ; certaines catégories de personnes reçoivent plus de bénéfices de la société que les autres catégories de personnes ; les conflits qui proviennent des inégalités sociales sont des sources de changement social.	• Comment la société est-elle divisée ? • Comment les acteurs sociaux sont-ils reliés aux différents enjeux ? • Comment les catégories dominantes essaient-elles de protéger leurs privilèges ? • Comment d'autres catégories de personnes essaient-elles d'améliorer leur condition sociale ?
Interactionnisme	Microsociologie	Un processus vivant d'interaction sociale dans un ensemble donné de communication symbolique ; les perceptions individuelles de la réalité sont variables et changeantes.	• Comment la société est-elle vécue ? • Comment les êtres humains en interaction génèrent-ils, soutiennent-ils et changent-ils les modèles sociaux ? • Comment les individus essaient-ils de façonner la réalité perçue par les autres ? • Comment les comportements individuels changent-ils d'une situation à l'autre ?

Les sociologues n'ont pas tous la même vision de la société. Certains, en effet, mettent l'accent sur les facteurs de stabilité dans une société, alors que d'autres analysent ce qui provoque le changement. De même, certains sociologues insistent sur ce qui rassemble les individus d'une société, comme les valeurs, tandis que d'autres observent ce qui éloigne les individus, comme les conditions de vie. Par ailleurs, pendant que des sociologues essaient d'analyser la société dans son ensemble, d'autres concentrent leur attention sur de petits groupes.

L'approche fonctionnaliste : organisation sociale et institutions sociales

L'approche fonctionnaliste désigne un courant de pensée qui provient de l'anthropologie culturelle anglo-saxonne. Cette approche, qui est née vers 1920, s'est développée selon trois grandes tendances (fonctionnalisme absolu, fonctionnalisme relativisé et structuro-fonctionnalisme) jusque dans les années 1970. Les noms de deux sociologues états-uniens, Robert King Merton (1910-2003) et Talcott Parsons (1902-1979), sont associés à ce courant de pensée.

Les sociologues fonctionnalistes s'orientent surtout vers la macrosociologie. Le **fonctionnalisme** insiste sur la façon dont les différentes parties de la société s'organisent entre elles pour maintenir la stabilité. Chacune de ces parties a un rôle ou une fonction dans la bonne marche de l'ensemble du système social.

Pour bien saisir ce qu'est le fonctionnalisme, il faut savoir que ce courant de pensée s'est inspiré de la biologie pour étudier la société. Ce courant s'apparente à la vision de Durkheim pour qui la société peut se comparer à un organisme comme le corps humain. Le corps humain est composé de plusieurs organes, comme le cœur et le foie, qui remplissent une fonction précise pour la survie de l'organisme. Ainsi que le corps humain, la société est un organisme social composé de plusieurs parties qui ont une fonction nécessaire à sa survie. Les besoins fondamentaux de la société, comme le renouvellement de la population, l'enseignement ou la production des biens et des services, sont comblés par des **institutions sociales** telles que la famille, le système d'éducation et le système économique. Pour un fonctionnaliste, la société est une organisation sociale qui se compose de l'ensemble des institutions sociales.

Un sociologue fonctionnaliste qui observe les individus en société sera frappé par le fait que des personnes très différentes ont des comportements semblables. Pourquoi des femmes telles qu'une Québécoise, une États-Unienne et une Ontarienne, issues de diverses classes sociales, ont-elles tendance à fréquenter les mêmes secteurs d'études à l'université et à éviter les facultés de sciences physiques ? Qu'est-ce qui les incite à adopter le même comportement ? Le sociologue fonctionnaliste répondra que c'est parce que le Québec, les États-Unis et l'Ontario ont une organisation sociale semblable.

Nous avons vu au chapitre 1 qu'une organisation sociale est la manière dont les différentes parties de la société sont arrangées entre elles. Pour les fonctionnalistes, la famille, la religion et les systèmes politique et économique constituent les principales institutions sociales. Chacune de ces composantes de l'organisation sociale possède des **fonctions sociales,** soit des effets qu'engendrent les diverses institutions sociales sur le fonctionnement de l'ensemble de la société.

Peu importe leur classe sociale, les femmes en provenance de sociétés organisées de façon similaire ont tendance à se retrouver dans les mêmes secteurs d'études à l'université.

FONCTIONNALISME

Approche macrosociologique qui voit la société comme un système composé de parties fortement liées entre elles et relativement stables, qui ont chacune un rôle à jouer pour assurer le fonctionnement de l'ensemble de la société.

INSTITUTIONS SOCIALES

Ensemble des règles, des modèles de comportements et des instruments matériels d'une organisation sociale qui permettent de répondre aux besoins de base d'un groupe, d'une société.

FONCTIONS SOCIALES

Effets que provoquent les différentes institutions sociales sur le fonctionnement de la société.

Robert King Merton (1910-2003), l'éminent sociologue fonctionnaliste états-unien, distingue les fonctions manifestes des fonctions latentes à l'intérieur d'une organisation sociale. Les **fonctions manifestes** d'une organisation sociale sont les effets recherchés par les membres de la société. Pour leur part, les **fonctions latentes** sont les effets qui sont en grande partie non recherchés.

Pour illustrer ces notions, prenons le cas simple d'une maison dans notre société. La fonction manifeste de la maison consiste à abriter des personnes contre les diverses conditions extérieures et à leur fournir un lieu d'intimité. Cependant, la maison présente plusieurs fonctions latentes. Ainsi, une grande maison unifamiliale dans un quartier cossu de la ville devient un symbole d'appartenance à une classe supérieure. On n'achète donc pas une maison seulement pour s'abriter.

Merton considère cependant que certains éléments de l'organisation sociale ne sont pas utiles et qu'ils encouragent plutôt le dysfonctionnement — c'est-à-dire le fonctionnement irrégulier ou anormal — de la société. Les **dysfonctions sociales** sont les effets qui peuvent dérégler un système social et ébranler sa stabilité. La consommation excessive d'énergie constitue une dysfonction sociale engendrée par certaines maisons. Toutefois, devant le problème du gaspillage, une prise de conscience s'est effectuée et divers moyens ont été préconisés, dont une consommation d'énergie plus responsable et une meilleure isolation des maisons, ce qui rétablit une certaine stabilité.

L'approche fonctionnaliste a exercé une influence profonde sur la sociologie, en particulier sur la sociologie états-unienne. Toutefois, elle a été critiquée à compter des années 1960. Les tenants de l'approche marxiste et du conflit social lui ont en effet reproché d'idéaliser le fonctionnement de la société et de sous-estimer les inégalités dues au sexe, à la classe sociale ou à l'ethnie. En outre, on critique aussi l'approche fonctionnaliste parce qu'elle met davantage l'accent sur la stabilité et l'intégration que sur le changement.

L'approche marxiste et du conflit social : tension et changement

L'approche marxiste est un courant de pensée qui remonte à Karl Marx et qui s'est depuis développé, tout comme le fonctionnalisme, en se ramifiant en plusieurs tendances. Nicole Delruelle-Vosswinkel (1987) distingue entre autres le marxisme critique, le freudo-marxisme, le structuralo-marxisme et la sociologie critique. Pour leur part, Jean-Pierre Durand et Robert Weil (1997) préfèrent parler des différentes sociologies marxistes, que ce soit en France ou en Italie, et de la sociologie marxiste anglo-saxonne. Nous ferons appel à cette dernière, en particulier à la théorie du conflit social, pour donner un aperçu du courant de pensée marxiste.

Karl Marx a une grande influence en sociologie grâce à sa conception des classes sociales. Nous présenterons plus en détail cette conception au chapitre 7, mais nous devons, pour comprendre la théorie du conflit social, connaître l'essentiel de la théorie marxiste des classes sociales.

Selon Karl Marx, dans la société capitaliste, les moyens de production sont organisés de telle façon qu'il existe deux grandes classes sociales qui sont en opposition : la classe des propriétaires de ces moyens de production, c'est-à-dire les capitalistes ou encore les bourgeois, et la classe des exécutants, c'est-à-dire les ouvriers ou le prolétariat. Ces deux classes sociales, qui existent en dehors des individus parce qu'elles sont le prolongement de l'organisation de la vie matérielle, ont des champs d'intérêt fondamentalement opposés et sont en lutte pour la maîtrise du pouvoir et la possession de la richesse. La lutte entre ces deux grandes classes sociales est, selon Marx, l'enjeu fondamental de la société capitaliste.

L'approche du **conflit social** retient l'idée de lutte ou plutôt de conflits sociaux engendrés par les inégalités entre les classes sociales, de même que par d'autres inégalités, comme celles qui sont liées aux groupes ethniques ou raciaux, à l'âge ou au sexe. Selon cette approche, les inégalités découlent d'une répartition injuste, entre les diverses catégories de la population, des ressources telles que l'argent ou l'instruction. On retrouve généralement à la source d'un conflit social des enjeux matériels et de pouvoir.

L'approche du conflit social est une approche macrosociologique qui considère la société comme un système caractérisé par les tensions sociales. Ces tensions trouvent leur origine dans la lutte des différentes classes et des différents groupes de la société pour l'appropriation du pouvoir et de la richesse. Même s'ils s'orientent eux aussi vers la macrosociologie, les sociologues qui adoptent l'approche du conflit social envisagent la société d'une tout autre manière que les sociologues fonctionnalistes. La plupart d'entre eux nourrissent, tout comme Marx, l'espoir de non seulement comprendre la société, mais encore de contribuer à réduire les inégalités. L'approche du conflit social est donc très préoccupée par le changement social.

Cette approche souligne le fait que la plupart des modèles sociaux, c'est-à-dire les attentes qui guident notre conduite, sont utiles à certaines personnes tout en étant inefficaces ou même nuisibles pour d'autres. L'organisation du système d'éducation au secondaire en deux réseaux, l'un donnant une formation préparatoire au cégep et l'autre une formation professionnelle, permet d'illustrer ce phénomène.

Des recherches menées au Québec ont démontré que les élèves qui choisissent le secteur professionnel au secondaire viennent de familles moins privilégiées que les élèves qui optent pour le secteur général. En choisissant le secteur professionnel dès le secondaire, ils risquent davantage d'occuper plus tard un emploi moins prestigieux et moins rémunéré, comme ce fut le cas de leurs parents.

Pour certains élèves, l'organisation du système scolaire est très efficace et permet d'accroître leurs chances de réussite sociale. Par contre, ce système dirige très tôt d'autres élèves vers des voies qui sont parfois sans issue sur le marché du travail.

Les sociologues qui adoptent l'approche du conflit social cherchent à découvrir les oppositions et les inégalités qui règnent dans la société. Les possédants et les puissants essaient de protéger leurs privilèges en défendant le *statu quo*. Or, les pauvres et les « sans-pouvoir » tentent de contrer cette situation en réclamant une distribution plus équitable des ressources. Voilà sur quoi s'appuient les conflits sociaux, qui se manifestent souvent sous forme de grèves, de revendications féministes ou révolutionnaires, etc.

L'approche interactionniste : individu et société

Contrairement aux deux approches qui précèdent, l'interactionnisme a une orientation microsociologique. Les interactionnistes s'intéressent en effet à l'influence réciproque que les individus exercent les uns sur les autres dans des milieux sociaux particuliers et restreints. L'interactionnisme est un courant de pensée d'origine états-unienne qui est né entre les deux guerres et qui s'est développé en opposition avec les théories sociologiques qui, à la manière du fonctionnalisme, perçoivent l'individu comme étant déterminé par la structure sociale. L'interactionnisme privilégie l'individu et son aptitude à donner un sens aux situations qu'il rencontre. Les sociologues Erving Goffman, George Herbert Mead et Charles Horton Cooley, qui seront brièvement présentés au chapitre 4, sont les principaux représentants de ce courant de pensée. L'intérêt que les sociologues portent actuellement à la vie quotidienne s'inscrit dans ce courant. On peut donc définir l'**interactionnisme** comme étant une approche qui permet de comprendre les multiples formes de rapports entre les individus.

La macrosociologie tente de dévoiler les grandes structures de la société, tandis que la microsociologie montre les rapports entre les individus. Les êtres humains ne vivent pas dans un système social abstrait. Ainsi, l'interactionnisme a su montrer que la société constitue avant tout la somme des nombreuses expériences que les êtres humains vivent quotidiennement entre eux.

Comment la vie quotidienne des êtres humains est-elle à la base de la société ? La réponse à cette question, qui sera examinée en détail au chapitre 4, réside dans le fait que les individus expérimentent la vie par le truchement de la signification symbolique qu'ils donnent au monde.

Dans notre société, les individus répondent rarement de façon spontanée aux messages émis par les autres. Par exemple, certaines personnes baisseront la tête pour éviter de croiser le regard d'un *skinhead* ou n'iront pas s'asseoir à côté d'une personne d'une autre ethnie dans le métro. La plupart du temps, les individus réagissent aux autres en se fondant sur la signification subjective de ce qu'ils perçoivent.

L'approche interactionniste montre d'ailleurs à quel point les perceptions des individus sont variées, voire opposées. Ainsi, devant une jeune punk qui demande de l'argent dans la rue, un passant sera fâché qu'elle ne travaille pas puisqu'elle semble en bonne santé, tandis qu'un autre passant considérera que si elle mendie, ce n'est certes pas par plaisir, mais plutôt parce qu'elle a besoin d'aide.

Le sociologue états-unien George Herbert Mead (1863-1931) a mis en lumière le fait que la personnalité commence à se développer après la naissance seulement, lorsque l'individu entre en relation avec les autres. Mead affirmait également que l'image de soi d'un individu est largement conditionnée par sa capacité d'imaginer la réaction des autres. Pour ce sociologue interactionniste, l'interaction sociale est un échange défini par trois composantes : le geste d'une personne, la réaction d'une deuxième personne à ce geste et l'achèvement de l'acte commencé par le geste de la première personne. Les sociologues interactionnistes ont placé l'échange au cœur de leur étude du comportement social. Ils se sont penchés sur le fait que l'échange implique un gain et une perte. Par exemple, certains sociologues ont voulu savoir dans quelle dynamique s'inscrivent les fréquentations des jeunes. Ainsi, ils ont découvert que lorsque les jeunes recherchent une personne en vue d'une union, ils désirent recevoir autant qu'ils donnent, que ce soit au point de vue physique, social ou intellectuel.

Des recherches menées aux États-Unis (Myers et Lamarche, 1992) démontrent que les membres d'un couple ont habituellement des attraits comparables, que ce soit sur le plan de l'intelligence ou de la beauté physique. Former un couple ou se marier peut être vu comme un échange entre deux personnes qui tentent d'obtenir le maximum de leurs atouts respectifs.

En somme, parmi les trois théories que nous venons d'esquisser, soit le fonctionnalisme, le marxisme ou le conflit social et l'interactionnisme, seule l'approche interactionniste tente de décrire et d'expliquer le comportement social des individus selon un niveau d'analyse microsociologique (*voir le tableau 2.1*).

Dans l'étude d'un phénomène social, chacune de ces approches offre un angle différent d'analyse sociologique. On peut penser que, pour être plus complète, l'analyse devrait réunir les trois approches sociologiques. C'est ce que nous essaierons maintenant de faire en illustrant, par les trois approches, le sens du sport dans notre société.

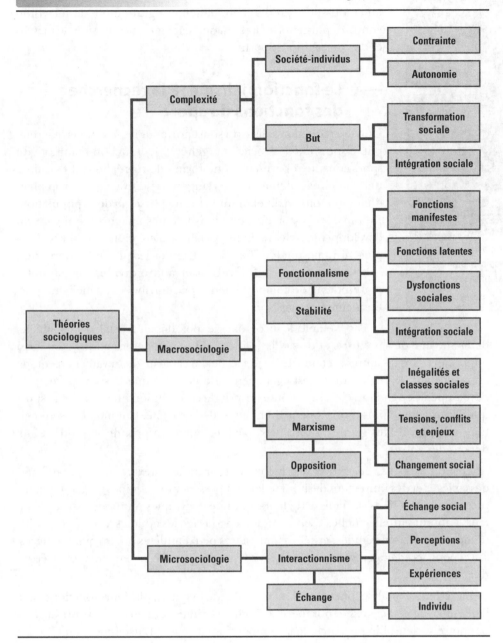

2.5 Les trois approches à l'œuvre : une analyse sociologique du sport

Le sport est un élément très important dans la vie sociale des Québécois et des Nord-Américains en général, tout comme dans la vie de nombreux autres peuples de la terre. Presque tous les individus s'engagent à un moment donné dans un sport. L'activité physique fait partie des cours des élèves du primaire, du secondaire et du collégial. Le sport est une industrie majeure au Québec ; des chaînes spécialisées dans la vente d'articles de sport réalisent des chiffres d'affaires de plusieurs millions de

Le hockey occupe une place importante dans la vie sociale de plusieurs Québécois, si bien qu'on peut se demander s'il ne fait pas partie de l'identité nationale québécoise.

dollars annuellement. Des millions de Québécois assistent régulièrement à différents événements sportifs et en discutent. L'importance du sport est d'ailleurs tellement grande que la télévision consacre plusieurs heures chaque semaine à la diffusion de matchs et de compétitions sportives.

Le fonctionnalisme : à la recherche des fonctions du sport

L'analyse fonctionnaliste du sport porte sur les fonctions que remplit le sport dans la société en général. La fonction manifeste du sport consiste à permettre une forme de récréation ; il constitue une façon excellente et peu dangereuse d'évacuer le trop-plein d'énergie tout en améliorant la forme physique de la population. De plus, le sport a des fonctions latentes majeures, qui vont du développement des relations sociales à la création de milliers d'emplois. En fait, une des fonctions latentes les plus importantes du sport, c'est peut-être de proposer aux individus des modèles d'attitudes et de comportements qui contribuent au meilleur fonctionnement de la société.

Par exemple, le succès dans le sport dépend du talent de l'athlète, de même que de ses efforts et de sa discipline. La discipline et les efforts sont aussi importants dans les autres secteurs de la vie sociale. La capacité de travailler en équipe en respectant les règles du jeu est également une habileté que le sport permet de développer. Cependant, c'est sans doute l'esprit de compétition que favorise le sport qui s'approche le plus d'une valeur dominante de la société. Comme le disent certains athlètes, il faut gagner à tout prix, parfois même au prix de sa santé et aux dépens des autres.

Le sport peut aussi engendrer des dysfonctions sociales. Par exemple, aux États-Unis, des collèges et des universités désirent tellement posséder des équipes gagnantes qu'ils recrutent leurs élèves sur la base de leurs aptitudes physiques plutôt que sur celle de leurs aptitudes intellectuelles. Cette attitude encourage les athlètes à accorder moins d'importance à leurs études, et cela, même si très peu d'athlètes ont les qualités nécessaires pour accéder au niveau professionnel. Cette pratique est cependant moins répandue au Québec.

En résumé, l'analyse fonctionnaliste montre que le sport a plusieurs fonctions dans l'ensemble de la société. Le sport permet d'ailleurs d'illustrer deux valeurs privilégiées par notre société : l'importance de la compétition et celle du succès personnel.

Le conflit social : à la recherche des inégalités dans le sport

On pourrait entreprendre l'analyse du sport à l'aide de l'approche marxiste ou du conflit social en mentionnant que les différentes catégories de personnes au Québec ne pratiquent pas toutes les mêmes sports. Certains sports, comme le golf et le ski alpin, engendrent des dépenses relativement importantes qui ont pour effet de réserver leur pratique aux personnes les plus nanties de la société. Certains clubs de golf maintiennent une politique d'accès tellement restrictive qu'ils sont dans les faits l'apanage d'un petit groupe de personnes et deviennent des lieux de rencontre d'une classe de privilégiés.

Il n'est pas étonnant que les sports pratiqués par le plus grand nombre de personnes, comme le baseball, le football, le basket-ball et le hockey, soient des sports accessibles aux personnes qui possèdent des ressources économiques modestes.

La pratique et la valorisation d'une activité sportive dépendent de l'intérêt ou du talent de chacun, mais la pratique d'un sport en particulier est également liée aux ressources financières d'une personne.

De même, le sport est une activité dominée par les hommes. La discrimination basée sur le sexe a traditionnellement limité les possibilités pour les femmes de faire partie de la plupart des équipes professionnelles, et ce, même si elles avaient le talent, l'intérêt et les moyens. Ce n'est que depuis peu que les filles peuvent se joindre à des équipes, comme dans le cas du hockey pour les jeunes. Le stéréotype traditionnel voulant que les filles n'aient pas la capacité de pratiquer certains sports a longtemps maintenu les femmes dans l'exclusion ; d'ailleurs, même si elles avaient cette capacité, elles risquaient, disait-on, de perdre leur féminité en faisant du sport.

Ainsi, dans notre société, il existe un modèle qui encourage les hommes à être des athlètes, tandis que l'on attend des femmes qu'elles soient des spectatrices attentives et des gardiennes d'enfants. Dans les générations passées, peu de femmes au Québec et au Canada pratiquaient des sports professionnels, et même aujourd'hui les femmes sont toujours exclues des sports professionnels les mieux rémunérés et les plus prestigieux comme le hockey, le baseball ou le football. De plus, la pratique de certaines activités sportives ainsi que la participation à des compétitions internationales et olympiques sont en rapport avec les ressources financières des individus.

Bref, l'approche marxiste ou du conflit social montre comment la pratique du sport, particulièrement le sport professionnel, est caractérisée par l'inégalité sociale. Si le sport peut refléter l'importance de la compétition et de la réussite dans notre société (approche fonctionnaliste), il peut aussi révéler comment l'inégalité sociale se manifeste dans notre société (approche marxiste ou du conflit social).

—— L'interactionnisme : à la recherche des perceptions individuelles du sport

Un événement sportif est aussi un ensemble complexe d'interactions sociales. Dans une certaine mesure, le comportement des participants est guidé par la position qu'ils occupent et par les règles du jeu. Mais dans le sport, comme dans toutes les activités humaines, s'exprime la spontanéité des individus. Pour cette raison, chacun des matchs est unique, et on ne peut en prédire l'issue. Selon l'approche interactionniste, le sport est une activité qui s'inscrit dans un processus vivant ; ce n'est pas un « système » abstrait.

Les interactionnistes accordent aussi une attention particulière à la perception qu'ont les participants du monde du sport. Chacun des joueurs peut appréhender le match ainsi que les autres joueurs d'une manière différente. Cela est particulièrement vrai dans le cas de la compétition, qui est un élément fondamental du sport comme on le pratique aujourd'hui. Les individus ne réagissent pas tous pareillement à une situation de compétition. Pour les personnes qui ont une personnalité très compétitive, la pression qui accompagne le sport peut accroître leur motivation à se dépasser. Certains individus peuvent même faire du sport pour avoir l'occasion de rivaliser avec les autres et d'atteindre leurs objectifs. Pour d'autres personnes, le plaisir du jeu est plus grand que le besoin de gagner ; celles-ci peuvent même obtenir de moins bons résultats lorsqu'elles subissent de la pression. Enfin, pour d'autres personnes, le sport représente un moyen de se faire des amis ; celles-ci craignent que la compétition ne serve à éloigner les joueurs les uns des autres (Coakley, 1982).

On a l'habitude d'envisager une équipe comme une entité. Mais les membres d'une équipe sont des êtres humains qui ont tendance à interagir en fonction de la perception qu'ils ont les uns des autres, ce qui inclut aussi bien les préjugés que la jalousie.

En somme, l'approche interactionniste accorde beaucoup d'attention au fait que tous les comportements sociaux influent sur l'interaction des individus, et vice versa. C'est pourquoi on ne peut jamais prédire le déroulement d'un événement sportif, ou de tout autre événement, d'ailleurs. De plus, les participants à une activité sportive peuvent avoir une perception du match qui varie d'un individu à l'autre et qui change avec le temps.

Comme cette analyse du sport selon trois points de vue le suggère, chacune des approches constitue une façon particulière de mettre en application la perspective sociologique. Ces approches posent des questions différentes à propos des individus dans la société et interprètent différemment les réponses. Toutefois, ces différences ne signifient pas qu'une approche soit plus « vraie » qu'une autre. Il faut plutôt comprendre que chacune de ces approches attire notre attention sur des dimensions différentes d'un phénomène social complexe. Pour comprendre toute la richesse de la perspective sociologique, peut-être faudrait-il utiliser le plus correctement possible les trois approches, même si elles ont été établies en réaction les unes aux autres.

Selon Guy Rocher (1993), il n'est plus possible, et il n'est d'ailleurs pas souhaitable, de se cantonner dans une seule théorie. L'évolution récente de la recherche en sociologie nous montre que les théories ont leurs limites. On s'est rendu compte que chaque approche devait être complétée par d'autres approches. De la même façon, il faut reconnaître, selon ce sociologue, que la perspective sociologique a elle-même ses limites, car elle offre une seule manière de voir la réalité sociale, qui est pourtant complexe. Ainsi, les perspectives psychologique et économique pourraient permettre d'étudier d'autres facettes du sport dans notre société.

> **Chacune de ces approches attire notre attention sur des dimensions différentes d'un phénomène social complexe.**

Exercice de sensibilisation

Vérifiez vos connaissances et votre habileté à utiliser les trois théories sociologiques. D'abord, faites une brève analyse sociologique des bars dans notre société et, ensuite, montrez comment chacune des trois théories sociologiques permet d'analyser l'éducation au Québec.

A) Une analyse sociologique des bars dans notre société

Il existe au Québec plusieurs lieux de rencontre où l'on peut consommer de l'alcool tout en s'amusant. À partir des connaissances que vous avez de votre propre société, donnez une ou plusieurs fonctions manifestes et latentes des bars du Québec. Donnez un exemple de dysfonction sociale liée à ces bars.

À votre avis, comment l'approche interactionniste et celle du conflit social analysent-elles les bars? Quels aspects de ces lieux de rencontre pourraient intéresser un sociologue qui adopte chacune de ces perspectives?

B) Une analyse sociologique de l'éducation

Le système d'éducation, de l'école primaire à l'université, est une des principales « industries » dans notre société. À partir des connaissances que vous avez de l'éducation au Québec, illustrez la différence entre le fonctionnalisme, le conflit social et l'interactionnisme. Vous pouvez vous inspirer de l'analyse sociologique du sport. De plus, vous trouverez au chapitre 7 des renseignements supplémentaires concernant l'approche du conflit social et l'éducation.

SOCIOLOGIE EN ACTION

Barbara Thériault

Sociologue
Professeure, Université de Montréal

Pour la sociologue québécoise Barbara Thériault, la théorie de Max Weber est encore d'actualité. Professeure au Département de sociologie de l'Université de Montréal et directrice adjointe du Centre canadien d'études allemandes et européennes de la même université, elle représente bien cette nouvelle génération de sociologues vivant dans le contexte de la mondialisation. Étudier au Max-Weber-Kolleg à Erfurt, en Allemagne, et à l'Université Libre de Bruxelles, en Belgique, lui a permis de développer une spécialisation sur l'Europe. Ses études à l'étranger ont également contribué à élargir son réseau de collaborateurs, avec qui elle publie régulièrement en français, en anglais et en allemand.

C'est d'abord par la sociologie politique que Barbara Thériault s'est rapprochée de la théorie de Max Weber tout en l'appliquant à un phénomène très concret: la chute du communisme en Allemagne de l'Est et ses conséquences pour l'Église catholique. Dans son ouvrage sur le sujet, elle explique comment, lors de la réunification de l'Allemagne, l'Église catholique romaine a augmenté son influence sur la société allemande aux dépens de l'Église protestante pourtant dominante avant cet événement.

Le rôle des organisations religieuses au sein d'une communauté a également amené Barbara Thériault à s'intéresser aux minorités ethniques et religieuses en Allemagne. Dans un article portant sur la diversité culturelle au sein de la police allemande, elle se sert de l'approche wébérienne, notamment la notion d'ordre légitime, pour montrer comment sont intégrées peu à peu des personnes de confession musulmane au sein des forces de police allemandes de Hambourg. Son étude met en relief les normes d'une organisation sociale et la légitimité de ses règles à travers les différentes stratégies empruntées pour l'intégration de ceux qui sont considérés comme « étrangers » à la culture allemande et à sa structure sociale. Pour ce faire, la sociologue s'appuie sur deux conceptions de la tolérance, soit une qui admet les différentes façons de vivre d'une minorité à condition que celle-ci accepte la position dominante de la majorité, et l'autre qui met sur un même pied d'égalité les membres du groupe majoritaire et ceux des groupes minoritaires. L'Allemagne d'aujourd'hui oscillerait entre ces deux conceptions qui, en fin de compte, génèrent de nouvelles pratiques sociales.

Cette étude de cas vient alimenter des propos plus théoriques de Barbara Thériault. Ainsi, dans un autre article, elle soutient que des écrits de Weber soustendent une théorie des ordres légitimes utile à ceux qui veulent mesurer le rôle d'un acteur social (individu ou groupe) et les transformations des institutions. Cette théorie permettrait de comprendre plus facilement le lien entre des individus qui sont persuadés du bien-fondé de leur vision d'un ordre et des changements institutionnels provoqués par un ajustement constant de cette vision ou par la confrontation de plusieurs d'entre elles. Il en résulte une dynamique sociale propre à toute organisation. Bref, les recherches de Barbara Thériault contribuent de façon très rafraîchissante à la compréhension de la pensée de Max Weber, un auteur classique d'une grande actualité, transposée dans la société d'aujourd'hui.

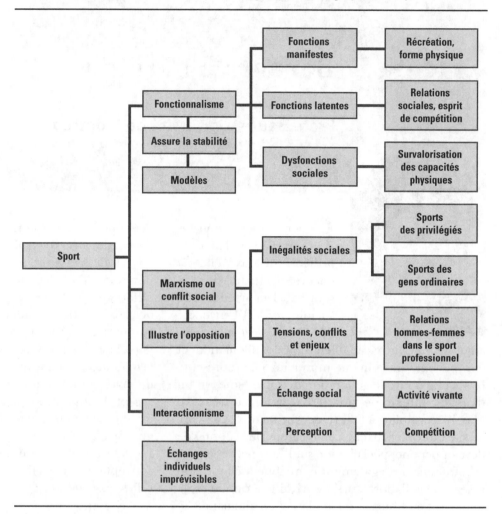

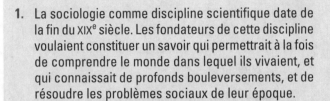

RÉSUMÉ

1. La sociologie comme discipline scientifique date de la fin du XIXe siècle. Les fondateurs de cette discipline voulaient constituer un savoir qui permettrait à la fois de comprendre le monde dans lequel ils vivaient, et qui connaissait de profonds bouleversements, et de résoudre les problèmes sociaux de leur époque.

2. La sociologie s'est d'abord développée en Europe, principalement en France, en Allemagne et en Grande-Bretagne. Auguste Comte, Karl Marx, Émile Durkheim et Max Weber en sont les principaux fondateurs; ils représentent des courants de pensée encore vivants de nos jours.

3. Plusieurs théories sociologiques aident les sociologues à comprendre et à expliquer les phénomènes sociaux. Trois d'entre elles nous permettent d'utiliser en quelque sorte des jumelles sociologiques assez différentes. Ce sont le fonctionnalisme, le marxisme ou le conflit social et l'interactionnisme.

4. L'approche fonctionnaliste considère que la société est un système composé de parties soudées les unes aux autres et relativement stables. Chacune de ces parties a une fonction à remplir pour la bonne marche de la société dans son ensemble.

Les fonctionnalistes voient la société comme une organisation sociale qui exerce une grande influence sur les individus.

5. L'approche du marxisme et du conflit social met l'accent sur les tensions et les conflits sociaux qui résultent des inégalités présentes dans la société. La répartition inégale, dans la société, des ressources comme l'argent, l'éducation et le pouvoir est à l'origine de la lutte entre les différentes classes. Les conflits sociaux provoquent le changement.

6. L'interactionnisme est une approche microsociologique qui s'intéresse à l'influence qu'exercent les individus les uns sur les autres dans divers milieux sociaux. Cette approche attire notre attention sur les réponses des individus aux messages qu'ils reçoivent des autres.

7. Chacune des trois approches sociologiques nous permet de voir le sport sous un angle différent. Le fonctionnalisme insiste sur les fonctions du sport, le marxisme ou le conflit social met en lumière les inégalités dans le sport et l'interactionnisme dévoile les perceptions individuelles que les gens ont du sport qu'ils pratiquent.

MOTS-CLÉS

1. Lequel des énoncés suivants est faux ?

   Comme discipline scientifique, la sociologie date de la fin du XIXᵉ siècle. Les premiers sociologues cherchaient :

   a) à comprendre un monde qui connaissait de profonds bouleversements ;

   b) à résoudre les problèmes sociaux de l'époque ;

   c) à favoriser de nouvelles pathologies sociales.

2. Les fondateurs de la sociologie désiraient élaborer une connaissance utile et empirique. Vrai ou faux ?

3. Associez un des fondateurs de la sociologie (Comte, Marx, Durkheim ou Weber) à l'un des énoncés suivants :

   a) La sociologie étudie les faits sociaux comme des choses qui peuvent être révélés par des statistiques.

   b) Je conçois la sociologie comme une science positive qui se construit à l'aide de l'observation des phénomènes sociaux.

   c) Ma pensée repose sur une conception des phénomènes sociaux comme étant le résultat du rapport matériel de l'homme avec la nature.

   d) La sociologie est une science compréhensive qui cherche à découvrir le but de l'action humaine.

4. Indiquez lequel des fondateurs de la sociologie utilise les concepts suivants :

   a) le matérialisme historique et les classes sociales ;

   b) les stades théologique, métaphysique et scientifique ;

   c) la solidarité organique et mécanique ;

   d) le type idéal.

5. Nommez l'approche sociologique qui voit la société :

   a) comme la somme des expériences que les individus vivent entre eux ;

   b) comme un système composé de parties fortement liées entre elles et relativement stables ;

   c) comme un système caractérisé par les tensions sociales.

6. Laquelle des réponses suivantes est fausse ?

   Il y a plusieurs courants de pensée en sociologie :

   a) parce que la réalité sociale est trop complexe pour être enfermée dans une seule vision sociologique ;

   b) parce que certains individus sont plus importants que d'autres et influencent davantage la société qu'ils ne sont eux-mêmes influencés par elle ;

   c) parce que les sociologues n'ont pas la même image de la société et ne poursuivent pas les mêmes buts.

7. L'interactionnisme est-il une approche sociologique qui s'intéresse aux bienfaits de la compétition dans le sport ? Justifiez votre réponse.

ACTIVITÉS INTERACTIVES ⊡DILON.CA

Deuxième partie

2

L'organisation de la vie sociale

Chapitre 3

La culture

3.1 L'amour : une question de culture

La scène la plus classique du cinéma est sans doute celle où l'on voit deux amoureux qui s'embrassent. En effet, on imagine mal aujourd'hui un film qui ne comporterait pas une seule scène d'amour. Un très grand nombre de revues, de stations de radio et de chaînes de télévision accordent une place considérable aux «problèmes amoureux». Cela prouve l'importance que l'on donne au sentiment de l'amour romantique, qu'Edward Shorter définit comme une relation érotique caractérisée par la spontanéité (la liberté de choisir, de créer des jeux amoureux) et par l'empathie (le fait de comprendre l'autre) (Shorter, 1981). Les membres de notre société sont constamment appelés à ressentir l'amour romantique par la publicité, la chanson, la littérature ou toute autre forme d'expression culturelle.

C'EST VRAIMENT BIZARRE L'AFRIQUE... LEURS DRÔLES DE COUTUMES, LEUR LANGUE, ET LES ANIMAUX ÉTRANGES QUI Y HABITENT !

Dans nos sociétés, il y a donc beaucoup d'«amour dans l'air». Avoir une relation amoureuse est devenu un phénomène banal. On pourrait parfois croire que le sentiment de l'amour romantique est un sentiment «naturel» que tout individu devrait éprouver au cours de son existence. Cependant, nous nous demandons rarement à quel moment nous avons fait l'apprentissage du sentiment amoureux. Au contraire, nous supposons que ce sentiment est naturel. Cette conception du sentiment amoureux sous-estime l'influence de la culture sur notre façon d'agir, de penser et même de ressentir des émotions.

Pourtant, dans beaucoup de sociétés (surtout dans certaines sociétés traditionnelles), le sentiment amoureux n'existe pas. Hommes et femmes n'éprouvent pas l'un envers l'autre cette affection intense qui caractérise le sentiment amoureux. Si vous aviez vécu dans la campagne française en 1790, par exemple, il est fort possible que vous n'eussiez jamais connu l'existence du sentiment amoureux, si l'on croit en tout cas les nombreux témoignages recueillis par l'historien canadien Edward Shorter. Les Bretons du XVIIIe siècle, comme d'ailleurs la plupart de leurs contemporains, ne connaissaient pas vraiment le sentiment de la passion amoureuse :

> […] les femmes, dans leur ménage, sont les premières domestiques ; elles labourent la terre, soignent la maison, mangent après leur mari qui ne leur parle qu'avec sécheresse, dureté, et même avec une sorte de mépris. Si le cheval et la femme tombent malades en même temps, l'homme s'empresse de recourir au maréchal pour soigner l'animal et laisse à la nature le soin de guérir sa femme (Shorter, 1977, p. 72).

Ce court passage de la vie quotidienne des Bretons d'autrefois traduit un comportement culturel qui excluait tout sentiment amoureux entre les hommes et les femmes. Hommes et femmes se liaient par le mariage pour des raisons pratiques et matérielles (assurer la préservation de l'héritage, par exemple), mais le mariage d'amour leur était complètement inconnu. Encore aujourd'hui, dans certaines sociétés, il n'est pas nécessaire ni même souhaitable d'aimer l'autre personne pour l'épouser. Le mariage est avant tout un contrat unissant un homme et une femme afin d'assurer la subsistance des personnes contractantes. Dans les sociétés dominées par l'agriculture traditionnelle, comme celle des Bretons du XVIIIe siècle, l'homme qui cherche une épouse désire d'abord trouver une femme en bonne santé pour assurer le travail domestique et en âge de procréer pour lui donner des enfants aptes à travailler la terre, car les enfants, dans ces sociétés, sont la principale source de richesse. Par ailleurs, dans beaucoup de sociétés, les parents décident des unions, parfois même avant la naissance des enfants. Un mariage avec une personne issue d'une famille nantie est une bonne affaire pour la famille, car les enfants issus du mariage auront sans doute droit à un meilleur héritage.

De même, dans les sociétés de chasseurs-cueilleurs que Mead a étudiées, comme les Arapesh d'Océanie, il n'y a pas d'amour romantique entre les conjoints. Le mariage est essentiellement un contrat visant à garantir la survie des parties. Là où les besoins de se nourrir et de se reproduire ne sont jamais assurés, un bon mariage permet de trouver à l'enfant un conjoint qui fait partie d'un large réseau de parenté. Dans les moments de famine ou de disette, le mariage avec une personne issue d'une grande famille est le meilleur garant de la survie des personnes (Mead, 1973).

L'amour entre deux personnes n'est donc pas un sentiment naturel; c'est plutôt un produit de la société. Selon plusieurs historiens, le sentiment amoureux se serait répandu dans la culture occidentale vers la fin du XVIIe siècle dans les villes (Shorter, 1981). C'est à cette époque que naissent le romantisme et la passion amoureuse entre les hommes et les femmes. Cette tendance se développe lentement, mais elle ne cesse de croître avec l'industrialisation et la valorisation de la vie privée.

> L'amour entre deux personnes n'est donc pas un sentiment naturel; c'est plutôt un produit de la société.

Dans les villes, les jeunes se libèrent graduellement des contraintes sociales que constituaient traditionnellement les parents, la religion et surtout la communauté villageoise. C'est d'abord dans les villes européennes du XVIIe siècle que l'individualisme prend de l'ampleur, avec la volonté de l'individu de s'affranchir des contraintes morales de la communauté et de choisir librement son amoureux ou son amoureuse, ses affiliations sociales, son gouvernement, etc.

De nos jours, le sentiment amoureux est éprouvé de façons bien différentes selon les cultures. Certaines cultures l'ignorent ou le condamnent, d'autres le tolèrent ou fixent ses règles d'expression; d'autres encore, comme la culture nord-américaine actuelle, encouragent les hommes et les femmes à s'aimer librement et à ressentir ce que l'on peut appeler la passion amoureuse. En fait, dès la petite enfance, nous faisons l'apprentissage de l'existence du sentiment amoureux. D'ailleurs, tous les autres comportements sociaux, comme la façon de marcher, de se vêtir, de s'alimenter, d'obéir à l'autorité ou de faire de la politique, sont conditionnés par la culture. Nous examinerons l'importance de la culture dans la société. Si le terme « culture » est souvent utilisé dans la langue populaire, son usage est également très répandu dans les sciences sociales, notamment en sociologie.

Exercice de sensibilisation

Avant la lecture de ce chapitre, nous vous suggérons l'exercice suivant. Vous devez trouver deux définitions du terme « culture ». Pour ce faire, vous pouvez vous référer aux dictionnaires des sciences sociales, aux encyclopédies, à des ouvrages spécialisés ou faire une recherche dans Internet. La semaine suivante, vous serez invités à lire, puis à commenter les définitions trouvées. Vous pourrez dès lors faire un premier inventaire des multiples sens et définitions du terme.

La lecture de ce chapitre devrait vous permettre de répondre aux questions suivantes:

- Qu'est-ce qui fait que l'individu puisse s'identifier à un groupe social?
- Comment la culture d'une société se divise-t-elle en plusieurs sous-cultures?
- Qu'entend-on par «ethnocentrisme» et par «relativisme culturel»?
- La culture constitue-t-elle une contrainte ou permet-elle plutôt à l'individu de s'émanciper?

Pour bien comprendre ce qu'est la culture, nous vous suggérons d'abord de penser à des comportements qui sont le résultat d'un apprentissage social, comme lire ou parler. Dans ce cas, on peut opposer la culture (ce qui est appris) à la nature (ce qui est transmis par l'hérédité). Cette opposition culture-nature est une bonne amorce de définition de la culture, mais arrêtons-nous un instant pour réfléchir à certains réflexes que l'on pourrait définir *a priori* comme naturels, mais qui relèvent aussi de la culture.

3.2 La culture : un produit de la société

Dans la langue de tous les jours, on entend souvent dire qu'une personne est «très cultivée» ou qu'elle possède une «grande culture». Le concept de culture renvoie ici à la compétence d'une personne dans le domaine des arts et des lettres ou encore à ses connaissances générales, encyclopédiques ou philosophiques. Ce sens usuel du mot «culture» est très peu employé aujourd'hui dans les sciences sociales.

En fait, les sciences sociales ont élaboré de nombreuses définitions du concept de culture, et il n'y a pas lieu de croire que l'on puisse obtenir un consensus sur une définition univoque. Dès 1952, deux ethnologues états-uniens, Alfred Louis Kroeber (1876-1960) et Clyde Kluckohn (1905-1960), ont dressé un inventaire des multiples utilisations du concept de culture depuis le XVIIIe siècle, époque à laquelle on a commencé à l'appliquer aux sciences humaines. Dans leur ouvrage devenu célèbre, les deux ethnologues sont parvenus à découvrir plus d'une centaine de façons d'utiliser ce concept.

CULTURE

La totalité de ce qui est appris, transmis, produit et créé par la société.

On définit ici la **culture** comme étant la totalité de ce qui est appris, transmis, produit et créé par la société. Ainsi, on constate que la culture comporte des éléments de stabilité (ce qui est appris et transmis) et des éléments de changement (ce qui est produit et créé). Cette définition très large de la culture inclut les coutumes, les croyances, les connaissances, la langue, les idées, les valeurs, les lois, de même que la production matérielle d'une société, comme les outils ou les produits industriels. Il est donc important de saisir que la notion de culture, au sens où on l'entend ici, dépasse largement la production artistique d'une société ; elle englobe aussi la production matérielle. Par exemple, on peut affirmer que les barrages hydroélectriques font partie de la culture québécoise au même titre que le hockey ou les œuvres poétiques d'Émile Nelligan.

Cette définition nous permet de comprendre également l'opposition entre les domaines culturel et naturel. Il y a dans les comportements humains une part qui est conditionnée par des facteurs biologiques (l'hérédité, le code génétique) et une autre part qui a été déterminée par les facteurs culturels. Au chapitre 4, nous verrons que les facteurs culturels, par l'intermédiaire de la socialisation, interviennent de façon marquante dans le développement social de l'individu.

3.3 Les principaux éléments de la culture : les morceaux du système

Chaque culture a tendance à juger naturels la plupart de ses fondements. Ainsi, la culture nord-américaine est portée à considérer comme naturel le fait que deux jeunes personnes de sexe opposé éprouvent l'une envers l'autre un sentiment d'amour romantique. Comme nous venons de le voir, on oublie trop souvent que tous les éléments de la culture, y compris le fait d'éprouver des sentiments, s'acquièrent par un apprentissage social. Dans cette section, nous allons examiner les principaux éléments constitutifs de la culture : la langue, les normes et les modèles culturels, les sanctions et les valeurs.

La langue

La langue est l'un des éléments de la culture que les individus ont tôt fait de trouver naturels. Un citoyen italien jugera bien naturel de parler italien, tout comme un résidant de Toronto, de parler anglais. En fait, la langue est, comme nous le verrons, l'élément premier de la culture et l'un des plus déterminants.

La langue constitue en quelque sorte la matière première de la culture. La sociologie s'intéresse à la langue, car elle explique plusieurs de nos comportements. La langue ne se limite pas à la description de la réalité. Elle façonne la culture ou, autrement dit, précède la culture (et non l'inverse). Cette théorie a été élaborée en linguistique par les chercheurs Edward Sapir (1884-1939) et Benjamin Lee Whorf (1897-1941). Selon eux, la langue n'est pas une « donnée » que l'on apprend ; plutôt, la langue encadre et modèle la réalité. Elle peut le faire en centrant notre attention sur certains phénomènes. Par exemple, il est intéressant de constater le nombre de mots que l'on utilise en français pour désigner une automobile : « véhicule », « voiture », « auto », « char », « bolide », etc. C'est un indice significatif de la place qu'occupe l'automobile dans notre culture. Autre exemple, en inuktitut, la langue que parle la majorité des Inuits de l'est du Canada, le mot « neige » renvoie à près de cinquante expressions différentes : « neige mouillée », « neige comme le sucre », « neige molle », « neige légère », « neige croûtée », « neige en rafales », « neige en ressac », etc. ; cela révèle l'importance de la neige dans la vie quotidienne de ce peuple.

> Les principaux éléments constitutifs de la culture : la langue, les normes et les modèles culturels, les sanctions et les valeurs.

La langue constitue aussi une pièce importante de notre appartenance culturelle et sociale ; d'ailleurs, les groupes linguistiques minoritaires sont souvent prêts à lutter farouchement pour défendre leur langue. Il suffit de penser aux conflits linguistiques au Québec et ailleurs au Canada pour constater la valeur que les citoyens attachent à leur langue maternelle. Les francophones en particulier mènent presque partout au Canada des luttes pour la défense de leur langue, qui se trouve menacée dans un continent largement dominé par la langue anglaise.

L'appartenance à une communauté linguistique détermine un ensemble de comportements sociaux. Ainsi, le comportement électoral nous indique que les francophones et les anglophones ne votent pas de la même façon. Traditionnellement, les anglophones du Québec ont toujours voté pour le Parti libéral aux élections provinciales, sauf en 1989 ; en bloc, ils s'opposent à l'indépendance du Québec. La différence linguistique influe aussi sur les comportements sociaux, comme le suicide, le divorce ou la natalité.

On constate par exemple depuis plusieurs années que les taux de suicide et de divorce sont plus élevés chez les francophones que chez les anglophones. Par contre, les taux de natalité sont plus élevés chez les anglophones que chez les francophones.

L'appartenance linguistique définit également notre façon de produire des biens et des services. L'exemple de la publicité est intéressant à ce sujet. Il est bien connu que les francophones du Canada ne conçoivent pas la publicité de la même façon que les anglophones. Les anglophones et les francophones ont des approches différentes pour vendre le même produit : ils ne recourent pas aux mêmes acteurs ni aux mêmes situations et ils ne misent pas sur les mêmes valeurs selon le groupe linguistique ciblé.

La publicité francophone intègre plus facilement l'humour au message publicitaire. L'humour rejoint davantage la culture des francophones, comme l'explique Robert Thibaudeau, publicitaire québécois : «C'est important [pour les Québécois] de ne pas se prendre au sérieux. Rire, c'est la base d'une bonne et vraie communication. Faire rire, c'est charmer et séduire, créer une complicité avec les gens» (*La Presse*, 25 mai 1989). Le comportement du consommateur francophone est différent de celui du consommateur anglophone. La consommation d'automobiles en est un bon exemple : les francophones achètent plus d'automobiles d'origine européenne que les anglophones.

Bref, l'importance de la langue n'est plus à démontrer : l'appartenance linguistique d'un individu façonne grandement son comportement, que ce soit dans sa façon de voir le monde, de le comprendre, d'entrer en relation avec les autres, de vendre et de promouvoir des produits ou, encore, d'élire des représentants. Voilà pourquoi nous disions que la langue précède la culture, et non l'inverse.

—— Les normes et les modèles culturels

Toute organisation sociale intègre des mécanismes de motivation et de dissuasion qui récompensent les comportements attendus ou souhaités et sanctionnent ou punissent ceux qu'elle considère comme inacceptables. Les normes et les sanctions (que nous verrons plus loin) entrent dans cette dynamique sociale de la motivation et de la dissuasion. On peut définir les **normes** comme étant des types de comportements reconnus et maintenus par les membres d'une société. Ces types de comportements sont issus directement des valeurs. Un exemple simple d'une norme est de garder le silence dans une salle de cinéma. Cette norme vient d'une valeur qui est le respect d'autrui en public.

NORMES
Règles de conduite et modèles de comportements suivis par les membres d'une société.

> Toute organisation sociale intègre des mécanismes de motivation et de dissuasion qui récompensent les comportements attendus ou souhaités et sanctionnent ou punissent ceux qu'elle considère comme inacceptables.

Pour qu'une norme puisse être significative, elle doit d'abord être comprise et suivie par la majorité. Ainsi, tout citoyen nord-américain connaît la norme du silence qui régit la présentation d'un film dans une salle de cinéma. C'est pourquoi, quand vous entrez dans une salle de cinéma, vous vous attendez, en bon citoyen nord-américain que vous êtes, à ce que les spectateurs gardent le silence. Et, à cause de l'existence de cette norme, vous vous sentirez dans votre droit de demander à un spectateur bruyant de bien vouloir se taire. Vous pouvez protester ou vous plaindre non seulement parce qu'une norme n'a pas été suivie, mais aussi parce que vos attentes ont été déçues. En effet, l'existence d'une norme suscite également une **attente** : vous concevez inconsciemment certaines attentes lorsque vous

ATTENTE
État d'esprit selon lequel une personne pense qu'elle peut facilement prédire le déroulement d'une action ou d'une situation.

La main invisible de la culture choisit les prénoms de vos enfants à votre place

Nous verrons dans ce chapitre à quel point la culture détermine nos vies et encadre notre quotidien, même si nous n'en sommes pas toujours conscients. Demandons-nous à ce sujet pourquoi on nous a donné tel prénom plutôt que tel autre.

On aurait tendance à croire que le choix d'un prénom est un choix complètement libre que font les parents. Choisir le prénom de nos enfants : n'est-ce pas un geste dépourvu de contraintes culturelles et sociales ? Eh bien ! non. Dans une étude sur les prénoms réalisée par deux sociologues français, il semble que le choix des prénoms obéisse à des modes sociales et cycliques, et qu'il soit très difficile d'éviter ces modes (Besnard et Desplanques, 1986). Les chercheurs ont constaté que les parents choisissent souvent les mêmes prénoms, mais que ces prénoms changent rapidement. Aujourd'hui, les 10 prénoms les plus fréquents pour chaque sexe sont donnés à plus de 30 % de tous les nouveau-nés. Autrement dit, près du tiers de tous les nouveau-nés reçoivent l'un des 10 prénoms les plus populaires pour chaque sexe. C'est donc dire que les prénoms suivent des modes.

Besnard et Desplanques ne manquent pas d'explications. Dans les sociétés contemporaines, le prénom a pris beaucoup d'importance parce qu'il marque l'identité d'un individu. Le prénom sert dans ce cas à individualiser la personne. Les parents font donc face à un double danger : d'un côté, ils veulent éviter de donner un prénom trop répandu ; d'un autre côté, ils ne veulent pas donner un prénom excentrique pour échapper au ridicule. De là vient la faveur dont jouissent certains prénoms, car « le phénomène de mode, ajoutent les auteurs, naît précisément de cette tension entre l'originalité et le conformisme ». Être à la mode, pour les auteurs, c'est se distinguer des autres tout en montrant sa ressemblance avec ceux auxquels on cherche à s'identifier. Mais être à la mode, ce n'est pas être excentrique. Un prénom trop excentrique (Pluto ou Bobinette) peut avoir des répercussions négatives sur la vie d'un enfant. Par contre, un prénom trop conformiste risque de noyer l'enfant dans l'anonymat. Mais un prénom avant-gardiste peut avantager la personne qui le porte. Le choix d'un prénom imprime donc le destin de l'enfant.

La plupart des prénoms suivent un profil cyclique, comme l'indique la figure 3.1. Les prénoms qui sont donnés à plus de 2 % des enfants ont une espérance de vie moyenne de 40 ans. Les neuf premières années constituent la période d'émergence ; suivent cinq années d'ascension et six ou sept années de règne à plus de 2 %. Une longue phase descendante commence alors : huit années de déclin et dix années d'agonie. Comme on peut le remarquer, les prénoms prennent plus de temps à disparaître qu'à apparaître. Les prénoms démodés font toujours mauvaise figure, n'en déplaise aux Lucien et aux Marcel.

Après leur mort, les prénoms entrent dans une longue phase d'hibernation ou de purgatoire, avant de revenir un siècle plus tard auprès de quelques avant-gardistes qui relanceront la mode du « nouveau » prénom. C'est l'histoire de Julie et de Sophie, qui ont connu leur heure de gloire au début du XIXᵉ siècle en France, pour disparaître au début du XXᵉ siècle et ensuite revenir en force durant les années 1980.

C'est ainsi que se dessine le paradoxe sociologique des prénoms. Plus on veut être audacieux, unique, novateur (mais pas trop excentrique) dans le choix du prénom de l'enfant, plus on risque de tomber dans le commun, le standard et le « semblable à tout le monde » ; bref, dans la mode. Le choix d'un prénom semble individuel. Mais tout comme dans le cas du suicide (*voir le chapitre 1*), ce choix est conditionné par des valeurs et des normes sociales. Durant les années 1950, certains parents voulaient être originaux en appelant leur enfant Sylvie ou Sylvain ; pourtant, ils ont choisi un prénom très populaire. D'autres prénoms sont devenus gagnants durant les années 1970, tels Nathalie, Stéphane, Stéphanie et Julien. À la fin des années 1980 au Québec, les Stéphanie, Vanessa et Jessica étaient les prénoms en vogue ; ils sont devenus démodés à partir de 2005.

Figure 3.1 La carrière typique d'un prénom

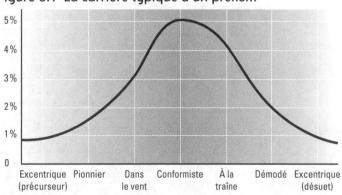

Source : Philippe Besnard et Guy Desplanques, *Un prénom pour toujours. La cote des prénoms hier, aujourd'hui et demain*, Paris, Balland, 1986, p. 98.

Tableau 3.1

Les prénoms féminins les plus populaires au Québec en 1975, 1990 et 2005 (par ordre d'importance)

Rang	1975	1990	2005
1	Julie	Stéphanie	Léa
2	Isabelle	Vanessa	Jade
3	Mélanie	Catherine	Sarah
4	Annie	Jessica	Noémie
5	Nancy	Émilie	Rosalie
6	Stéphanie	Mélissa	Laurence
7	Nathalie	Valérie	Camille
8	Caroline	Caroline	Florence
9	Karine	Audrey	Mégane
10	Valérie	Marie-Pier	Coralie

Source : *Régie des rentes du Québec,* « Prénoms d'enfants les plus populaires au Québec », [en ligne] , http://www.rrq.gouv.qc.ca/fr/enfants/banque_prenoms.htm (page consultée le 20 octobre 2006).

Tableau 3.2

Les prénoms masculins les plus populaires au Québec en 1975, 1990 et 2005 (par ordre d'importance)

Rang	1975	1990	2005
1	Éric	Maxime	Samuel
2	Patrick	Alexandre	William
3	Martin	Mathieu	Alexis
4	Stéphane	Jonathan	Gabriel
5	Sébastien	David	Félix
6	Pascal	Simon	Nathan
7	Steve	Sébastien	Antoine
8	François	Michaël	Olivier
9	Daniel	Vincent	Thomas
10	Christian	Marc-André	Xavier

Source : *Régie des rentes du Québec,* « Prénoms d'enfants les plus populaires au Québec », [en ligne] , http://www.rrq.gouv.qc.ca/fr/enfants/banque_prenoms.htm (page consultée le 20 octobre 2006).

franchissez les portes d'une salle de cinéma. Par rapport à l'auditoire, vous vous attendez à ce que le public soit silencieux et intéressé ; vous supposez que les spectateurs resteront assis, vous tolérerez ceux qui mangent du pop-corn, etc. Vous prévoyez que la bande sonore et la bande image seront en bon état, que les sièges seront confortables, que la salle sera propre, etc. Tout cela constitue des attentes qui découlent de normes sociales. En fait, la plupart des expériences quotidiennes en société sont précédées d'une attente. Quand, par exception, une situation ne répond pas aux attentes des participants, ceux-ci en éprouvent un sentiment de frustration, de déséquilibre ou d'incertitude.

Les types de normes

La sociologie distingue les normes formelles des normes informelles. Les normes formelles sont des normes écrites : on a pris soin de les consigner dans des textes de lois ou dans des règlements, lesquels prévoient aussi des punitions pour les contrevenants. Les normes formelles sont très claires, explicites et peuvent être connues de tous.

Au contraire, les normes informelles ne sont ni explicites ni écrites, même si, en général, tout le monde les connaît et les comprend. Il faut savoir que les membres d'une société ne jugent pas nécessaire de prévoir des normes formelles pour tous les comportements sociaux. D'ailleurs, un bon nombre de comportements n'ont pas besoin d'être encadrés par des normes formelles : il n'y a pas de règlement qui oblige à attendre en file aux arrêts d'autobus, mais il existe une norme informelle qui demande de le faire dans certaines villes. La vie en société est remplie de normes informelles de ce type, et il ne faudrait pas croire que celles-ci sont moins importantes que les normes formelles.

Certaines normes sont très importantes pour une société. Ainsi, des interdits comme l'homicide volontaire, l'inceste ou la violence faite aux enfants constituent des délits criminels que l'on peut rattacher à des mœurs nord-américaines. Les **mœurs** constituent donc des normes dont la société ne tolère pas la transgression. C'est pourquoi les mœurs sont toujours encadrées par des lois.

La transgression de normes sociales est soumise à l'arbitrage social et peut entraîner l'exclusion d'un individu fautif de la communauté.

Contrairement aux mœurs, les **coutumes** constituent un type de normes qui se rapprochent des règles de conduite ; elles sont liées à des punitions plutôt mineures en cas de violation. Même si les coutumes ne sont pas sanctionnées sévèrement, elles sont suivies par les membres d'une société. L'anthropologue états-unien Edward Twitchell Hall (1914-2001) a tenté de mettre en relief l'efficacité d'une coutume chère aux Nord-Américains, celle qui consiste pour un individu à respecter une certaine distance vis-à-vis d'un autre individu. C'est ce que l'auteur appelle les bulles (Hall, 1966).

L'étude menée par Hall a pu préciser au sein des cultures d'Amérique du Nord et d'Europe de l'Ouest une norme qui exige le respect d'une certaine distance entre les individus lors d'une communication. Autrement dit, tout individu appartenant à ces cultures doit conserver une certaine distance par rapport à son interlocuteur, et cette distance varie selon le type de personne avec qui l'on communique. Lors d'une conversation entre deux Nord-Américains, il y a donc une distance à respecter, une

MŒURS

Normes et règles que les membres d'une société jugent hautement désirables.

COUTUMES

Normes et règles de la vie quotidienne qui peuvent être facilement transgressées.

bulle invisible, qui constitue une frontière imaginaire et qui est presque toujours respectée. Du reste, Hall distingue quatre types de bulles :

- La distance intime, qui est de 45 centimètres. C'est la distance normale qui sépare deux individus qui ont une relation très intime, affectueuse ou amoureuse.
- La distance personnelle, qui est de 45 centimètres à 1 mètre. C'est la distance qui régit la conversation entre amis ou entre collègues.
- La distance sociale, qui est de un à deux mètres. C'est la bulle polie qui définit la distance qu'il faut normalement garder lors de l'interaction d'étrangers. C'est la distance respectée lors d'une entrevue, par exemple.
- La distance publique, qui va au-delà de trois mètres. C'est la distance qui sépare un interlocuteur de son auditoire ou de la foule, ou celle qui sépare un comédien de son public.

Ces bulles invisibles si bien respectées par les Nord-Américains ne sont aucunement une norme pour la plupart des autres cultures, comme la culture arabe. Dans cette culture, la conversation entre deux individus se fait face à face, et une distance très courte (20 centimètres) sépare les interlocuteurs. Par ailleurs, le toucher entre les hommes fait partie intégrante de la conversation. Il est évident que tout citoyen d'Amérique du Nord éprouvera un malaise s'il est interpellé par une personne à cette distance de 20 centimètres : la transgression d'une telle norme sociale place souvent l'individu dans une situation stressante.

La transgression des normes sociales

Quelle que soit la nature ou l'importance d'une norme, elle risque toujours d'être transgressée. En fait, les normes sont transgressées, ou non suivies, parce qu'elles portent en elles une large part d'arbitraire social. Ces règles font très rarement l'unanimité.

Les normes sociales très strictes peuvent ne revêtir aucune importance pour certains individus. Un comportement jugé déviant par les uns peut être considéré comme un modèle d'excellence par les autres. C'est le cas d'une jeune adolescente qui consomme de l'alcool. Elle transgresse une norme sociale, celle de l'interdiction qui est faite aux personnes mineures de consommer de l'alcool dans les endroits publics. Mais l'action de cette adolescente peut être conforme aux normes établies par son groupe d'amis ; elle peut même être une condition pour appartenir à un groupe. Pour le groupe, la consommation d'alcool peut être le signe d'une indépendance des jeunes vis-à-vis de l'autorité des adultes. Ce signe peut être crucial. C'est donc dire qu'il peut y avoir des écarts et des divergences majeurs parmi les divers groupes sociaux quant à l'acceptation d'une norme sociale. Ainsi, les normes (et les valeurs) d'une sous-culture sont susceptibles de contredire celles de la culture dominante.

Lorsque certaines normes sont répandues au point de servir de guides d'action au sein d'une société, on peut parler de **modèle culturel.** En ce sens, les modèles culturels se veulent des exemples à suivre. Les personnages publics des milieux politique, artistique et même religieux sont très sensibles au fait qu'ils peuvent servir de modèles culturels. Plus globalement, on peut parler de modèle masculin ou de modèle féminin, de modèle d'autorité, de modèle de discipline, etc. Ces modèles évoluent constamment.

> **MODÈLE CULTUREL**
> Normes sociales dominantes qui se présentent comme des guides d'action ou comme des exemples à suivre.

—— Les sanctions

Maintenant que l'on connaît mieux les normes, on peut se poser la question suivante : quels sont les moyens utilisés pour que ces normes soient respectées ? Le principal moyen employé pour qu'une norme soit suivie consiste à prévoir des **sanctions** pour les déviants. Comme nous le verrons dans le chapitre 6 portant sur le contrôle social de l'individu, les sanctions peuvent prendre la forme de sanctions négatives (châtiments) ou de sanctions positives (récompenses).

En ce qui concerne les sanctions positives, toutes les sociétés possèdent un mécanisme de stimulation et de motivation visant à encourager tel ou tel comportement lié à telle ou telle norme. Par exemple, la sanction positive de l'élève peut être une note à la hausse, celle de l'athlète une médaille, celle du commis une commission sur les ventes, celle de l'ouvrier une prime de productivité et celle de la comédienne un trophée. On constate donc que les sanctions positives occupent une place importante dans la vie quotidienne.

Pour leur part, les sanctions négatives sont peut-être plus faciles à cerner à cause de leur dimension punitive; en effet, l'amende, l'emprisonnement et le congédiement sont autant de formes de sanctions négatives.

On peut se demander pourquoi les membres d'une société construisent une pyramide de normes, soutenue par un dispositif complexe de sanctions. En fait, les normes et les sanctions sont déterminées par un autre élément de la culture: les valeurs.

—— Les valeurs

Les **valeurs** constituent une conception collective qui définit ce qui est idéal, désirable ou estimable en ce qui a trait aux manières d'être et d'agir au sein d'une société. Les valeurs rendent compte de l'importance des idéaux qu'une société se donne.

Les valeurs déterminent des comportements individuels et collectifs, et servent aussi de grille d'évaluation des actions des autres. Il y a donc une relation directe entre les valeurs, les normes et les sanctions. Par exemple, une société qui valorise la **monogamie** prend soin aussi d'établir un dispositif de normes et de sanctions pour décourager l'adultère. Des normes très strictes peuvent être maintenues au sujet des relations hors mariage. Dans la France du Moyen Âge, en guise de sanction, on condamnait les personnes adultères à faire une promenade assises en sens inverse sur le dos d'un âne de façon à les punir par la honte, mais, de nos jours, selon les régions du globe, ces sanctions peuvent prendre la forme d'une amende, d'un emprisonnement ou d'autres châtiments.

La question de savoir d'où viennent les valeurs est importante, et tous les grands courants sociologiques ont tenté d'y répondre chacun à sa manière. On trouve en effet des réponses différentes à cette question selon les approches sociologiques étudiées au chapitre 2.

1. Selon l'approche marxiste et du conflit social, les valeurs sont essentiellement produites par les rapports sociaux. Autrement dit, c'est d'abord la position sociale réelle des membres d'une société qui maintient des valeurs afin de défendre ou d'améliorer cette position. Karl Marx a soutenu ce point en prétendant que ce sont essentiellement les conditions matérielles d'existence qui créent la conscience. Par exemple, au Moyen Âge, la noblesse, qui était la classe dominante, défendait les valeurs de la hiérarchie, de l'honneur et du militarisme parce qu'elle possédait le pouvoir, les titres de noblesse et les armes (seule la noblesse avait le droit de prendre part aux combats). Selon cette approche, les valeurs dominantes d'une société sont produites et maintenues par les classes qui détiennent les éléments de la richesse (les armes, l'argent ou les moyens de production).

2. Selon l'approche fonctionnaliste, les sociétés établissent un consensus sur les valeurs dominantes. Une société a d'abord besoin de cohésion pour survivre. Cette cohésion n'est pas organisée par un groupe ou une classe dominante; elle est le produit d'un

SANCTIONS

Pénalités (sanctions négatives) ou récompenses (sanctions positives) relatives au respect ou au non-respect des normes et des valeurs d'un groupe, d'une société.

VALEURS

Conception collective qui décrit ce qui est bon, désirable ou idéal au sein d'une culture.

MONOGAMIE

Norme qui interdit aux hommes et aux femmes d'avoir plus d'un conjoint ou d'une conjointe en même temps (antonyme de « polygamie »).

contrat social entre les différentes composantes de la société. Les valeurs sociales sont donc issues de la majorité des membres de la société. Dans cette perspective, on dira par exemple que les ouvriers et les patrons d'une usine doivent avoir des valeurs communes comme le progrès ou la productivité pour pouvoir s'entendre.

3. Selon l'approche interactionniste, les valeurs sociales émergent des interactions culturelles des groupes sociaux. La société connaît une évolution constante : les groupes sociaux s'influencent les uns les autres. Par l'interaction culturelle, de nouvelles valeurs apparaissent et deviennent des valeurs dominantes. Ainsi, selon cette approche, on pourrait sans doute prétendre que la tolérance, une valeur importante de notre société, est née de l'interaction ou de la cohabitation des différents groupes ethniques.

Les valeurs nord-américaines

Les valeurs évoluent continuellement, mais en général les enquêtes sociologiques font ressortir ce que l'on appelle les « valeurs dominantes d'une société ». Plusieurs enquêtes et analyses ont été effectuées tant en sociologie qu'en psychologie sur les valeurs dominantes des Nord-Américains. Il semblerait que l'on en soit arrivé à un certain consensus sur les valeurs dominantes dans la culture nord-américaine (Williams, 1970). Voici ces valeurs :

- le travail et le fait d'être actif ;
- l'efficacité et la rationalité ;
- le succès par la réussite sociale ;
- le sens moral.

Examinons de plus près la portée de ces quatre valeurs dominantes de la société nord-américaine.

Le travail et le fait d'être actif Les sociétés industrielles ont une attitude très positive à l'égard du travail. Max Weber a été le premier sociologue à démontrer que la valeur contemporaine du travail a une origine religieuse protestante (Weber, 1964). Cette valeur était à l'époque soutenue par le principe de la prédestination, selon lequel le travail est une forme de rédemption : on peut se racheter par le travail. L'éthique du travail nous éloigne des péchés associés aux plaisirs défendus mentionnés dans la Bible. De nos jours, le travail est non seulement un moyen de gagner sa vie, mais aussi une façon d'être, de donner un sens à sa vie, d'obtenir un statut social ou une reconnaissance, etc. Les individus cherchent à se réaliser dans le travail. Ceux qui sont sans travail dans les sociétés industrielles sont souvent victimes de harcèlement ou de discrimination. On peut ajouter d'autres valeurs connexes au travail qui sont aujourd'hui très présentes dans nos sociétés, soit :

- le plein emploi, la stabilité de l'emploi ;
- le travail comme moyen permettant l'épanouissement personnel ;
- le travail comme moyen de participer à la vie collective.

L'efficacité et la rationalité Pour beaucoup de sociologues (en particulier pour Max Weber et Ferdinand Tönnies), les sociétés industrielles se distinguent par l'importance qu'elles accordent à l'efficacité et à la rationalité. La foi quasi aveugle que les Nord-Américains ont dans le progrès technologique traduit cette tendance et donne parfois naissance à des attitudes qui peuvent sembler contradictoires. Par exemple, la grande majorité des Canadiens sont favorables aux nouvelles technologies, même s'ils craignent qu'elles n'augmentent le chômage.

Le succès par la réussite sociale Cela constitue une autre valeur dominante des Nord-Américains. Les individus qui ont « réussi », en particulier ceux dont la condition était modeste ou pauvre, deviennent des légendes. Les biographies des célébrités mettent souvent en relief le fait que ces héros sont issus du peuple et qu'ils ont réussi malgré tout. Aux yeux de plusieurs, Charlie Chaplin, John Lennon ou Céline Dion ont plus de « mérite » parce qu'ils viennent d'un milieu modeste. Ceux que les Européens appellent de façon péjorative les parvenus ou les arrivistes (parce que la réussite financière n'est pas toujours appréciée) sont aux yeux des Nord-Américains des personnes dignes d'admiration. Aussi les politiciens tentent-ils de répondre à cette valeur du succès par la réussite en masquant leur origine bourgeoise et en soulignant leur prétendue origine populaire ou modeste.

Le sens moral Les Nord-Américains témoignent une grande sympathie pour les causes sociales. De là l'importance pour les personnes qui aspirent à devenir des modèles culturels de faire acte de présence dans les téléthons pour les personnes malades ou dans toute autre cause charitable. Par exemple, on peut lire dans les pages sportives des journaux que tel joueur connaît une saison misérable, mais qu'il s'engage dans des causes sociales et auprès des organismes de charité. Les experts en marketing confirmeront le fait que certaines personnes qui prétendent avoir un sens moral élevé savent « se vendre » et obtiennent par conséquent davantage de succès.

Selon la sociologue belge Nicole Delruelle-Vosswinkel (1987), trois autres valeurs dominantes des sociétés occidentales doivent être ajoutées aux quatre valeurs que nous venons de décrire : la liberté, l'égalité et la famille.

La liberté est au cœur des démocraties et des systèmes politiques en Occident. Cette valeur implique le droit de diriger sa destinée, d'exprimer des opinions contraires à celles de la majorité et de les défendre, de s'associer à la personne de son choix par le mariage ou le concubinage, de s'associer à des groupes ou à des organisations sociales de son choix, d'être défendu devant les tribunaux, de pratiquer la religion de son choix ou de ne pratiquer aucune religion.

Les valeurs connexes à la liberté sont les suivantes :

- l'amour romantique ;
- l'individualisme ;
- l'autonomie ;
- la participation.

Quant à l'égalité, il s'agit d'une valeur associée aux nombreuses réformes sociales et politiques qui ont eu cours en Occident depuis les Révolutions française et américaine. Cette valeur soutient les principes de l'égalité devant la loi et de l'égalité des chances chers aux démocraties occidentales. Le suffrage universel (le principe d'une personne un vote) est sans doute la conséquence la plus directe de cette valeur.

La famille est une autre valeur sociale dominante en Occident. Elle est rattachée à l'importance que l'on accorde à la vie privée et à la liberté.

L'éclatement des valeurs dominantes Les valeurs dominantes d'une société changent constamment. Par exemple, durant une période révolutionnaire, les valeurs dominantes peuvent être remises en question. En outre, les sociétés contemporaines sont très divisées sur le plan des valeurs. Par exemple, ce ne sont pas tous les Canadiens qui ont confiance en la science et en la technologie : les groupes écologiques et de plus en plus de citoyens sont conscients des limites de la science et de la technologie, et ne se fient plus aux scientifiques depuis que des désastres environnementaux se sont produits. Par ailleurs, le sociologue états-unien Daniel Bell (1976) a pu reconnaître une nouvelle valeur dans la société nord-américaine : l'**hédonisme.** Bell définit l'hédonisme comme la recherche du plaisir par la consommation et la fuite de l'effort. Selon lui, les Nord-Américains recherchent maintenant davantage le plaisir par la consommation que par le travail, l'efficacité ou la rationalité.

Des études en sociologie du travail, qui ont été menées au cours des dernières années, ont donné raison à Bell. On y constate que les travailleurs accordent plus d'importance à leurs loisirs, à leur vie privée ou à leur vie communautaire qu'à leur travail. Rifkin constate que les salariés préfèrent un cadre de travail à horaire flexible pour s'occuper de leur famille même si cela peut réduire les perspectives d'avancement professionnel (Rifkin, 1996). On peut voir plusieurs indices dans la société contemporaine de ce que certains sociologues appellent « l'implosion du travail » : la réduction du temps de travail, les retraites anticipées, les congés parentaux, etc.

Ce phénomène de l'implosion du travail et de l'émergence de l'hédonisme n'est qu'une manifestation de la mouvance des valeurs de la société contemporaine nord-américaine. Le concept de sous-culture que nous verrons plus loin peut nous renseigner un peu mieux sur le changement des valeurs.

—— Les habitus

La notion d'**habitus,** définie par le sociologue Pierre Bourdieu, nous fait mieux saisir le caractère inconscient de la culture. L'habitus, selon Bourdieu, ce sont des schèmes de perception, de pensée et d'action incorporés dans l'individu et partagés par le même groupe social. Dans cette mesure, l'habitus sert de morale sociale et il est une conception du monde adoptée par un groupe social. Ainsi, pour Bourdieu, chaque classe sociale a un habitus qui lui est propre. La tenue vestimentaire, le langage ou la fréquentation de tel ou tel type de spectacles constituent des habitus souvent révélateurs de notre groupe social. Les membres d'une même classe sociale partagent un habitus commun et le transmettent aux générations futures : l'individu qui le reçoit va adopter un comportement qui relève de son habitus social. L'habitus explique pourquoi les membres d'une même classe sociale adoptent les mêmes comportements sans se concerter. En ce sens, l'habitus n'est pas conscient, mais fait partie lui aussi d'un apprentissage social.

Cette définition de l'habitus laisse entendre qu'un groupe social peut se distinguer des autres. On peut en effet comprendre l'habitus dans une logique de la « distinction », selon l'expression de Bourdieu. Par exemple, un rapport d'enquête sur les pratiques culturelles au Québec (théâtre, concerts, spectacles, musées, etc.) ainsi que la lecture révèle que ces activités sont fortement influencées par des variables telles que la scolarité, la situation socioprofessionnelle, l'âge ou le sexe (ministère de la Culture et des Communications, 1997). Bref, en règle générale, l'amateur d'opéra et celui qui préfère la musique western n'appartiennent pas à la même classe sociale, n'ont pas les mêmes goûts littéraires et ne lisent pas les mêmes journaux (*Le Devoir* pour le premier/*Le Journal de Montréal* pour le second).

—— Les idéologies

Les idéologies constituent une composante centrale de la culture et s'enracinent dans des valeurs. Ainsi, plusieurs comportements de divers groupes sociaux ou de collectivités s'éclairent lorsque l'on prend en considération l'influence de ce puissant facteur de changement social. Voyons d'abord les principales caractéristiques de l'**idéologie,** en nous inspirant en partie de l'analyse de Rocher (1968).

Les caractéristiques de l'idéologie

L'idéologie comporte les caractéristiques suivantes :

1. L'idéologie se manifeste sous la forme d'un discours rationnel reposant sur des postulats qui ont un degré relativement élevé de cohérence. Elle s'efforce donc de décrire ou d'expliquer une situation, une réalité. De plus, il est nécessaire que ce discours faisant appel à des faits et à des jugements soit perçu comme logique, car il prétend parler au nom de la science, de la vérité.

2. L'idéologie a une fonction d'éclaircissement, c'est-à-dire que les idées exprimées attirent l'attention des membres du groupe ou de la société sur une situation et, surtout, doivent les aider à comprendre cette situation. Elle donne corps à des opinions, à des pensées et à des sentiments plus ou moins inconscients, et favorise une prise de conscience en ayant recours à des formules flamboyantes qui visent avant tout l'efficacité : « Prolétaires de tous les pays, unissez-vous ! » ; « Ce qui est bon pour GM est bon pour les États-Unis » ; « Le Québec aux Québécois » ; « Mon NON est Québécois » ; « *Black is beautiful* » ; « Vive la Révolution québécoise ! »

3. L'idéologie n'est pas un discours abstrait ; elle renvoie au contraire à des intérêts concrets, que ceux-ci concernent des personnes ou une collectivité. Cependant, les véritables intérêts particuliers en jeu sont cachés derrière un discours qui a une portée universelle.

4. L'idéologie comporte une dimension affective puisqu'elle fait appel aux sentiments, aux émotions et aux passions. En raison de l'importance des intérêts en cause, l'idéologie suscite souvent des réactions psychologiques assez vives qui relèvent de l'anxiété ou de l'agressivité, selon l'inquiétude provoquée par le changement social ou les frustrations engendrées par ce dernier.

5. L'idéologie cherche à développer chez l'individu un sentiment d'appartenance à un « nous ». En d'autres mots, elle crée une identité collective qui encourage l'adhésion et l'identification de l'individu grâce à l'impression de puissance qui se dégage du groupe : les Québécois, les ouvriers, les femmes, les jeunes, etc.

6. L'idéologie s'appuie sur des valeurs et les explicite en fonction de ce « nous ». Ainsi, elle stimule l'émergence d'ambitions, d'aspirations et de valeurs nouvelles plus ou moins teintées d'utopies et jusque-là inexprimées.

7. L'idéologie constitue un discours partisan. À ce titre, ce discours simplifie les réalités les plus complexes et s'avère donc réducteur. Réclamant une adhésion sans réserve, il sélectionne les faits à sa convenance et écarte ceux qui contredisent sa vision du monde.

8. L'idéologie incite souvent au combat contre un adversaire ou un bouc émissaire. Pour ce faire, elle s'efforce de convaincre, de susciter l'unanimité au moyen du refus de l'autre ou du conflit avec lui. La crédibilité de ce dernier est alors mise en doute, et ses actions et motifs sont critiqués.

9. Enfin, l'idéologie crée une mobilisation en vue d'une action collective. Dépositaire en quelque sorte d'un projet, elle fixe des buts à atteindre et propose des moyens précis d'y parvenir. Les craintes ou les ambitions en cause s'expriment ou sont promues sur la scène publique par l'intermédiaire de divers agents du changement social, à savoir les partis politiques, les mouvements sociaux et les groupes de pression.

D'autre part, ce phénomène complexe qu'est l'idéologie peut revêtir dans la réalité plusieurs formes selon le groupe visé par l'idéologie ou selon la nature des idées véhiculées. Ainsi, on distingue l'idéologie nationaliste, l'idéologie féministe, l'idéologie conservatrice, l'idéologie libérale, l'idéologie sociale-démocrate, l'idéologie socialiste, etc.

Les croyances

CROYANCES
Doctrines ou faits considérés comme vrais ou possibles.

Les **croyances** sont également un élément de la culture. Parmi celles-ci, signalons les énoncés qui relèvent de la philosophie, les mythes et les croyances religieuses. Ces dernières sont à la source des pratiques religieuses, qui, à leur tour, sont encadrées par des groupes religieux, voire des institutions lorsqu'il s'agit des Églises établies. Les croyances religieuses ont alors pour fonction d'affirmer et d'encourager la solidarité chez les adeptes, c'est-à-dire de générer un mouvement d'affirmation identitaire. Ainsi, l'identité religieuse, en écartant le discours rationnel de la science, constitue une stratégie possible d'insertion sociale. Enfin, à côté du redéploiement du religieux dans plusieurs sociétés, on assiste à l'essor des croyances ésotériques, c'est-à-dire des « croyances parallèles » (astrologie, réincarnation, spiritisme, télépathie, etc.), qui cohabitent souvent avec les croyances chrétiennes.

La production artistique

La production artistique d'un peuple ou d'une civilisation représente une facette importante de sa présence au monde. Elle appartient donc profondément à l'univers de la culture, dont elle dévoile en quelque sorte le raffinement puisque l'individu, en tant qu'être social, a la faculté de créer et d'innover, dans sa recherche du beau et du vrai, afin d'échapper aux contraintes de ce qu'il a appris. La création artistique, comme l'innovation technologique d'ailleurs, est un produit, un bien culturel, qui se rattache au patrimoine d'un peuple ou d'une nation. La chanson, le cinéma et la littérature sont autant de domaines qui ont permis à des artistes de s'exprimer par leur création artistique. À ce titre, la production artistique constitue donc une partie importante de la culture.

La culture matérielle

Des silex taillés de nos ancêtres préhistoriques aux ordinateurs d'aujourd'hui, tous les objets fabriqués par l'être humain, simple outil de la vie quotidienne ou instrument à la fine pointe de la technologie, font partie de la **culture matérielle.** L'archéologie, l'ethnographie et l'histoire s'intéressent depuis longtemps aux objets de la vie de tous les jours. Mais l'intérêt de la sociologie pour l'analyse des effets des technologies complexes sur la vie sociale des individus s'est manifesté plus tard, sous l'impulsion des phases relativement récentes du changement technologique. Ces phases sont l'automatisation et l'informatisation.

CULTURE MATÉRIELLE
Ensemble des projets d'une société, peu importe leur complexité.

La mise en œuvre des technologies modernes favorise la spécialisation du travail.

Les technologies modernes sont un ensemble intégré de machines et d'appareils servant à produire des biens et des services, et la sociologie s'intéresse aux rapports entre celles-ci et l'individu à l'usine ou au bureau. Plusieurs études en sociologie du travail soulignent que la mise en œuvre de ces technologies contribue, sur le plan physique, à diminuer le fardeau physique du travail. De plus, elles ont un effet sur divers aspects de la durée du travail : diminution du travail régulier, augmentation du travail précaire. À propos de la spécialisation du travail, la technologie favorise la complexité de même qu'une plus grande polyvalence des tâches d'exécution, la création de nouvelles tâches ainsi que la division entre exécution et conception du travail. Enfin, en ce qui concerne la qualification, on constate une bipolarisation : en raison des nouvelles technologies, certaines tâches deviennent plus qualifiées, mais d'autres au contraire sont déqualifiées (Bernard et Cloutier, 1987).

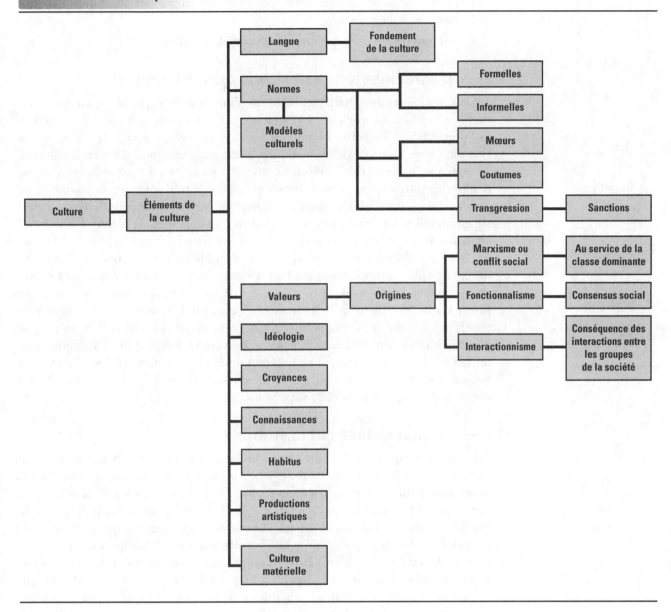

3.4 Les caractéristiques de la culture

Maintenant que nous avons vu les principaux éléments de la culture, il y a lieu d'étudier quelques-unes de ses caractéristiques générales.

1. La culture fait partie de notre quotidien et détermine grandement le cours de notre vie. Toutefois, étant donné qu'une large part de la culture n'est pas formalisée (elle n'est pas « expliquée »), elle n'apparaît pas facilement à notre conscience.

La culture est difficilement explicable, elle comporte des éléments de stabilité et de changement souvent hétérogènes, mais liés entre eux comme les éléments d'un système.

2. Toute culture comporte des éléments de stabilité et des éléments de changement.

3. La culture comporte des éléments très variés, qui sont cependant liés entre eux comme les éléments d'un système.

Examinons de plus près ces caractéristiques de la culture.

—— L'enracinement dans la vie quotidienne

Selon la première caractéristique, la culture s'inscrit dans le quotidien sans que nous en soyons vraiment conscients. La raison de cela est qu'une large part de la culture est intériorisée, c'est-à-dire qu'elle est acquise, stockée en nous, ou « digérée », si l'on peut dire. Par exemple, si vous allez à une représentation d'un spectacle rock dans un amphithéâtre de l'Amérique du Nord, vous savez que vous n'avez pas besoin d'apporter votre chaise. Dans toute société, il y a de très nombreuses coutumes de ce type que les gens tiennent pour acquises et qu'ils n'auront jamais l'idée de remettre en question. Pensons à une autre coutume assimilée par les Montréalais et qui consiste à se mettre en file aux arrêts d'autobus comme partout où ils doivent attendre leur tour. Pour les Montréalais, se mettre en file pour attendre l'autobus est ce qu'il y a de plus naturel, mais c'est loin d'être le cas pour des Mexicains, par exemple. De même que vous savez que les salles de spectacles fournissent les sièges au public et que les citoyens se mettent en file aux arrêts d'autobus, de même vous supposez qu'un ensemble de situations se passeront toujours d'une certaine façon : le prix d'une bière dans un bar ne dépassera pas tel montant, les autos s'arrêteront aux feux rouges, etc. Ces suppositions reflètent toutefois certaines valeurs, croyances et habitudes d'une société. Il s'agit généralement d'attitudes dont nous ne prenons pas conscience chaque fois qu'elles se présentent.

—— Le changement et la stabilité

Selon la deuxième caractéristique, toute culture possède des éléments de stabilité et des éléments de changement. Il s'agit là d'un aspect de la culture que nous allons explorer à la fin de ce chapitre quand nous aborderons les pôles de la culture : la contrainte et l'émancipation. Soulignons simplement ici que certains éléments de la culture renforcent la stabilité sociale. Le mariage, par exemple, quand il constitue un contrat entre deux parties avec leurs droits et leurs obligations, est un élément culturel de stabilité. Les institutions d'enseignement peuvent elles aussi être des éléments de stabilité. L'apprentissage d'un métier ou d'une profession comporte un certain nombre de rituels ou de répétitions, de codes, d'expressions, de comportements, de savoir-faire et de techniques qui doivent être transmis à l'apprenti. C'est l'aspect de la répétition (reproduction) culturelle que nous étudierons à la fin de ce chapitre.

Mais si la culture aide une société à se maintenir ou à se reproduire, elle comporte aussi des éléments qui favorisent son évolution. L'étude de la culture doit donc tenir compte de l'**innovation culturelle.** L'innovation culturelle renvoie ici à la façon dont une idée neuve ou un produit nouveau sont introduits dans une culture. Par exemple, l'invention de la presse à imprimer par Gutenberg en 1438 a accéléré considérablement la diffusion des idées modernes de l'époque et les systèmes techniques. En effet, dès la publication du premier livre imprimé en 1455 jusqu'au début du XVIe siècle, on a dénombré près de 20 millions d'ouvrages répartis en 35 000 éditions, soit une production moyenne d'environ 1300 livres par jour (Breton et Proulx, 1989). Ce nombre est considérable compte tenu des contraintes

INNOVATION CULTURELLE

Introduction de nouveaux éléments au sein d'une culture.

technologiques et géographiques de cette époque. L'espace de l'imprimerie en Occident se limitait alors au nord de l'Europe occidentale et à l'Italie. Toutes proportions gardées, on peut comparer l'enthousiasme de cette époque pour le livre imprimé à celui dont jouit aujourd'hui le réseau de communication Internet.

L'imprimerie a favorisé la diffusion des idées nouvelles de la Renaissance. Même si près de la moitié des livres édités étaient des livres religieux, leur diffusion a modifié profondément les mentalités. Cela a permis de discuter des textes religieux et de les interpréter de façon plus critique. Avant l'invention de l'imprimerie, les intellectuels tentaient de mémoriser fidèlement les textes religieux. Après son apparition, notent Breton et Proulx, « la question n'était plus de mémoriser fidèlement [...] mais bien de favoriser le raisonnement critique, bien moins conservateur, donc moins disposé au souvenir » (Breton et Proulx, 1989, p. 54). La diffusion du livre a donc accéléré un changement sur la façon de penser de l'époque et a ouvert la voie à des changements culturels importants.

Peu de citoyens de l'Amérique du Nord peuvent prétendre aujourd'hui que leur mode de vie n'est pas influencé par Internet. Nous ne sommes pas encore capables de mesurer tous les changements que le réseau Internet a entraînés dans nos façons de penser et d'agir.

L'accès aux ordinateurs, et plus particulièrement au réseau Internet, a une influence indéniable sur nos façons de penser et d'agir.

—— Un système

Selon la troisième caractéristique, la culture est aussi un système, c'est-à-dire un ensemble d'éléments qui sont liés les uns aux autres. On pourrait alors comparer la culture à un moteur où toutes les pièces sont interdépendantes. Le régime alimentaire, les innovations technologiques, le travail, les rapports de pouvoir, la démographie, le niveau de vie, les valeurs et les normes sociales sont en apparence des éléments culturels qui n'ont aucun lien entre eux. Mais, en réalité, ils sont intimement rattachés les uns aux autres.

Prenons l'exemple de la pilule contraceptive, une innovation technologique qui a bouleversé la culture nord-américaine au début des années 1960. La pilule contraceptive a d'abord eu un effet direct sur la taille des familles, car les couples pouvaient dès lors choisir le nombre d'enfants qu'ils auraient. L'introduction de la pilule correspond d'ailleurs à une baisse très marquée du taux de natalité en Amérique du Nord, et particulièrement au Québec. La pilule a également modifié les relations entre les hommes et les femmes : les femmes ont d'abord pu se libérer d'une énorme contrainte liée à une reproduction qu'elles pouvaient difficilement maîtriser. Ayant moins d'enfants, elles ont pu entrer massivement sur le marché du travail et se libérer plus rapidement du foyer familial. Mais c'est surtout sur le plan de la sexualité que les effets de la pilule ont été les plus importants. La pilule a en effet permis de faire le passage d'une sexualité de reproduction à une sexualité de récréation. Autrement dit, elle a affaibli le lien existant entre la reproduction et la sexualité. La pilule a eu des effets sur les relations sexuelles préconjugales et sur un ensemble très varié de comportements culturels (*voir la figure 3.2 à la page suivante*).

Il est très rare qu'une innovation technologique ait des conséquences aussi déterminantes que la pilule contraceptive sur le reste de la culture. Cet exemple nous permet cependant de constater l'interaction des divers éléments d'une culture.

Figure 3.2 La pilule contraceptive et les changements culturels

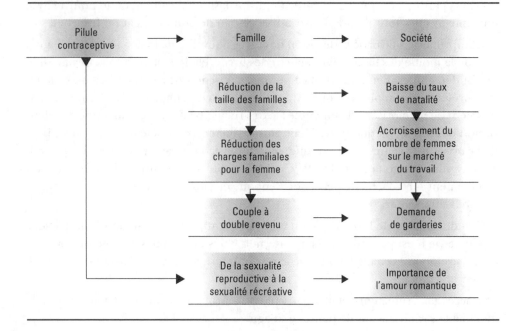

Réseau thématique Les caractéristiques de la culture

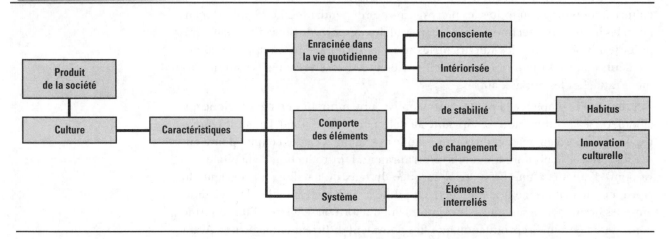

3.5 Culture et identité culturelle

Voyons maintenant comment les individus reçoivent et construisent une identité culturelle, et comment cette identité culturelle peut devenir une question de pouvoir et de changement social.

L'identité culturelle, dans sa forme la plus simple, représente le « nous » collectif. Elle consiste en une identification à un groupe social : « nous, les femmes », « nous, les Noirs », « nous, les travailleurs », « nous, les

> **L'identité culturelle, dans sa forme la plus simple, représente le « nous » collectif.**

Québécois » sont des expressions que l'on peut entendre tous les jours et qui traduisent une appartenance à un groupe social.

> L'identité sociale d'un individu, écrit Cuche sur la question, se caractérise par l'ensemble de ses appartenances dans le système social : appartenance à une classe sexuelle, à une classe d'âge, à une classe sociale, à une nation, etc. L'identité permet à l'individu de se repérer dans le système social et d'être lui-même repéré socialement (Cuche, 1996, p. 84).

Nous allons cependant constater que ce « nous » collectif est à la fois un héritage social et un arbitraire social.

L'identité comme héritage social

Une partie de l'identité culturelle est un héritage social que l'individu acquiert à la naissance. Dès la naissance (et même avant !), l'individu appartient à l'un des deux sexes qui, comme on s'en doute, reçoivent des définitions sociales différentes selon les sociétés. Ensuite, il naît avec une couleur de peau qui est aussi un lien avec les groupes raciaux (*voir le chapitre 8*). Il hérite d'un rang social défini par la classe sociale à laquelle appartiennent ses parents. Il hérite aussi d'un nom et d'un prénom. Le nom marque plusieurs identités : celles de son groupe ethnique, de son groupe linguistique et de son groupe familial. Le prénom reflète la mode que suivent les parents. Dès que l'enfant commence à parler, il se joint à un groupe linguistique : celui de sa langue maternelle.

L'identité comme construit social

L'identité culturelle est aussi un construit social qui se développe dans un contexte d'altérité, c'est-à-dire dans une dynamique d'interaction sociale (*voir le tableau 3.3 à la page suivante*). Autrement dit, le « nous » se construit aussi à partir du « eux », selon un mode binaire et polaire. Par exemple, le fait de travailler manuellement pour autrui ne donne pas *de facto* un sentiment d'appartenance à la classe ouvrière. Ce sentiment d'appartenance peut émerger dans une relation avec une autre classe, celle des bourgeois, et dans un environnement social précis, celui du travail collectif en usine.

À un certain moment de leur histoire, les groupes sociaux prennent conscience de leur identité ; c'est le cas surtout des groupes minoritaires, qui subissent des conditions sociales de domination. Prenant conscience de leur identité culturelle, ils veulent participer à la définition de cette identité afin de mieux encadrer leur développement.

L'identité culturelle multiple

Nous avons vu que l'identité se développe dans un contexte d'altérité selon un principe d'opposition binaire (*voir le tableau 3.3*). Toutefois, l'individu possède plusieurs appartenances culturelles. Dans cette mesure, les identités culturelles sont multidimensionnelles. Les études portant sur la classe ouvrière canadienne en sont un excellent exemple. L'identité ouvrière au Canada est fortement associée aux identités des régions, des groupes linguistiques et religieux, des groupes d'âge et de sexe (Descent et autres, 1989, p. 34 et suivantes). Il n'est pas rare, par exemple, de voir s'affronter dans un syndicat ou une association des groupes d'âge (les jeunes contre les vieux), des groupes linguistiques (les francophones contre les anglophones), les hommes et les femmes, etc. Ces conflits et ces divergences nous montrent une fois de plus que les appartenances sont multiples et complexes.

Tableau 3.3

Exemples d'identités culturelles

Identité	Altérité	Contexte social
Femmes	Hommes	Inégalités ou discriminations sexuelles
Amérindiens	Blancs	Définition de la nation canadienne
Jeunes	Adultes	Division par groupes d'âge
Ouvriers	Bourgeois	Exploitation du travail en usine
Immigrants	Citoyens	Droits de citoyenneté
Étudiants	Enseignants	Transmission de la connaissance
Québécois	Canadiens	Débat constitutionnel et définition de la nation

L'identité comme relation de pouvoir

Étant donné qu'elle est un construit social et le résultat d'un rapport social entre des groupes, l'identité culturelle peut devenir une identité négative pour le groupe qui s'y rapporte. C'est souvent le cas quand une identité est imposée à un groupe minoritaire. L'emploi de tel ou tel mot pour désigner le groupe minoritaire pèse lourd sur le sens de l'identité. Le terme « Indien », qui désigne les Autochtones d'Amérique, est un exemple d'identité négative : c'est sans doute pour cette raison qu'on l'a banni. Dans le même esprit, le terme « ménagère » a été banni par les groupes féministes parce qu'il a une connotation négative. Ces changements ont été apportés parce que ces termes correspondaient à une identité négative. Ils ne sont pas le fruit d'une mode, mais le résultat de luttes sociales menées par des groupes qui tentent de conquérir une nouvelle identité.

L'identité culturelle peut donc devenir un enjeu de pouvoir quand des groupes s'affrontent pour s'approprier la définition des identités. Exercer le pouvoir de définir les identités constitue un privilège que détiennent les groupes les plus influents. L'État moderne a, par exemple, cette prérogative. Parce qu'il exerce le pouvoir législatif, l'État participe activement à la définition des identités culturelles. La loi sur les Indiens, par exemple, stipule les conditions pour revendiquer le statut d'amérindien. L'État possède le pouvoir de définir d'autres identités : celles de mères, de jeunes, d'immigrants, de chômeurs, de retraités, etc. Toutes ces définitions donnent droit à un statut social, à des règles de droit et à des obligations. Comme elles précisent l'identité culturelle, elles sont soumises à des discussions d'ordre public. Dans cette mesure, l'identité est le fruit d'un rapport social conflictuel.

Dossier 3.2 Les 236 mots interdits en Chine dans Internet : la liberté d'expression ne franchit pas la Muraille de Chine[1]

Dans ce dossier, nous allons illustrer comment l'une des valeurs dominantes de l'Occident peut créer des tensions quand il s'agit de l'exporter en Asie : la valeur de la liberté.

En Occident, cette valeur chérie prend différentes formes, dont la liberté d'expression, l'un de nos chevaux de bataille. La plupart d'entre nous peuvent exprimer leur opinion pour autant qu'elle ne porte pas préjudice à quelqu'un ou qu'elle ne véhicule pas de propos haineux.

L'explosion du réseau Internet partout dans le monde a permis à des milliers d'individus de s'exprimer, y compris dans des pays où la culture religieuse ou nationale muselait la liberté d'expression. Or, le gouvernement de certains de ces pays a réussi à censurer le réseau Internet. C'est le cas de la Chine. Deux articles parus dans des magazines en ligne ont mis en lumière cet état de choses. Ces articles nous apprennent que le gouvernement chinois oblige les moteurs de recherche qui s'installent au pays à censurer certains mots-clés en chinois de façon à bloquer les liens qui permettent d'accéder à de l'information sur des sujets ciblés.

Ainsi, le gouvernement chinois a obligé les grandes firmes de communications qui défilent sur le Web en langue chinoise (Google, Microsoft et Yahoo) à bloquer l'accès à de l'information sur 236 mots-clés. La très grande majorité de ces mots-clés (92 %) concerne la politique. Parmi les mots interdits, on retrouve le nom de plusieurs individus qui militent pour la liberté d'expression ou pour la démocratie, des événements politiques survenus en Chine ou ailleurs, des groupes dissidents, des minorités ethniques et des régions. Voici quelques exemples de mots-clés défendus :

Université suisse de Finance

Le peuple devient violent

Association pour l'indépendance de Taïwan

Le nouveau parti

L'indépendance du Tibet

Le massacre de Tian'anmen

Les révoltes de Paris

Tsunami

Bombe

Le peuple chinois dit la vérité

Le palmarès des dix pires villes

Il est intéressant de constater, par ailleurs, que certains mots interdits touchent les animaux ou l'alimentation comme « la violence faite aux chats », « les courses de chevaux » ou, encore, « la soupe de fœtus ». Également, le nom de nombreux villages qui ont été expropriés par les nouveaux capitalistes fait l'objet de cette « cybercensure ».

Plusieurs organismes de défense de la liberté d'expression tels Amnistie Internationale ou Reporters sans frontières ont dénoncé cet accord entre les firmes occidentales de communications et le gouvernement chinois. Malheureusement, on peut supposer que la liberté d'expression est une valeur moins primordiale en Chine qu'en Occident et que l'exportation de certaines valeurs ne va pas de soi.

1. Ce dossier est tiré de deux articles publiés dans Internet : « Internet : La Chine et ses 236 mots tabous » dans http://www.infos-du-net.com/actualite/6321-censure-chine.html et http://www.infos-du-net.com/forum/6321-33-chine-mots-tabous, 1er août 2006 et « Google renforce la Grande Muraille de Chine » dans *Futura sciences,* http://www.futura-sciences.com/nems-internet-google-renforce-grande-muraille-chine, 1er août 2006.

3.6 L'ethnocentrisme et le relativisme culturel : comparaison et tolérance

Plusieurs expressions usuelles reflètent une attitude qui suppose que notre groupe culturel est supérieur aux autres. Quel groupe culturel n'éprouve pas l'impression qu'il est le plus évolué ou qu'il est « le peuple choisi de Dieu » ? Les termes employés en sciences humaines pour désigner les autres cultures sont souvent péjoratifs : on parle de société ou de culture « sous-développée », de société « primitive » ou « sauvage », par opposition à la culture occidentale qu'on dit « développée », « civilisée », « moderne » ou même « postmoderne ».

Soulignons que le complexe de supériorité n'est pas une caractéristique propre à la culture occidentale ou nord-américaine, car la très grande majorité des cultures se prétendent supérieures aux autres. Ce complexe se manifeste aussi dans les sociétés non industrielles. L'anthropologue états-unien Melville Jean Herskovits (1967), mentionne que de nombreuses cultures de chasseurs-cueilleurs utilisent l'expression « êtres humains » pour désigner les membres de leurs tribus, ce qui sous-entend que les autres tribus ne sont pas vraiment constituées d'êtres humains. Par exemple, chez les Inuits, le mot « inuit » peut renvoyer aussi bien à un groupe de personnes partageant la même langue qu'à l'humanité tout entière.

Ce complexe de supériorité commun à toutes les cultures constitue l'ethnocentrisme. L'**ethnocentrisme,** c'est le fait de juger les autres cultures au moyen des normes et des valeurs qui imprègnent sa propre culture. L'individu qui adopte une vision ethnocentrique voit les autres cultures un peu comme les chrétiens du Moyen Âge pouvaient se représenter la Terre et l'Univers. Pour eux, la Terre était le centre de l'Univers et autour d'elle gravitaient le Soleil et les planètes. L'individu ethnocentrique place sa culture au centre de toutes les cultures et envisage les autres cultures comme des déviations par rapport à sa culture ou comme des satellites de ce point central que représente celle-ci.

Dans sa forme élémentaire, l'ethnocentrisme n'est pas une menace pour les autres cultures. Au contraire, il constitue une attitude positive qui favorise l'intégration de l'individu dans son groupe social. Il est plus facile d'intégrer l'individu dans un groupe s'il croit en la force du groupe. Le danger de l'ethnocentrisme apparaît lorsqu'il devient le principe politique d'un mouvement raciste. Ainsi, l'ethnocentrisme peut se transformer en racisme quand il préconise des formes de discrimination fondées sur la culture, comme nous le verrons au chapitre 8.

Si la vision ethnocentrique porte un jugement négatif sur les autres cultures en utilisant son propre système de références culturelles, le **relativisme culturel,** quant à lui, observe les autres cultures en respectant leur point de vue. Pour ce faire, il faut se référer à la troisième caractéristique de la culture : la culture est un système d'éléments liés les uns aux autres. Si l'on observe que tel groupe ethnique ne prône pas la même éthique du travail que la nôtre, il serait intéressant d'examiner le contexte du travail de ce groupe ethnique. Autrement dit, il faut examiner les autres éléments de la culture (conditions de vie, valeurs) afin de mieux saisir l'éthique du travail du groupe en question.

Cet exercice mental n'est jamais facile. Le relativisme culturel suppose que des sociétés différentes produisent des valeurs, des normes, des modèles culturels et des rôles sociaux différents. Cette position ne prétend pas pour autant qu'il faille accepter n'importe quel comportement sous prétexte qu'il vient d'ailleurs ; elle requiert plutôt un effort de compréhension des autres cultures.

Pourquoi le relativisme culturel est-il nécessaire aujourd'hui ? Parce qu'il permet de mieux comprendre les limites de nos propres normes et valeurs sociales et de faire preuve d'une plus grande tolérance envers les autres cultures. Le relativisme culturel

ETHNOCENTRISME

Tendance qui consiste à croire que sa culture et son mode de vie sont supérieurs à ceux des autres. La personne ethnocentrique juge les autres cultures au moyen des normes en vigueur dans sa propre culture.

RELATIVISME CULTUREL

Perspective qui consiste à comprendre les comportements de l'autre en respectant ses références culturelles.

> Si la vision ethnocentrique porte un jugement négatif sur les autres cultures en utilisant son propre système de références culturelles, le **relativisme culturel,** quant à lui, observe les autres cultures en respectant leur point de vue.

favorise la tolérance parce qu'il met en relief les différences profondes qui existent entre les modèles culturels. Prenons le cas des relations sexuelles avant le mariage. Une étude comparative portant sur 158 sociétés (Schaefer, 1989) a constaté les différences suivantes:

- dans 65 sociétés, les relations sexuelles avant le mariage sont encouragées;
- dans 43 sociétés, les relations sexuelles avant le mariage sont approuvées à certaines conditions;
- 6 sociétés ont plutôt tendance à désapprouver les relations sexuelles avant le mariage;
- 44 sociétés condamnent et sanctionnent les relations sexuelles avant le mariage.

Devant une telle variation des normes culturelles, qui encouragent ou sanctionnent les relations sexuelles avant le mariage, le relativisme culturel nous conduit à la conclusion qu'il n'y a pas de modèle culturel universel en ce qui concerne les normes sexuelles avant le mariage. L'approche sociologique doit expliquer pourquoi, dans une société donnée, les relations sexuelles préconjugales sont condamnées, tolérées ou encouragées. Elle doit aussi tenter de déterminer à quelles valeurs ces normes concernant la sexualité sont liées. Quels sont les groupes sociaux qui les imposent? À qui profitent ces normes, et qui les transgresse?

Réseau thématique   La diversité culturelle

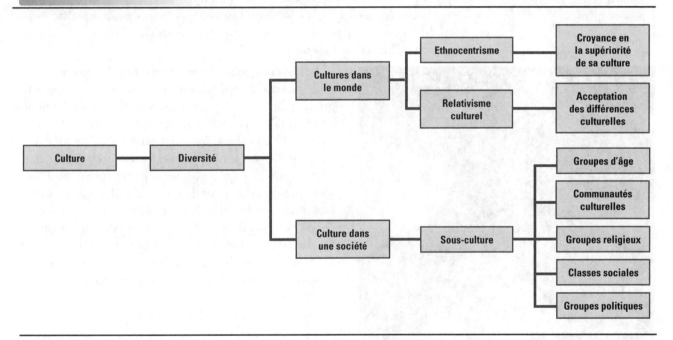

3.7 Les sous-cultures : une double appartenance culturelle

Si vous avez déjà utilisé le transport en commun d'une grande ville, il vous est sans doute arrivé d'éprouver le sentiment d'être un étranger. Ce phénomène est tout à fait normal pour quiconque habite une ville qui compte de nombreux groupes ethniques, linguistiques et culturels.

On peut définir une **sous-culture** comme étant un modèle distinctif de valeurs, de normes et de pratiques sociales véhiculé par une minorité. Généralement, une sous-culture se développe sur la base d'une appartenance sociale donnée, qui est plus ou moins intégrée dans l'ensemble de la société. Les groupes ethniques, les sectes, les bandes de motards, les membres de la mafia, les athlètes professionnels, les camionneurs, les jeunes marginaux comme les punks, les grunges ou les skinheads constituent des sous-cultures importantes dans nos sociétés.

Les membres d'une sous-culture ont en commun une caractéristique importante, celle d'appartenir à deux cultures : ils font partie à la fois de la culture de la société globale et d'un groupe social qui a des habitudes et un mode de vie assez différents de celle-ci. La plupart du temps, une sous-culture a son propre jargon et ses propres codes qui la distinguent de la société globale. Dans une sous-culture, il peut y avoir une façon de saluer ou d'entrer en communication différente de celle de la majorité des citoyens. L'échelle de valeurs peut diverger considérablement des valeurs dominantes de la société nord-américaine. Dans une certaine mesure, une sous-culture se fabrique son propre monde, d'où les expressions « le monde des adolescents », « le monde des camionneurs » ou « le monde des artistes ». Ces groupes fréquentent des lieux publics où ils se rassemblent, comme les bars, les bistros, les centres communautaires ou culturels, les sous-sols d'églises. Ils y construisent une **sociabilité** ou une vie sociale où ils peuvent affirmer leur identité.

> Une **sous-culture** constitue un modèle distinctif de valeurs, de normes et de pratiques sociales véhiculé par une minorité.

Les sociologues britanniques ont les premiers eu recours au concept de sous-culture pour désigner les groupes de jeunes rockers qui se sont formés au début des années 1950. C'est sans doute la monographie d'Albert K. Cohen (1955) sur les blousons noirs anglais qui a lancé ce concept. Cohen a vu apparaître un nouvel acteur dans l'Angleterre de l'après-guerre : le jeune ouvrier vêtu d'un blouson noir et amateur de rock and roll. Ce jeune rocker avait une double appartenance culturelle : il se réclamait de la classe ouvrière et de la jeunesse de l'après-guerre. Ouvrier, il affirmait son appartenance à sa classe par son mode de vie et sa virilité. Mais le rocker avait aussi de nouvelles valeurs orientées vers la musique rock, la consommation et le plaisir.

Il est intéressant de constater la multitude de sous-cultures qui surgissent dans les sociétés occidentales. Les sous-cultures peuvent provenir de diverses appartenances ou identités sociales, comme on peut le voir au tableau 3.4. Ainsi peuvent naître des sous-cultures de groupes d'âge (les adolescents, les retraités, etc.), de groupes ethniques (les Latino-Américains ou les Haïtiens vivant au Québec) ou de croyances (les sectes). Parfois, l'expérience qu'un grand groupe de personnes ont vécue constitue une sous-culture : les vétérans de la guerre du Vietnam peuvent sans doute se considérer comme une sous-culture.

Le monde des motards, avec ses normes, son code vestimentaire et ses signes distinctifs est un autre exemple de sous-culture.

Tableau 3.4

L'appartenance sociale et les sous-cultures

Appartenance sociale	Types de sous-cultures
Âge	Styles : rétro, gangs de rue, gothique, grunge, punk, B.C.B.G., alternatif, hippie, granola, heavy métal, etc.
Ethnie	Communautés culturelles : Juifs, Latino-Américains, Italiens, Haïtiens, Grecs, Irlandais, etc.
Religion	Sectes : adeptes du mouvement Hare Krishna, raéliens, charismatiques, témoins de Jéhovah, moonistes, etc.
Classe sociale	Cultures de classe : yuppies, artistes, ouvriers, militants syndicaux, rockers, etc.
Doctrine politique	Membres des partis et des mouvements politiques.
Vécu	Bandes de motards (Hell's Angels), mafia, anciens combattants, gais et lesbiennes, etc.

3.8 Les pôles de la culture : la contrainte et l'émancipation

L'étude que nous avons menée jusqu'ici peut, à certains égards, donner l'impression que la culture constitue un lourd système de contrôle sur l'individu. Si la culture se limitait à imposer des règles, des normes, des sanctions, des modèles ou des valeurs, on pourrait dire qu'elle représente surtout une contrainte. Vue sous cet angle, la culture peut se comparer à un moule, pour reprendre la métaphore du sociologue Guy Rocher, qui ajoute :

> Une culture est en effet comme une sorte de moule dans lequel sont coulées les personnalités psychiques des individus ; ce moule leur propose ou leur fournit des modes de pensée, des connaissances, des idées, des canaux privilégiés d'expression des sentiments, des moyens de satisfaire ou d'aiguiser des besoins physiologiques, etc. (Rocher, 1969)

On peut insister sur ces fonctions de moulage et d'intégration de la culture vues sous l'angle culture individu. Il faut toutefois noter que l'individu en tant qu'être social est aussi un créateur de culture, ce qui nous oblige à voir la relation dans les termes individu culture. Conséquemment, les êtres sociaux sont conditionnés par la culture, mais ils la transforment aussi (individu culture). C'est ainsi que l'on peut saisir les pôles de la culture : sa fonction contraignante (culture individu) et sa fonction émancipatrice (individu culture). Par émancipation culturelle, on fait référence au fait qu'une grande partie de la culture est inachevée, spontanée, non déterminée, etc. Autrement dit, il reste toujours dans les activités sociales une bonne place pour la création culturelle. Contrairement aux animaux qui sont contraints et limités par leur instinct et par leur programme génétique, les êtres sociaux trouvent dans la culture des possibilités d'innover, de créer et de se dépasser.

Selon plusieurs sociologues, le pôle émancipateur de la culture est plus important que son pôle contraignant. Le sociologue québécois Marcel Rioux (1982) a grandement contribué à rendre plus intelligible la fonction émancipatoire de la culture. En effet, pour Rioux, toute culture contient la possibilité de dépassement des normes et des contraintes sociales. Ainsi, selon lui, la culture comprend trois types d'action sociale :

- l'action répétitive ;
- l'action mimétique ;
- l'action créatrice ou émancipatoire.

C'est ce dernier type d'action sociale qui intéresse l'auteur ; mais pour en saisir le sens, il est utile de comprendre les deux autres facettes de la culture. Dans l'action répétitive, l'individu reproduit les gestes, les comportements, les techniques et les actes qui lui ont été transmis par la société. L'action répétitive est un aspect important de l'apprentissage des petits enfants (*voir le chapitre 4 sur la socialisation*). Dans le domaine du travail également, les enquêtes sociologiques ont souvent mis en relief le fait qu'un certain nombre de tâches dans les professions et les métiers ne comportent que des actions répétitives : les opérateurs sur les chaînes de montage ou, encore, les commis de bureau qui font de la saisie de données sont des exemples bien connus (Billette et Piché, 1986). Dans la vie quotidienne, nous sommes appelés à reproduire un grand nombre d'actions répétitives.

L'action mimétique copie, tout en les modifiant quelque peu, les modèles culturels, les comportements, les techniques et les schèmes déjà appris. Dans le domaine de la chanson, l'action mimétique est une pratique souvent utilisée : les chanteurs et les groupes qui veulent percer sur le marché doivent se conformer à un modèle et à un style connus du public, tout en étant légèrement différents des autres.

Ces deux premiers types d'action sociale représentent le pôle contraignant de la culture et constituent ce que les sociologues appellent la **reproduction sociale.** La reproduction sociale a reçu de multiples définitions en sciences sociales ; c'est pourquoi nous nous limiterons ici à sa définition la plus simple : il s'agit de mécanismes ou d'institutions des groupes sociaux ou des classes sociales qui visent à assurer leur maintien dans la société. Par extension, on associe la reproduction sociale au maintien des élites dans une société. La reproduction sociale favorise donc la stabilité. L'exemple le plus typique de reproduction sociale est le système privé d'enseignement tel qu'on le connaît en Amérique du Nord ou en Europe de l'Ouest. Pourquoi certains citoyens envoient-ils leurs enfants dans le système privé d'enseignement plutôt que dans le système public ? La réponse à cette question peut se trouver dans le concept de reproduction sociale. Le système privé d'enseignement permettrait aux groupes ou aux classes dominants d'assurer leur héritage et leur devenir parce qu'il transmet les normes et les valeurs indispensables à la réussite des élites. Selon les enquêtes du sociologue français Pierre Bourdieu, le système privé d'enseignement permet également de créer des liens ou une solidarité entre les membres sélects qui le fréquentent. Ainsi, pour avoir accès à des postes de direction dans les grandes entreprises ou dans la fonction publique, il faut être passé par les « grandes écoles » et par le système d'enseignement privé. Les membres issus du système privé se reconnaissent à travers les valeurs et les normes communes, et à travers le souvenir d'une expérience commune. Par ces normes, ces valeurs et ces liens distinctifs et exclusifs qu'ils auront acquis à l'école privée, les diplômés de ces écoles seront plus en mesure d'obtenir la réussite sociale à laquelle ils sont destinés (Bourdieu et Passeron, 1977).

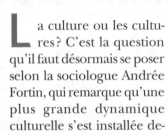

Andrée Fortin

Professeure titulaire, Université Laval

La culture ou les cultures? C'est la question qu'il faut désormais se poser selon la sociologue Andrée Fortin, qui remarque qu'une plus grande dynamique culturelle s'est installée depuis les dernières décennies. En associant le concept de culture à ceux d'espace et d'identité, cette grande spécialiste a exploré diverses facettes des rapports de sociabilité entre les individus. Titulaire d'un doctorat en sociologie (Ph. D., Université de Montréal, 1981), elle fait aussi partie du comité de rédaction de la revue scientifique *Recherches sociographiques*, ce qui lui permet de prendre le pouls des plus récentes transformations culturelles constatées par ses pairs.

Pour Andrée Fortin, la culture est aujourd'hui davantage influencée par un pluralisme de valeurs que par une tradition particulière émanant d'une identité ou d'un espace aux caractéristiques homogènes. La diversité des modes de vie, la multiplication des réseaux et la plus grande reconnaissance des minorités sont quelques facteurs qui entraînent des changements sociaux et culturels, au point où il faudrait maintenant parler *des* cultures. Selon la sociologue, «les cultures sont des produits de l'activité sociale; elles produisent les êtres humains qui jamais ne les reproduisent à l'identique; les cultures renvoient à la fois à une tradition et à un devenir (Fortin, 2000*a*, p. XII).» Ce phénomène de pluralisme culturel, malgré ses avantages, pose à son tour des limites: celles de ne plus pouvoir encore partager une culture et une identité communes.

Ces limites, Andrée Fortin les remarque quand elle étudie de près des groupes sociaux qui fonctionnent presque comme des microsociétés. Ainsi, en 1988, elle mettait déjà en relief comment les relations de voisinage dans un espace urbain pouvaient se construire sur une juxtaposition de réseaux en fonction non seulement de l'espace, mais encore de la catégorie socioprofessionnelle, du rôle différencié des hommes et des femmes, et du lien avec la parenté (Fortin, 1988).

Des recherches sur le développement régional au Québec l'ont aussi amenée à étudier des milieux culturels et artistiques. Dans son livre *Nouveaux territoires de l'art* (Fortin, 2000*b*), Andrée Fortin analyse comment ces milieux contribuent à l'affirmation d'une identité régionale renouvelée. L'organisation d'événements artistiques mobilise une série d'acteurs sociaux appartenant à divers réseaux locaux, nationaux, voire transnationaux. La solidarité qui en découle est porteuse de nouvelles valeurs qui rapprochent les individus, qu'ils soient artistes, membres du public, administrateurs ou encore journalistes. Unis par un projet, ces individus ont alors l'occasion de s'approprier un espace public qui participe à la définition d'une identité collective, voire individuelle: c'est ce qu'Andrée Fortin appelle «l'insertion dans l'esprit des lieux.»

Si certains de ces lieux sont virtuels, il n'en demeure pas moins qu'ils constituent un espace d'affirmation culturelle. En étudiant l'usage des nouvelles technologies en région (Trois-Rivières, au Québec), Andrée Fortin et son collègue Duncan Sanderson ont mis en évidence l'élaboration de stratégies identitaires dans le cyberespace (Fortin et Sanderson, 2004). De plus, les deux chercheurs ont remarqué que cet espace est devenu une place publique où se côtoient diverses visions du monde et de la région, vecteurs de projets communs.

Bref, comme le montrent les recherches d'Andrée Fortin, l'uniformisation des cultures n'est pas pour demain!

Le second pôle de la culture montre que la culture procède aussi par innovation, création et rupture : c'est ce que Marcel Rioux appelle les **pratiques émancipatoires** de la culture. Par la culture, l'être humain invente de nouvelles valeurs, de nouveaux modèles de comportements, des modes de vie différents. Prenons un exemple simple de pratique émancipatoire : le transport à bicyclette. Dans plusieurs grandes villes industrialisées, des citoyens ont décidé de troquer l'automobile contre la bicyclette afin de contribuer à l'amélioration de la qualité de l'environnement. Les citoyens nord-américains ont été conditionnés à utiliser l'automobile, qui a longtemps été associée au prestige social, à la réussite, au progrès industriel et, surtout, à l'efficacité. Mais depuis quelques années, beaucoup d'entre eux ont modifié radicalement leur conception du progrès, de l'efficacité et de la nature. Ainsi, il est intéressant de constater la vague de popularité que connaît la bicyclette. De plus en plus de citoyens ont recours à la bicyclette pour se rendre au travail, pour faire des randonnées en famille, etc. Ce courant est tellement fort que des groupes de promotion de la bicyclette sont nés dans les grandes villes (telle l'association Le Monde à bicyclette) et ont obtenu des municipalités qu'elles construisent des voies réservées aux bicyclettes, ce qui aurait été impensable il y a une vingtaine d'années.

> Une pratique émancipatoire demande l'impossible, crée l'inédit et accomplit l'impensable. C'est là l'aspect révolutionnaire de la culture.

Au cours des années 1950 et 1960, les gens voyaient dans la nature une force sauvage qu'il fallait dominer. Aujourd'hui, une nouvelle conscience écologique nous amène à établir une relation d'harmonie avec la nature. Par conséquent, les actions et les pratiques sociales de l'écologie procèdent davantage par innovation et par émancipation en ce qui concerne le rapport avec la nature. Les anciennes normes et valeurs, qui visaient à contrôler et à soumettre la nature, sont remplacées par de nouvelles normes

Réseau thématique Les pôles de la culture

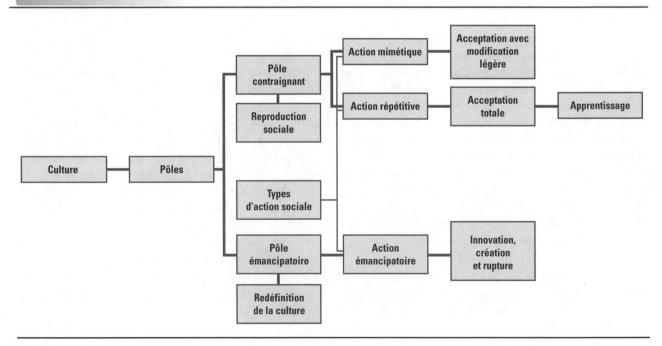

et valeurs, qui recherchent une relation d'équilibre et d'harmonie. Les nouveaux projets de recyclage des déchets domestiques, les groupes de défense de l'environnement et les groupes de promotion de la bicyclette proposent une nouvelle relation avec la nature. Il a fallu trouver de nouvelles idées, d'autres manières de recueillir les déchets, d'utiliser l'automobile, etc. Voilà ce que réalise une pratique émancipatoire : elle demande l'impossible, crée l'inédit et accomplit l'impensable. C'est là l'aspect révolutionnaire de la culture.

RÉSUMÉ

1. La culture est formée de tout ce que produit une société.

2. La culture s'enracine dans la vie quotidienne ; elle fait partie de l'expérience vécue. Elle est intériorisée et échappe à notre conscience.

3. Toute culture comprend des éléments de changement, qui lui permettent de se modifier (innovation culturelle), et des éléments de stabilité, qui lui permettent de se maintenir (reproduction sociale).

4. La culture est un système dont les éléments les plus importants sont la langue, les normes, les sanctions et les valeurs. La langue est la base de la culture, l'élément sur lequel reposent tous les autres. Les normes sont les modèles de comportements qu'une société attend de ses membres. Les sanctions sont les mécanismes qu'une société se donne pour inciter ses membres à agir selon les normes. Quant aux valeurs, il s'agit de grandes idées générales qui

permettent à une société de reconnaître ce qui est bon ou souhaitable pour elle.

5. Un groupe particulier peut avoir une culture qui diffère de celle de l'ensemble de la société. On parle alors de sous-culture.

6. Pour comprendre les différentes cultures que l'on trouve dans le monde, deux approches sont possibles : l'ethnocentrisme, qui consiste à voir sa propre culture comme supérieure aux autres, et le relativisme culturel, qui consiste à croire qu'il n'y a pas de culture meilleure que les autres, que les différentes cultures ne sont que des manières différentes de vivre.

7. La culture a deux pôles, soit un pôle contraignant, qui encadre en quelque sorte l'individu, et un pôle émancipateur, qui lui permet d'être créatif, d'agir sur sa culture pour la transformer.

MOTS-CLÉS

1. Lequel des énoncés suivants est faux ?

   a) Dans une large mesure, la culture fait partie de la vie quotidienne des individus sans qu'ils en soient conscients.

   b) Toute culture comporte des éléments de stabilité et des éléments de changement.

   c) La culture constitue un apprentissage de normes et de valeurs qu'il est impossible de modifier.

   d) La culture constitue un ensemble d'éléments interdépendants.

   e) La langue précède la culture, et non l'inverse.

2. Lequel des énoncés suivants est faux ?

   a) La langue oriente et façonne la culture.

   b) L'appartenance à un groupe linguistique influe fortement sur les choix lors des élections.

   c) Les différences linguistiques peuvent influer sur notre façon de voir le monde, mais pas sur notre façon de faire de la publicité.

   d) Les différents groupes linguistiques possèdent tous le même bagage culturel.

   e) Les anglophones ne regardent presque pas de téléromans québécois.

3. Lequel des concepts suivants ne constitue pas une norme ?

   a) Porter la cravate lors d'une cérémonie.

   b) Garder le silence en classe.

   c) Fréquenter l'école dès l'âge de six ans.

   d) Avoir des relations sexuelles à l'adolescence.

   e) Réussir socialement.

4. Laquelle des affirmations suivantes est fausse ?

   a) L'appartenance à une sous-culture cause nécessairement des problèmes d'intégration sociale à l'individu.

   b) L'appartenance à une sous-culture n'est pas nécessairement un moment passager dans la vie de l'individu.

   c) La croyance religieuse peut constituer une sous-culture de même que l'appartenance à un groupe ethnique.

   d) La pratique d'un métier peut constituer une sous-culture.

   e) Les membres d'une sous-culture ont nécessairement une double appartenance culturelle.

5. Lequel des énoncés suivants relève le plus de l'approche marxiste et du conflit social ? Justifiez votre choix.

   a) Les employés d'une entreprise ont des rôles différents et conflictuels, mais ils ont des valeurs communes pour faire progresser l'entreprise.

   b) Les citoyens d'un même pays ont des valeurs conflictuelles, mais ils apprennent à se respecter en se côtoyant.

   c) Les individus sont souvent en conflit les uns avec les autres parce qu'ils ont été socialisés dans un contexte de violence.

   d) Les valeurs des groupes sociaux et des classes sociales sont en conflit parce qu'ils vivent des conditions sociales conflictuelles.

   e) Les conflits sociaux sont inhérents à la nature humaine.

6. Indiquez lesquelles des sanctions suivantes sont positives et lesquelles sont négatives :

   a) l'emprisonnement ;

   b) un congédiement ;

   c) un diplôme ;

   d) les travaux forcés ;

7. Lequel des énoncés suivants qui se rapportent aux valeurs est faux ?

   a) Les valeurs dominantes d'une société sont en général assez stables.

   b) Bien que stables, les valeurs évoluent.

   c) Les sous-cultures peuvent véhiculer des valeurs différentes de celles de la société.

   d) Les valeurs sont déterminées par des normes, et non l'inverse.

   e) Aucune de ces réponses.

8. Lequel ou lesquels des énoncés suivants pourraient être associés à l'ethnocentrisme ?

   a) La culture nord-américaine est supérieure aux cultures africaines parce qu'elle a atteint un niveau technologique plus avancé.

   b) La culture nord-américaine est inférieure aux cultures africaines parce qu'elle ne croit en aucun Dieu.

   c) Les Allemands ont prouvé leur supériorité par rapport aux autres nations parce qu'ils gagnent plus de médailles aux Jeux olympiques.

   d) La technologie moderne apporte le progrès à toutes les nations.

   e) La culture a une fonction contraignante et une fonction émancipatrice.

9. Lequel des énoncés suivants définit le mieux les pôles de la culture ?

   a) Les individus produisent la culture qui les conditionne.

   b) La culture est produite par les êtres sociaux, mais elle est inachevée.

   c) La culture conditionne les individus et les groupes sociaux.

   d) La culture mène à l'ethnocentrisme et au relativisme culturel.

   e) Aucune de ces réponses.

10. Indiquez lequel des termes suivants ne constitue pas un habitus :

   a) le port du smoking ;

   b) la fréquentation des encans d'œuvres d'art ;

   c) la fréquentation des opéras ;

   d) le fait de voyager en première classe ;

   e) aucune de ces réponses.

ACTIVITÉS INTERACTIVES ODILON.CA

Chapitre 4

Le développement social de l'individu

4.1 Des jumeaux pas si identiques

Deux jumeaux furent séparés dès la petite enfance. Le premier fut pris en charge par sa grand-mère maternelle dans le sud de l'ex-Tchécoslovaquie ; il reçut une éducation catholique très stricte. Membre des Jeunesses hitlériennes, il apprit à haïr les Juifs. Le second, quant à lui, fut éduqué par son père juif à l'île de Trinité. À 17 ans, il s'intégra dans un kibboutz et joignit les rangs de l'armée israélienne. Durant la Seconde Guerre mondiale, comme il avait grandi à Trinité, qui était une colonie britannique, il s'enrôla dans l'armée britannique. Il apprit à détester les nazis.

Les deux frères se revirent quelques années plus tard, en 1954. À ce moment, le second ne mentionna pas au premier qu'il était juif. En 1979, à l'âge de 47 ans, les jumeaux furent réunis de nouveau (Begley, 1979). Les chercheurs trouvèrent que, malgré leur ressemblance physique et quelques comportements similaires, les deux frères se distinguaient sur un bon nombre de points. Le premier avait une préférence pour les loisirs ; il était un traditionaliste qui considérait que l'homme était supérieur à la femme et il ne parlait jamais de ses origines juives ; il avait même appris à haïr les Juifs. Quant au second, c'était un bourreau de travail, un libéral qui acceptait le courant féministe. Il était extrêmement fier de ses origines.

Ces différences culturelles majeures entre des êtres biologiquement semblables montrent que des apprentissages différents conduisent à des comportements différents. Nous imitons et répétons ce que l'on nous enseigne, même si cela paraît relever de l'instinct. C'est ainsi que l'individu se crée une **identité sociale.**

> **IDENTITÉ SOCIALE**
> Ensemble des caractéristiques d'un individu reçues de la société qui permettent de l'identifier à un groupe.

—— L'identité... qu'en est-il ?

De quelle façon l'identité d'un individu peut-elle se définir ? En fait, l'identité se construit de deux façons : par la représentation que l'on se crée et se fait de soi-même (identité individuelle) et par la représentation que l'on a de soi-même en fonction de ses appartenances (identité sociale). L'identité relève à la fois de l'affirmation d'une autonomie distinctive qui assure à l'individu son caractère unique, de l'appartenance à un groupe où il se sent semblable aux autres et de la non-appartenance au groupe, qui découle des différences constatées chez les autres. La complémentarité de ces trois composantes devient toutefois compliquée, car la société réclame de plus en plus des identités préétablies et standardisées sur les plans physique et intellectuel — peut-être même est-elle attirée par le clonage. Il n'est pas facile pour l'individu, dans ces conditions, de se démarquer des autres. En outre, la société développe une culture de l'individualisme à outrance qui éloigne ses membres les uns des autres.

> L'identité relève à la fois de l'affirmation d'une autonomie distinctive qui assure à l'individu son caractère unique, de l'appartenance à un groupe où il se sent semblable aux autres et de la non-appartenance au groupe, qui découle des différences constatées chez les autres.

Finalement, nous observons l'émergence d'une appartenance que l'on veut pluriethnique, plurilinguistique, plurinationaliste, pluriterritoriale, ce qui ne peut conduire qu'à une identité certes vaguement commune, mais appauvrie et, qui plus est, déterritorialisée (Saez et autres, 1995, p. 22). La quête de l'identité, tant sur le plan individuel (« Qui suis-je comme individu ? ») que sur le plan social (« Qui suis-je comme homme, comme femme, comme Québécois ? »), est en quelque sorte devenue labyrinthique.

Par ailleurs, y a-t-il une identité qui prime l'autre ? Est-il possible de séparer l'identité individuelle de l'identité sociale ? L'ancrage de l'identité dans la biographie du sujet va de pair avec son ancrage dans la dimension sociale, ce qui pose la question de la portée heuristique (en fonction de la découverte) de la distinction entre identité individuelle et identité sociale (Chauchat, Durand-Delvigne et autres, 1999, p. 9). Mais le fait de se définir suivant un rôle social ou une position sociale, d'éprouver un sentiment d'estime de soi ou de confiance, de réagir avec spontanéité ou de penser par soi-même est nécessairement lié à la façon de se situer par rapport à l'environnement et aux autres. L'identité individuelle dans ce qu'elle a de fondamental est intégrée à l'identité sociale. La valorisation de certaines couleurs de cheveux ou d'yeux, la définition de ce qui est une qualité et de ce qui est un défaut, de ce qui moralement acceptable ou inacceptable font en sorte que l'individu ne décide pas lui-même de sa propre définition. Ce qu'il est au départ n'a pas de commune mesure avec ce qu'il doit et veut nécessairement être en fin de compte.

Cette identité sociale est le produit de la **socialisation,** c'est-à-dire le processus par lequel un individu apprend et intériorise les valeurs et les comportements sociaux rattachés à la culture à laquelle il appartient.

La socialisation est un processus interactif parce qu'elle suppose des liens plus ou moins directs avec une multitude d'individus. Nous apprenons beaucoup de tous les groupes auxquels nous appartenons ou que nous côtoyons durant notre vie, comme les membres de notre famille, nos meilleurs amis ou nos enseignants. Nous sommes également marqués par certaines personnes que nous rencontrons dans la rue ou que nous voyons à la télévision, dans les films et les magazines. C'est donc dire que, dans nos interactions aussi bien que dans nos observations, nous apprenons les comportements qui sont conformes aux normes et aux valeurs de la société (*voir le chapitre 3*). Nous percevons aussi l'approbation ou la désapprobation des gens qui nous entourent, selon que nos comportements sont conformes ou non à ce qui est attendu.

> **SOCIALISATION**
> Processus par lequel un individu assimile les valeurs et les comportements sociaux rattachés à la culture dont il fait partie.

> La socialisation est un processus interactif parce qu'elle suppose des liens plus ou moins directs avec une multitude d'individus.

Ainsi, le processus de socialisation transmet à l'individu les perceptions culturelles d'une société et le conduit à se façonner une image en fonction de celles-ci. Par exemple, en Amérique du Nord, une personne obèse ou petite ne correspond pas au modèle culturel idéal. Si le jugement porté fait en sorte que cette personne n'est pas considérée comme attirante, son estime de soi risquera d'être grandement affaiblie. Elle se percevra de façon négative. En ce sens, les expériences de socialisation ont une influence directe sur la formation de la personnalité.

La lecture de ce chapitre devrait vous permettre de répondre aux questions suivantes :

- Quel rôle joue la socialisation dans le développement humain ?
- Quelle influence peuvent avoir les caractéristiques héréditaires et l'environnement social sur la socialisation ?
- Quels sont les différents mécanismes de socialisation que la société utilise pour nous intégrer à travers un continuum d'étapes de socialisation ?
- Quelle est l'importance du rôle des agents de socialisation qui délimitent le cadre à l'intérieur duquel nous devons évoluer ?

4.2 La socialisation : un processus humain

Bon nombre de chercheurs s'entendent pour dire qu'il ne faut plus opposer l'hérédité à l'environnement social pour comprendre le développement humain. Il faut désormais chercher à voir comment les facteurs liés à ces deux phénomènes jouent un rôle dans le développement humain. Il n'y a toutefois pas encore de consensus au sujet de la prédominance de l'un ou l'autre phénomène. Le débat entre hérédité et société se poursuit donc. Chose certaine, les données recueillies dans les études menées sur les cas d'isolement en bas âge permettent de penser que, sans interaction avec l'environnement, le potentiel génétique ne peut à lui seul suffire pour assurer le développement complet d'un individu. Bien qu'inéluctable, la complémentarité de l'hérédité et de l'environnement (le milieu social) laisserait supposer, pour un sociologue, que l'environnement est l'élément indispensable au développement des habiletés et des dispositions mentales d'une personne.

Les caractères génétiques : ne sommes-nous que nos gènes ?

Une étude menée en 1980 par les chercheurs du Centre de recherches du Minnesota sur les jumeaux et l'adoption permet d'établir une similitude étonnante en ce qui concerne certains traits que l'on pourrait qualifier de biologiques comme le caractère, le ton de la voix et les tics nerveux. Toutefois, chez des jumeaux éduqués séparément, on remarque de grandes différences quant aux attitudes, aux valeurs, aux types de relations et aux habitudes de consommation. Par ailleurs, cette étude révèle que, en scrutant un ensemble de traits de la personnalité de jumeaux, on peut reconnaître des similitudes dans leur tendance à adopter des attitudes de leadership et de domination — qui seraient donc déterminées en partie par les gènes —, mais aussi de grandes différences dans leurs attentes en ce qui a trait aux rapports intimes, au confort et à l'aide qu'ils souhaitent obtenir des autres.

Les chercheurs sont surpris, par ailleurs, de la concordance des résultats qu'obtiennent à des tests d'intelligence des jumeaux éduqués ensemble. Plusieurs groupes enregistrent des résultats qui se ressemblent tant que l'on pourrait croire que la même personne a fait le test deux fois. À l'inverse, d'autres résultats montrent que des jumeaux identiques, éduqués dans des milieux sociaux pas du tout comparables, obtiennent des résultats très différents à un même test. Que faut-il conclure de ces deux types de résultats ? Simplement qu'en même temps qu'il faut compter sur le facteur de l'hérédité pour expliquer le comportement, l'apprentissage social dans un milieu donné joue un rôle déterminant dans le développement de la personnalité d'un individu.

Une deuxième étude, menée par une équipe de psychiatres et de biologistes pendant près de 10 ans (Egeland et autres, 1987), visait à observer la tendance à développer un comportement maniacodépressif, aussi appelé « maladie bipolaire », au sein de trois générations de familles de la communauté des Amish en Pennsylvanie, aux États-Unis. Cette communauté partage des valeurs, des comportements et des coutumes qui la placent en retrait de la civilisation moderne. Les victimes de cette **psychose** passent d'un état d'euphorie à un état dépressif dans un court laps de temps. Les scientifiques jugent que la communauté des Amish constitue un excellent terrain pour l'étude des bases héréditaires de cette maladie parce que, d'une part, cette communauté tient à jour des archives généalogiques précises et que, d'autre part, on trouve très rarement dans cette sous-culture des facteurs extérieurs pouvant favoriser l'apparition de cette psychose, tels l'alcoolisme, l'abus de drogues, le chômage et le divorce.

PSYCHOSE
Trouble entraînant la désorganisation de la personnalité et la perte de contact avec la réalité.

Les découvertes faites en Pennsylvanie nous amènent à croire que l'hérédité joue un rôle dans cette maladie mentale, laquelle est rattachée aux gènes d'une région spécifique d'un chromosome. Les chercheurs font cependant ressortir que cette caractéristique ne condamne pas à cette psychose ni ne la prévient ; ils peuvent simplement dire que les personnes présentant une telle caractéristique sont prédisposées à développer un comportement maniacodépressif.

En résumé, les études sur les jumeaux et sur la communauté des Amish permettent de valider des thèses qui accordent une certaine importance à l'hérédité. Mais, comme nous le mentionnions précédemment, d'autres études nous conduisent à voir dans le milieu social un élément primordial dans le développement de l'individu.

—— L'environnement social : qu'en est-il de son influence ?

En 1938, les autorités de l'État de l'Ohio, aux États-Unis, découvrirent une petite fille du nom d'Isabelle, qui avait passé les six premières années de sa vie enfermée dans une chambre obscure (Kingsley, 1940, 1947). Le seul contact humain qu'elle avait était avec sa mère sourde-muette. Lorsqu'on la découvrit, elle ne pouvait pas parler. Elle communiquait avec sa mère par des gestes. Elle émettait des sons incompréhensibles, qui s'apparentaient à des croassements. Bien que n'ayant aucune déficience mentale, la fillette avait des comportements qui ressemblaient à ceux d'enfants âgés de quelques mois seulement.

Isabelle avait donc été, durant sa réclusion, totalement privée des expériences d'interactions et de socialisation que vit habituellement un enfant. Ses premiers contacts avec des étrangers furent marqués par une forte crainte ; elle avait des réactions animales envers des personnes avec lesquelles elle n'était pas familière. Des spécialistes de l'Université de l'Ohio conçurent alors un programme d'apprentissage pour lui permettre de s'adapter aux relations humaines. Les résultats ne se firent pas attendre. Après quelques jours, Isabelle fit ses premières tentatives pour parler. Après deux mois, elle put dire des phrases complètes. Neuf mois plus tard, elle lisait plusieurs mots et plusieurs phrases. Avant d'atteindre l'âge de neuf ans, elle put aller à l'école avec les autres enfants. À 14 ans, elle terminait sa sixième année. Son rendement était très bon, et son état psychologique était des plus stables. Elle acheva même des études secondaires. Socialement, Isabelle était devenue une personne à part entière.

Cette expérience et d'autres semblables sont importantes, car il existe peu de cas d'enfants maintenus isolés pendant une si longue période. Quelques cas de ce genre, qui n'ont malheureusement pas eu de suites connues, ont été découverts durant les années 1980. Ainsi, en 1982, on a retrouvé David Brisson, 12 ans, dans les rues d'Arpajon, dans l'Essonne, en France. Ses parents l'avaient séquestré pendant plus de sept ans dans leur logis, dont un an dans un placard (*Le Devoir*, 23 août 1982).

Pour revenir au cas d'Isabelle, ce qui est fascinant, c'est le contraste entre son incapacité à communiquer lorsqu'elle a été découverte et les progrès remarquables qu'elle a accomplis, durant les années suivantes, après avoir été soumise à un processus accéléré de socialisation. Cela démontre bien à quel point plusieurs comportements, qui nous semblent parfois relever de la nature humaine, ne pourraient exister sans que la personne qui les adopte soit dans une situation interactive avec d'autres personnes.

Dans d'autres cas où des enfants ont été séquestrés ou très négligés, les résultats n'ont toutefois pas été aussi fulgurants. Pour plusieurs, les conséquences de l'isolement sont plus dommageables. En 1970, une adolescente californienne âgée de 13 ans, nommée Genie, fut découverte dans une chambre dans laquelle elle avait été confinée depuis l'âge de 20 mois. Durant toutes ces années, aucun membre de sa famille ne lui avait adressé la parole. Elle n'avait jamais entendu une conversation normale entre deux personnes. Tout au plus avait-elle saisi quelques jurons lancés ici et là. On dut recourir à une thérapie intensive afin de lui permettre de recouvrer l'usage de la parole. Ses réactions demeurèrent cependant presque incontrôlables. Elle était incapable de respecter des normes régissant les rapports entre les individus.

Les études dont les résultats viennent d'être présentés démontrent l'effet négatif d'une extrême privation d'interactions humaines. C'est pourquoi de plus en plus de chercheurs souhaitent que les personnes qui grandissent dans un environnement normal connaissent rapidement des expériences de socialisation. Il est maintenant reconnu que ce n'est pas tout, pour les parents, de répondre aux besoins physiques de leurs enfants ; ils doivent aussi assurer leur développement social. Ainsi, si l'on empêchait les enfants d'avoir des amis, ils seraient privés d'interactions essentielles à leur développement. Leur croissance émotionnelle en serait sérieusement perturbée.

Des études portant sur des animaux maintenus isolés indiquent aussi l'importance de la socialisation. Harry F. Harlow (1971), un chercheur de l'Université du Wisconsin, a effectué des tests sur des singes rhésus séparés de leurs mères et n'ayant aucun contact avec d'autres singes. Tout comme dans le cas d'Isabelle, les singes qui étaient isolés semblaient désemparés et craintifs. Ils ne s'accouplaient plus, et les femelles inséminées artificiellement devenaient des mères abusives. De toute évidence, l'isolement avait des effets dommageables sur ces singes.

Un des aspects intéressants des expériences de Harlow était l'utilisation de « mères artificielles ». Dans l'une de ses expériences, il présenta aux singes isolés deux mères substituts. La première était recouverte de fil métallique et avait la caractéristique de pouvoir offrir du lait ; la seconde était composée de matériaux doux et confortables, mais ne donnait rien. Tour à tour, les singes allaient à la « mère » qui dispensait le lait. Ils passaient toutefois beaucoup plus de temps auprès de celle qui était plus confortable. Ils la considéraient donc nettement plus que la mère pourvoyeuse de nourriture. Le résultat le plus marquant fut que les petits singes s'attachaient davantage à la mère qui leur offrait la chaleur, le confort et les rapports intimes qu'à celle qui leur donnait la nourriture.

Que faut-il retenir de cette expérience ? D'une part, comme l'a observé Harlow, les effets négatifs de l'isolement sont souvent irréversibles. D'autre part, les constatations faites sur les conséquences négatives de l'isolement laissent croire qu'elles peuvent s'appliquer à d'autres primates et à l'être humain. Les conclusions de Harlow et celles qui sont issues d'autres recherches, tant sur les jumeaux éduqués dans des milieux différents que sur les enfants privés de contacts sociaux, nous conduisent à voir le milieu social comme la principale variable dans le développement de l'individu.

Le débat entre l'hérédité et le milieu social a commencé il y a longtemps. Déjà, dans les *Manuscrits* de 1844, Karl Marx (*voir le chapitre 2*) se demandait si la coopération et la créativité étaient plus naturelles que l'égoïsme et le pouvoir destructeur. Et ce débat est loin d'être terminé. Une chose apparaît toutefois évidente : on ne peut analyser le processus de socialisation sans considérer qu'il existe un rapport entre les caractéristiques génétiques des individus et l'environnement social dans lequel ils évoluent. Mais l'environnement social tend à façonner davantage l'individu, à déterminer son identité sociale. En définitive, l'hérédité, bien qu'ayant sa place dans la définition de ce que nous sommes, ne doit pas nous amener à renier le rôle primordial du milieu social dans le développement de l'être humain. Les éléments biologiques et mentaux liés à l'hérédité seraient en fait des instruments dont le milieu social se sert pour influer sur nos façons d'agir et de penser, lesquelles sont définies largement par la société, comme nous l'avons vu au chapitre 3. Des expériences faites par des psychologues états-uniens dans les années 1980 sur des singes et des gorilles montrent à quel point il est possible d'utiliser des capacités mentales latentes chez les animaux, même s'il leur manque la capacité d'inventer le langage et la pensée qui caractérise les comportements normaux d'un être humain, pour autant que l'environnement les y motive.

> On ne peut analyser le processus de socialisation sans considérer qu'il existe un rapport entre les caractéristiques génétiques des individus et l'environnement social dans lequel ils évoluent.

Si nous voulons ramener ces constatations à certaines réalités plus près de nous, disons qu'il n'y aurait pas lieu, d'un certain point de vue, d'associer les comportements « antisociaux » à une quelconque maladie transmise d'une génération à l'autre. Par exemple, l'hérédité a sans doute beaucoup moins à voir que l'environnement social avec le fait de vivre de l'aide sociale de génération en génération ou, encore, avec le fait de ne pas réussir dans ses études.

Réseau thématique   La socialisation : un processus humain

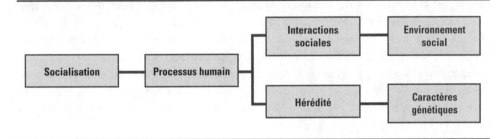

4.3 Les mécanismes de socialisation : devenir soi par les autres

Nous avons tous des perceptions, des émotions, des convictions quant à ce que nous sommes et à ce que nous voulons projeter de nous-mêmes. Le soin que nous apportons à notre apparence lorsque nous nous apprêtons à rencontrer des gens, à participer à une réunion mondaine ou familiale, ou encore les comportements que nous adoptons pour séduire la personne chère ou pour être reconnus et appréciés dans un groupe montrent l'importance que nous accordons à notre identité sociale. Certains sociologues se sont intéressés à la façon dont l'individu développe et modifie sa personnalité par ses rapports avec les autres. Les travaux de Charles Horton Cooley (1902), de George Herbert Mead (1965) et d'Erving Goffman (1973, 1974), pionniers de l'approche interactionniste (*voir le chapitre 2*), ont été extrêmement utiles à une meilleure compréhension de ces questions. Dans leur ensemble, ces travaux ont permis d'établir que la socialisation de l'individu se fait par l'intermédiaire de quatre **mécanismes de socialisation,** que nous allons maintenant expliquer.

> **MÉCANISMES DE SOCIALISATION**
> Ensembles de moyens que la société utilise pour façonner notre identité sociale.

La socialisation par le miroir réfléchissant : je suis tel que vous dites

Au début du XXᵉ siècle, Charles Horton Cooley avança l'idée que l'on apprend qui l'on est dans l'interaction avec les autres. La perception de soi-même vient non seulement de la conscience que l'on a de ses qualités, mais aussi de l'impression que l'on a de soi-même compte tenu de la façon dont les autres se comportent avec nous et de la façon dont ils nous perçoivent. Cooley parla alors de « miroir réfléchissant » pour illustrer le fait que l'on est le produit de l'image que les autres nous renvoient de nous-mêmes.

Selon Cooley, le processus de développement de l'identité s'accomplit en trois phases. La première phase consiste à saisir comment nous apparaissons aux yeux de nos parents, de nos amis et même des étrangers que nous rencontrons dans la rue. La deuxième phase consiste à comprendre comment les autres nous perçoivent, quel jugement ils portent sur nous (notre charme, notre intelligence, notre timidité, notre mystère, etc.). Dans la troisième phase, nous intégrons à notre façon d'être le jugement que les autres nous renvoient, ce qui provoque une attitude d'affirmation de soi ou de honte.

De l'avis de Charles Horton Cooley, le « moi » de chacun est le résultat de cet « imaginaire » individuel conçu à l'aide de la vision des autres. À cause de cela, on peut développer son identité autour d'une fausse perception de la façon dont les autres nous voient. Un étudiant peut, par exemple, en venir à s'évaluer négativement à la suite d'une remarque d'une enseignante. Il aura intégré ce jugement suivant ce processus : (1) l'enseignante me fait des remarques négatives ; (2) elle pense donc que je suis peu intelligent ; (3) je pense finalement qu'elle doit avoir raison et que je ne suis pas fait pour les études. Par ailleurs, notre identité peut changer. Si cet étudiant reçoit une bonne note à la fin de ce cours, il ne se considérera plus comme peu intelligent encore longtemps. À l'inverse, un employé qui reçoit des louanges de son patron se sentira valorisé, stimulé et aura probablement un meilleur rendement. Ces deux exemples sont simplifiés, car on n'établit ces jugements que l'on porte sur soi qu'après avoir reçu de multiples remarques.

Pour cerner ce phénomène de la socialisation par les autres, l'anthropologue Margaret Mead parle de **socialisation mutuelle.** Elle illustre ce concept par l'exemple de la famille. Dans ce cas, le comportement d'un enfant est façonné par ses relations avec ses parents et, celui-ci, à son tour, modifie les modèles de comportements de ses parents. Selon Mead, ce type de socialisation réciproque parents-enfant-parents conduit à des changements profonds et rapides dans les sociétés, puisque les jeunes sensibilisent les personnes plus âgées aux nouvelles coutumes et valeurs.

> **SOCIALISATION MUTUELLE**
>
> Processus par lequel les individus socialisés sont en même temps des agents de socialisation.

La socialisation par le jeu de rôle : se situer par rapport aux autres

Le sociologue George Herbert Mead a poursuivi les recherches de Cooley, contribuant ainsi à nous donner une meilleure connaissance de la personnalité sociale. Selon lui, la socialisation est un processus par lequel l'image de soi se développe chez l'enfant au regard d'une compréhension de son propre rôle social en relation avec d'autres rôles. Mead a ainsi élaboré un modèle utile de ce processus de développement, qui se déploie en trois étapes.

1. L'étape de la préparation

Les enfants reproduisent les gestes des gens qui les entourent, en particulier les membres de la famille avec lesquels ils sont constamment en relation. C'est ainsi qu'un jeune enfant frappe sur un morceau de bois pendant que son père fait un travail de menuiserie ou tente de lancer une balle lorsqu'un enfant plus vieux le fait près de lui.

2. L'étape de l'appropriation des rôles

Les enfants en viennent à utiliser plus habilement les **symboles** qui les entourent. Lorsqu'ils sont en interaction avec leurs parents et leurs amis ou lorsqu'ils regardent la télévision ou des livres illustrés, les enfants en arrivent à différencier les actions et les gestes des divers acteurs, et à cerner les situations dans lesquelles ils se trouvent. Autrement dit, ils distinguent les gestes rattachés aux rôles de père, d'enseignant, de policier, etc., et ceux qui sont faits par l'un ou l'autre selon les contextes. Une part importante du processus de socialisation consiste justement à apprendre aux enfants les symboles de leur propre culture : les cérémonies, les fêtes, les événements et les personnages importants, la langue parlée et écrite, etc. Cela leur permet d'interpréter, de reproduire plus adéquatement, par rapport à différentes situations, les gestes qu'ils doivent accomplir, comme le feraient les autres.

George Herbert Mead a souligné l'importance du jeu, dans lequel il voyait « l'approbation du rôle social ». L'enfant montre ainsi qu'il a réussi à se mettre dans la peau de quelqu'un d'autre grâce à son imagination. C'est ainsi qu'il apprend graduellement quel est le meilleur moment pour demander une faveur à son père ou à sa mère. Si le parent a l'habitude d'être maussade à son retour à la maison après le travail, l'enfant attendra sûrement après le repas, quand le parent est plus détendu et peut-être plus ouvert au dialogue. L'appropriation du rôle social signifie pour l'enfant une reproduction conforme du comportement des autres, un absolu. Mentionnons toutefois que, dans le cas de l'adolescent et de l'adulte, l'appropriation du rôle social repose d'abord sur le choix qui est fait au regard de différents rôles proposés, et sur la capacité et le désir d'adapter le rôle choisi, voire de le remettre en question.

3. L'étape du jeu

George Herbert Mead a été l'un des premiers chercheurs à analyser la relation entre les symboles et la socialisation. Tandis que l'enfant acquiert la capacité de communiquer au moyen de symboles, il prend davantage conscience de ses relations sociales. Lors de cette troisième étape, l'enfant devient apte à assumer un ensemble de rôles et à considérer plusieurs tâches et relations en même temps. Non seulement il comprend le rôle qu'il a à jouer, mais il reconnaît également les responsabilités des autres membres (aussi bien que celles des leaders) et les limites qui lui sont alors imposées. À ce stade de son développement, il saisit à la fois la **famille de rôles** et le **champ de rôles** à l'intérieur desquels il doit agir. De même, il devient clair pour l'enfant qu'une multitude de personnes peuvent exercer le même métier. Il est en outre capable d'engager des négociations, d'échanger avec l'adulte pour obtenir quelque chose et d'affirmer ce qu'il est et ce qu'il désire.

À cette dernière étape du modèle de développement de Mead, l'enfant devient de plus en plus sensible aux nombreux individus qui composent son environnement social. Mead utilise l'expression « référence aux autres » pour expliquer l'intensification de la conscience de l'enfant à l'égard des attitudes, des opinions, des points de vue et des attentes de la société entière. Autrement dit, lorsqu'un individu joue un rôle, il prend en considération tout le groupe qui l'entoure. Ainsi, un enfant qui atteint ce niveau de développement se montrera poli envers ses parents non seulement pour leur plaire, mais aussi parce qu'il apprend que la politesse est une valeur sociale répandue que les parents, les enseignants et les dirigeants de toutes sortes sanctionnent positivement. Il accepte et intériorise les normes de son groupe.

SYMBOLES

Représentation figurée, à travers des gestes, des objets ou des paroles, d'une chose en vertu d'une correspondance analogique : une chose qui tient la place d'une autre chose.

FAMILLE DE RÔLES

Ensemble des rôles sociaux différents qu'une personne peut remplir à un moment défini.

Exemple :

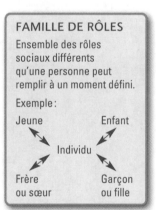

CHAMP DE RÔLES

Ensemble des rôles sociaux avec lesquels un individu est en relation à travers un rôle donné.

Exemple :

L'enfant en vient aussi à avoir une vision plus précise des gens et de son environnement social. Il comprend maintenant la différence entre certains rôles sociaux, certaines occupations, et évalue mieux le rôle d'un médecin ou d'un directeur d'école par rapport à l'ensemble des métiers et professions. Il apprend alors que certains rôles sont, dans la société, évalués différemment — ce qui constitue le **statut social** — et qu'ils sont classifiés selon leur utilité, leur importance — ce qui constitue la **hiérarchie sociale.** L'enfant a atteint un nouveau sommet dans la compréhension des individus et des institutions qui l'entourent.

Pour George Herbert Mead, tout comme pour Charles Horton Cooley, la construction du « soi » résulte de la somme totale des perceptions, des sensations et des croyances que l'individu a de lui-même. Toutefois, la théorie de Mead a été façonnée par sa vision globale de la socialisation en tant que processus se poursuivant durant toute la vie. Plus les gens évoluent, plus le soi change et reflète la prise en considération des réactions et des jugements des autres. Ainsi, les parents, les amis, les collègues de travail, les entraîneurs et les enseignants sont souvent parmi les gens qui jouent un rôle majeur dans le modelage de la personnalité d'un individu. Ils sont ceux que Mead appelle les « personnes signifiantes » (*significant others*).

> Pour George Herbert Mead, tout comme pour Charles Horton Cooley, la construction du « soi » résulte de la somme totale des perceptions, des sensations et des croyances que l'individu a de lui-même.

—— La socialisation par le maniement des impressions : le théâtre de la vie

Comme nous l'avons vu précédemment, Cooley et Mead ont mis l'accent sur l'analyse microsociologique, c'est-à-dire l'analyse des interactions des individus. Cette perspective sociologique est directement rattachée à l'analyse du développement du soi. De son côté, le sociologue Erving Goffman (1973) a montré que la socialisation s'effectue au cours de plusieurs activités quotidiennes, qui constituent en fait des efforts afin de laisser transparaître ce que nous sommes. Ces efforts, qui visent à nous permettre d'être mieux acceptés, nous conduisent surtout à faire l'apprentissage des normes et des valeurs de la société à travers l'expérimentation d'attitudes et de comportements qui correspondent ou non à ces normes et à ces valeurs. Nous pouvons alors évaluer ce qui est socialement acceptable ou non au regard des sanctions positives ou négatives qui sont rattachées à ces attitudes et à ces comportements. Goffman a également prêté attention à un autre aspect du maniement des impressions : le contrôle des expressions physionomiques et langagières. La communication verbale et non verbale est, en effet, pour l'individu un mécanisme puissant et indispensable qui lui permet de s'insérer davantage dans la société.

Très tôt dans la vie, l'individu oriente ses actions dans le but de présenter différentes images de lui-même et de satisfaire ainsi plusieurs publics. Pour caractériser cette attitude changeante dans la présentation de soi, Goffman parle de « maniement des impressions ». L'exemple quotidien qu'est la publicité liée aux cartes de crédit illustrera notre propos. Pendant les années 1970, MasterCard, dans sa campagne publicitaire, se disait la « carte maîtresse » dans toutes les situations. À la fin des années 1990, une publicité d'American Express prétendait, elle, que sa carte ouvrait toutes les possibilités : où que l'on soit, quel que soit notre problème… le monde était à nos pieds. D'ailleurs, certaines études menées tant ici qu'aux États-Unis confirment l'influence de la publicité des cartes de crédit sur les utilisateurs : elle incite les gens à se servir de leurs cartes et les convainc qu'ils peuvent changer l'image qu'ils projettent d'eux-mêmes et attirer davantage le respect simplement en affichant une carte de crédit. Ceux-ci intériorisent alors la norme suivant laquelle il vaut mieux paraître qu'être, et la valeur suivant laquelle le bonheur passe par l'argent.

L'examen quotidien de tels comportements sociaux amène Goffman à faire un rapprochement entre ceux-ci et le jeu des comédiens de théâtre. Dans cette perspective, les gens peuvent être perçus comme des acteurs en puissance. Par exemple, un commis essaiera de paraître plus occupé qu'il ne l'est en réalité si un patron le regarde. Une serveuse « ne verra pas » un client qui désire boire un café parce qu'elle fait une pause.

De nombreux psychologues ont étudié la question du langage verbal et du langage non verbal. Au sujet de ce dernier, ils ont établi l'existence de plusieurs systèmes de communication non verbale : le langage des gestes, le paralangage (le volume du discours, les pauses, les silences), le langage de l'espace social et personnel, le langage du toucher, le langage des artifices (les vêtements, les produits de beauté, etc.). La plupart de ces aspects de la communication non verbale subissent évidemment l'influence de la culture environnante. Sans vouloir pousser trop loin l'étude de cette question, il faut tenir pour acquis que le maintien de sa propre image, essentiel dans une relation sociale continue, passe par la communication verbale et non verbale. Le contrôle des expressions doit permettre, entre autres, de dissimuler la souffrance, l'embarras ou la déception face à l'échec. Une étude menée par le sociologue Bernard Berk (1977) sur plus de 70 soirées dansantes organisées pour des célibataires à Los Angeles, à San Francisco, à Boston et à New York révèle que l'on emploie certaines techniques pour vaincre la timidité liée au fait de se trouver dans une soirée pour personnes seules. On viendra par exemple avec des amis pour projeter une image de popularité et aussi pour pouvoir donner l'excuse d'avoir été entraîné à cet endroit par des amis. En réaction à un rejet, une personne essaiera de préserver son image en prenant un air hautain, indépendant ou désintéressé, ou en déclarant : « Je ne me sens pas très bien » ou « Il n'y a pas de personnes intéressantes parmi celles qui se trouvent ici ».

Les gens ne remarquent-ils pas ces efforts conscients destinés à manipuler les impressions ? Les attitudes des gens ne semblent-elles pas quelque peu artificielles, parfois, pour les autres ? Évidemment. Mais Goffman dit que nous avons tendance à ne pas tenir compte des erreurs et des gaucheries lors de nos rencontres. En ce sens, le bruit de notre estomac qui se lamente dans une pièce silencieuse sera presque toujours ignoré. Nous tolérons les comportements maladroits et offensants lorsqu'ils viennent de personnes qui, croyons-nous, sont bien intentionnées. Goffman qualifie de **dérogation subtile** le comportement poli qui vise à sauver la face.

Goffman insiste en définitive sur la manière dont nous nous forgeons consciemment une image de nous-mêmes pour les autres. Il nous met toutefois en garde quant à l'analogie qu'il est possible de faire entre l'être humain et le comédien, auquel nous ressemblons, selon lui. Pour Goffman, nous ne sommes pas enfermés dans les rôles que nous jouons. Il y a toujours, pour chacun, la possibilité de modifier, selon la situation, l'image qu'il désire projeter, de faire preuve de spontanéité. Tout ce qui se construit d'une façon peut être démoli et reconstruit d'une autre façon, laisse-t-il entendre. Il n'y a rien de statique.

Une telle approche constitue cependant une explication intéressante d'une partie du processus d'intégration des comportements sociaux guidé par une adhésion sincère et recherchée aux règles de la société.

> **DÉROGATION SUBTILE**
> Violation d'une règle ou d'une convention qui, bien que réelle, est considérée, par politesse, comme passant inaperçue.

─── La socialisation par anticipation : se préparer à vivre

La socialisation se fait aussi par anticipation, c'est-à-dire par une expérimentation précoce de ce que seront les rôles que nous aurons à remplir et par un désir de répondre aux attentes de notre environnement à notre égard. Une personne se socialise en s'imaginant le futur poste qu'elle occupera ; elle tient alors compte des attentes du milieu dans lequel elle se trouve : « Mes parents souhaitent que je me place bien les pieds. »

De façon plus générale, quand les parents achètent à leur fille une poupée, une cuisinière ou des cosmétiques, et à leur fils des outils, des voitures ou des fusils, ils les encouragent à la pratique de rôles qui devraient être les leurs dans leur vie future (que des parents fassent jouer leur fils avec des jouets dits féminins, et inversement pour les filles, ne modifie en rien le sens donné ici au jouet). Ils leur inculquent à tout le moins les principes qui devront conditionner leurs gestes, leurs façons de concevoir et de percevoir les choses dans l'avenir. Une culture peut

Réseau thématique   Les mécanismes de socialisation : devenir soi par les autres

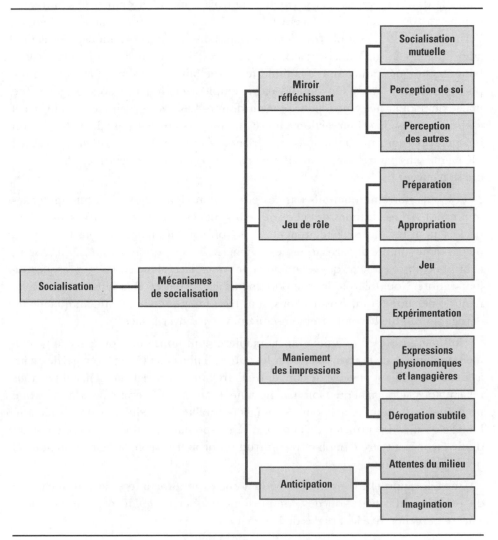

fonctionner plus efficacement lorsque ses membres possèdent une connaissance des normes, des valeurs et des comportements rattachés à certaines positions sociales avant même qu'ils n'aient à assumer ces fonctions. Par exemple, un étudiant qui veut devenir policier cherchera à participer, tout au long de sa formation, à des activités et à des projets qui l'amèneront à éprouver certaines émotions et à assumer certaines responsabilités que lui apportera son futur emploi. Il essaiera, en outre, d'intégrer le mode de pensée de son futur milieu de travail et développera des réactions semblables à celles que l'on pourrait éventuellement exiger de lui. Dans un autre ordre d'idées, les personnes qui, à 30 ans, la publicité aidant, préparent déjà leur retraite en participant à des régimes d'épargne-retraite ou en amassant de l'argent nous montrent bien que toute notre vie est en grande partie fonction de ce qui

Ce couple de quinquagénaires semble avoir adopté les valeurs associées à leur classe et à leur génération, faisant la promotion de la « Liberté 55 », une retraite hâtive, active et bien planifiée.

vient et devra être vécu et non seulement de ce qui est. De même, les individus qui ont, comme on l'entend souvent, un plan de carrière tracé pour les 20 ou 30 prochaines années s'assujettissent à des comportements qui doivent les conduire à la réalisation de leurs objectifs.

4.4 Les étapes de la socialisation : des objectifs aux bilans

Le développement de notre personnalité sociale ne se fait pas du jour au lendemain ; c'est l'affaire de toute une vie. Les transformations commencent dès le berceau et se poursuivent jusqu'à la mort. La mise au point de plusieurs caractéristiques de notre vie adulte commence avec l'enfance et continue au fur et à mesure que nous nous préparons à de nouvelles responsabilités. Le processus de socialisation est donc à l'œuvre au cours de toutes les étapes de la vie. Il faut toutefois convenir que le développement social ne s'effectue pas de la même façon selon l'individu ou le contexte dans lequel il vit. Dans certaines cultures, par exemple, les étapes sont soulignées par des cérémonies spéciales. Plusieurs sociétés ont instauré des **rites de passage,** qui soulignent et officialisent les changements de statut d'une personne. Ils permettent de transformer sur le plan de l'imaginaire une réalité menaçante ou angoissante (une étape importante de la vie) en une épreuve assumée dans une solidarité de groupe. Par exemple, une jeune femme aborigène d'Australie sera honorée lors d'une cérémonie au moment de sa première menstruation. Durant ces festivités, son premier ovule est fiancé à un adulte mâle. Pour ce peuple, toutes les femmes se doivent d'être mariées. Il apparaît primordial, d'autre part, de séparer l'enfance de la vie adulte et de ses responsabilités, et de souligner l'accès à ce nouveau statut.

En Amérique du Nord, certaines étapes de la socialisation ne sont plus déterminées par des règles aussi rigides. Cela ne veut pas dire qu'il n'en existe pas. Mais il y a un certain laxisme quant au moment où elles sont franchies et aux conséquences qu'elles peuvent avoir. Il ne s'agit donc plus, comme il y a quelques décennies, de cérémonies officielles et grandioses qui touchent la totalité ou une partie

> **RITES DE PASSAGE**
> Cérémonies ou fêtes distinctives servant à établir une transition importante d'un stade de la vie à un autre.

des membres de la société à un moment précis de leur vie : la première communion à sept ans (l'âge de raison), la communion solennelle à la fin du cours primaire, le mariage pour la vie, la collation des grades, etc. L'éclatement des valeurs a fait en sorte que les étapes de la socialisation ont désormais une signification plus personnelle que collective.

La société nord-américaine présente encore, dans certains cas, des ressemblances avec des sociétés comme celle des aborigènes australiens. Il arrive en effet qu'elle souligne de façon tangible l'occupation de nouveaux rôles ou les changements de statut d'un individu. Le mariage, par exemple, représente un rite de passage pour le monde occidental ; mais il n'existe pas de cérémonie particulière mettant en relief le passage de l'enfance à l'âge adulte. Au Québec, il n'y a pas si longtemps, la société traditionnelle catholique marquait notamment par des cérémonies religieuses certains passages de la vie d'un enfant. Mais elles ont perdu pratiquement toute signification sociale. Par contre, encore maintenant, malgré certains mouvements réformistes, certaines familles juives continuent de souligner le passage de l'enfance à l'adolescence pour les garçons à 13 ans (bar-mitsva) et pour les filles à 12 ans (bat-mitsva) lors d'une cérémonie. En vertu de cette cérémonie, les nouveaux adolescents se voient dans l'obligation de suivre une série de commandements concernant le respect du sabbat, la nourriture à consommer, l'attitude envers les personnes et les animaux, les liens du mariage et même la façon de faire des affaires. Mais, désormais, il faut considérer que les rites de passage globaux sont plus difficiles à reconnaître compte tenu « de la complexité des dynamiques familiales et sociales ainsi que de la disparition des consensus sur les valeurs » (Bernier, Gauthier et autres, 1997). On peut cependant considérer que la recherche d'une identité propre pour les jeunes subsiste et se concrétise dans des rites tels que la première consommation d'alcool, la première sortie accompagnée, les bals de fin d'année et les séances d'initiation dans les collèges et les universités ou, encore, l'accession au marché du travail.

Évidemment, la sociologie permet de mieux comprendre le développement de l'individu dans la société, mais la psychologie, et plus spécifiquement la psychologie sociale, y contribue aussi grandement. C'est ainsi que le psychologue états-unien Daniel J. Levinson a défini, pour les individus des sociétés occidentales, ce qu'il a appelé des étapes de la socialisation, lesquelles sont entrecoupées de périodes de transition. C'est ce que nous allons maintenant analyser de plus près.

Exercice de sensibilisation

En 15 à 20 minutes, vous devez illustrer sur une feuille, à l'aide d'un ensemble d'éléments non verbaux (dessins, graphiques, figures), votre cheminement de vie, c'est-à-dire une représentation de ce que vous avez été durant votre enfance et votre adolescence, et de ce que vous êtes maintenant. Cet inventaire doit comporter les faits et les événements qui vous ont marqué et tout ce qui, dans votre vie, vous a permis de devenir ce que vous êtes (décisions importantes de votre part ou de la part de vos parents, choix d'une orientation scolaire, etc.). Il n'est pas nécessaire d'avoir de grandes habiletés en dessin pour réaliser cet exercice. Une fois l'illustration terminée, réunissez-vous en groupes de 7 ou 8 personnes. À tour de rôle, chaque étudiant expose en 5 minutes son propre cheminement. Le groupe relève les éléments les plus intéressants que l'on retrouve dans plusieurs cheminements. Par la suite, une discussion en grand groupe permettra de faire ressortir certaines constantes concernant la socialisation et l'identité sociale en fonction du milieu culturel. Un tel exercice ne doit pas être considéré comme une tentative d'intrusion dans la vie privée de chacun.

Étape 1 : L'enfance

L'enfance est la première étape de la socialisation. Durant l'enfance, l'individu développe un sens de la confiance envers les autres, un sens de l'autonomie et de l'initiative et un sens du travail bien fait, pourvu, bien sûr, qu'on l'y encourage. Il acquiert aussi l'estime de soi, la capacité de définir des objectifs et la maîtrise de certaines habiletés. De plus, l'enfant, dès le berceau, se socialise en assimilant des habitudes de vie. Les horaires du sommeil et de la tétée ou du biberon sont imposés, de même que le moment du sevrage et celui de l'introduction de nouveaux aliments. Il s'ensuit toute une série de façons de faire ; l'enfant acquiert des règles d'hygiène et de bienséance, et des règles morales. Il apprend aussi à exprimer des sentiments appropriés à des circonstances ; il intériorise celles-ci en fonction de renforcements positifs ou négatifs que lui donnent ses parents.

Étape 2 : L'adolescence

L'adolescence est la deuxième étape de la socialisation. On considère qu'elle est marquée par une crise d'identité et par la confusion. Elle amène l'individu à chercher sa place au sein de la société. L'adolescent désire être reconnu pour lui-même, par l'intermédiaire de modèles auxquels il se rattache pour se forger une image de ce qu'il est et de ce qu'il sera. L'adolescent prend alors ses distances à l'égard de ses parents. Les groupes d'amis et le gang deviennent son milieu de référence. Il cherche également à enrichir son ego, à donner une cohérence aussi bien à ses actes qu'à ses pensées. Le développement physique qui s'effectue durant ces années contribue aussi au désir d'affirmation de l'adolescent, qui, après avoir vécu l'assujettissement de l'enfance, se sent soudain devenir égal à l'adulte. Cette affirmation passe, entre autres, par l'apparence et les tenues vestimentaires qui font sursauter bien des parents : jeans troués, vêtements trop grands, crâne rasé ou cheveux d'une couleur voyante, etc. Les adolescents sont placés, à cette étape, dans une situation de remise en question de ce qu'ils étaient et de ce qui les entoure, et dans une situation de construction de ce qu'ils seront.

Cette période de la vie s'est allongée principalement dans certaines **catégories sociales** qui ont les moyens financiers de laisser les enfants hors du marché du travail plus longtemps. Une personne issue d'un milieu pauvre risque de n'avoir d'autre choix que de commencer à travailler très jeune. Cela est dû au fait qu'elle doit contribuer au revenu de la famille ou qu'elle désire acquérir rapidement son autonomie financière. Elle ne poursuivra donc pas ses études. Ainsi, entre 13 et 17 ans environ, les individus peuvent être socialisés différemment dans une même société, selon le milieu socioéconomique auquel ils appartiennent depuis leur naissance.

> **CATÉGORIES SOCIALES**
>
> Ensembles de personnes qui partagent certaines caractéristiques sociales ou certaines conditions de vie.

Étape 3 : Le début de la vie adulte

La troisième étape de la socialisation, entre 22 et 40 ans, est celle du début de la vie adulte. Durant ces années, l'individu développe au maximum sa capacité de travail, il se réalise dans un domaine précis, il dépense beaucoup d'énergie à s'affirmer, à construire un monde aussi bien matériel que sentimental autour de lui : des relations professionnelles, amicales et amoureuses intenses. C'est, si l'on peut dire, l'étape où l'individu est branché directement sur l'horloge de la société tant par rapport à ses objectifs de vie que par rapport à la façon dont il les poursuit quotidiennement (son style de vie, ses comportements, ses valeurs, son type de consommation, etc.). Évidemment, cette énergie physique et intellectuelle variera, par exemple, selon le statut socioéconomique de l'individu, selon l'engagement dont il fait preuve dans ses actes ou quant aux objectifs qu'il s'est fixés. Il semble cependant que plus le statut est élevé, plus cette étape est intense, et inversement. Par exemple, les gens d'affaires travaillent de nombreuses heures pour assurer le succès de leur entreprise. De même, beaucoup de professionnels peuvent se permettre de ne pas compter leurs heures pour satisfaire les gens auxquels ils se dévouent. Le travailleur, quant à lui, verra ses ambitions limitées, sur le plan du travail, par un nombre d'heures fixe, que cela lui plaise ou non. Ainsi, les personnes qui se situent en haut de l'échelle sociale semblent avoir une plus grande possibilité de se réaliser socialement.

—— Étape 4 : La maturité

La quatrième étape de la socialisation dure une quinzaine d'années, soit de 45 à 60 ans ; c'est l'étape de la maturité. Cette étape se caractérise par un sentiment de savoir, de sagesse et d'élargissement de la perspective par rapport à l'ensemble des choses de la vie. Durant cette même étape, les rôles sociaux, et en particulier celui qui est rattaché au travail, apparaissent aux yeux des personnes comme moins exigeants. Pour la plupart, la satisfaction professionnelle et financière et le sentiment d'influence au travail atteignent leur apogée. Conséquemment, le travail n'est plus la principale source de satisfaction et de réalisation. L'individu cherchera à parfaire ce qu'il a voulu accomplir, mais il s'ouvrira à des réalités ou à de grandes questions qu'il avait délaissées : la famille, les relations avec les autres, le sort des générations futures, l'importance du couple, etc. Paradoxalement, toutefois, d'autres personnes vivront durant cette étape une situation de stress professionnel qui les conduira vers des comportements difficilement récupérables : épuisement professionnel, alcoolisme, dépression. D'autres, enfin, profiteront de cette maturité (expérience, savoir-faire) pour entreprendre une nouvelle carrière.

Sur le plan personnel, pendant l'étape de la maturité, la relation conjugale est en général plus satisfaisante. L'amitié, pour sa part, devient un type de relations important. Habituellement, la maturité amène les individus à concevoir que la réalisation des objectifs de vie relève davantage de leurs propres actions que d'une pensée magique. Ils ont plus conscience de la liberté de choix qui s'offre à eux et font preuve d'une plus grande lucidité au regard des conséquences de ces choix, conséquences liées à des forces qu'ils ne peuvent pas toutes maîtriser, comme la maladie. Précisons, en outre, que même si l'adaptation peut être différente d'un individu à l'autre, certaines crises comme le divorce ou la perte d'un emploi peuvent être vécues plus difficilement à cette étape qu'à la précédente.

Mais qu'elle se passe avec ou sans crises, et que ces crises soient modérées ou graves, la maturité constitue, selon Levinson, l'étape de la vie la plus satisfaisante, la plus créative. Elle offre, selon, lui l'occasion de cultiver de nouvelles facettes de sa personnalité.

—— Étape 5 : La vieillesse

La cinquième et dernière étape de la socialisation, à partir de 65 ans, est celle de la vieillesse. Certains spécialistes (psychologues, gérontologues, gériatres) établissent désormais l'existence de deux **groupes d'âge** rattachés à cette étape. On parlera ainsi non plus seulement de **troisième âge,** mais aussi de **quatrième âge.** Le troisième âge regrouperait les individus qui sont à la retraite et toujours actifs, soit tous ceux qui ont de 65 à 75 ans ; toutefois, à ce groupe se joignent les individus de plus en plus nombreux de 55 à 65 ans qui sont à la préretraite. Le quatrième âge, quant à

GROUPES D'ÂGE
Ensembles d'individus nés dans une cohorte particulière en fonction de l'âge.

TROISIÈME ÂGE
Ensemble des individus à la retraite qui sont toujours actifs.

QUATRIÈME ÂGE
Ensemble des individus de plus de 75 ans qui sont en perte d'autonomie.

lui, englobaient les personnes de plus de 75 ans, c'est-à-dire celles qui sont en perte d'autonomie. Évidemment, cette catégorisation demeure relative. Elle tente toutefois de refléter une réalité croissante compte tenu du vieillissement massif de la population actuelle. Malgré cette distinction et cette revalorisation, pourrait-on dire, d'une partie importante de la vieillesse, il reste que cette étape se caractérise principalement par le retrait du marché du travail, c'est-à-dire d'une activité rémunérée, reconnue, valorisée, nécessaire à la société. Du point de vue psychologique, cette étape constitue le temps des bilans positifs et négatifs.

Sur le plan personnel, la grande majorité des personnes ne voient pas la vieillesse comme un changement de vie stressant. Les relations interpersonnelles sont empreintes de continuité et de stabilité au regard des étapes précédentes, et ce, malgré le vieillissement du réseau social et les pertes humaines que cela entraîne. La famille constitue évidemment pour les personnes âgées le milieu où les liens sont les plus étroits. Certaines épreuves viennent aussi marquer cette étape de la vie : du veuvage pour la majorité à la prise de conscience du caractère inéluctable de la mort, même si, paradoxalement, cette peur est moins grande qu'à l'étape précédente.

Pour certaines personnes, cette étape, que l'on pourrait qualifier de voie d'évitement, s'avère difficile à vivre, car elle leur donne l'impression d'être inutiles et dépendantes de la société. Mais, de toute évidence, elle est plus facile pour les personnes qui ont su la planifier, pour celles pour qui le travail n'était pas la chose la plus importante ou qui adoptent de nouvelles activités (bénévolat, loisirs, etc.).

Certaines études, menées aux États-Unis (Mund et Norris, 1991) et au Québec au Laboratoire de gérontologie sociale de l'Université Laval, tendent à démontrer que lorsque les gens sont en bonne santé, que leur revenu est décent, que l'accessibilité à un réseau de soutien social est grand, ils sont satisfaits d'être à la retraite. Les regroupements de personnes âgées permettent dans une large mesure à celles-ci de donner un nouveau sens à leur vie en leur fixant des objectifs adaptés à leurs conditions de vie. Ces regroupements cherchent à rendre leurs membres plus actifs physiquement et intellectuellement (par des séances de conditionnement physique, l'université du troisième âge ou des activités sociales de toutes sortes).

Soulignons en terminant que le portrait des personnes parvenues à cette étape est relativement difficile à faire à cause des différences importantes que l'on constate entre les personnes âgées selon leur condition physique et mentale, leur satisfaction, leur goût de vivre, leur condition financière et leur degré de solitude.

Les périodes de transition

Mais que se passe-t-il donc entre 18 et 21 ans, entre 41 et 44 ans et entre 61 et 64 ans ? Ces années constituent, selon Levinson (1978), des périodes de transition, des périodes de bouleversement plus ou moins intense, qui permettent d'entrer dans l'étape de la socialisation qui suit. Les deux premières étapes de la socialisation (entre 0 et 17 ans) sont franchies de façon continue. Par contre, entre l'adolescence et le début de la vie adulte (de 18 à 21 ans), une personne est appelée à faire un choix de carrière, à faire l'apprentissage de l'autonomie financière, sentimentale, familiale, etc. Ce choix et ces apprentissages établiront la base de son expérience pour les années à venir. De 41 à 44 ans a lieu la deuxième période de transition. Elle représente un temps d'arrêt pour l'individu. Celui-ci tente alors de répondre à deux questions importantes : « Qu'ai-je accompli jusqu'à maintenant et en suis-je satisfait ? » et « Que veux-je faire maintenant et que me reste-t-il à accomplir ? » Certaines personnes apportent alors des transformations majeures dans leur vie, qui les conduisent aux antipodes de l'image qu'elles avaient et projetaient jusque-là. Cette remise en question débouchera pour certains individus sur un nouveau départ, avec une vision plus sereine de la réalité, une plus grande assurance à l'égard d'eux-mêmes. D'autres, malheureusement, tomberont dans une certaine déchéance, marquée par l'abus d'alcool, l'abandon de toute forme de travail, etc. Levinson observe que 80 % des hommes de 40 ans qui ont été étudiés éprouvent une situation conflictuelle en eux-mêmes et avec le monde extérieur. Pour la plupart, cependant, cette période s'avérera positive. Elle leur permettra en effet de redéfinir plus adéquatement leurs aspirations, ainsi que les modèles de vie à suivre pour les réaliser. Ces conclusions ne sont toutefois applicables qu'aux hommes, la plupart des études ayant porté sur ce groupe. Cependant, elles peuvent convenir à un nombre croissant de femmes, comme celles qui adoptent le modèle traditionnel de carrière. Gail Sheehy (1982, 1980) considère que toutes les femmes nord-américaines vivent à 40 ans la période troublée de remise en question que connaissent les hommes. Elle constate que cette période peut même commencer plus tôt pour les femmes, soit vers l'âge de 35 ans. Enfin, entre 61 et 64 ans se déroule la période de transition qui semble la plus difficile. La personne est moins valorisée au regard du travail qu'elle fait et face à ce qu'elle a accompli. C'est là aussi une période de remise en question, laquelle est axée non pas sur la recherche de nouveaux défis, mais sur une soumission aux lois de la nature et de la société qu'il faut tenter de comprendre et d'accepter.

Si, dans la pratique, ces étapes et les frontières qui les circonscrivent constituent toujours un cadre de référence pour la compréhension du processus de socialisation, elles sont de plus en plus remises en question de façon constante à la lumière des transformations des différentes sociétés. Ainsi, des études menées tant ici (Ravanera et autres, 2003) que dans différents pays d'Europe (Sauvain-Dugerdil et autres, 1998) révèlent qu'il y a eu une révolution dans le déroulement du cours de la vie des individus au cours des quarante dernières années et parlent de plus en plus de l'allongement de certaines étapes, phénomène qui se traduit par des transitions de vie plus tardives : départ du foyer parental, achèvement des études, formation d'une union « officielle » (l'âge moyen au premier mariage étant passé au Canada de 23 ans chez les femmes et 26,3 ans chez les hommes en 1941 à tout juste 21 et 23 ans respectivement en 1970, puis à 28,2 et 30,2 ans en 2001) (Statistique Canada, novembre 2003) et naissance d'enfants (en 1976, l'âge moyen des femmes qui donnaient naissance à un premier enfant était de 23,4 ans, et seulement 9 % des nouvelles mères avaient 30 ans et plus ; en 2001, l'âge moyen était de 27,6 ans, et 34 % des nouvelles mères avaient 30 ans et plus).

L'adolescence, de ce point de vue, paraît être l'étape la plus touchée parce qu'elle dure désormais, selon certains, bien au-delà du nombre d'années traditionnellement convenu. On utilise d'ailleurs le mot « jeunesse » pour parler d'une adolescence qui se prolongerait jusqu'à l'âge de 30 ans, sinon un peu plus.

Dans les faits, voici comment certains auteurs établissent les étapes de la socialisation (périodes du cours de la vie) à la lumière de réalités nouvelles : l'enfance, de 0 à 14 ans ; la jeunesse, y compris l'adolescence, de 15 à 34 ans ; l'âge adulte, de 35 à 59 ans ; le troisième âge, de 60 à 79 ans et le quatrième âge, 80 ans et plus (groupe qui est constitué de personnes qui ne sont désormais plus nécessairement considérées comme étant dépendantes).

Il y aurait donc, maintenant et dans l'avenir, une grande diversité dans la définition de la vie familiale et professionnelle des individus, principalement entre 15 et 35 ans, qui supposerait l'inexistence d'un cheminement type vers la vie adulte. Sans nous attarder ici en détail sur les causes ni même sur les conséquences d'une telle situation, mentionnons simplement que le cheminement des individus, parfois qualifié d'erratique, repose en grande partie sur des facteurs économiques et culturels. Économiques, d'une part, parce que le désir de former un couple se verrait freiné par la difficulté d'obtenir un emploi stable — et ce, malgré une propension plus forte qu'auparavant à la prolongation des études —, par la difficulté des jeunes à consolider leur carrière et par l'importance grandissante qu'ils accordent à leur vie professionnelle. Culturels, d'autre part, parce qu'un départ plus ou moins tardif du foyer parental relèverait de la structure familiale (monoparentale, recomposée ou intacte), du niveau de scolarité du milieu familial ou, encore, parce que l'augmentation de la scolarisation des femmes retarderait la constitution d'une union et que la scolarité plus longue contribuerait, quant à elle, à retarder les transitions du début de la vie. Ainsi, dans une enquête sur la population active (Bowlby, 2000), on a découvert que la transition vers le monde du travail s'étend désormais sur une plus longue période qu'auparavant. Elle s'étale désormais sur sept ans au lieu de cinq, et ce n'est pas avant 23 ans que la moitié des jeunes terminent leurs études pour se retrouver sur le marché du travail. En 1984, 37 % des jeunes de 15 à 24 ans travaillaient sans poursuivre des études, la plus importante proportion dans cette catégorie d'âge. En 1998, dans la même catégorie d'âge, ce sont les jeunes exclusivement aux études qui représentaient la proportion la plus forte, soit 40 %. Une autre étude menée en 2002 (Morissette, 2002) notait une baisse dans la proportion des non-étudiants travaillant à temps plein chez les moins de 30 ans entre 1981 et 2001. On est ainsi passé chez les 16 à 24 ans de 77,6 % à 69,1 % chez les hommes, et de 88,1 % à 83,8 % chez les femmes.

Ces quelques exemples montrent bien que les étapes de la vie semblent se définir et, surtout, se redéfinir de façons différentes selon le temps et le lieu, ce qui a évidemment pour effet de retarder les périodes de transition entre celles-ci. Le cheminement des individus pour en arriver à s'intégrer dans la société (et, inversement, les efforts de la société pour intégrer les individus dans son fonctionnement), qui était homogène, est depuis quelques décennies devenu plus hétérogène dans plusieurs sociétés. La recherche, de plus en plus marquée, d'adaptation, de procréation et de réalisation de soi par l'intermédiaire de la production économique ; le refus du vieillissement ; la recherche d'une égalité entre adultes et enfants ou, encore, la satisfaction de soi ont donc amené les chercheurs à constater une situation où il est de plus en plus difficile de parler du processus de socialisation comme d'une suite d'étapes uniforme vécue de la même manière par l'ensemble des individus au sein même d'une culture.

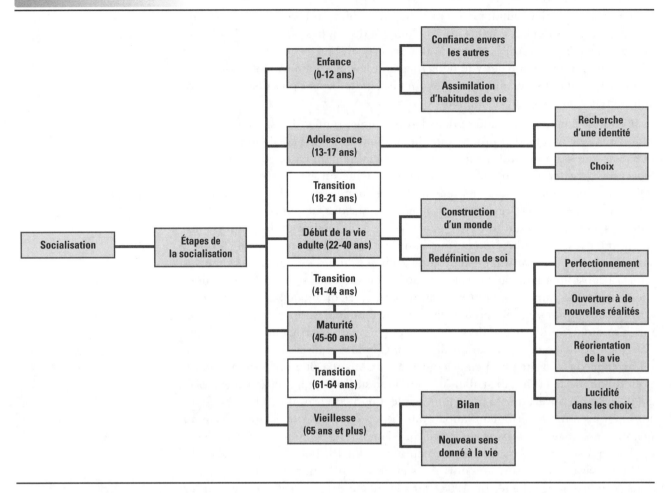

4.5 La resocialisation : un nouveau départ

Les situations nouvelles que connaissent les individus à la suite des périodes de transition qu'ils ont traversées peuvent les amener à modifier profondément et rapidement la démarche qu'ils avaient adoptée. D'autre part, il peut arriver qu'une personne soit placée brusquement devant une situation imprévisible qui entraîne une redéfinition de ses objectifs de vie, de son avenir, en raison de nouvelles fonctions sociales, d'un nouvel emploi, de la mort d'un proche, d'un emprisonnement, etc. Cette réorientation de la vie ou cet apprentissage de nouvelles normes et valeurs constituent un processus que l'on appelle la **resocialisation.** Il s'agit d'un processus qui s'inscrit dans l'évolution sociale de l'individu, comme nous l'avons décrit précédemment, ou qui apparaît spontanément dans la vie d'un individu ou, encore, qui se déroule parallèlement au processus de socialisation de l'ensemble des individus. Dans tous ces cas, le processus de resocialisation se confond avec celui de socialisation. Les mêmes mécanismes sont en action, mais de façon plus intense et sur une plus courte période face à une situation à laquelle il faut s'adapter rapidement. La resocialisation s'insère alors dans les étapes de la vie, tout en étant d'une certaine manière en marge de celles-ci.

RESOCIALISATION

Processus par lequel un individu abandonne un modèle de comportement pour en adopter un nouveau, qui marque une transition importante dans sa vie.

Un nouvel environnement peut se constituer, par exemple, autour d'événements heureux, comme la naissance d'un enfant. Le contexte de vie change alors pour la femme qui s'occupe de l'enfant. De partenaire d'un couple, elle devient mère. L'homme aussi est placé devant une nouvelle réalité, qui est plus difficile que la précédente. Lui qui avait appris que les tâches consistant à changer le bébé, à lui donner le biberon à minuit ou à l'amener chez le pédiatre étaient réservées aux femmes se rend compte qu'il n'en va plus ainsi. La culture à laquelle il appartient attend maintenant des pères qu'ils participent davantage aux soins et à l'éducation de leurs enfants. En plus de devoir comme la femme acquérir de nouvelles aptitudes afin de s'adapter à l'enfant qui grandit à ses côtés, l'homme doit abandonner ses anciens modèles de comportements.

Dans un autre ordre d'idées, l'intégration à une culture différente de celle que l'on connaît déjà constitue aussi un phénomène de resocialisation. L'immigrant qui arrive dans un nouveau pays aura à transformer sa manière d'être et son mode de vie pour s'adapter à son nouveau contexte social, et à refaire les apprentissages de sa socialisation initiale. La situation des jeunes enfants, principalement asiatiques, adoptés à l'étranger quant à leur intégration dans leur famille adoptive et à la place accordée par leurs parents adoptifs à leurs origines familiales et culturelles (Ouellette, Méthot, 2003) est un exemple qui montre qu'une telle situation de resocialisation n'est pas chose facile. Sont ou seront-ils Asiatiques, Québécois d'origine asiatique, néo-Québécois ou tout simplement Québécois? Tout en étant un phénomène dynamique et créatif en ce qui a trait aux transformations identitaires que cela entraîne (Méthot, 1995), la problématique de l'identité pour un immigrant, enfant comme adulte, est plus complexe que certains ne l'imaginent.

La resocialisation concerne également le changement de valeurs ou de normes qui s'opère pour une partie de la société ou pour une société tout entière. En ce sens, les bouleversements politiques survenus à partir de 1989 dans les pays d'Europe de l'Est ont amené leurs habitants à vivre de manière fort différente, pour le meilleur (une plus grande liberté, activation de l'économie pour certains pays qui étaient déjà plus favorisés, ouverture sur l'Europe) et pour le pire (accroissement de la pauvreté, montée du marché noir, dépérissement de l'économie pour les pays les moins structurés, conflits armés entre des groupes pour la revendication de territoires).

Dans certains cas, les gens sont resocialisés, volontairement ou non, dans un environnement totalement contrôlé. La resocialisation se situe à ce moment-là dans une **institution** dite fermée, c'est-à-dire coupée dans une large mesure du reste de la société. Les **institutions fermées,** que ce soit la prison, l'armée, l'hôpital psychiatrique ou le couvent, régissent tous les aspects de la vie des personnes sous une seule autorité. Elles pourvoient donc à tous les besoins de leurs membres. Au sens strict du terme, un navire en mer devient pour son équipage une institution fermée. Les exigences de l'institution fermée sont très poussées, et les activités y sont très contrôlées. Une institution fermée représente en fait une microsociété, qui comporte un certain nombre de caractéristiques:

1. Tous les aspects de la vie sont orientés vers le même objectif et sont placés sous une autorité unique.
2. Les activités de l'institution sont organisées de manière que toutes les personnes fassent la même chose au même moment. Par exemple, les novices dans un couvent font la prière ensemble et à une heure prévue, et les recrues dans l'armée se lèvent à une heure fixe et effectuent en groupe toutes les tâches auxquelles elles sont astreintes.

L'intégration à une culture différente de celle que l'on connaît déjà constitue un phénomène de resocialisation et relève de la capacité du nouvel arrivant à s'adapter à la société d'accueil. Le débat entourant le port du kirpan à l'école en est un bon exemple.

INSTITUTION

Système de normes écrites ou orales, d'instruments matériels et utilitaires, de modèles de comportements qui permettent de répondre aux besoins de base d'un groupe, d'une société (la famille, l'école, les gouvernements).

INSTITUTIONS FERMÉES

Institutions qui constituent un environnement social totalement contrôlé, comme la prison, l'armée, l'hôpital psychiatrique, et qui régissent tous les aspects de la vie des personnes sous une seule autorité.

3. Les autorités établissent les règles et les horaires des activités sans consulter les participants.

4. Tous les aspects de la vie dans une institution fermée doivent satisfaire aux desseins de l'organisation. Ainsi, les diverses activités dans une secte sont centrées sur la prière et la communion avec le dieu ou le gourou et sur la subsistance de celui-ci…

L'individualité est souvent sacrifiée dans les institutions fermées. Par exemple, lors de son incarcération, une personne vit l'expérience d'être dépouillée de ses vêtements, de ses bijoux et d'autres objets personnels. De plus, cette personne est dans une certaine mesure laissée à elle-même. Le détenu perd son nom et devient un numéro pour les autorités. Ses gestes quotidiens sont programmés d'une façon telle qu'il ne lui reste pratiquement pas de liberté ou d'initiative. L'institution devient un environnement contraignant; l'individu y est secondaire et très peu visible.

L'influence de telles institutions sur le façonnement du comportement des gens se révèle de façon troublante dans la célèbre expérience de Philip Zimbardo. Lui et son équipe de psychologues ont examiné avec soin plus de 70 collégiens qui participaient à une simulation dans un établissement pénitentiaire. Par suite d'un tirage au sort, la moitié des étudiants devenaient des prisonniers et l'autre moitié, des gardiens. Les gardiens avaient carte blanche en ce qui concerne la détermination des règles visant à maintenir l'ordre et à imposer le respect.

Après seulement six jours, Zimbardo et ses collègues ont dû mettre fin à l'expérience parce que les étudiants devenus gardiens prenaient de plus en plus de plaisir à infliger des traitements cruels à leurs prisonniers. Certains gardiens utilisaient leur pouvoir de façon tyrannique sans que les autres interviennent. Quant aux prisonniers, ils acceptaient leur détention et leurs mauvais traitements.

Plus près de nous, une expérience comparable a été effectuée en 1981 à Drummondville. Là aussi, les résultats ont été intéressants, comme l'indique le dossier 4.1.

Dossier 4.1 Des citoyens à numéros : l'expérience de Drummondville

En 1981, lors de l'ouverture de l'établissement pénitentiaire de Drummondville, les autorités, de concert avec des spécialistes en psychologie et en travail social, décidèrent de mener une expérience, durant une fin de semaine, avec le concours de citoyens issus de divers milieux. Cette expérience avait pour but d'étudier les réactions des gens dans le milieu carcéral et de mieux faire accepter la présence de l'établissement dans le milieu en général. On voulait aussi tenter de recréer la « loi du milieu » pour mieux en connaître la dynamique.

Après avoir effectué, selon le processus habituel, l'arrestation des citoyens en question à leur domicile, on les emmena à la prison, menottes aux poignets, où ils furent dépouillés de tout ce qu'ils possédaient. Les gardiens étaient de vrais gardiens. En peu de temps, on vit apparaître des attitudes atypiques chez ces gens dans leur vie quotidienne, comme la soumission, la méfiance, la résistance ou le défi de l'autorité. On assista même à la fomentation, non pas fictive mais réelle, d'une tentative d'évasion, à la transmission de drogue à l'insu des gardiens et à d'autres comportements déviants. Les spécialistes furent surpris de la rapidité avec laquelle se développa un esprit de groupe et de l'intensité avec laquelle plusieurs citoyens vécurent ces trois journées d'incarcération. On dut d'ailleurs, à un moment donné, retirer l'une des personnes de l'expérience, car son engagement émotionnel était devenu incontrôlable.

À la fin de l'expérience, les témoignages recueillis confirmèrent qu'il est difficile de se prêter à une transformation radicale de ses normes et de ses valeurs, et que l'institution fermée est en quelque sorte efficace dans l'accomplissement de cette tâche. On souligna aussi l'attitude paradoxale que l'on manifeste dans le milieu carcéral, soit la soumission afin d'en sortir au plus tôt et la rébellion devant les frustrations subies. On mentionna en outre à quel point l'isolement créait chez les individus un vide psychologique. On souligna enfin combien il est difficile de ne pas entrer dans le jeu de la manipulation, de garder son sang-froid peu importe ce que les gardiens disent ou imposent, et d'adopter ce qu'on croit être la meilleure attitude. Pendant les trois journées qu'a duré l'expérience, la prison physique est devenue pour la plupart une prison psychologique.

Bref, la resocialisation nous pousse à apprendre des normes et des valeurs parce que nous subissons la pression d'un nouvel environnement, qui exerce une contrainte voulue ou non. L'individu, le couple ou le groupe se doivent donc de redéfinir leurs habitudes de vie.

Réseau thématique   La resocialisation : un nouveau départ

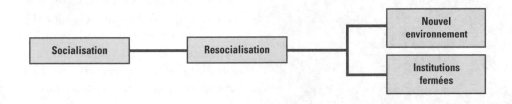

4.6 Les agents de socialisation : une équipe de sept

Nous avons vu que, dans la société nord-américaine, la socialisation se réalise au fil d'un certain nombre d'étapes séparées entre elles par des périodes de remise en question, de bouleversements ; bref, de transition. Au cours de cette évolution, le milieu ambiant composé d'individus, de groupes et d'institutions influe sur nos choix de comportements et l'image que nous nous faisons de nous-mêmes. Les principaux éléments sociaux qui exercent cette influence sont les **agents de socialisation.** Ils sont au nombre de sept : la famille, l'école, le groupe de pairs, le monde du travail, les médias, l'État ainsi que les Églises et les groupes religieux.

> En Amérique du Nord, les principaux agents de socialisation, agissant sur le choix de nos comportements et l'image que nous nous faisons de nous-mêmes sont la famille, l'école, le groupe de pairs, le monde du travail, les médias, l'État et les groupes religieux.

AGENTS DE SOCIALISATION

Ensemble des individus, des groupes et des institutions qui modèlent nos comportements, notre perception de la réalité et l'image que nous avons de nous-mêmes.

—— La famille

La **famille** est l'institution la plus marquante dans le processus de socialisation. Elle exerce une influence sur nous durant toute notre vie. L'une de ses premières fonctions est d'assumer les soins nécessaires aux enfants et de veiller à leur éducation. La plupart d'entre nous font leurs premiers apprentissages de bébé et d'enfant à l'intérieur d'une famille, quelle que soit la forme qu'elle prenne. C'est dans ce cadre que l'enfant construit sa personnalité sociale.

Le processus d'apprentissage de la vie commence donc immédiatement après la naissance. Dès que les nouveau-nés peuvent entendre, voir, sentir et goûter, ressentir

FAMILLE

Unité de vie comprenant des adultes et au moins un enfant, une résidence commune et un lien de consanguinité, d'alliance ou d'adoption.

le chaud, le froid et la douleur, ils sont en mesure de s'orienter eux-mêmes par rapport au monde qui les entoure. Le genre humain, spécialement les membres d'une famille, constitue, pour un nouveau-né, une partie importante de l'environnement social. La famille pourvoit aux besoins du bébé par la nourriture, les soins physiques et l'affection. Elle contribue à actualiser le potentiel biologique (Lacourse, 1999) de l'enfant. Les cas et les expériences cités au début du chapitre montrent à quel point un isolement prolongé peut perturber le développement d'un individu. Lorsqu'il naît, l'enfant entre dans une société organisée. Il fait partie d'une nouvelle génération et il se situe habituellement dans une famille. Au moyen de cela, et suivant la façon dont il sera éduqué, l'enfant établira des liens sociaux stimulants ainsi qu'un sentiment d'appartenance face aux autres ou, au contraire, il rejettera les choses et les gens qui l'entourent.

La famille est un agent de socialisation des plus importants puisqu'elle s'avère l'un des premier milieu d'apprentissage de la sociabilité d'un être humain.

Comme l'ont noté Charles Horton Cooley et George Herbert Mead, le développement de l'image de soi, l'appropriation des rôles sociaux et le besoin de référence pour se définir socialement sont des aspects importants des premières années de la vie humaine. Le père et la mère doivent donc devenir, à travers une relation d'amour, d'autorité et de respect mutuel, des modèles essentiels pour l'enfant, l'idéal à atteindre. En tant que premiers agents de socialisation, les parents jouent un rôle déterminant pour amener les enfants à adopter les rôles sociaux et sexuels que la société juge appropriés. Il va sans dire que, de son côté, la société a aussi des attentes quant aux comportements que les enfants doivent adopter ou aux activités qu'ils doivent pratiquer, en fonction, par exemple, de leur sexe. C'est ainsi que la force et l'agressivité, traditionnellement considérées comme des caractéristiques masculines, et la douceur et la soumission, traditionnellement associées aux femmes, ont été et sont encore — à tort ou à raison — transmises par les parents. Le traitement différent que les parents et la société en général réservent aux enfants selon leur sexe constitue un aspect important de leur socialisation. Nous reviendrons au chapitre 9 sur l'incidence que peut avoir la socialisation sexuée dans notre société.

En tant que modèles, les parents ont donc un rôle essentiel à jouer dans la transmission d'une conception de la masculinité et de la féminité, des relations entre hommes et femmes, ainsi que de la paternité et de la maternité. Les enfants observent comment leurs parents expriment leur affection, planifient leur budget, règlent leurs querelles, s'entendent avec les beaux-parents, etc. Cette socialisation fait partie intégrante de la vie familiale quelle qu'elle soit et fait en sorte que les enfants adopteront plus tard des comportements et des attitudes semblables. Dans cette optique, nous devons considérer la famille comme le premier agent de socialisation qui devrait marquer la personne pour une très grande partie sinon la totalité de sa vie.

Mais la modernité et, surtout, la post-modernité ont transformé les sociétés en sociétés individualistes. Cet individualisme a contribué à la transformation et à la fragilisation de la socialisation familiale. Il a d'abord conduit à l'apparition de la démocratisation de la famille, qui a eu des effets, de façon générale, sur le lien familial puisque chaque individu s'est vu désormais reconnu comme un être autonome. L'individu ne s'inscrit plus dans une continuité générationnelle d'où il tire son identité, à laquelle il appartient et qui nécessite un engagement indéfectible. Désormais, l'individu attend de la famille qu'elle soit au service de son bonheur individuel. Nous sommes maintenant loin de la famille traditionnelle, de la communauté. D'autre part, cette même démocratisation de la famille a entraîné une remise en question de l'autorité des parents. Nous sommes passés d'une éducation autoritaire à une éducation plus souple qui, après avoir suivi le modèle de l'« enfant-roi », tente de se recentrer et d'adopter un style dit contrôlant/chaleureux (*authoritative*) (Baumrind, 1971), où l'autorité s'exerce sous l'angle de la valorisation de l'enfant pour qu'il atteigne des objectifs définis par les parents. L'émancipation de la femme et sa présence sur le marché du travail issues elles aussi de la démocratisation de la famille, ont débouché sur la mise entre parenthèses de la vie familiale autant de la part de la femme que de celle de l'homme. Le temps consacré par les deux protagonistes du couple au travail est en concurrence avec le temps familial. Par ailleurs, la conciliation famille-travail est une réalité qui se vit très difficilement, comme l'expriment le Conseil consultatif du travail et de la main-d'œuvre (2001) et le Conseil de la famille et de l'enfance (2001). Enfin, il faut aussi tenir compte du fait que la famille n'est plus qu'un agent de socialisation parmi d'autres, lesquels peuvent parfois avoir une plus grande influence et entraîner la construction, chez l'enfant, d'une identité différente, qui entre en conflit avec celle de ses parents. L'autonomisation de l'individu, issue de la famille elle-même, et l'éclatement de l'identité de celui-ci remettent donc en question le rôle de la famille dans le processus de socialisation. Mais, pour certains, comme François de Singly (1996), la socialisation familiale, malgré le contexte individualiste, continue de se faire à travers des stratégies de socialisation qui amènent les individus à construire leur autonomie tout en faisant l'apprentissage de la vie commune. La socialisation familiale n'est donc plus une source exclusive de partage et de transmission de modèles générationnels ; elle subit désormais des influences diverses, éclatées, qui élargissent tout simplement le cadre des relations sociales. La famille semble néanmoins demeurer le point de référence, le cadre où les individus développent des racines et se rattachent à des souvenirs. Cependant, cela ne signifie pas que la famille en tant qu'agent de socialisation soit à l'abri de critiques et de remises en question quant à sa capacité de remplir justement sa fonction de socialisation, compte tenu de certaines réalités : délinquance, décrochage scolaire, divorce, monoparentalité. De même, la place qu'occupent désormais certains joueurs anciens et nouveaux — services de garde, école, État, gangs — pour combler un vide parfois laissé par la famille en amène plus d'un à se demander si celle-ci est encore à la hauteur de la tâche.

SOCIOLOGIE EN ACTION

Renée B.-Dandurand

Professeure à l'Institut national de la recherche scientifique (INRS)

Depuis plus de vingt ans, Renée Brien-Dandurand s'intéresse aux transformations de la famille, un des agents de socialisation les plus importants servant au développement social de l'individu. Diplômée en philosophie et en anthropologie, cette grande spécialiste utilise aussi l'approche sociologique pour étudier les changements des structures familiales au Québec. Aujourd'hui professeure à l'Institut national de la recherche scientifique (INRS) — Urbanisation, culture et société, elle publie de nombreux travaux sur les politiques familiales, le phénomène de la monoparentalité et la vie familiale en général. La pertinence de ses recherches en fait une référence incontournable, ce qui l'amène à diriger des partenariats de recherche comme celui intitulé *Familles en mouvance et dynamiques intergénérationnelles* (1995-2003). Parallèlement à ses recherches, elle supervise depuis 1998 la mise à jour et la gestion de la banque de données sur la famille au Québec, *Famili@* (http://familia.inrs-ucs.uquebec.ca) ; une position parfaite pour se tenir au courant de l'actualité des recherches dans ce domaine et en faire profiter les autres.

Un des phénomènes importants que Renée Brien-Dandurand a étudié est l'effet de l'augmentation des divorces sur la structure familiale traditionnelle québécoise. Dans un article consacré à cette question (Brien-Dandurand, 1994), elle met en relief l'émergence d'une nouvelle monoparentalité, différente de celles liées au veuvage ou à l'abandon de la famille de la part d'un des conjoints. Ce nouveau type de famille où il y a un seul parent se caractérise par le fait que le couple se sépare quand les époux sont encore assez jeunes et qu'ils ont souvent des enfants en bas âge. En outre, la garde des enfants revient le plus fréquemment à la mère, mais le père est toujours présent et peut intervenir dans l'éducation de ses enfants. Ordinairement, les liens de filiation ne sont pas rompus, mais à la suite de la rupture conjugale, il peut aussi y avoir un processus de « défiliation », c'est-à-dire que l'engagement du père envers ses enfants s'amenuise plus ou moins volontairement. Cette nouvelle monoparentalité entraîne d'autres conséquences qui peuvent éventuellement se transformer en problèmes sociaux. La pauvreté peut s'installer, le réseau d'amis risque de se fragiliser et l'adaptation à la nouvelle situation de divorcés peut susciter des antagonismes entre les ex-conjoints. Même si les familles monoparentales n'éprouvent pas toutes ces difficultés, il n'en demeure pas moins que les politiques familiales doivent être ajustées pour mieux s'adapter à cette réalité qui a beaucoup changé depuis les années 1990 au Québec.

Afin d'évaluer les meilleures stratégies à adopter pour planifier de nouvelles politiques familiales, Renée Brien-Dandurand et son équipe de recherche se sont livrées à des comparaisons entre diverses mesures politiques prises dans d'autres pays occidentaux soumis à des changements similaires. Avec une de ses collègues, Marianne Kempeneers, elle a exposé la genèse de ce projet et de ses possibles répercussions au Québec (Brien-Dandurand et Kempeneers, 2002). Après avoir surmonté les obstacles propres à l'étude comparative, les deux chercheuses ont élaboré un schéma d'analyse qui tient compte du contexte historique, démographique, sociopolitique et culturel. Pour cela, elles ont tenu compte des cadres législatifs qui définissent le travail reproductif et des débats qu'ils ont suscités. Ensuite, elles ont considéré les dynamiques familiales (comportements des familles quant au mariage, à la fécondité, au couple; conditions de vie et sociabilités). Puis, elles se sont intéressées aux acteurs politiques plus ou moins institutionnalisés (associations familiales, syndicats, mouvement des femmes, partis politiques, etc.) qui participent au changement social. Enfin, elles ont analysé les mesures de politiques familiales en fonction des étapes historiques des sociétés étudiées. En plaçant le Québec au centre de la comparaison avec d'autres pays et des provinces canadiennes, elles ont conclu que la Belle Province se situait entre un pôle « privatiste » (qui respecte la vie privée) et un pôle « interventionniste » (où l'État régule de nombreux aspects de la vie familiale) vers lequel même elle pencherait. Le Québec adopterait aussi une conception davantage « pluraliste » de la famille que d'autres provinces, comme l'Alberta qui a une vision plus « normative » en privilégiant dans ses législations les enfants légitimes. Les deux spécialistes ont aussi relevé que des infrastructures moins développées dans certaines provinces, comme les garderies, se répercutent dans les taux d'activité des mères monoparentales. La pertinence de cette grande enquête n'est donc pas en doute. Agir favorablement pour le bien des familles, quelle que soit l'évolution de leurs besoins, nécessite donc des recherches approfondies telles que celles menées par Renée Brien-Dandurand.

—— L'école

L'**école,** comme la famille, est chargée de socialiser les enfants, en fonction des normes et des valeurs d'une société particulière. Elle apporte d'abord à l'individu un bagage de connaissances dans lesquelles la société reconnaît la base de son fonctionnement, comme le fait de lire, d'écrire ou de compter. Elle lui enseigne les valeurs jugées importantes par la société, comme la compétition, le désir de vaincre ou la réussite individuelle. Mais, par la même occasion, l'école fait découvrir à l'enfant les limites de son apprentissage. Elle lui apprend aussi à respecter l'autorité ainsi que des règles impersonnelles. Il s'agit là d'une préparation à l'univers du travail dans lequel il aura à évoluer. Elle permet également à l'enfant d'entrer en contact avec ses pairs, qui, comme nous le verrons plus loin, sont des agents importants dans le processus de socialisation. Elle l'amène enfin à assumer des responsabilités dans un univers distinct de la famille et face auxquelles, contrairement à la famille dans certains cas, on lui laisse une certaine autonomie.

> **ÉCOLE**
>
> Institution permettant la transmission du savoir, de la culture d'un groupe, d'une société aux générations suivantes.

Mais la vocation de l'école ne concerne pas uniquement l'individu. Elle n'a pas pour seule mission de transmettre aux jeunes les valeurs et les normes de la société à travers l'instruction, comme le disent certains sociologues. Elle a une dimension sociale plus large. Ainsi, l'école reflète en grande partie les divisions économiques, intellectuelles, sociales, raciales et sexuelles entre les divers groupes de la société, et cela, sans nécessairement chercher à modifier ces rapports. En effet, les propos des enseignants et le contenu des manuels scolaires ont souvent transmis (et transmettent encore parfois) des stéréotypes qui ont conforté la supériorité des hommes sur les femmes, valorisé et imposé des manières de voir et de faire des classes moyennes et supérieures, et défendu l'impérialisme des pays occidentaux et la supériorité des Blancs (Brien-Dandurand, 1993).

Par ailleurs, si la probabilité d'accès au collégial a augmenté de façon significative, passant de 38 % en 1971-1972 à 62 % en 1991-1992 et à 63,3 % en 1996-1997, pour s'établir à 57,8 % en 2003-2004, certains éléments comme la hausse de la note de passage au secondaire en 1986, l'instauration du nouveau régime pédagogique dans les collèges au début des années 1990 (environ 40 % des élèves décrochent au niveau collégial) et l'imposition ou l'augmentation des frais de scolarité (même s'ils sont les plus bas dans les universités québécoises, soit 1890 $ en moyenne en 2004-2005 (1668 $ pour les résidants du Québec), par rapport à la moyenne des universités canadiennes, soit 4827 $ en moyenne, en 2004-2005 (Demers et autres, 2005), ont cependant contribué à maintenir le processus de sélection des jeunes par l'école. Comme le montre l'enquête CODEVIE qui fait référence à l'étude sur les conditions de vie des étudiants (Sales et autres, 1996), la représentation des jeunes issus de la classe ouvrière au niveau de l'enseignement universitaire n'a pas changé au cours des 25 ou 30 dernières années. Elle varie autour de 27 à 29 %. En d'autres mots, les jeunes ne profitent pas tous des mêmes possibilités de fréquenter certaines institutions mieux cotées plutôt que d'autres ou de se retrouver dans certains programmes plus valorisés que d'autres. Ceux qui souhaitent accéder au niveau universitaire malgré tout doivent être conscients que les déterminismes sociaux qui ont contribué à leur classement au niveau collégial les suivent à l'université. En raison d'une origine socioéconomique défavorisée (Privé et Thériault, 1995) et d'un dossier scolaire probablement plus faible au collégial, la persistance à l'université pour ces jeunes devient plus difficile, ce qui les amènera à joindre majoritairement les quelque 35 % à 40 % des étudiants qui échouent ou abandonnent leurs études universitaires.

L'école encourage donc structurellement la stratification des jeunes. De plus, la distinction entre le secteur général et le secteur professionnel (longtemps déprécié), entre les sciences humaines et les sciences de la nature, entre le secteur public et le secteur privé instaure de fait une hiérarchisation du savoir, lequel sera à son tour jugé diversement sur le marché du travail. Les jeunes qui réussiront le mieux dans certaines matières comme les mathématiques, les sciences et maintenant l'informatique auront plus de chances de poursuivre des études universitaires et d'avoir accès à des professions plus prestigieuses et lucratives.

Certains exemples de l'effet de l'école, comme agent de socialisation, sur la division entre les groupes nous sont donnés par des études tant européennes (OCDE, Organisation de coopération et de développement économique) qu'états-uniennes et québécoises. Prenons l'étude que deux enseignants états-uniens en éducation, Myra et David Sadker (1985) ont menée pendant trois ans à la fin des années 1970. Ils ont observé des élèves dans plus de 100 classes de quatrième, de sixième et de huitième année dans quatre écoles du district fédéral de Columbia. Ces chercheurs ont remarqué que les enseignants traitaient différemment les élèves selon leur sexe. Ils louangeaient les garçons plus que les filles et offraient à ceux-ci plus d'aide durant les cours. En outre, ils récompensaient les garçons pour leur audace en classe (comme le fait de donner une réponse sans avoir demandé le droit de parole au préalable), tandis qu'ils réprimandaient les filles qui adoptaient ce comportement. Toutefois, ces résultats ne suggèrent pas que d'autres facteurs ne puissent influer sur le niveau et le désir de réussite autant des filles que des garçons. Il serait intéressant de connaître, entre autres, les raisons pour lesquelles les garçons, actuellement, ont tendance à délaisser plus facilement l'école. Il y a en effet, au Québec, moins de garçons que de filles qui obtiennent un diplôme d'études tant secondaires, collégiales qu'universitaires (*voir le tableau 4.1*). Par ailleurs, on observe une plus forte proportion de garçons que de filles qui décrochent après le niveau d'études secondaires (17 ans et plus) (*voir le tableau 4.2*). Ce phénomène du décrochage, soit dit en passant, s'observe surtout durant la période de croissance, où les garçons considèrent qu'ils n'ont pas besoin d'une formation poussée pour obtenir un bon emploi.

Au Québec, plus récemment, une étude menée pour le compte du Conseil supérieur de l'éducation ayant pour titre *Pour une meilleure réussite scolaire des garçons et des filles*, et dont le résumé a été publié dans un avis du Conseil en octobre 1999, a fait ressortir l'existence de différences marquées entre les garçons et les filles

Tableau 4.1

Cheminement de 100 élèves qui n'accusent jamais de retard, du primaire au baccalauréat (%)

	Ensemble	Masculin	Féminin
Entrée au primaire	100	100	100
Entrée au secondaire	76	71	81
Diplomation au secondaire	55	47	63
Entrée au collégial	43	36	51
Diplomation au collégial	18	12	24
Entrée à l'université	14	10	19
Obtention du baccalauréat	9	6	13

Source : Ministère de l'Éducation, du Loisir et du Sport, Direction de la recherche, des statistiques et des indicateurs, *Le cheminement des élèves, du secondaire à l'entrée à l'université*, Québec, gouvernement du Québec, 2004, p. 27.

Tableau 4.2

Taux de décrochage selon l'âge et le sexe (%)

	1979	1989	1999	2002	2003	2004
17 ans	**26,2**	**18,5**	**10,2**	**11,1**	**11,6**	**11,1**
Sexe masculin	27,6	21,3	13,3	14,0	14,3	14,0
Sexe féminin	24,7	15,5	7,0	8,0	8,8	8,0
18 ans	**35,7**	**23,4**	**16,9**	**16,4**	**17,1**	**17,7**
Sexe masculin	38,0	27,1	20,7	20,7	21,5	22,1
Sexe féminin	33,2	19,5	12,9	11,8	12,4	13,1
19 ans	**40,6**	**27,1**	**20,3**	**19,9**	**18,7**	**19,3**
Sexe masculin	43,8	31,1	25,1	24,9	23,6	24,3
Sexe féminin	37,2	22,9	15,2	14,6	13,5	13,9

Source : Ministère de l'Éducation, du Loisir et du Sport, Secteur de l'information et des communications, *Indicateurs de l'Éducation, Édition 2006,* 2006, p. 63.

quant à la réussite et à la capacité de réussir. L'étude démontre entre autres un écart important favorisant les filles en ce qui concerne la compétence en écriture, la facilité d'apprentissage, la performance scolaire au primaire, la persévérance scolaire au secondaire et la poursuite des études au collégial et à l'université. Pour expliquer une telle situation, l'étude met en relief certains facteurs comme la socia-

Les différences marquées entre la réussite des filles et celle des garçons à l'école au Québec serait due, entre autres, à des facteurs de socialisation comme l'intériorisation, par les enfants, des attentes quant aux rôles sociaux de chaque sexe, mais aussi la représentation du masculin et du féminin des enseignants.

lisation en provenance du monde adulte, l'intériorisation des attentes relatives aux rôles sociaux issue du groupe de pairs de même que la perception des enseignants, qui « participent par leurs commentaires, leurs attitudes ou leurs attentes aux représentations du masculin et du féminin qui ont cours dans la société » (*Avis du Conseil supérieur de l'éducation*, 1999, p. 5). Toujours selon l'étude, les enseignants sont souvent amenés « à mettre en œuvre un double standard de comportement selon que l'interaction se produit avec un garçon ou une fille » (*Avis du Conseil supérieur de l'éducation*, 1999, p. 6). En ce sens, l'étude estime, par exemple, que la perception de la supériorité des filles en écriture et en lecture influencerait les enseignants dans leurs comportements quotidiens. Les garçons, quant à eux, subiraient la pression de leur groupe de pairs et en viendraient ainsi à éviter ces matières dites féminines.

Comme agent de socialisation, l'école signifie une certaine rupture avec le nid familial, duquel les enfants ont parfois beaucoup de difficulté à sortir, et l'arrivée dans une réalité sociale plus large, dans laquelle ils doivent inexorablement s'engager, si dure soit-elle. De ce fait, l'école devrait sans doute être considérée comme un agent de transition, en plus d'être un agent de socialisation.

—— Le groupe de pairs

Au fur et à mesure qu'un enfant grandit, la famille devient quelque chose de moins exclusif dans son développement social. Sur ce plan, le groupe de pairs assume un rôle de plus en plus prépondérant. Il peut même, pour certains, remplacer la famille. Dans le **groupe de pairs,** l'individu est en présence de personnes qui ont à peu près le même âge que lui et qui sont habituellement du même niveau social. Le plus souvent, les groupes de pairs, comme les clans et les clubs chez les adolescents, aident ceux-ci à acquérir une certaine indépendance vis-à-vis de leurs parents et d'autres représentants de l'autorité. Ainsi, l'adolescent pourra penser : « Si tous mes amis ont combattu l'un après l'autre pour obtenir le droit de rentrer après minuit le samedi soir, il est essentiel que je combatte à mon tour pour obtenir le même privilège. » Le groupe de pairs est aussi un élément important en ce qui concerne les ambitions que nourrit un adolescent quant aux rôles qu'il assumera plus tard.

Les adolescents imitent leurs amis, le noyau des pairs, en partie parce que le groupe maintient un système fort de sanctions positives ou négatives (*voir le chapitre 5*). Les groupes de pairs sont nécessaires, entre autres, aux adolescents entre 12 et 16 ans, car ils facilitent la transition menant aux responsabilités d'adultes. À la maison, les parents ont parfois tendance à exercer un pouvoir presque absolu sur les jeunes en vue de leur faire accepter certaines normes ou valeurs. À l'école, même si les jeunes développent une attitude un peu plus critique face aux exigences comportementales des enseignants et des administrateurs, ils finissent par s'y soumettre

GROUPE DE PAIRS

Deux ou plusieurs personnes d'une même entité sociale homogène (selon l'âge, le revenu, la catégorie d'emploi, le sexe, etc.) qui interagissent et s'influencent.

bon gré mal gré. Mais dans leur groupe de pairs, ils ont une plus grande liberté qui leur permet de s'affirmer d'une façon qui n'est peut-être pas possible ailleurs. Ils peuvent choisir eux-mêmes des règles qui leur conviennent, et les changer au besoin. En ce sens, le groupe de pairs joue un rôle de catalyseur du désir de solidarité, de relations chaleureuses et d'autonomie de l'adolescent à l'intérieur d'un système de normes et de valeurs qui semblent venir de lui-même, ou du moins de personnes qui n'ont pas à ses yeux une autorité sur lui. Il apprivoise alors la camaraderie et l'entraide.

Mais l'influence des groupes de pairs peut être positive ou négative pour l'individu au regard de son intégration à la société. En effet, le groupe de pairs peut encourager un de ses membres à faire une activité jugée admirable par la société, comme le travail bénévole dans un hôpital ou un foyer pour personnes âgées. À l'opposé, le groupe peut inciter quelqu'un à violer les normes et les valeurs de la société en lui demandant de conduire une voiture de façon imprudente, de faire du vol à l'étalage, du vandalisme, etc. Ainsi, la socialisation par les groupes de pairs prend parfois une tournure défavorable.

—— Le monde du travail

Nous avons mentionné précédemment que, lors de l'étape du début de la vie adulte, entre 22 et 40 ans, le travail constitue un élément important pour qu'un individu sente qu'il a « réussi » sa vie, que son engagement devient total par rapport à cette activité et qu'à l'étape de la vieillesse l'individu se sent dévalorisé lorsqu'on lui enlève cette raison de vivre. En Amérique du Nord, le fait d'avoir un travail rémunéré comme activité principale confirme le statut d'adulte ; cela montre aux autres que l'adolescence est maintenant révolue. La vie au travail peut représenter à la fois une dure réalité (« Je dois travailler pour acheter la nourriture et payer le loyer ») et une réalisation des ambitions (« J'ai toujours voulu exercer ce métier »). Elle demeure aussi, sans conteste, l'activité première par laquelle la société standardise les comportements et moule les esprits. Elle conduit sans cesse l'individu à penser à la production, à la réalisation de soi, au dépassement et à la consommation. Elle devient le centre de tout. De là l'impossibilité d'y renoncer sans qu'il y ait des conséquences.

La socialisation par le monde du travail ne peut être dissociée des expériences de socialisation vécues durant l'enfance et l'adolescence. Des images de nombreux rôles du monde du travail nous sont fournies par nos parents, par les gens que nous rencontrons (médecins, pompiers, enseignants, etc.) et par les personnalités présentées dans les médias (présidents d'entreprise, athlètes professionnels, et beaucoup d'autres). Ces images, accompagnées des pressions que nous subissons face à certaines formes de discrimination que la société impose, aident à déterminer, et souvent limitent, le type de travail que nous envisageons de faire.

De façon globale et théorique, la socialisation par le travail s'effectue en quatre phases (Moore, 1967). La première phase, celle du choix de carrière, suppose la sélection appropriée des études à faire pour accéder à la profession désirée. Si un individu souhaite devenir médecin, il devra prendre certains cours ; de même, s'il veut être biologiste, chimiste, sociologue ou éducateur, il devra s'inscrire à l'université. Si une personne ambitionne de devenir violoniste, elle aura tout intérêt à commencer très jeune à suivre l'enseignement d'un professeur de violon.

La deuxième phase est celle de la socialisation par anticipation, laquelle peut durer de quelques mois à quelques années. Plusieurs enfants héritent d'un travail parce que leurs parents exploitent une ferme ou une entreprise, ou parce que la tradition les y pousse, comme en Inde, où les jeunes charmeurs de serpents se doivent de recevoir l'enseignement de ce métier dans un cadre presque religieux. En un sens, ces jeunes gens font l'apprentissage de la socialisation par anticipation au cours de leur enfance et de leur adolescence en idéalisant le travail de leurs parents. Certains individus déterminent leurs objectifs de vie relativement tôt et s'en tiennent à ce choix. Une jeune fille ou un jeune garçon peut décider, à l'âge de 11 ou 12 ans, de faire carrière dans le sport ou dans la danse et consacrer toute son adolescence à l'entraînement en vue d'atteindre ce but, mais ce n'est pas le lot de la majorité.

La troisième phase de la socialisation par le travail, celle du conditionnement et de l'engagement, survient au moment où s'effectue le lien entre le travail et le rôle. Le **conditionnement** consiste en l'adaptation, à contrecœur, aux aspects négatifs d'un travail donné. L'**engagement,** quant à lui, renvoie à l'acceptation enthousiaste des fonctions agréables que manifestent les nouveaux travailleurs qui découvrent les aspects positifs de leur travail.

Dans la vision de Wilbert E. Moore, si un travail s'avère satisfaisant, la personne entre alors dans la quatrième phase de la socialisation, celle de l'engagement continu. À ce moment, le travail devient pour elle un cadre de vie stimulant, pour lequel elle développe le plus grand respect, entre autres à l'égard des règles qui y sont établies. Cette personne choisira peut-être de joindre les rangs d'une association professionnelle ou de tout autre groupe qui représente son métier ou sa profession dans la société.

De façon plus particulière et pratique, la socialisation de l'individu par le monde du travail se fait à l'intérieur de ce qu'il est convenu d'appeler la culture d'entreprise, qui vise à intégrer cet individu dans la structure économique de la société. Les entreprises déploient en effet beaucoup d'efforts pour que les personnes qui y travaillent deviennent partie prenante du développement de l'entreprise. Plusieurs activités sont proposées dans le but d'amener les individus à adopter les valeurs et les normes de l'entreprise afin de stimuler leur productivité et d'ainsi contribuer à la réussite de l'entreprise : des séances d'échanges observées par des spécialistes pour établir le profil des employés ; des activités sociales réunissant les employés et les patrons, et comportant la remise de prix aux employés les plus méritants ; ou, encore, des activités en plein air au cours desquelles un parallèle est établi entre, d'une part, la performance physique et l'esprit d'équipe et, d'autre part, le rendement au travail et l'esprit d'attachement et de dévouement des employés.

À cela s'ajoute une augmentation dans certains pays comme les États-Unis, le Canada et la Suède, depuis le début des années 1990, du nombre d'heures de travail. Cette tendance va à l'encontre de ce que l'on a observé dans tous les pays depuis 1870 et même au Japon, qui était réputé pour avoir toujours eu un nombre d'heures de travail très supérieur à la moyenne des autres pays (Tremblay et Villeneuve, 1998), 2243 heures en 1970, et qui se situe maintenant en deçà de la moyenne de plusieurs pays avec 1798 heures en 2002 (Martin, Durand, Saint-Martin, 2003). L'un des facteurs responsables d'une telle augmentation au Canada et aux États-Unis serait le coût de la main-d'œuvre et de sa formation, qui inciterait les employeurs à allonger les heures de travail des travailleurs en place et à leur payer des heures supplémentaires. À cet égard, on dit d'ailleurs que l'abolition des heures supplémentaires au Québec permettrait de créer plusieurs dizaines de milliers de nouveaux emplois. À côté de cette tendance à l'augmentation du temps

CONDITIONNEMENT
Adaptation à contrecœur aux aspects négatifs d'un type d'activité, par exemple le travail.

ENGAGEMENT
Acceptation enthousiaste des aspects positifs d'un type d'activité, par exemple le travail.

de travail dans les trois pays mentionnés précédemment se dessine une autre tendance, celle de la polarisation du temps de travail des employés et des revenus. Cette seconde tendance accroît à la fois le nombre d'individus qui travaillent moins de 35 heures (14,2 % en 1976, contre 26,6 % en 2004) et celui des individus qui font plus de 40 et même 50 heures par semaine. Au Québec, en 2000, 10 % des travailleurs faisaient plus de 50 heures par semaine, contre 8,8 % en 1976. Par contre, le pourcentage de ceux qui travaillent 41 heures et plus a diminué, passant de 18,5 % en 1976 à 11,5 % en 2004. Si on compare les États-Unis avec le Canada, les deux pays ont connu entre 1979 et 1993 une hausse de 3,5 % du nombre de personnes travaillant plus de 50 heures par semaine (Tremblay et Villeneuve, 1998). Mais un écart important subsiste entre ces deux pays en ce qui a trait au pourcentage de personnes qui travaillent plus de 40 heures par semaine : 54 % au Canada, contre 77 % aux États-Unis.

Ce travail qui s'étend sur de longues heures pour une forte proportion de salariés se fait au détriment de leur vie sociale et familiale. Même l'image d'eux-mêmes et leurs perceptions en seront touchées, et ce, au nom d'une identité définie par l'entreprise et touchant aussi bien les attitudes que les réactions à manifester, les valeurs, la tenue vestimentaire ou la coiffure.

L'intégration dans l'entreprise se fait donc par l'intermédiaire d'un processus qui tente de faire d'un simple travailleur un employé modèle, dévoué corps et âme à l'organisation et soucieux d'y entretenir un esprit de collaboration pour favoriser le progrès, la rentabilité et la compétitivité de l'entreprise. Dans ce contexte, on peut dire que les buts, économiques principalement, de l'entreprise teintent la personnalité de l'individu et conditionnent le rendement de plus en plus élevé que l'on exige de lui dans son travail, voire dans sa vie à l'extérieur du travail.

La socialisation par le travail s'avère très intense au moment où un individu passe de l'école au monde du travail, compte tenu du fait qu'il veut se tailler une place dans une entreprise en suivant les exigences de celle-ci. Mais cette socialisation se poursuit tant et aussi longtemps qu'un individu demeure actif sur le plan du travail. En outre, des changements technologiques peuvent aussi venir modifier les exigences du travail et demander dans ce cas une certaine resocialisation. Le passage de la machine à écrire à l'ordinateur pour les secrétaires ou, encore, l'adaptation presque constante des travailleurs à de nouveaux programmes informatiques dans certaines entreprises ne sont que quelques exemples de ce fait. D'autre part, des phénomènes comme la mondialisation actuelle de l'économie et l'intensification de la concurrence, qui peuvent supposer une mobilité plus grande des travailleurs et le cumul de plusieurs emplois à temps partiel, laissent présager un bouleversement dans la manière dont le monde du travail va jouer son rôle d'agent de socialisation.

Par-delà la fonction du travail proprement dite, la fréquentation des collègues de travail et le respect de certaines règles dans les relations entretenues sont des facteurs déterminants de socialisation. L'établissement de relations sociales constitue un aspect essentiel du monde du travail. Il met en effet les individus en rapport avec des personnes différentes d'eux, ce qui les pousse à développer une capacité d'adaptation aux autres. Ces relations placent les individus, à certains moments, dans le contexte de l'apprentissage du respect d'une autorité à laquelle ils doivent se soumettre s'ils veulent connaître la réussite professionnelle. Par ailleurs, ces relations leur permettent d'exercer un pouvoir sur d'autres individus, ce qui amène une modification de leur identité sociale.

L'apport du monde du travail pour l'individu ne se limite donc pas à l'apprentissage de connaissances concernant un travail ou au seul exercice de ce travail. Les relations interpersonnelles au travail s'inscrivent inévitablement dans la démarche d'intégration d'un individu dans la société.

—— Les médias

Depuis environ 100 ans, on a vu naître en Occident des innovations technologiques qui permettent aux êtres humains de transmettre et de recevoir des messages de diverses manières. Parmi celles-ci, il y a les **médias** (radio, télévision, Internet, cinéma, etc.). On estime que ces moyens de communication de masse occupent une place de plus en plus importante dans le processus de socialisation. La télévision, en particulier, intervient de façon spectaculaire dans la socialisation des enfants. Plusieurs parents admettent que la télévision et les disques DVD sont devenus les camarades favoris de leurs enfants. La preuve en est que les enfants de 2 à 11 ans, dans notre société, regardent en moyenne la télévision près de 14,5 heures par semaine (Statistique Canada, 2005) et les adolescents, une heure de moins. Cela représente, notons-le, une baisse de près de cinq heures depuis 1999. Par ailleurs, lorsqu'un adolescent quitte le secondaire, il a passé 30 % plus de temps à regarder le petit écran qu'à écouter ses professeurs. Mis à part le sommeil, regarder la télévision est l'activité la plus importante pour les jeunes Québécois.

La télévision, comme la famille, les groupes de pairs, l'école, le monde du travail ou les groupes religieux, utilise la référence aux symboles comme mécanisme de socialisation. Bien qu'elle puisse s'avérer un canal de transmission du savoir, il serait bon de s'interroger sur la complexité des formes d'apprentissage qu'elle encourage. Regarder la télévision est avant tout une expérience passive : on s'assoit confortablement et on attend d'être diverti. D'aucuns prétendent même que la télévision pousse les enfants à laisser de côté les relations humaines au profit d'une situation passive. Mais là où la critique devient très sévère, c'est par rapport à la programmation que les enfants regardent durant les nombreuses heures où ils sont devant leur poste de télévision. Dans un sondage publié en 1993, 72 % des États-Uniens affirmaient, entre autres, que la télévision présentait trop de violence.

Qu'en est-il au Québec de cette influence de la télévision ? En y regardant de plus près, on se rend compte que le pourcentage d'émissions de fiction dramatique éducative et les émissions dites d'information dont le contenu, tout en étant divertissant, est explicitement instructif ou axé sur la socialisation du jeune téléspectateur ne représentait qu'environ 9 % de toute la programmation pour enfants pour l'ensemble des diffuseurs francophones de Montréal à l'automne 1997, y compris les chaînes spécialisées comme le Canal Famille et Télétoon. Cela représente globalement une baisse de l'offre de ce genre d'émissions comparativement à 1987, comme le montre le tableau 4.3.

MÉDIAS

Ensemble des moyens technologiques visant à assurer entre les individus une communication plus large et plus immédiate, et une diffusion des messages à une plus grande échelle.

Tableau 4.3

Portrait d'ensemble de l'évolution des genres dans la programmation pour enfants selon les chaînes généralistes francophones de Montréal, automnes 1987 à 1997

Genres	1987	1988	1989	1990	1991	1992	1993	1994	1995	1996	1997	1997 +TT +CF
Information	7 %	7 %	9 %	8 %	10 %	7 %	7 %	4 %	5 %	7 %	8 %	4 %
Marionnettes	–	–	–	–	–	–	–	–	–	–	7 %	8 %
Dessins animés	48 %	34 %	45 %	58 %	52 %	51 %	50 %	46 %	44 %	41 %	37 %	63 %
Jeu	7 %	2 %	7 %	1 %	1 %	1 %	1 %	2 %	7 %	4 %	4 %	1 %
Fict. dram. div.	15 %	16 %	12 %	9 %	19 %	17 %	14 %	26 %	23 %	18 %	12 %	6 %
Fict. dram. édu.	21 %	15 %	14 %	16 %	9 %	9 %	16 %	9 %	12 %	17 %	9 %	5 %
Aventure	2 %	–	2 %	1 %	–	5 %	3 %	4 %	5 %	2 %	12 %	4 %
Comédie	–	10 %	1 %	1 %	–	–	–	–	–	–	1 %	1 %
Multiple	–	16 %	10 %	5 %	9 %	10 %	10 %	9 %	2 %	10 %	11 %	8 %
Variétés	–	–	1 %	–	–	–	–	–	2 %	–	–	–

Source : André H. Caron, *L'environnement techno-médiatique des jeunes à l'aube de l'an 2000,* Groupe de recherche sur les jeunes et les médias, Montréal, Université de Montréal, 1999, p. 22.

Par contre, le pourcentage d'émissions du genre animation, donc axées sur le divertissement uniquement, est passé de 41 % en 1996-1997 à 71 % en 1997-1998 (Caron, 1999). D'autre part, sur les 20 émissions les plus populaires auprès des enfants de 2 à 11 ans en 1997, à peine un peu plus de la moitié (12 sur 20) leur étaient véritablement destinées. Remarque intéressante s'il en est une, il semble que les téléromans pour adultes gagnent en popularité auprès des jeunes de 9 à 11 ans. Une autre étude, commandée celle-là par la Fédération canadienne des enseignantes et des enseignants, en 2003, révèle par ailleurs que les jeunes francophones, enfants et adolescents, sont surtout attirés par les émissions de divertissement, de téléréalité ou par certaines émissions dramatiques, comme le montre le tableau 4.4 à la page suivante.

Tableau 4.4

Les émissions de télé favorites des jeunes francophones au Québec

3e à la 6e année	Pourcentage* des choix	1re à 4e secondaire	Pourcentage* des choix
Radio Enfer	28	*Les Simpson*	37
Star Académie	25	*Watatatow (Radio-Canada)*	29
Les Simpson	22	*Star Académie*	17
Bob l'éponge	18	*Autres sports*	13
Ramdam	13	*Fortier*	12
Beyblade	10	*Gilmore Girls*	11
Buffy The Vampire Slayer	9	*Km/h*	9
Sabrina	9	*Testostérone*	7
Real TV	7	*Histoires de filles*	7
Sports	7	*Dawson*	6

* Les pourcentages totalisent plus de 100, car les répondantes et répondants pouvaient choisir jusqu'à trois émissions.

Source: Fédération canadienne des enseignantes et des enseignants. *Place aux jeunes dans les médias,* Ottawa, 2003, p. 21-22.

Finalement, une étude datant de 1985 et menée par l'Office national du film du Canada montrait que 30 % des enfants de 4 ans regardaient des émissions pour adultes entre 19 h et 23 h. Sans les sous-estimer, il faut peut-être s'interroger sur le fait que les jeunes de cet âge ne possèdent pas tous les outils pour comprendre ce qu'ils voient au petit écran, pour paraphraser André H. Caron, spécialiste des problèmes de l'effet de la télévision sur les enfants.

Si on considère maintenant l'aspect culturel véhiculé par les émissions pour enfants, il faut aussi s'interroger sur l'enrichissement qu'elles peuvent apporter au regard, entre autres, de la culture francophone. Pour l'ensemble des diffuseurs francophones de Montréal, 52 % des émissions destinées aux enfants avaient un contenu canadien à 100 % en 1997. À certaines chaînes, toutefois, pour l'ensemble de la programmation pour enfants, la proportion d'émissions entièrement canadiennes a diminué. À TVA, on est passé de 78 % en 1996 à 33 % en 1997; à Télé-Québec, de 84 % à 57 % durant la même période; à Radio-Canada, de 63 % en 1996-1997 à 55 % en 1997-1998. Cette baisse assez marquée de la production exclusivement canadienne s'est faite au profit d'émissions doublées au Canada mais d'origine étrangère et d'émissions en provenance des États-Unis. Heureusement, si l'on peut dire, les deux chaînes spécialisées dans la présentation d'émissions pour enfants, Canal Famille et Télétoon, ont présenté en 1997 des émissions canadiennes dans une proportion de 65 % pour la première et de 44 % pour la seconde. Cette proportion devait passer à 60 % en 2002 dans le cas de Télétoon, conformément à son mandat. Mais là où le bât blesse pour ces deux chaînes, c'est en ce qui a trait aux pourcentages d'émissions éducatives (16 %) et d'émissions d'information (0 %). Certains diront que l'ouverture culturelle est une bonne chose. Mais cette socialisation dirigée vers les autres ne se fait positivement qu'après que l'on s'est donné une identité culturelle propre. « Il faut d'abord être quelqu'un avant de vouloir être tout le monde », comme l'a déjà dit l'un de nos grands poètes-chansonniers, Gilles Vigneault. Et pour les jeunes, l'intégration des valeurs culturelles qui leur sont propres devrait donc passer par les médias et par les émissions qui leur sont destinées si l'on veut assurer la perpétuation de ces valeurs.

Du côté des adolescents, la principale remarque que l'on peut faire porte aussi sur le nombre d'émissions qui leur sont destinées. En nous référant encore à l'étude d'André H. Caron citée plus haut (Caron, 1999), on remarque que sur les 20 émissions les plus regardées, seulement deux s'adressent directement à eux.

Les 18 autres sont principalement des émissions de divertissement, des téléséries, des films et des téléromans ou, encore, des émissions de téléréalité qui constituent un phénomène nouveau dans la programmation de certains réseaux. Ces émissions s'adressent davantage à un public plus large, même si les adolescents y trouvent un certain intérêt. L'étude commandée par la Fédération canadienne des enseignantes et des enseignants laisse quelque peu transparaître le même phénomène concernant les émissions dites favorites des adolescents (*voir le tableau 4.4*).

Ce qu'il faut peut-être souligner, au sujet de ces émissions qui ne sont pas destinées aux enfants et aux adolescents, c'est que certaines d'entre elles peuvent parfois alimenter l'imaginaire de la violence et présenter celle-ci comme incontournable dans la vie de tous les jours. Certes, la réalité de la violence au quotidien ne doit pas être cachée. Cela serait d'ailleurs difficile compte tenu du fait que le nombre d'actes de violence diffusés sur les grands réseaux francophones (SRC, TVA et TQS) a augmenté de 286 % depuis 1994. Mais il faut s'interroger sur la présence de la violence à la télévision, violence qui est souvent déformée et amplifiée. Quel message essaie-t-on de faire passer, et de quelle façon ? Comment désire-t-on que l'identité sociale des adolescents se construise ?

Quand on se penche justement sur le phénomène de la violence plus grande qu'auparavant chez les adolescents, il faudrait peut-être s'arrêter davantage à l'image de la violence qui leur est transmise par la télévision. En plus d'être déformée et amplifiée, cette violence est banalisée. Et cette image leur est présentée depuis leur enfance. En effet, pendant les dessins animés diffusés le samedi matin, un geste violent se produit toutes les deux minutes. Autre donnée intéressante, un enfant voit en moyenne chaque année 12 000 actes violents à la télévision, y compris de nombreuses représentations de meurtres et de viols. D'autre part, à la fin de leurs études secondaires, les adolescents auront été témoins de 18 000 meurtres fictifs à la télévision. Comme le révèle le tableau 4.5 à la page suivante, 60 % des actes de violence physique sont montrés avant 20 h.

> Quand on se penche justement sur le phénomène de la violence plus grande qu'auparavant chez les adolescents, il faudrait peut-être s'arrêter davantage à l'image de la violence qui leur est transmise par la télévision. En plus d'être déformée et amplifiée, cette violence est banalisée.

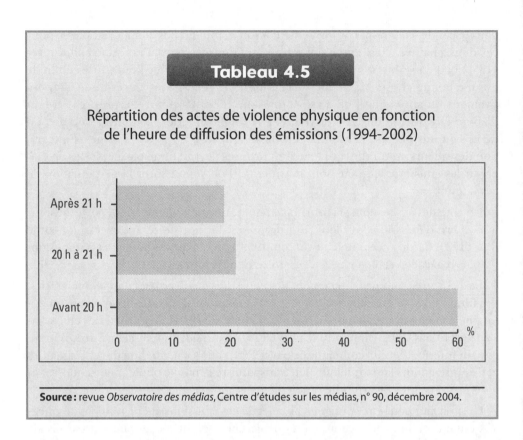

Tableau 4.5

Répartition des actes de violence physique en fonction de l'heure de diffusion des émissions (1994-2002)

Source : revue *Observatoire des médias*, Centre d'études sur les médias, n° 90, décembre 2004.

Quelle est la conséquence de cet état de choses ? Certaines recherches menées aux États-Unis montrent que les enfants deviennent plus agressifs après avoir vu une séquence de violence à la télévision. Ces études ne rendant compte que de situations où les enfants ont été témoins de ce genre de séquences pendant de courtes périodes, il faut se demander ce qui arrive lorsque cela fait des semaines, des mois ou des années qu'ils voient de telles images. Que dire aussi de l'intensification de la violence réelle à la télévision, comme le démontre l'ensemble des travaux de George Gebner ? Ainsi, 65 % des personnages de la télévision subissent une situation violente au moins une fois par semaine, alors que moins de 1 % de la population connaît une telle situation. En outre, 77 % des crimes montrés à la télévision sont violents, contre seulement 10 % dans la réalité. Depuis 1955, les personnages télévisés ont fait au moins 1000 fois plus de victimes que dans la vraie vie. Pouvons-nous voir autant de violence et ne pas être touchés sur le plan de la sensibilité et des valeurs morales ? L'American Psychological Association, quant à elle, reconnaît hors de tout doute que la violence télévisée a une influence sur les enfants et les individus en général. Ce qu'elle cherche désormais à montrer, c'est l'issue de cette influence massive chez les personnes et les mécanismes par lesquels cette influence se concrétise.

La violence n'est cependant pas le seul aspect sur lequel il faut s'interroger lorsqu'on parle de l'influence de la télévision et des médias en général sur les individus. Un phénomène qui semble nouveau à cause de l'ampleur qu'il prend de nos jours, mais qui date pourtant de plusieurs années, est celui de la téléréalité. C'est en fait en 1973 que le réseau PBS a mis en ondes la première émission de téléréalité. Il s'agissait d'une série qui présentait une famille états-unienne filmée pendant plusieurs semaines, jour et nuit : *An American Family*. Mais ce n'est qu'à la fin des années 1990 que cette nouvelle forme de télévision, pour l'appeler ainsi, a pris son envol avec *Big Brother*, une émission quotidienne conçue par une firme hollandaise et plébiscitée depuis dans une quinzaine de pays sous différentes formes. Cette émission met en vedette des personnes filmées dans un lieu fermé que l'on regarde vivre, exposer leurs problèmes les plus intimes et parfois s'entre-déchirer. Mais à quoi donc correspond ce besoin d'offrir un tel spectacle? Peut-être à illustrer que les moindres petits gestes de la vie quotidienne ne sont pas si banals puisqu'on les montre dans des émissions de télévision avec du «vrai monde qui nous ressemble». La téléréalité donnerait donc un sens à la vie des téléspectateurs, qui s'identifient facilement aux protagonistes. Il n'est plus nécessaire d'avoir une vie rêvée ou extraordinaire pour passer à l'écran. On peut maintenant s'imaginer, au quotidien, comme participant à une émission de téléréalité. Mais au-delà de cette simple description du concept — qui conduit selon plusieurs à l'exhibitionnisme, au voyeurisme et au rêve —, ce type d'émissions peut-il avoir des effets pervers sur ceux et celles qui les regardent? Peu d'études ont été réalisées jusqu'à présent sur les effets que pourraient avoir ce genre d'émissions sur le téléspectateur à long terme. Quelques cas problèmes sont connus, comme celui d'un adolescent de l'État du Connecticut (É.-U.) qui a subi de graves brûlures après avoir tenté de reproduire une cascade qu'il avait vue à *Jackass*, une émission de téléréalité où l'on présente des comportements à risque sous un jour séduisant. On pourrait aussi parler du cas des deux tireurs embusqués de Washington qui tiraient sur les gens comme dans un jeu vidéo, probablement stimulés par l'attention qu'ils recevaient des médias, ou de celui des jeunes tueurs de Colombine qui se projetaient en héros d'un film de série B. Mais, selon certains chercheurs, il n'y a pas de quoi s'alarmer. La téléréalité n'est qu'un phénomène passager. Pour d'autres, cependant, la popularité sans cesse grandissante de ce type d'émissions marque un tournant. Ce serait la conception même de la télévision qui est en train de changer. Le téléviseur ne serait plus uniquement un canal d'information et de divertissement. Il deviendrait le révélateur d'une tendance fondamentale au voyeurisme et à l'exhibitionnisme élevés au rang de divertissement de masse. Il y aurait donc là un danger de dérapage télévisuel qui, associé à une forme de structure — celle de la concentration (propriété croisée) — et doublé d'un phénomène de synergie et de convergence, risquerait de devenir incontrôlable. En effet, la diffusion de ce genre de fausse vérité (la vérité ne tenant désormais plus à aucun absolu, et l'individu sachant de moins en moins ce que le vrai signifie dans un monde qui n'arrête pas de le simuler, de le fabriquer ou de le triturer [Desaulniers, 2004]) et l'omniprésence de celle-ci dans une multitude de médias, tous reliés les uns aux autres, ne risquerait-elle pas d'imbiber les individus d'une réalité parallèle jusqu'à ce que le choc du quotidien, lui bien réel, les frappe de plein fouet avec on ne sait quel effet?

Par-delà les reproches que l'on fait à la télévision, les critiques de ce média concèdent qu'elle n'a pas toujours une influence négative sur la socialisation. Ainsi, les émissions éducatives, même si elles ne constituent pas une proportion significative de la programmation destinée aux enfants et regardée par eux, peuvent quand même les aider à acquérir certaines aptitudes essentielles à l'école: l'écoute, l'échange, la curiosité, la dextérité et la réflexion. Elles mettent aussi les jeunes en présence de connaissances, de cultures et de modes de vie dont ils n'auraient peut-être jamais entendu parler autrement.

Dans la même optique, le nouveau média qu'est l'ordinateur et, plus précisément, Internet constituent un élément important de ce qu'on pourrait appeler la nouvelle alphabétisation. De prime abord, les parents parfois incultes quant à cette nouvelle technologie sont dépourvus sinon réticents à l'égard de cet outil d'apprentissage. Il est vrai, d'une part, que certains dangers sont inhérents à ce monde branché s'il n'est pas contrôlé adéquatement par les parents, mais, d'autre part, Internet jouit d'un potentiel presque infini en ce qui concerne l'accès à de l'information éducative. Et pour quiconque sait utiliser cette énorme bibliothèque à domicile avec discernement quant à sa crédibilité en tant que source d'information, son utilisation judicieuse peut permettre d'en retirer une foule d'avantages. Voilà pourquoi les parents doivent se donner les moyens d'apprivoiser cette vaste ressource et d'en mesurer le potentiel plus élevé de bénéfices que d'inconvénients. Internet fait désormais partie intégrante de la culture et de la vie des jeunes, comme en font foi deux enquêtes, l'une menée au Canada par la firme Réseau Éducation-Médias en 2005 auprès de 5000 élèves de la 4e à la 11e année, l'autre effectuée par le CEFRIO en collaboration avec la firme Léger Marketing en 2004 et menée auprès de 2000 adolescents et de leurs parents. Chacune montre à sa façon la place prépondérante qu'occupe Internet dans la vie des adolescents. Ainsi, pour ne citer que quelques chiffres, au Québec, 60 % des jeunes de 12 ans et plus consultent Internet sur une base régulière, les champions du Web étant les jeunes de 14 et 15 ans (89 %) et ceux de 16 et 17 ans (90 %). Au Canada, 62 % des élèves de 4e année et 91 % des élèves de 11e année disent préférer Internet à la bibliothèque comme source d'information pour leurs travaux scolaires. Les adolescents y consacrent désormais presque autant de temps qu'à la télévision, comme le montre le tableau 4.6.

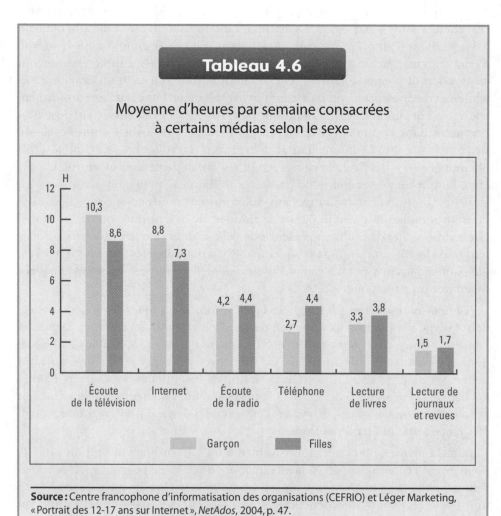

Tableau 4.6

Moyenne d'heures par semaine consacrées à certains médias selon le sexe

Média	Garçon	Filles
Écoute de la télévision	10,3	8,6
Internet	8,8	7,3
Écoute de la radio	4,2	4,4
Téléphone	2,7	4,4
Lecture de livres	3,3	3,8
Lecture de journaux et revues	1,5	1,7

Source : Centre francophone d'informatisation des organisations (CEFRIO) et Léger Marketing, « Portrait des 12-17 ans sur Internet », *NetAdos*, 2004, p. 47.

Bref, force est de reconnaître qu'Internet participe désormais à la vie sociale des individus. Grâce à Internet, nous pouvons envoyer des messages à des gens partout dans le monde et clavarder avec eux. Loin de rendre les gens passifs, Internet exige la participation active des individus. Loin d'éloigner les gens, il donne un nouveau sens aux mots « communication » et « socialisation » ; en fait, il constitue une pratique sociale accessible et commune qui leur permet de communiquer au sein d'une groupe social, concept sur lequel nous reviendrons au chapitre 5.

Compte tenu de l'influence, positive ou négative, que les médias en général — télévision et autres — semblent avoir sur les individus et malgré la difficulté d'évaluer le niveau de cette influence, il est évident que l'on doit en tenir compte pour saisir une partie essentielle de la socialisation des jeunes et les considérer comme un agent de socialisation incontournable. À ce titre, voici ce que disent André H. Caron et Letizia Caronia (2000, p. 136) dans un article portant entre autres sur l'effet de la télévision sur la construction de l'identité chez les jeunes :

> La construction de l'identité de genre (masculin – féminin) s'alimente des traits distinctifs et d'opposition, les jeunes semblent utiliser l'offre télévisuelle comme un bassin de ressources identitaires : ce qu'ils préfèrent regarder et ce qu'ils n'aiment pas regarder deviennent des choix qui définissent leur système de valeurs. Ceci ne signifie pas que la télévision les influence inconditionnellement. Elle offre plutôt une gamme de supports symboliques dans laquelle les jeunes puisent pour l'élaboration de leurs rôles et leur développement identitaire, par une opération de classement et de choix.

L'État

Les gens ont de plus en plus tendance à souhaiter, faute d'une solution à certains problèmes de comportement collectif, l'intervention des gouvernements et une prise en charge des individus par l'**État.** L'État est très présent dans nos vies. Il exerce un contrôle important sur ce que nous faisons et devons faire. Des exemples touchant le développement et la maturation de l'individu le montrent bien ; ainsi, l'État fixe les règles concernant l'âge auquel on peut voter, boire de l'alcool, conduire une voiture ou se marier sans la permission des parents. D'autre part, il assume de plus en plus de responsabilités qui appartenaient auparavant à la famille, comme celles du développement de la jeunesse et du bien-être des personnes âgées. Ce transfert graduel entre les mains de l'État se fait par l'intermédiaire d'institutions ou d'organismes divers (les services de santé, les services sociaux, l'école, les commissions de droits, etc.). La prise en charge des personnes âgées par les services directs ou subventionnés, l'intervention auprès des hommes violents à propos de leurs comportements à l'égard des femmes, la mise sur pied de services encadrant les parents avant même la naissance d'un enfant (de la grossesse jusqu'au vingt-quatrième mois suivant la naissance de l'enfant) et, finalement, la création, pour les enfants de deux à quatre ans, de lieux (jardins d'enfants, garderies) visant à assurer leur développement cognitif, affectif et social, constituent quelques exemples qui permettent de constater que l'État intervient dans des champs où il n'était pas présent ou était peu présent jusqu'alors.

Pour justifier son intervention notamment en tant que suppléant de la famille, l'État s'appuie sur une analyse qui montre que les parents font des choix idéologiques qui les empêchent d'assumer véritablement leur rôle dans la société actuelle : « valeurs de réussite personnelle, de production, de consommation déconnectées d'autres valeurs comme la compassion, la collaboration, le développement et la réussite de la vie familiale et communautaire » (Bouchard et autres, 1991, p. 160). Mais qui donc a

> **ÉTAT**
> Ensemble d'institutions politiques jouant un rôle de régulateur dans les rapports sociaux et économiques entre les différents groupes dans une société.

créé ce contexte « antifamilial » ? D'autre part, à défaut de voir la famille remplir les obligations qu'il a lui-même définies, l'État, comme agent de socialisation, veille, entre autres, par l'entremise du processus judiciaire, à la définition de nouvelles règles du jeu entre les membres de la famille. Ainsi, la dislocation de la famille est régie par des lois auxquelles doivent se conformer les ex-conjoints. L'État va même jusqu'à préciser la nature et la durée des contacts qu'un enfant aura avec l'un ou l'autre de ses parents.

Face à ces gestes de l'État, il faut se poser un certain nombre de questions. L'État peut-il s'arroger le droit, au nom du mieux-être de l'enfant dès la naissance, d'agir comme une entité ayant un droit de regard direct sur celui-ci à cause d'« objectifs d'État » ? La précocité de cette intervention dans la vie des enfants, que ce soit du point de vue de l'affectivité, de la réussite personnelle, de l'identité ou de la confiance en soi est-elle justifiable ? Doit-on faire preuve d'une plus grande vigilance pour que la famille n'en arrive pas à perdre sa raison d'exister ? Les nouvelles technologies de reproduction, entre autres, ne nous permettent-elles pas d'imaginer l'éventualité d'une telle chose ?

Par-delà le rôle que l'État joue à l'égard de la famille, il faut envisager sa présence dans une perspective plus large. Car même à l'âge adulte, notre socialisation est largement déterminée par lui. C'est d'ailleurs la raison pour laquelle l'individu, comme citoyen et acteur dans l'économie soumis à des règles étatiques, se dote d'instruments (comme les syndicats et les partis politiques) pour influer sur les objectifs et les décisions de l'État qui modèlent sa personnalité sociale. L'État, de toute évidence, ne donne pas toujours le choix à l'individu d'être ce qu'il désire. Par exemple, si l'individu veut s'instruire, lui en donne-t-il toujours la possibilité, les moyens ? S'il ne travaille pas, l'État l'étiquette et lui demande de se justifier ; l'individu est alors contraint de participer à des programmes de recyclage professionnel, faute de quoi on lui coupe les vivres. Si l'individu travaille, l'État lui demande de réussir, de lui rendre des comptes sur ce qu'il fait, de consommer. L'État détermine aussi la place que l'individu doit occuper dans la société, par exemple à travers la fixation du revenu minimum ou le système de taxation inégale qu'il impose. Bref, le rôle et l'action de l'État ont des répercussions sur la vie de l'individu. Son intervention doit de plus en plus être considérée comme importante dans la régulation des rapports sociaux entre les individus.

Mais attention ! Le fait de constater que l'État est très présent dans la socialisation de l'individu ne doit pas nous faire souscrire sans discernement à un courant qui veut rejeter ce que l'on appelle depuis quelques décennies l'**État providence.** Le souhait d'un interventionnisme moindre ne signifie pas que l'État ne doit pas continuer du mieux qu'il le peut à répondre aux besoins et aux demandes de l'ensemble des individus. C'est d'ailleurs le rôle premier de l'État d'être « providentiel ». Mais certains groupes, les nantis peut-être, remettent en question ce rôle de l'État en soulignant son engagement dans certains domaines qui relèvent selon eux du secteur privé. Il est vrai que l'État québécois, entre autres, s'est aventuré un peu loin, au cours des années 1960 et 1970, dans le domaine économique : de l'exploitation de ressources à la transformation de biens. Il est vrai aussi que tout cela a eu un prix. Cependant, il est également vrai que, pour honorer ses engagements, l'État dit providence s'est donné comme mandat de répartir les coûts de cette intervention de façon équitable, afin de favoriser les plus démunis. Il va sans dire que, justement, par la nature même de la société capitaliste, l'idée d'une meilleure répartition des richesses n'est pas très attrayante si elle est poussée trop loin. C'est d'ailleurs en raison de la résistance à une telle orientation que la notion d'État providence a été inventée, a reçu une connotation péjorative et est devenue une entité politico-sociale qu'il faut démanteler. Évidemment, une telle attitude est d'autant plus attirante que, faute d'aller chercher le

ÉTAT PROVIDENCE

État qui intervient dans différents domaines — qui, selon certains, ne relèvent pas tous de l'État — pour assurer de meilleures conditions de vie à la population.

financement là où se trouve la richesse, les gouvernements se sont endettés pour jouer leur rôle de la manière la plus large possible. Mais, plus récemment, ils ont dû répondre de leur endettement devant les prêteurs, qui les obligent désormais à limiter leur engagement et à réduire des services visant, on ne peut que le constater, les plus démunis. Ce désengagement forcé a ou aura pour conséquence de favoriser le secteur privé, puisque les gouvernements jonglent dans ces circonstances avec l'idée de privatiser directement ou indirectement des services qui doivent être assurés. Alors, soyons attentifs à l'interprétation qu'il faut donner à l'idée d'un engagement moins grand de l'État dans le devenir de l'individu par opposition à la nécessité de dispenser des services pour l'amélioration des conditions de vie de l'ensemble de la population.

Les groupes religieux

Quand on parle de religion ou de religiosité, les Québécois entre autres ont souvent l'impression que tout cela est disparu ou en voie de disparaître dans les sociétés occidentales. Il suffit de regarder autour de soi pour se rendre compte, en effet, qu'il y a une désaffection des églises catholiques et que les Québécois francophones en général ne pratiquent presque plus la religion qui les a tant marqués. Mais un sondage effectué par la maison Léger et Léger (*Voir*, vol. 14, n° 7, février 2000) montre que, faute de pratique, les jeunes du Québec croient encore en Dieu dans une proportion de 75 %. Quand, d'autre part, on aborde la question des différents groupes religieux, ceux-ci nous sont souvent présentés comme des groupes marginaux indésirables qui endoctrinent contre leur gré les gens qui en font partie. Si bien que les membres de ces groupes, mis à part les sectes qui retranchent leurs membres de la société, n'osent pas trop extérioriser leurs pratiques. Mais qu'elles soient ou non reconnues officiellement, les croyances sont et seront toujours puisqu'elles jouent un rôle important dans la socialisation des individus. L'histoire de vie des individus est marquée par des ruptures, des échecs et des réussites qui les obligent à s'approprier le monde d'une manière différente (Lemieux et Milot, 1992) dans le contexte de l'intégration de nouvelles règles de vie, d'une nouvelle définition des rapports sociaux et des façons d'agir. Les croyances jouent dans un tel cas un rôle structurant pour l'établissement de cette nouvelle vision du monde. On ne peut évidemment décrire ici dans les moindres détails l'apport de chacune des « religions » aux individus, leur fonctionnement ni les raisons pour lesquelles elles suscitent un attrait auprès de leurs membres. Cependant, leur rôle semble quand même indéniable, puisque le sondage cité précédemment révèle que plus d'un jeune sur deux, parmi ceux qui croient, considèrent que leurs croyances jouent un rôle important dans leur vie.

Pour en revenir à la religion catholique, s'il est vrai que le catholicisme en tant qu'institution, c'est-à-dire en tant que cadre rigide de pratique, n'est plus très présent ni très visible chez la majorité, il n'en demeure pas moins que le « catholicisme culturel », lui, est encore très actif. Bon nombre de Québécois de souche catholique continuent, par exemple, à observer des rituels de passage issus de la religion catholique pour marquer certains moments importants de leur vie individuelle et collective. Beaucoup d'enfants sont encore baptisés, et ce, même si le tiers des enfants naissent dans un contexte qui n'est pas celui du mariage tel que prescrit par l'Église. Le nombre de mariages religieux représente actuellement plus que le double des mariages civils. Quant à la mort, elle fait aussi resurgir des traditions et des rituels catholiques. Et que dire de la bataille qui se livre depuis toujours contre la laïcisation des écoles du Québec, lutte qui s'est exacerbée depuis la mise en place d'une structure linguistique dans les commissions scolaires et qui montre que l'idéologie religieuse occupe encore une grande place ?

Alors qu'il y a un certain délaissement de la pratique catholique, on observe, en revanche, un certain foisonnement de nouveaux mouvements religieux ou idéologiques. Certains parlent de quelques centaines de mouvements au Québec, qui ont pallié la désaffectation du catholicisme en tentant d'offrir une définition de soi et une perception du monde nouvelles.

En somme, la religiosité constitue toujours un élément essentiel de la socialisation des individus. Sur le plan collectif, les croyances sont tout autant essentielles parce que, dans bien des cas, elles constituent une référence importante au point de vue historique. Pour les catholiques québécois, la compréhension de la société québécoise contemporaine et le développement de la conscience sociale passent inévitablement par la description et l'acceptation d'un développement économique, social et politique lié à une histoire religieuse catholique. Et cela est vrai pour bon nombre de sociétés, en fait. Pendant des décennies, sinon des siècles, le catholicisme a été le ciment de la solidarité communautaire des Québécois (Lemieux et Montminy, 1992). On ne peut nier ce fait, qui représente tout un pan de notre histoire, malgré qu'il soit considéré par certains comme une période sombre.

Sur le plan individuel, les croyances, et donc les divers groupes qui les véhiculent (Églises, mouvements, sectes), ont un lien direct avec l'évolution des individus à travers les étapes de la socialisation. De fait, les groupes religieux (idéologiques) permettent de découvrir un sens à la vie, de combler certains vides, de trouver une réponse à des interrogations qui n'ont pas encore de solutions scientifiques à offrir. Il y a donc une utilité rattachée aux croyances et une recherche de celles-ci par les individus. Elles ne doivent pas être considérées en tout temps comme des moyens de manipuler les consciences qu'utilisent des maîtres, des gourous ou autres papes à des fins pécuniaires ou machiavéliques. Les croyances jouent un rôle spécifique dans l'évolution de l'individu. Elles sont en effet incluses dans chacune des étapes de la vie et varient d'une étape à une autre. Durant l'enfance, les croyances sont à la base même de la socialisation. Elles permettent l'intégration des valeurs, des modèles de vie à suivre, de la culture des sociétés et des groupes. Elles sont les référents qui serviront aux individus dans leurs expériences ultérieures de la vie. À l'adolescence, les croyances aident à apprendre à vivre avec les autres. On les oppose toutefois à une conception plus rationnelle du monde et de la vie. Les adolescents découvrent des valeurs nouvelles (compétition, rendement, affirmation, etc.) qui leur permettent de développer un esprit plus critique face aux croyances acquises au cours de l'enfance. Une fois cette étape franchie, on arrive à l'âge adulte, qui inclut le début de l'âge adulte, la maturité et la vieillesse. On voit alors dans les croyances un outil que l'on adapte aux situations vécues. Lors de situations éprouvantes, comme la mort d'un proche ou certaines désillusions de la vie, la croyance en un dieu semble refaire surface et constituer une explication, une façon de comprendre. Au quotidien, toutefois, l'imaginaire de l'individu se voit comblé par la technologie, la réalisation de soi sur les plans matériel et intellectuel, sauf dans le cas de certaines personnes du troisième âge et, surtout, du quatrième âge. En fait, on assiste durant cette étape à une adaptation continue de l'individu à son milieu et donc à une référence aux différents types de croyances: religieuses, ésotériques, matérielles, scientifiques et autres. Chaque croyance trouve sa place au moment opportun en fonction des besoins de l'individu et des expériences qu'il vit.

Mais quelles que soient la place qu'on leur attribue et la fonction qu'on leur donne, les croyances, religieuses en particulier, apparaissent comme un moyen de donner un sens général à la vie. Et lorsque nos croyances nous procurent du réconfort dans certaines situations de la vie, elles deviennent des réalités non plus aléatoires et impalpables, mais pratiques et fonctionnelles.

En conclusion, le processus de socialisation peut être analysé de différentes façons. Une chose est cependant évidente : le lien entre un groupe et l'individu qui en fait partie est déterminant en ce qui concerne le rôle que ce dernier jouera dans la société. Il faut évidemment concevoir que ce lien n'est pas synonyme de contrôle absolu de l'individu, comme nous le verrons au chapitre 6. La soumission sous-jacente au processus de socialisation n'est jamais atteinte totalement. En ce sens, on peut dire que les structures des groupes auxquels les personnes appartiennent au cours de leur développement ne demeurent pas inertes. Elles sont en effet malléables et peuvent, par l'action, être modifiées et entraîner une transformation de l'environnement social dans lequel se trouvent les individus.

Réseau thématique Les agents de socialisation : une équipe de sept

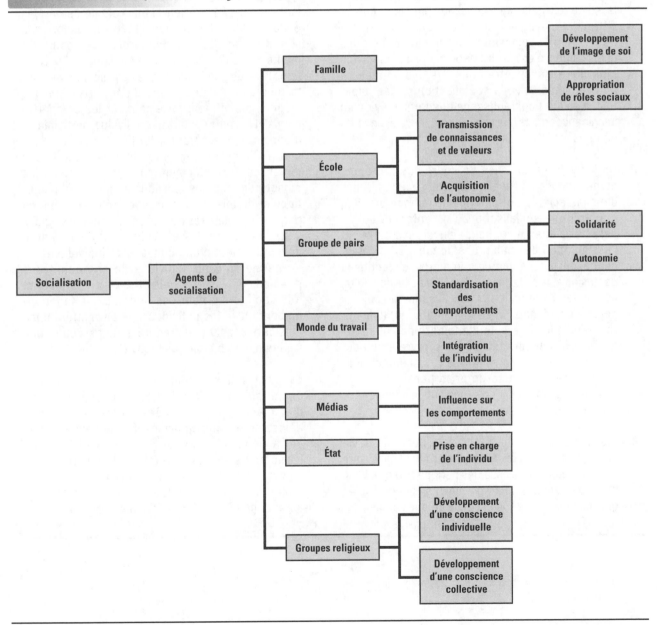

1. La socialisation est le processus par lequel les individus apprennent les attitudes, les valeurs et les gestes liés à une culture donnée. L'examen de ce processus nous permet de mieux comprendre l'importance de la socialisation dans le développement de l'individu et dans la façon dont celui-ci s'intègre dans la société.

2. La socialisation de l'individu s'effectue à l'aide de quatre mécanismes : (1) la socialisation par le miroir réfléchissant, c'est-à-dire par l'image de lui-même qui est renvoyée à l'individu ; (2) la socialisation par le jeu de rôle, soit l'apprentissage par l'imitation de différents rôles que l'individu voit se jouer autour de lui ; (3) la socialisation par le maniement des impressions, c'est-à-dire par l'image que l'individu cherche à transmettre pour être mieux accepté dans la société ; (4) la socialisation par anticipation, à savoir l'apprentissage que fait l'individu en imaginant certains rôles qu'il jouera, et cela, en fonction des attentes des gens qui l'entourent.

3. Un individu se socialise au cours de différentes étapes établies à l'avance par les sociétés. Ainsi, dans la société nord-américaine, on compte cinq étapes de la socialisation : (1) l'enfance, qui se caractérise par la confiance envers les autres et l'assimilation des habitudes de vie ; (2) l'adolescence, qui est marquée par une crise d'identité, la confusion et la rébellion ; (3) le début de la vie adulte, où ont lieu l'affirmation et la réalisation de soi aux points de vue matériel et sentimental ; (4) la maturité, où l'individu essaie d'atteindre des objectifs qu'il n'a pas encore réalisés et s'ouvre à de nouvelles réalités ; (5) la vieillesse (troisième et quatrième âge), qui se caractérise par le retrait du monde du travail et par un sentiment de dépendance vis-à-vis de la société.

4. Il existe entre l'adolescence et le début de la vie adulte, entre celui-ci et la maturité et, finalement, entre la maturité et la vieillesse des périodes de transition qui entraînent des bouleversements, une remise en question de ce que l'on est et de ce que l'on fait.

5. La socialisation se réalise par l'intermédiaire de sept agents qui influent sur nos choix de comportements et l'image que nous avons de nous-mêmes : (1) la famille, au sein de laquelle l'individu développe l'image de soi, s'approprie des rôles sociaux et se définit socialement ; (2) l'école, où se transmettent les connaissances et les valeurs reconnues par la société, de même que le respect de l'autorité, où s'acquiert l'autonomie de l'individu et se renforcent les divisions entre les divers groupes de la société ; (3) le groupe de pairs, qui est le catalyseur du désir de solidarité et d'autonomie de l'adolescent à l'intérieur d'un système de normes et de valeurs ; (4) le monde du travail, qui confirme le statut d'adulte, qui standardise les comportements et moule les esprits, et qui intègre l'individu dans la structure économique de la société par l'intermédiaire d'une culture d'entreprise ; (5) les médias, qui influent fortement sur les comportements et les perceptions des individus, particulièrement ceux des enfants ; (6) l'État, qui prend en charge l'individu par l'intermédiaire de services directs ou subventionnés, qui définit et surveille les comportements des individus au moyen d'institutions et de lois ; (7) les groupes religieux, qui, en tant que dépositaires de croyances, sont des guides dans l'évolution des individus ; qui favorisent le développement d'une conscience individuelle — en permettant aux individus de se donner des principes de vie — et collective — en permettant à la société d'établir des principes de fonctionnement entre les individus ; qui permettent dans plusieurs cas de comprendre et de perpétuer une tradition, une histoire collective.

6. La socialisation conditionne les individus jusqu'à un certain point. Toutefois, ceux-ci ont l'occasion d'acquérir des façons d'être différentes des modèles appris. Conséquemment, cela peut les amener à modifier individuellement et collectivement les normes et les valeurs établies. Le contrôle exercé par la société n'est jamais total. Une société est toujours en mouvement, et les individus sont les acteurs de la transformation des sociétés.

MOTS-CLÉS

RÉVISION

1. Indiquez, parmi les éléments suivants, celui qui joue un rôle primordial dans le développement social d'un individu :
   a) la force de caractère ;
   b) les caractéristiques physiques ;
   c) le désir de réussir ;
   d) le milieu dans lequel il vit ;
   e) l'intelligence.

2. Indiquez quel énoncé parmi les suivants définit le processus de socialisation :
   a) le sentiment d'appartenance à un groupe ;
   b) la reconnaissance par la société des comportements différents ;
   c) l'intégration des éléments culturels à la personnalité de l'individu ;
   d) la communication entre les individus ;
   e) l'existence de relations chaleureuses entre les individus ;
   f) le dérèglement de la société et la réduction de la stabilité ;
   g) la manière de voir certains phénomènes sociaux.

3. Quels éléments parmi les suivants constituent un mécanisme de socialisation ?
   a) le degré de tolérance face aux différentes formes d'adaptation des individus ;
   b) les différents types de gratifications que nous donne la société ;
   c) le désir de correspondre à une image qu'un milieu donné attend de nous ;
   d) le degré d'acceptation des groupes que l'on accepte de côtoyer dans une société ;
   e) l'image que nous renvoient les autres de nous-mêmes.

4. Indiquez quelle est l'étape de la socialisation qui pousse l'individu à s'affirmer, à se réaliser professionnellement et matériellement :
   a) l'adolescence ;
   b) la moralisation ;
   c) le début de la vie adulte ;
   d) la méditation ;
   e) l'éducation ;
   f) la resocialisation.

5. Un agent de socialisation, c'est :
   a) l'ensemble des moyens que la société utilise pour façonner l'identité sociale des individus ;
   b) un groupe de personnes qui obéissent à des normes très strictes et qui ont des objectifs bien définis ;
   c) l'ensemble des individus, des groupes et des institutions qui modèlent l'image que nous avons de nous-mêmes, de nos comportements et de nos perceptions ;
   d) l'ensemble des institutions qui facilitent le fonctionnement optimal des individus dans la société ;
   e) l'ensemble des moyens qui permettent de transmettre d'une génération à une autre les normes et les valeurs de la société.

6. Indiquez lequel des agents de socialisation suivants permet à l'individu d'expérimenter son autonomie dans un contexte de liberté, de solidarité et de relations chaleureuses :
   a) la famille ;
   b) le groupe de pairs ;
   c) le monde du travail ;
   d) l'institution fermée ;
   e) la garderie ;
   f) la prison.

7. Parmi les éléments suivants, indiquez lequel (ou lesquels) se rapporte (se rapportent) à un processus de resocialisation :
   a) la naissance d'un enfant ;
   b) la dégustation d'un nouveau mets ;
   c) l'achat d'un nouveau vêtement ;
   d) l'obtention d'un nouvel emploi ;
   e) la mort d'une personne chère ;
   f) une randonnée en bicyclette.

8. Quand il est question de l'ensemble des rôles sociaux qu'une même personne peut remplir à un moment défini, on parle :
   a) d'un ensemble de rôles ;
   b) d'un champ de rôles ;
   c) d'une famille de rôles ;
   d) d'une combinaison de rôles ;
   e) d'un groupe de rôles.

9. Un statut social, c'est la position qu'une personne ou une catégorie de personnes occupent dans un groupe telle que ce groupe l'évalue. Vrai ou faux ?

10. Le processus de socialisation se fait de manière continue tout au long de la vie des individus sans qu'il y ait de périodes de remise en question. Vrai ou faux ?

ACTIVITÉS INTERACTIVES ODILON.CA

Chapitre 5

Les groupes, les organisations et les réseaux sociaux

5.1 L'étude sociologique des groupes

Au chapitre 4, nous avons abordé l'importance de certains groupes sur le plan de la socialisation de l'individu. Les groupes d'amis ou les collègues de travail, par exemple, peuvent marquer l'expérience de l'individu. De tels groupes constituent des agents de socialisation parce qu'ils proposent à l'individu des normes, des valeurs et des modèles de comportements.

Dans ce chapitre, nous étudierons l'apport de la sociologie dans l'étude des groupes, des organisations et des réseaux sociaux en lien avec l'individu. La psychologie s'intéresse surtout aux relations interpersonnelles au sein d'un seul groupe. Elle se demande, par exemple, quels rôles jouent les membres du groupe, qui exerce le leadership, comment se forment les sous-groupes, etc. Sans être insensible à ces questions, la sociologie s'intéresse davantage aux divers groupes qui exercent une influence sur l'individu, à la structure des principaux groupes sociaux et, enfin, au rôle des groupes dans la société.

La lecture de ce chapitre devrait vous permettre de répondre aux questions suivantes :

- Par quels mécanismes les groupes parviennent-ils à intégrer l'individu ? Quels sont les principaux types de groupes et d'organisations au sein des sociétés contemporaines ?
- Quelles sont les caractéristiques de ces différents groupes ?
- Quelles sont les nouvelles tendances des groupes dans une société dominée par la technologie et la mondialisation ?
- À quoi servent les réseaux sociaux ?

5.2 L'individu et le groupe

GROUPE

Nombre limité de personnes qui partagent certains champs d'intérêt et qui communiquent entre elles sur une base régulière.

On peut définir le **groupe** comme un nombre limité de personnes qui partagent certains champs d'intérêt et qui communiquent entre elles sur une base régulière. Ainsi, quand on dit qu'un groupe de motards a mené telle action ou qu'un groupe de musiciens a donné tel spectacle, on parle d'un nombre restreint d'individus qui ont des choses en commun et qui ont l'occasion de communiquer entre eux sur une base régulière. Notons au passage que cette communication peut se faire à distance ou de façon virtuelle, comme par l'intermédiaire de groupes de discussion dans Internet.

Le groupe de discussion

La notion de groupe implique d'abord celle d'intégration : le groupe exerce souvent une force d'intégration sur l'individu. Bien sûr, tout individu a une identité qui lui est propre, mais la force du groupe peut aider à comprendre la fragilité de l'individu au sein d'un groupe. Nous verrons ici qu'un groupe est plus que la somme des parties. Les expériences dites de groupe de discussion viennent confirmer la force centripète ou intégratrice du groupe par rapport à l'individu. Avec le temps, le groupe peut modifier les opinions et les perceptions les plus solides de l'individu.

Par exemple, quand on observe la discussion au sein d'un groupe, un curieux phénomène se met en branle : les individus modifient continuellement leurs opinions en vue de se conformer le plus possible à l'opinion du groupe ou à celle de la majorité. Si, dans un groupe de 30 personnes, comme le rappelle Peter L. Berger, on oriente la discussion vers le thème du racisme et s'il se trouve 29 personnes antiracistes et une seule personne raciste, le groupe utilisera différents moyens, comme le rire ou des interventions-chocs ou agressives, pour amener l'individu raciste à se conformer aux vues de la majorité. Peut-être les premières interventions de l'individu raciste vanteront-elles la supériorité de sa race, mais se voyant seul à avoir cette opinion dans le groupe, il modifiera sans cesse ses commentaires pour finalement admettre, par exemple, qu'aucune race n'est supérieure aux autres, tout en ajoutant que les groupes sociaux ont des cultures bien différentes (Berger, 1986). C'est le compromis probable que l'individu pourra trouver au bout d'une séance de **groupe de discussion.** Le groupe aura produit un effet spectaculaire sur l'individu. Les choses se compliqueront sans doute quand l'individu raciste réintégrera son cadre de vie quotidien. Ses vieilles conceptions racistes remonteront vite à la surface et l'influence du groupe de discussion aura été de courte durée.

La tendance, dans les groupes de discussion, serait au compromis.

Un autre exemple très probant du groupe de discussion se révèle lors de la délibération d'un jury. On a observé lors de simulations que le verdict établi à la fin des délibérations est toujours le même que celui que la majorité avait proposé au début des délibérations. Autrement dit, la majorité qui avait exprimé son opinion au début des discussions ne parvient jamais à être renversée par les membres minoritaires au fil des discussions. Cela nous montre encore une fois la force de la majorité dans le contexte d'une séance de groupe de discussion.

Les groupes occupent une place considérable dans les sociétés modernes, même si l'individu n'est pas toujours conscient de l'influence qu'il subit de la part d'un groupe. En effet, dans une large mesure, les comportements individuels et collectifs sont conditionnés par le groupe auquel les individus appartiennent. La tenue vestimentaire, par exemple, trahit souvent l'appartenance à un groupe. Les cadres d'une usine veillent à se distinguer des ouvriers par le port du veston et de la cravate. Plusieurs professions se reconnaissent au port d'un uniforme. Telle marque de vêtements ou telle coupe de cheveux peuvent révéler l'appartenance à un groupe de jeunes. Plus que le simple choix d'une marque de vêtements ou d'une couleur de cheveux, l'appartenance à un groupe peut déter-

> **Dans une large mesure, les comportements individuels et collectifs sont conditionnés par le groupe auquel les individus appartiennent.**

miner des comportements collectifs spécifiques. Plusieurs enquêtes ont démontré, par exemple, que le choix des électeurs était beaucoup plus influencé par un groupe d'intimes (de parents ou d'amis) que par les médias ou par la propagande des partis (Katz et Lazarsfeld, 1955). Cela démontre aussi l'importance de l'interaction des individus en ce qui a trait aux comportements collectifs.

Le groupe peut encore servir d'un modèle de sous-culture, concept abordé au chapitre 3. L'individu peut s'y référer pour établir son échelle de valeurs. Ces valeurs peuvent être à l'opposé de celles qui dominent la société. C'est souvent ce que l'on constate à travers l'expérience des gangs. Ainsi, à la fin des années 1980, les citoyens ont été surpris d'apprendre l'existence de gangs de jeunes délinquants sur le territoire de l'île de Montréal. Les enquêtes policières ont en effet démontré qu'un nombre

Les valeurs de certains groupes peuvent aller à l'encontre des valeurs dominantes d'une société. Par exemple, lors d'entrevues, des jeunes appartenant à des gangs ont révélés que ceux-ci ne se sentaient pas coupables d'agresser des personnes parce que cela correspondait à des normes acceptées et valorisées au sein des gangs.

croissant d'agressions contre les personnes dans le métro étaient menées par des gangs de jeunes. Des entrevues effectuées auprès de jeunes appartenant à des gangs ont révélé que ceux-ci ne se sentaient pas coupables d'agresser des personnes parce que cela correspondait à des normes acceptées et valorisées au sein des gangs (*La Presse,* 25 mai 1989). Les jeunes issus des gangs sont plus soucieux de se conformer aux normes du groupe qu'à celles des autres institutions de la société, car le gang constitue un milieu de vie très important pour ceux qui en font partie. Ainsi, non seulement l'agression contre la personne ne paraît pas condamnable pour les jeunes de certains gangs, mais ce geste peut être considéré comme normal, voire valorisant. C'est alors qu'interviennent les notions de normes et de valeurs que nous avons vues au chapitre 3.

L'expérience la plus radicale et la plus intégrante de l'individu par rapport à un groupe est celle du groupe fermé ou de la **secte.** La secte peut viser à la resocialisation de l'adulte et proposer à ce dernier une toute nouvelle programmation de ses normes et de ses valeurs. Ce phénomène a été étudié en profondeur par les sciences sociales (Goffman, 1961 ; Gosselin et Monière, 1978). Erving Goffman utilise le concept d'**institution totalitaire** pour rendre compte des groupes fermés où la domination de l'individu est absolue, et qui lui proposent un nouvel univers de normes et de valeurs pour s'assurer de sa soumission. Bien sûr, cette soumission de l'individu au groupe n'est jamais facile ni garantie : toutes les sectes ont leurs déserteurs. Mais les sectes utilisent des techniques très efficaces de contrôle pour tenter de maintenir cette soumission.

En premier lieu, les sectes sont dirigées par ce que Max Weber appelait le **leader charismatique.** Celui-ci représente le chef absolu « qui ne connaît pas l'erreur » et qui devient le modèle culturel du groupe. Le leader charismatique exerce une influence très marquée sur un groupe ou même sur une société. Mais, souvent, le leader charismatique exerce bien plus qu'un pouvoir d'influence sur les autres : il est celui qui dicte aux autres quelles sont les actions à faire et quelles sont les normes à respecter.

En second lieu, les sectes utilisent une technique avec efficacité : la fermeture du groupe. Elles empêchent les individus de subir des influences extérieures, lesquelles pourraient remettre en question le nouvel ordre de la secte. Cette fermeture se réalise par l'imposition d'un horaire très rigide, accompagné de longs et pénibles travaux.

Pour ce faire, la secte propose une dualité secte-société : « La secte provoque la rupture de l'adepte avec la société et l'abandon de ses projets de vie (par exemple, professionnels), de manière à assurer sa dépendance » (Allard, 1999).

L'extérieur, la société, y est perçu comme étant satanique, comme étant un monde d'ignorants qui vivent dans l'illusion ; bref, des infrahumains. La secte tisse donc un ethnocentrisme radical (*voir le chapitre 3*) qui permet une intégration à un groupe supérieur. La resocialisation est une autre technique radicale d'intégration utilisée par les sectes puisque certaines vont jusqu'à changer le nom des individus. Cela dit, elles ne sont pas les seules à le faire, la religion catholique utilisant cette formule pour l'intégration des membres religieux.

SECTE

Groupe totalitaire qui se sépare de la société et s'y oppose souvent, et qui est soumis à l'obéissance stricte à un leader charismatique et à des lois diverses pour assurer le salut individuel de ses membres.

INSTITUTION TOTALITAIRE

Organisation qui vise la resocialisation radicale de l'individu.

LEADER CHARISMATIQUE

Chef absolu d'un groupe de personnes (ou d'une société) principalement caractérisé par son pouvoir d'influencer et de convaincre les autres.

En dernier lieu, les sectes imposent à leurs membres une nouvelle échelle de valeurs qui vise à assurer leur soumission au groupe. Pour parvenir à cette fin, le leader charismatique fait des sermons, des conférences ou des incantations collectives. Les valeurs en question reposent sur le sacrifice de soi, l'obéissance et l'intolérance quant à la déviance. On peut donc en conclure que l'institution totalitaire fondée sur la secte représente l'intégration la plus totale d'un individu à un groupe, comme le montre la figure 5.1.

Figure 5.1 Les techniques d'intégration dans les institutions totalitaires

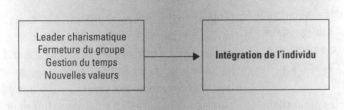

Dossier 5.1 Les sectes : tendances et caractéristiques sociales

En octobre 1994, les journaux rapportent que 53 membres d'une secte religieuse, l'Ordre du Temple solaire, ont été retrouvés morts : 5 au Québec et 48 en Suisse. En mars 1995, des membres de la secte Aoum (Vérité suprême) répandent un gaz mortel dans le métro de Tokyo, intoxiquant un millier de personnes.

Ces événements spectaculaires provoqués par des sectes au cours des années 1990 ont suscité l'intérêt du public pour l'étude des sectes. Selon plusieurs sociologues, la tendance sectaire sera l'un des faits sociaux marquants du début du IIIe millénaire. On compte 10 millions de membres de sectes aux États-Unis, mais leur nombre va en s'accroissant partout dans le monde.

Le phénomène des sectes suscite maintes questions. À quel besoin social répondent-elles ? Quelles idéologies véhiculent-elles ? Sur quels types d'organisations ou de groupes sont-elles fondées ? Pour répondre à de telles questions, des organismes d'étude sur les sectes sont nés un peu partout en Occident, et leurs résultats peuvent être consultés dans Internet. L'État français a institué une commission d'enquête parlementaire sur les sectes. Au terme de ses audiences, les Renseignements généraux

français ont établi qu'il était difficile de trouver une définition simple d'une secte ou d'un groupe sectaire étant donné la complexité des organisations et des groupes sectaires. Néanmoins, ils considèrent comme des sectes les groupes présentant au moins l'une des 10 caractéristiques suivantes :

1. **Déstabilisation ou assujettissement mental.** La liberté de pensée et la critique ne sont pas tolérées dans les sectes : « La mise en doute et le questionnement, dit Allard, sont considérés comme des attaques contre le groupe et le gourou ». Par contre, ajoute-t-il, les sectes exigent la transparence de leurs membres, par exemple par la voie des confessions (enregistrées). Les individus sont placés dans une situation de soumission extrême par rapport au leader, et cette soumission se traduit par un assujettissement mental.

2. **Exigences financières exorbitantes.** Les groupes sectaires découragent l'accumulation individuelle du capital et incitent leurs membres à tout donner à la secte. C'est ainsi que les sectes peuvent parfois se construire des empires financiers et se transformer en organisations capitalistes.

3. **Rupture avec le milieu d'origine.** Les sectes peuvent enclencher une rupture de l'adepte avec ses autres groupes d'appartenance (famille, groupe d'amis, etc.). Les sectes peuvent aller jusqu'à lui imposer un autre nom pour assurer cette rupture.

4. **Atteinte à l'intégrité physique.** Les châtiments corporels, qui peuvent aller jusqu'à l'amputation de membres, sont susceptibles d'être utilisés par les sectes pour assujettir l'individu.

5. **Embrigadement des enfants.** Afin d'assurer leur survie, les sectes favorisent aussi l'embrigadement des enfants.

6. **Discours antisocial.** Les sectes utilisent souvent une opposition secte-société. La société est définie comme l'incarnation du mal. La secte vit alors un sentiment de persécution. « L'extérieur est vécu comme un système [...] Le monde n'est qu'un vivier de futurs adeptes où il faut se rendre pour recruter » (Allard, 1999).

7. **Troubles de l'ordre public.** Parfois, les sectes créent des troubles de l'ordre social : gaz toxique dans les endroits publics (à Tokyo, en 1995), explosifs dans les endroits publics (à Oklahoma City, en 1995), suicide collectif organisé par le gourou (en Suisse, en 1995, ou à Santa Fe, au Nouveau-Mexique, en 1997). Ces troubles sont souvent le fruit du sentiment de persécution alimenté par le chef devenu paranoïaque.

8. **Démêlés judiciaires.** Les sectes peuvent causer des troubles publics à la suite de démêlés judiciaires. Les cas les plus fréquents sont la possession d'armes, le détournement ou l'enlèvement de personnes mineures et les châtiments corporels exercés sur des personnes.

9. **Détournements de circuits économiques.** Certains groupes sectaires ont construit des empires financiers (la secte Moon) ; pour ce faire, ils ont recours à des détournements de fonds.

10. **Infiltration des pouvoirs publics.** Les sectes installent parfois certains membres à des postes de direction et de décision au sein des organismes publics. En France, selon le journaliste Serge Faubert, les scientologues (secte scientifique) ont réussi à s'infiltrer dans la plupart des ministères stratégiques (Intérieur, Défense, Culture). Au Québec, elles ont réussi à s'infiltrer dans les groupes industriels les plus puissants (l'Ordre du Temple solaire à Hydro-Québec) (Allard, 1999).

Les expériences de vie en groupe n'ont pas toutes les mêmes conséquences que celles du gang, du groupe de discussion ou de la secte. La notion de groupe peut impliquer aussi celle d'autonomie. Ces exemples des expériences du gang, du groupe de discussion ou de la secte nous conduisent-ils à conclure que l'individu est assimilé par le groupe auquel il appartient ? L'analyse sociologique des groupes nous amène à faire des nuances. Dans les sociétés modernes, les groupes auxquels les individus appartiennent sont multiples et variés. Les individus font rarement partie d'un seul groupe. C'est ce qui leur permet de se distancier d'un groupe en particulier. Au cours de son existence, l'individu s'intègre dans plusieurs groupes d'appartenance. Des domaines aussi diversifiés que le travail, l'école, la religion, la famille, les loisirs, et la pratique d'un art ou d'un sport permettent l'adhésion à des groupes souvent forts différents.

Ainsi, on peut rapidement constater une certaine complexité dans les rapports entre les groupes et l'individu. Certains de ces groupes sont imposés à l'individu par la société, d'autres sont choisis par lui. Certains groupes sont très fermés et très autoritaires, tandis que d'autres sont ouverts et permissifs. Certains groupes emprisonnent l'individu dans leur univers, alors que d'autres n'ont presque pas de règles. Nous pouvons donc supposer qu'il existe divers types de groupes, et que les groupes ont des fonctions sociales très différentes. C'est ce que nous verrons dans la suite du chapitre.

5.3 Les groupes primaires et les groupes secondaires

La théorie sociologique des groupes distingue les groupes primaires des groupes secondaires (Rose, 1976). Les groupes d'amis, de pairs, de voisins ou d'entraide ainsi que les gangs sont des exemples répandus de **groupes primaires.** Les grandes organisations comme les partis politiques, l'armée, les ministères ou les grandes entreprises constituent des cas types de **groupes secondaires.**

La taille

Examinons au tableau 5.1 comment les deux types de groupes se distinguent selon certains critères. Il y a d'abord une différence de taille entre ces types de groupes : les groupes primaires sont de petits groupes ou encore des groupes restreints, tandis que les groupes secondaires sont de grands groupes ou encore des organisations.

Mais on peut pousser plus loin les critères de distinction entre ces deux types de groupes du point de vue du rapport entre l'individu et le groupe. Par exemple, Rose suggère que l'on examine les différences sur le plan des relations interpersonnelles dans le groupe, sur le plan du type d'intégration que le groupe propose à l'individu et enfin sur le plan des normes utilisées par le groupe (Rose, 1976).

Les relations interpersonnelles

Les groupes primaires suscitent des relations chaleureuses et affectives entre leurs membres. Le groupe primaire est un groupe de personnes intimes. Quand un groupe primaire perd l'un de ses membres, les autres sont en état de choc. Par contre, les arrivées (les intrants) et les départs (les extrants) sont choses courantes pour les groupes secondaires.

Les relations dans les groupes primaires sont directes ; elles se caractérisent par le face-à-face, alors que dans les groupes secondaires les relations sont indirectes. En fait, les relations sont tellement étroites dans les groupes primaires que chaque membre du groupe connaît personnellement tous les autres membres. Dans les groupes secondaires, la hiérarchie refroidit les relations entre les personnes. Par exemple, dans une grande entreprise, il serait malvenu pour un employé de s'adresser directement au président-directeur général pour exprimer ses besoins personnels. Cependant, l'employé pourrait passer par des intermédiaires supérieurs dans la hiérarchie pour parvenir à ses fins.

GROUPES PRIMAIRES
Petits groupes d'individus, sans objectifs précis, dont les membres entretiennent des relations interpersonnelles intimes.

GROUPES SECONDAIRES
Groupes organisés, généralement de grande taille, de personnes réunies qui n'entretiennent pas de relations personnelles intimes. Les groupes secondaires visent des objectifs précis ; pour ce faire, ils valorisent l'efficacité.

Tableau 5.1

Les caractéristiques des groupes primaires et des groupes secondaires

Caractéristiques	Groupes primaires	Groupes secondaires
Taille	Petite	Moyenne et grande
Relations interpersonnelles	Chaleureuses, intimes, directes (le face-à-face)	Réservées, hiérarchiques et indirectes
Intégration	Intensive (« nous » fort)	Extensive (« nous » faible)
Normes	Informelles	Formelles
Buts et objectifs	Absents ou informels	Précis et formels
Exemples ou cas types	Groupe de pairs, gang, voisins, groupe d'entraide	Grande entreprise, parti politique, armée, bureaucratie

L'intégration de l'individu

Le groupe primaire fait appel à une intégration intensive ou rigide, de telle sorte que les individus ressentent une forte identification au groupe. Le «nous» est puissant, et l'on peut dire que l'individu se fond dans le groupe. La cohésion du groupe peut être totale. Les équipes sportives, par exemple, recherchent cette fusion magique: on parle alors d'«esprit d'équipe». Tout entraîneur tente de provoquer cette force collective à l'intérieur d'une équipe, car il sait qu'elle est supérieure à la somme des efforts individuels. En d'autres termes, le tout dépasse la somme des parties. Cette identification totale au groupe est favorisée par le fait que les groupes primaires répriment à leur façon les abus de l'individualisme; ainsi, les petits groupes prévoient des sanctions pour punir les membres qui voudraient trop s'affirmer ou se distinguer des autres. Par exemple, dans une équipe, l'entraîneur peut punir l'athlète qui ne pense qu'à sa fiche personnelle. La solidarité du groupe primaire est entretenue par des sanctions sévères.

> Le groupe primaire fait appel à une intégration intensive ou rigide, de telle sorte que les individus ressentent une forte identification au groupe. L'intégration dans les groupes secondaires est plus extensive ou plus souple. Les différences individuelles sont plus acceptées, et l'identification au groupe est plutôt faible.

L'intégration dans les groupes secondaires est plus extensive ou plus souple. Les différences individuelles sont plus acceptées, et l'identification au groupe est plutôt faible. D'ailleurs, les entreprises sont souvent confrontées à ce problème lorsque leurs employés ne se sentent pas intégrés. Généralement, de tels employés sont moins efficaces que ceux qui ont l'impression de faire partie d'une équipe de travail.

Les types de normes

Les groupes primaires utilisent surtout des normes informelles dans leur fonctionnement quotidien (*voir le chapitre 3*). L'acceptation d'une nouvelle personne dans un groupe d'amis se fera souvent sur la base de la soumission à telle ou telle norme. Dans son étude sur les jeunes **squatters** des années 1980, le sociologue belge Dominique Duprez (1984) a relevé certaines normes informelles qui permettaient aux squatters de se reconnaître. Ainsi, «l'usage du joint, l'écoute systématique d'un certain type de musique, la pratique très fréquente d'un instrument ou la fréquentation des concerts où jouent les musiciens de Fives» (Duprez, 1984, p. 158) constituent pour le groupe des normes informelles pour reconnaître les squatters. Les groupes secondaires ont plutôt tendance à utiliser les normes formelles sous forme de règlements. En fait, les groupes secondaires multiplient parfois les normes formelles. «Tout ce qui n'est pas interdit est obligatoire», a dit le sociologue états-unien Charles Wright Mills à propos de la rigidité des groupes secondaires. Il voulait ainsi indiquer que les groupes secondaires ont tendance à tout prévoir dans des règlements (Mills, 1970, p. 102).

SQUATTERS
Personnes sans logement qui occupent illégalement un local ou un logement inoccupé, généralement dans le centre d'une grande ville.

Les buts et les objectifs

Les normes au sein des groupes secondaires sont formelles parce que ce sont des organisations qui ont des objectifs précis à atteindre. Ces objectifs peuvent consister à «défendre les intérêts des travailleurs» pour un syndicat, à «promouvoir une instruction solide et complète pour tous les citoyens» pour le ministère de l'Éducation, à «promouvoir la parole de Dieu» pour l'Église, à «défendre la nation» pour les forces armées, etc. Afin d'atteindre ces objectifs, ces groupes utilisent des règles formelles et précises (cela ne garantit cependant pas qu'ils atteindront ces objectifs.). Mais il en va autrement pour les groupes primaires: un groupe d'amis, de voisins ou de collègues de travail n'a pas d'objectifs; il ne recourt donc pas à des normes formelles pour intégrer ses membres.

—— Le groupe de référence

Outre les notions de groupe primaire et de groupe secondaire, la sociologie utilise celle de groupe de référence. La notion de groupe de référence permet à l'individu de sélectionner le groupe qui lui servira de modèle culturel. Le **groupe de référence** constitue donc la collectivité qui agira en tant que guide pour orienter les opinions, les attitudes et les actions de l'individu (Berger, 1986; Turner, 1994). Notons que le groupe de référence peut être un groupe imaginaire qui renvoie à une expérience du passé

> **GROUPE DE RÉFÉRENCE**
>
> Collectivité (réelle ou imaginaire) qui sert à l'individu de guide ou de modèle pour orienter ses opinions, ses attitudes et ses actions.

Réseau thématique   L'organisation des groupes

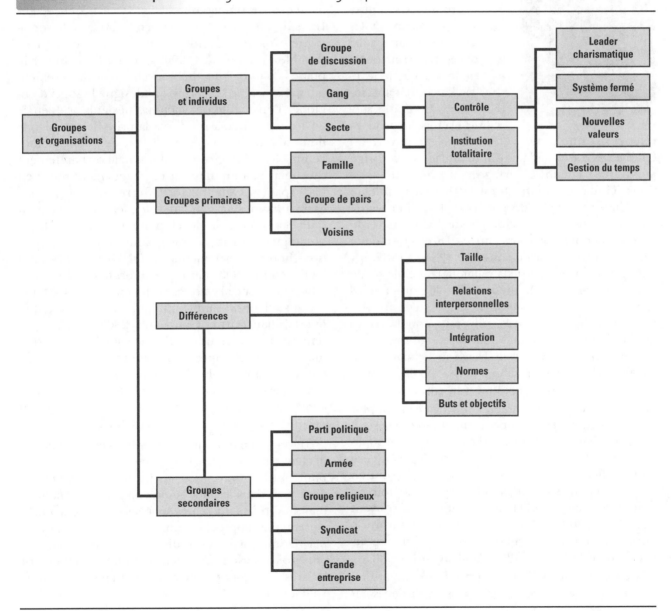

SOCIOLOGIE EN ACTION

Jean-Guy Vaillancourt
Professeur titulaire, Université de Montréal

Les groupes, les mouvements sociaux et les organisations sociales, voilà des concepts que rencontre souvent le sociologue Jean-Guy Vaillancourt dans ses recherches. Ce grand spécialiste à la fois des groupes religieux catholiques et du mouvement vert au Québec et au Canada, a publié, dirigé et codirigé plus d'une trentaine d'ouvrages concernant ces questions. Titulaire d'un doctorat (1975) en sociologie de l'Université de Californie (Berkeley), il enseigne au Département de sociologie de l'Université de Montréal depuis plusieurs années. Directeur à deux reprises de ce département entre 1984 et 1987, il y enseigne la sociologie de la religion, la sociologie de l'environnement et la théorie sociologique américaine. À titre de professeur invité, il a aussi donné des cours dans quatre autres universités québécoises ainsi qu'à l'Université de Minas Gerais au Brésil et à l'Architectural University de Hanoï au Vietnam, ce qui en fait un chercheur de calibre international.

Plusieurs de ses recherches sont subventionnées par les gouvernements fédéral et provincial. La plus récente porte sur le développement durable et le commerce équitable. Il s'agit de voir comment des groupes s'organisent pour établir un rapport plus égalitaire entre petits producteurs et consommateurs tout en respectant l'environnement. La défense des droits de l'homme et celle de l'environnement vont souvent de pair ; le sociologue le démontrait déjà dans un article portant sur le mouvement vert et le mouvement pour la paix dans les années 1980 (Vaillancourt, 1992).

Depuis, Jean-Guy Vaillancourt observe une institutionnalisation de ces mouvements sociaux, qui dépassent maintenant la simple contestation (Vaillancourt, 2000). Dans un chapitre d'un livre codirigé avec la sociologue Corinne Gendron sur le développement durable (Vaillancourt, 2003), il met l'accent sur la phase la plus récente du mouvement environnemental, l'*écosociologie*. Ce terme qui désigne le souci d'englober l'ensemble des facteurs liés aux problèmes environnementaux renvoie à la prise de conscience de la population à l'égard de plusieurs problèmes comme le recyclage des déchets ou le réchauffement du climat. Il a pu mesurer ce changement social en participant aux Sommets de la Terre de Rio de Janeiro et de Johannesburg en tant que membre de l'Union québécoise pour le développement durable. Il y a notamment observé le rôle grandissant des organisations non gouvernementales (ONG) (Guilbeault et Vaillancourt, 2003) ainsi que la formation d'un véritable réseau social composé d'un ensemble d'acteurs sociaux allant du simple militant à l'expert scientifique (Vaillancourt et Guilbeault, 2004). Ces acteurs tentent d'exercer une influence sur les gouvernements : « Des groupes de religieux, de femmes, de jeunes, d'industriels, des maires américains... une bonne partie de la société civile est désormais convaincue de la nécessité d'agir. Seuls les politiciens hésitent encore » (Borde, 2006, www.lactualite.com).

Développement durable et gestion écologique des déchets sont donc les maîtres mots de ce sociologue pour qui le mouvement environnemental s'inscrit désormais dans le phénomène plus large de la mondialisation. Les inégalités sociales qui en découlent ainsi que les rapprochements sociaux rendus possibles par la mondialisation des échanges lui laissent entrevoir un avenir prometteur pour les actions collectives des groupes environnementalistes (Farro et Vaillancourt, 2004).

(les anciens combattants) ou à une appartenance anticipée (les étudiants en médecine). On peut avoir fait partie d'un groupe de référence ou vouloir en faire partie dans l'avenir. Cela importe peu qu'il soit imaginaire ou réel : les valeurs, les croyances et les façons d'être du groupe de référence seront celles que l'individu empruntera dans sa vie quotidienne. Ainsi, le groupe de référence peut constituer un modèle culturel ; il permet à l'individu de construire son identité et de classer les messages et les symboles qu'il reçoit quotidiennement.

Les **groupes d'appartenance** proposent à l'individu un lien plus formel et plus direct. L'exemple le plus frappant de groupe d'appartenance est la famille. En effet, la famille marque l'individu par un nom (« nom de famille ») pour établir dans le temps le lien groupe-individu. Elle choisit pour lui un prénom ou des prénoms selon ses goûts en s'inspirant des modes en vigueur dans la société (*voir le chapitre 3*).

> **GROUPES D'APPARTENANCE**
> Groupes qui proposent à l'individu un lien plus formel et direct.

5.4 La bureaucratie : une organisation problématique pour l'individu

Au cours de l'hiver 1989, un reportage télévisé a créé un vif émoi dans l'opinion publique québécoise. Le reportage concernait une fillette âgée de 10 ans, que nous nommerons Sophie (prénom fictif), qui se voyait refuser chaque année l'entrée à l'école primaire parce qu'elle ne possédait pas d'extrait de naissance. Ce refus était communiqué par un fonctionnaire chargé de la procédure d'admission. Celui-ci ne faisait qu'appliquer le règlement du ministère de l'Éducation, lequel exige un extrait de naissance pour l'admission à l'école, sans trop se soucier des conséquences de son acte sur la vie de Sophie, qui n'avait jamais pu fréquenter l'école pour cette raison. Après la diffusion du reportage, plusieurs citoyens ont porté plainte auprès du ministre de l'Éducation. Le ministre a dû intervenir auprès de la commission scolaire pour lui rappeler que l'obligation de fréquenter l'école pour les enfants de 16 ans et moins était plus importante que l'obligation d'avoir un extrait de naissance. Sophie a alors été admise en première année, à l'âge de 10 ans.

Sans vouloir justifier le comportement du fonctionnaire, nous verrons comment la théorie sociologique portant sur la bureaucratie peut nous éclairer sur des événements semblables.

—— Les caractéristiques de la bureaucratie

La bureaucratie constitue un type de groupe secondaire. En examinant de plus près les caractéristiques de la **bureaucratie** qu'a définies Max Weber, nous pourrons mieux comprendre comment des cas semblables à celui de Sophie surviennent.

> **BUREAUCRATIE**
> Type d'organisation visant à atteindre l'efficacité grâce au fonctionnement impersonnel, aux règles formelles et écrites, à une hiérarchie de fonctions et à la spécialisation du travail.

Un fonctionnement impersonnel

Max Weber a noté le caractère impersonnel de l'organisation bureaucratique. En effet, les tâches des employés des grandes entreprises sont officiellement fixées par des règlements et des dispositions administratives. Le personnel d'une bureaucratie a le devoir d'appliquer les règlements. Ces règles impersonnelles favorisent des comportements routiniers et conformistes, comme le notait Robert King Merton :

> Tout au long de sa vie officielle, le bureaucrate doit gravir des échelons à travers le mécanisme de la promotion à l'ancienneté, des pensions, de l'augmentation du salaire, etc., bref tout ce qui en général sert d'aiguillon à la discipline et au conformisme (Merton, 1957, p. 197).

Selon Merton, les relations humaines sont sujettes à une dépersonnalisation dans les bureaucraties. Les membres du personnel d'une bureaucratie ont des comportements plutôt froids. Dans l'affaire de Sophie, le fonctionnaire était occupé à appliquer strictement le règlement qui exigeait un extrait de naissance comme condition préalable à l'admission dans une école primaire. Dans le cadre de ses fonctions, il n'avait pas à se soucier des conséquences émotives et psychologiques de l'exclusion de la jeune fille : la bureaucratie n'est pas un endroit où l'on fait valoir des sentiments. Et il devait se conformer aux obligations de son poste.

Des règles formelles et écrites

Tout le fonctionnement d'une bureaucratie est consigné par écrit. De nombreuses notes de service et des directives stipulent ce qui doit être fait et comment cela doit être fait. Dans le cas de Sophie, la décision de refuser son admission à l'école était justifiée par un règlement écrit qui oblige les parents à fournir l'extrait de naissance de leur enfant.

Une hiérarchie des fonctions

HIÉRARCHIE
Organisation sociale où chaque personne se trouve dans une position de subordination par rapport à certaines personnes et dans une position de domination par rapport à d'autres personnes.

Les bureaucraties sont des organisations fondées sur la **hiérarchie** : chaque sujet est placé sous l'autorité d'un supérieur. Charles Wright Mills a dit au sujet des bureaucraties : « les ordres descendent et les informations montent » (Mills, 1970, p. 102). À ce titre, l'armée constitue l'ancêtre des organisations bureaucratiques modernes. L'Église catholique romaine, avec son système hiérarchique complexe, est un autre modèle très ancien de la bureaucratie.

L'autorité bureaucratique exige des membres un zèle et une obéissance exemplaires. Il est vrai, comme le remarque le sociologue français Michel Crozier, que les membres d'une bureaucratie peuvent désobéir et même s'écarter des règles de l'organisation (Crozier, 1972), mais l'autorité bureaucratique a le pouvoir de sévir et de sanctionner les écarts de conduite des membres. Dans le cas de Sophie, la décision du fonctionnaire de lui refuser l'admission à l'école était sans doute liée en partie à la peur de l'employé de désobéir à une autorité supérieure, car, dans une bureaucratie, chaque personne est soumise au pouvoir d'un supérieur.

Une spécialisation du travail

Les bureaucraties se caractérisent également par une division poussée des tâches à accomplir. C'est le royaume des spécialistes : chaque poste de travail présente une description précise des tâches à accomplir. Dans une commission scolaire, par exemple, on trouve une grande variété de tâches qui correspondent à des professions et à des métiers différents, auxquels sont assignées des fonctions et des attributions précises, et dont la plupart sont spécialisées. Il arrive souvent

> **Les bureaucraties se caractérisent par une structure hiérarchique, une division poussée des tâches à accomplir.**

que la spécialisation du travail soit trop poussée dans une bureaucratie ; les membres peuvent alors perdre de vue les objectifs de l'organisation parce qu'ils accomplissent des tâches trop pointues ou trop spécialisées. C'est ce qui s'est produit dans le cas du fonctionnaire qui a traité le dossier de Sophie. Ce fonctionnaire chargé des admissions a sans doute été victime de sa tâche trop spécialisée. Spécialiste des règles d'admission, il a perdu de vue la mission de l'école, qui est d'assurer l'instruction à tous les citoyens. Il connaissait très bien les règles d'admission, mais il avait oublié le principe fondamental de la Loi sur l'instruction publique, qui stipule que toute personne de 16 ans et moins a l'obligation de fréquenter un établissement scolaire au Québec.

Ces caractéristiques de la bureaucratie que nous venons de définir peuvent nous laisser l'impression qu'elle est totalement inefficace. C'est ce que note Michel Crozier dans son ouvrage *Le phénomène bureaucratique* :

> La bureaucratie évoque la lenteur, la lourdeur, la routine, la complication des procédures, l'inadaptation des organisations «bureaucratiques» aux besoins qu'elles devraient satisfaire et les frustrations qu'éprouvent de ce fait leurs membres et leurs clients ou leurs assujettis (Crozier, 1972).

Dans l'usage populaire, le terme «bureaucratie» renvoie souvent à l'image plutôt terne d'une lourde machine incapable d'être efficace et de répondre aux objectifs qu'elle s'était fixés. L'étude sociologique des bureaucraties nuance cette image. L'organisation bureaucratique tient une place particulière dans les études sociologiques, car elle constitue le modèle des organisations des sociétés modernes en Occident. Max Weber, l'un des fondateurs de la sociologie (*voir le chapitre 2*), y a consacré une grande partie de son œuvre. Mais Weber, contrairement à la croyance populaire, voyait dans la bureaucratie un modèle d'efficacité :

> La précision, note-t-il, la rapidité, la non-ambiguïté, le maniement des documents, la continuité, la discrétion, l'unité, la subordination stricte, la réduction des conflits, les frais en personnel et en matériel, tout cela est nettement amélioré dans l'administration bureaucratique (Weber, 1976, p. 50).

Ainsi, Weber a constaté que les entreprises capitalistes de son époque n'étaient plus des entreprises familiales et qu'elles recrutaient leur personnel selon des critères bureaucratiques : par des concours de sélection, par la reconnaissance de diplômes ou de certificats de compétence, etc.

La sociologie contemporaine ne partage plus entièrement cette conception de Weber sur l'efficacité de la bureaucratie. Plusieurs entreprises modernes tentent d'ailleurs de réduire les structures bureaucratiques. La perspective wébérienne de l'organisation peut aujourd'hui paraître quelque peu mécanique, car elle a tendance à enfermer l'individu dans l'organisation. La sociologie contemporaine parle de plus en plus, comme Crozier et Friedberg l'ont d'abord fait, «d'acteur dans le système» pour mieux saisir le rôle actif de l'individu dans le jeu des organisations.

Ainsi, on mettra l'accent sur les relations dynamiques des acteurs entre eux. La notion de «système d'action concret» dans la sociologie des organisations prétend rendre plus dynamique l'étude des organisations (Crozier, 1997). Cette notion de système d'action concret recouvre deux réalités : les relations interpersonnelles dans l'organisation et le système d'alliances et leurs contraintes.

1. Les relations interpersonnelles informelles entre les acteurs : cela renvoie à des règles de relations que se donnent les acteurs pour résoudre les problèmes quotidiens de l'organisation. Il s'agit bien sûr des règles et des normes informelles que nous avons abordées au chapitre 2. Certains directeurs peuvent disposer d'un système de communication informel et mener des consultations plus ou moins secrètes dans l'entreprise.

2. Les alliances entre les acteurs : l'organisation est souvent un terrain où règne la stratégie entre les acteurs et les strates du personnel. Tel directeur va s'allier avec les employés professionnels pour obtenir plus de pouvoir ; tel directeur ne peut pas imposer une règle quelconque, car il sait qu'il se heurtera contre une alliance entre diverses catégories d'employés. Telle employée est la conjointe ou la maîtresse de tel directeur des finances qui est lui-même un ennemi juré du directeur de l'informatique, etc. Les alliances peuvent se faire entre certains cadres et certains employés, ou entre certains employés, certains groupes de consommateurs, etc. Le système d'alliances est également informel. Ainsi, les alliances entre acteurs peuvent changer le sens du pouvoir formel des organisations.

On pourrait résumer la perspective de Weber en indiquant qu'elle porte sur le fonctionnement formel des organisations bureaucratiques. Quant à l'approche de Crozier et Friedberg, elle met davantage l'accent sur le fonctionnement informel de l'organisation.

Les associations volontaires : un type particulier d'organisations

Les bureaucraties modernes ne sont pas toutes pareilles. Elles peuvent prendre diverses formes, comme l'a démontré le sociologue Amiti Etzioni. Examinons les associations volontaires, par exemple. Comme son nom l'indique, l'**association volontaire** compte sur la libre participation de ses membres. Par exemple, les partis politiques, les clubs sociaux, les associations de loisirs et la plupart des coopératives peuvent être considérés comme des associations volontaires. Le politicologue québécois Léon Dion définit l'association volontaire comme étant :

> L'union officielle, durable et sans but lucratif de plusieurs personnes qui se sont entendues de plein gré pour mettre en commun certaines ressources et pour poursuivre ensemble de façon régulière et par leurs propres moyens des fins particulières qui leur sont tangentielles (Dion, 1971, p. 203).

Cette définition nous amène à examiner ses principales caractéristiques.

Le club Lions est un exemple d'association volontaire, qui se caractérise par la libre participation de ses membres.

Une union officielle L'association volontaire est d'abord une union officielle. Elle a souvent une charte dans laquelle sont définis des objectifs précis et des moyens pour les atteindre. Les droits et les obligations des membres y sont aussi déterminés très clairement. En ce sens, l'association volontaire se distingue nettement du groupe primaire.

Une association à but non lucratif L'association volontaire est aussi un groupement qui ne cherche pas à enrichir ses membres. Elle se distingue nettement de l'entreprise capitaliste dont le but principal est la recherche du profit maximal. Cette caractéristique n'exclut pas pour autant les associations volontaires du domaine économique.

Une liberté d'association L'association volontaire est le produit de la volonté des individus, « elle n'émane pas directement des structures sociales (comme la famille) ni d'une autorité extérieure aux individus (comme l'État) » (Dion, 1971, p. 203). À ce titre, l'association volontaire se distingue des organismes gouvernementaux et de l'armée où les individus travaillent de façon plutôt contraignante, ne serait-ce que pour obtenir un salaire.

ASSOCIATION VOLONTAIRE
Groupe social organisé autour d'un objectif commun et qui compte sur la libre participation de ses membres.

Une propension à la rationalité L'association volontaire se fixe des objectifs précis. Une association de cyclistes a pour but de défendre les intérêts des cyclistes ou, encore, de faire la promotion de voies cyclables. Voilà un autre aspect important sous lequel l'association volontaire se distingue du groupe primaire, qui, lui, n'a pas d'objectifs précis.

Des secteurs d'activité différents Les associations volontaires sont actives dans des domaines très diversifiés, que ce soit dans les domaines économique, politique, culturel ou social (*voir le tableau 5.2*).

Des tailles variables Contrairement aux groupes primaires, les associations volontaires sont de tailles très variables. Elles peuvent compter des milliers de membres (c'est le cas de certains partis politiques) ou être de très petite taille (c'est le cas de beaucoup d'associations de loisirs).

Tableau 5.2

Les associations volontaires et les types d'activités

Secteur	Types d'activités	Exemples
Économique	Défense des travailleurs Promotion de secteurs	Syndicats Associations de fabricants, de pêcheurs, etc.
Politique	Promotion d'intérêts sociaux Défense d'une cause	Groupes de pression (Alliance Québec) Amnistie internationale
Culturel	Promotion d'identités socioculturelles	Associations de défense des ethnies ou des communautés culturelles
Social	Loisirs Aide aux personnes Organismes de charité Écologie et recyclage	Chorales, ciné-clubs, etc. Croix-Rouge, Alcooliques Anonymes, etc. Jeunesse au Soleil, etc. Greenpeace

---

Les associations volontaires tiennent une place importante dans l'étude sociologique des organisations en Amérique du Nord. Les Nord-Américains ont toujours été portés vers la vie associative au sein des associations volontaires.

Depuis la fin du XXe siècle, les sociétés industrielles avancées ont vu s'accroître considérablement le nombre d'associations volontaires à but non lucratif et d'organisations non gouvernementales (ONG). On parle alors de tiers secteur (États-Unis) ou d'économie sociale (France). En ce qui concerne l'emploi, ce tiers secteur regroupe près de 10 % de la main-d'œuvre salariée. Plusieurs économistes et sociologues ont vu apparaître avec cette tendance associative un nouveau mouvement social. Ainsi, pour plusieurs observateurs, dont l'économiste états-unien Jeremy Rifkin, le tiers secteur doit être distingué du secteur marchand (privé) et du secteur étatique (public).

Ce troisième (ou tiers) secteur est un royaume aux dénominations et caractéristiques diverses (indépendant, bénévole, coopératif, mutualiste, associatif, distributif, social, etc.) dans lequel les accords fiduciaires sont remplacés par les liens communautaires, où le fait de donner son temps à d'autres se substitue à des rapports marchands artificiellement imposés (Rifkin, 1997). Rifkin note, après tant d'autres, le fait que les individus, au sein des sociétés industrielles avancées, consacrent moins de temps au travail salarié (donc aux rapports marchands) et ont plus de temps pour l'action communautaire.

Dossier 5.2 Les associations volontaires : le portrait sociologique de la participation

On estime à 40 % la proportion des adultes qui sont membres d'au moins une association volontaire au Canada (Dion, 1971), mais la participation active est réservée aux élites. Il est surprenant de constater que c'est la minorité des individus qui exerce une influence réelle dans les associations volontaires. En effet, si on ne peut tracer le portrait d'une association volontaire, on peut en revanche faire le portrait sociologique de l'individu actif dans celle-ci. Cet individu présente habituellement quatre caractéristiques sociologiques :

- il est intégré socialement ;
- il a atteint un niveau de scolarité élevé ;
- il profite d'une mobilité sociale ascendante ;
- il occupe une position sociale privilégiée.

Il semble que ces quatre conditions réunies soient des facteurs essentiels à la participation réelle aux organisations volontaires (Dagnaud et Mehl, 1982 ; Godbout, 1983). Examinons ces conditions séparément afin de découvrir par quels moyens elles se réalisent vraiment.

Selon les enquêtes, les membres d'associations volontaires sont en règle générale des agents sociaux très intégrés socialement. Ils sont bien intégrés sur le plan familial : ce sont « de bons maris, de bons pères et de bons consommateurs » (Dagnaud et Mehl, 1982). Ils ont pour la plupart plus d'enfants que la moyenne nationale. Ils sont bien intégrés sur le plan professionnel ; ils jouissent d'une grande sécurité professionnelle et financière. On a même noté que les propriétaires de deux voitures étaient plus nombreux au sein des associations volontaires que le reste de la société (Dagnaud et Mehl, 1982).

Le milieu associatif est dominé par des agents très scolarisés qui ont souvent une formation universitaire et des compétences reconnues pour assumer des fonctions de direction (Godbout, 1983).

Il est fort probable, comme le souligne Léon Dion, que le militantisme dans les associations volontaires favorise la mobilité sociale ascendante. Autrement dit, les militants des associations volontaires ont tendance à obtenir des positions sociales de plus en plus élevées. En effet, les associations volontaires donnent accès à plusieurs ressources : les contacts humains sont nombreux, l'information abonde et, nous l'avons déjà noté, on peut y parfaire des compétences (Dion, 1971).

De plus, les membres types des associations volontaires ont une position sociale privilégiée. Ce sont surtout des professionnels et des cadres qui y occupent les postes de direction. Enfin, ce sont aussi des classes montantes, dans le sens où ces individus qui viennent de milieux sociaux plutôt modestes ont réussi à accéder à des positions sociales plus élevées (Dagnaud et Mehl, 1982 ; Dion, 1971).

En résumé, voici les conditions sociales qui favorisent la participation active aux associations volontaires : plus on est intégré à la société, plus on est scolarisé, plus on occupe une position sociale privilégiée, plus on a une mobilité sociale ascendante, et plus on a de chances de participer pleinement à une association volontaire. Les postes stratégiques sont donc occupés par une élite ; cela constitue une limite réelle de la capacité de ces associations à servir la démocratie. Les associations volontaires entretiennent souvent une participation passive de leurs membres, alors que la prise de décisions et la participation quotidienne sont réservées à une élite sociale. En outre, la bureaucratisation sociale restreint la participation populaire à ces associations. Andrée Fortin a remarqué que les classes moyennes de la ville de Québec ont une propension à la participation à la vie associative plus élevée que les autres groupes sociaux (Fortin, 1987).

Qui dit association volontaire dit droit d'association. Or, le droit d'association constitue un droit collectif fragile qui a été acquis dans notre société au prix de longues luttes sociales. C'est le cas du droit d'association des travailleurs (le droit de choisir collectivement leur appartenance syndicale), qui leur a été reconnu après des grèves longues et dures, comme la grève de l'amiante à Asbestos en 1949. Les mineurs avaient fait une grève pour obtenir le droit de choisir leur syndicat au lieu de subir la gestion d'un syndicat états-unien.

Dans d'autres sociétés, des mouvements sociaux ont entrepris de longues luttes pour faire reconnaître la liberté d'association politique. En Pologne, par exemple, la liberté de choisir son syndicat (la liberté d'association) a longtemps été interdite par le gouvernement communiste.

Seul le syndicat du Parti communiste avait une reconnaissance légale. Pendant plus d'une décennie, le Syndicat démocratique des ouvriers polonais, Solidarité, a été interdit, et ce n'est qu'en 1988 qu'il a obtenu une reconnaissance légale. Dans cette mesure, la décision de former une association volontaire est une liberté fragile, mais elle constitue une condition importante pour l'exercice de la démocratie et elle peut aussi servir l'ensemble de la société.

La bureaucratisation de la société

Les organisations bureaucratiques, qui comportent les quatre caractéristiques que Max Weber a analysées, remontent sans doute à la formation de l'État avec son appareil militaire, ses percepteurs, ses tribunaux, etc. Des formes élémentaires ou embryonnaires d'organisation bureaucratique existaient tant chez les Incas de l'Amérique du Sud que chez les Grecs, à l'Antiquité. Dans les sociétés modernes, toutefois, le phénomène bureaucratique dépasse largement les sphères de l'État, il tend même à pénétrer tous les espaces de la vie sociale.

Si vous vous rendez dans un centre hospitalier pour recevoir des soins médicaux, vous devez présenter votre carte d'assurance maladie. Si vous partez à l'extérieur du pays, vous devez vous prémunir d'un passeport pour franchir les frontières. Vous postulez un emploi ? Vous devez montrer votre carte d'assurance sociale à l'agent de bureau du centre d'emploi. Vous voulez faire un retrait bancaire au guichet automatique ? Vous devez utiliser votre carte-client. À tous ces endroits, des individus ou des institutions ont

La déclaration de revenus et les règles formelles qui entourent ce processus sont des exemples tangibles des obligations auxquelles sont assujettis les Québécois qui vient dans un État bureaucratique.

constitué un dossier contenant des renseignements sur vous. Ces quelques exemples de la vie quotidienne des Québécois illustrent la procédure qu'il faut suivre pour obtenir un service auprès d'une organisation bureaucratique. Ils indiquent que la société québécoise est entrée dans un processus de bureaucratisation. Il s'agit d'un phénomène largement examiné par les études sociologiques au Québec (Godbout, 1983 ; Hamel, 1983). La **bureaucratisation** renvoie à une tendance générale d'une société à emprunter le modèle bureaucratique comme type d'organisation de ses institutions. Par exemple, on peut parler de bureaucratisation d'une entreprise, d'un syndicat ou d'un parti politique.

On doit au sociologue allemand Roberto Michels l'une des études les plus marquantes sur le phénomène de la bureaucratisation. Son étude portait sur les partis politiques socialistes allemands du début du XXᵉ siècle. Michels démontra que les caractéristiques du fonctionnement bureaucratique (un fonctionnement impersonnel, des règles formelles et écrites, une hiérarchie des fonctions et la spécialisation du travail) l'emportaient sur les règles de la démocratie dans les partis socialistes allemands. Il voyait surtout monter le pouvoir des chefs (l'**oligarchie**) à travers la bureaucratisation, au détriment du pouvoir de l'assemblée générale des membres. Une « minorité de chefs, ajoutait-il, s'accapare tout le pouvoir aux dépens des masses et de la base. Qui dit organisation, dit oligarchie » (Michels, 1971).

BUREAUCRATISATION

Tendance générale d'une société à adopter pour ses institutions le modèle bureaucratique.

OLIGARCHIE

Organisation sociale où les niveaux d'autorité sont pyramidaux, multiples et formels. L'armée constitue un cas type d'oligarchie.

5.5 Les réseaux sociaux : de nouveaux modèles d'organisation

Malgré la force de la bureaucratisation, la société ne se réduit pas à un ensemble d'organisations bureaucratiques. On voit se développer dans les sociétés contemporaines des groupes sociaux qui empruntent des modes d'organisation non bureaucratiques. La sociologie s'intéresse, entre autres, à une forme d'organisation sociale qu'on appelle les réseaux sociaux. Un **réseau social** est un regroupement informel d'individus ou de groupes qui entretiennent des relations entre eux sur une base régulière et qui partagent des ressources. Ces ressources peuvent être de tous genres : information, soutien, denrées, etc. L'étude des réseaux relève principalement de l'approche interactionniste. On s'intéresse par exemple aux types de relations qui existent entre les individus, à l'influence interpersonnelle, à l'étendue du réseau et aux liens entre les différents réseaux.

> **RÉSEAU SOCIAL**
> Rassemblement informel d'individus ou de groupes qui ont une appartenance sociale commune (sur la base d'un quartier, d'une région, de liens de parenté ou professionnels, etc.) et qui partagent des ressources.

Les sociologues ont constaté que, dans toutes les sociétés, les individus appartiennent à différents réseaux sociaux. Le premier réseau auquel appartient l'individu est le réseau de parenté. Dans sa forme la plus simple, un réseau de parenté est formé d'un père, d'une mère et d'un enfant. On sait cependant qu'un réseau de parenté est beaucoup plus complexe si on inclut les frères et sœurs, les grands-parents et leurs frères et sœurs, les oncles, les tantes, les cousins et cousines, les beaux-parents, les conjoints des parents, etc. Les premiers anthropologues qui se sont intéressés aux sociétés amérindiennes ont étudié le réseau de parenté de ces sociétés. Ils ont pu découvrir des réseaux de parenté parfois fort complexes et bien différents de ce qu'ils connaissaient.

Dans le langage de tous les jours, on entend souvent parler de réseaux sociaux. Les policiers parlent de réseaux de trafiquants de drogues ou de réseaux de prostitution. Sur la scène internationale, on parle de réseaux de terroristes, dont le plus connu est sans contredit le réseau Al-Quaïda associé au célèbre chef Oussama Ben Laden. Plus près de nous, on entend aussi parler de réseaux d'amis, de réseaux de voisinage ou de réseaux d'entraide. Bref, dans la vie quotidienne, nous faisons tous partie, consciemment ou non, d'un réseau.

Les caractéristiques générales du réseau social

Le réseau est d'abord un système ouvert, ce qui signifie que ses frontières ne sont pas fixes et qu'elles sont difficiles à cerner. De plus, dans un réseau, il y a des entrées et des sorties continuelles. Dans un réseau de parenté, par exemple, une naissance ou une alliance modifient le réseau existant. Le réseau est donc ouvert, ce qui le distingue d'un groupe d'intérêts ou d'une secte.

> Le réseau est d'abord un système ouvert, ce qui signifie que ses frontières sont difficiles à cerner, qu'elles sont perméables et qu'elles sont basées sur des relations informelles.

De plus, le réseau est généralement basé sur des relations informelles, ce qui le distingue des organisations. Qu'il s'agisse d'un réseau d'amis, de voisins ou de trafiquants de drogues, le réseau ne définit pas « qui est qui et qui fait quoi ». En ce sens, l'appartenance à un réseau a souvent un caractère non officiel et passe parfois inaperçue.

Par ailleurs, le réseau a tendance à être égalitaire, même si on note des exceptions. Quand on parle de réseaux d'amis, de voisins, d'entraide, etc., on fait généralement allusion à des relations égalitaires, ce qui les distingue de la secte (pouvoir charismatique) et de l'organisation (pouvoir hiérarchique).

Le réseau est aussi fluide, ce qui signifie que l'information, les personnes ou la matière y circulent librement, ce qui n'est pas le cas de la bureaucratie ou de la secte.

Enfin, ce qui distingue le réseau de toutes les autres formes d'organisation sociale, c'est le partage des ressources. En effet, cette caractéristique constitue sa grande force. Les ressources peuvent être de l'ordre de l'information, des services ou du matériel. Un réseau de soutien partagera les services d'aide ; un réseau de chercheurs partagera l'information pertinente pour la recherche ; un réseau d'entreprises partagera des ressources de spécialistes, de fournisseurs, etc.

—— Les propriétés spécifiques du réseau social

Dans un réseau, les relations entre les personnes prennent différentes formes. Le plus souvent, les relations sont cordiales, amicales : ce sont des liens positifs, mais certains liens sont négatifs lorsqu'ils sont dominés par la méfiance, l'indifférence, voire le mépris. Dans un réseau d'amis, par exemple, l'ami de votre ami peut être votre ennemi, mais ce statut d'ennemi n'empêche pas le fait qu'il fait partie de votre réseau.

L'analyse des réseaux doit tenir compte aussi de la proximité ou de la force des liens entre les individus. Les liens forts sont des liens positifs qui sont fréquents ; nous les entretenons avec nos proches, nos amis, nos parents ou nos voisins. Inversement, les liens faibles caractérisent ceux que nous entretenons avec des connaissances lointaines. Les liens faibles sont souvent des liens indirects : on connaît quelqu'un (A) qui connaît quelqu'un (B), mais on ne connaît pas personnellement ce dernier (B).

L'étude des liens forts et des liens faibles a fait découvrir le paradoxe des liens faibles dans un réseau. Ce paradoxe tient du fait que les liens faibles sont souvent plus utiles et plus efficaces que les liens forts. Les études sur la recherche d'emploi montrent que, la plupart du temps, les liens faibles (les personnes que l'on ne voit pas souvent) sont plus utiles que les liens forts (celles que l'on voit souvent). L'étude de Granovetter dans la région de Boston montre à cet effet qu'une seule personne sur six a obtenu un emploi grâce à un lien fort, mais que les autres avaient trouvé un emploi grâce à un lien faible (Granovetter, 1973).

En outre, l'étude des liens faibles au sein des réseaux fait souvent référence aux « tests montrant que le monde est petit ». Par exemple, explique Lemieux, pour des fins de recherche, des personnes cibles et des personnes de départ ont été choisies au hasard dans une collectivité. Les personnes de départ devaient faire parvenir un dossier aux personnes cibles par l'intermédiaire de « connaissances », c'est-à-dire d'individus qu'elles connaissaient personnellement et dont elles pensaient qu'ils avaient de bonnes chances de faciliter l'atteinte de la cible. De façon étonnante, on a calculé que, pour l'ensemble des États-Unis, le nombre d'intermédiaires requis pour atteindre la cible était de cinq environ. Cela confirme que le « monde est petit », comme on l'entend souvent dire (Lemieux, 1999).

Le fait qu'un réseau comporte toutes sortes de relations, y compris des relations négatives, entraîne nécessairement des blocages relationnels, la formation de sous-groupes ou de pôles. Représentons par exemple un réseau de trois personnes par la figure 5.2.

Figure 5.2 Le réseau intégral de type «groupe d'intérêts»

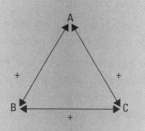

Dans la figure 5.2, toutes les personnes ont des liens positifs. Il n'y pas de sous-groupes, ni de pôles. Toutes les personnes peuvent communiquer entre elles ; A peut joindre C directement, mais il peut aussi le joindre en passant par B (car B et C entretiennent aussi des liens positifs entre eux).

Figure 5.3 Le réseau segmenté

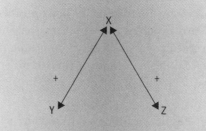

Dans la figure 5.3, Y et Z ne communiquent pas entre eux et ils constituent des pôles. Nous voyons apparaître deux sous-groupes : X et Y constituent le premier sous-groupe, tandis que X et Z constituent le deuxième sous-groupe. Y et Z peuvent communiquer entre eux en passant par X. Notons que le fait que X appartienne aux deux sous-groupes lui confère un immense pouvoir dans le réseau.

Un autre concept concernant le réseau est celui de la connexion. Dans un réseau, tous les individus sont directement ou indirectement liés entre eux. En effet, le mot «réseau» vient du latin *retis* qui veut dire «filet». Mais attention! La notion de connexion ne signifie pas que tous les membres du réseau se connaissent personnellement comme dans les groupes primaires. Dans la figure 5.2 (le groupe d'intérêts), tous les individus se connaissent personnellement : ceci représente plus un groupe primaire ou un groupe d'intérêts qu'un réseau. La figure 5.3 représente un réseau authentique, car il y a au moins une connexion qui n'est pas directe, ce qui est propre au réseau. Ceci nous amène à parler de la densité du réseau. Un réseau est dense quand la plupart des gens qui en font partie se connaissent. Ainsi, dans le réseau de la figure 5.3, si Y connaît X et que X connaît Z, mais que Z et Y ne se connaissent pas, on dira que deux relations sur trois se sont réalisées directement, ce qui donne une densité de 0,67. Dans un réseau de voisinage par exemple, il peut arriver que tout le monde se connaisse : c'est un réseau de type groupe d'intérêts très dense. Dans le cas d'un autre type de réseau plus élargi, comme un réseau international (de terroristes ou de militants), on suppose que de nombreux membres ne se connaissent pas personnellement : ce sont donc des réseaux de faible densité.

Dans un réseau, tous les individus sont directement ou indirectement liés entre eux.

« Le monde est petit »… L'expression populaire cache une autre caractéristique des réseaux qui nous est mal connue, celle de l'interconnexion. En effet, les réseaux peuvent communiquer entre eux par des intermédiaires appelés des « ponts », de telle sorte que le nombre de personnes requises pour atteindre une autre personne est infiniment petit. Si nous voulons représenter l'interconnexion de la façon la plus simple, nous dirons que les deux réseaux que nous venons de décrire sont reliés par un pont « P », comme l'illustre la figure 5.4.

L'interconnexion des réseaux peut mener à des coalitions, à des regroupements et à des mobilisations des différents organismes issus des **mouvements sociaux.** Plusieurs mouvements sociaux utilisent les technologies de la communication, surtout Internet, afin de communiquer entre eux. Ainsi, les groupes et les organismes sont des réseaux qui sont eux-mêmes reliés à d'autres réseaux, de telle sorte que beaucoup d'entre eux sont entrés dans l'échelle de la mondialisation.

MOUVEMENTS SOCIAUX

Actions collectives organisées qui visent la promotion de certaines causes sociales (l'égalité, la démocratie, les droits civiques, etc.) afin d'orienter un changement social. On distingue souvent les mouvements sociaux défensifs (dont la lutte n'apporte pas de changement social ou se tourne vers la conservation des acquis) et les mouvements sociaux offensifs (dont l'action débouche sur des changements sociaux importants).

Figure 5.4 L'interconnexion des réseaux

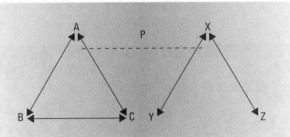

La sociologie a permis de concevoir différents types de réseaux sociaux, comme les réseaux d'amis, de soutien, de voisinage, de communication, d'experts ou d'entreprises, pour n'en nommer que quelques-uns. Ces réseaux ont quelque chose en commun : ils partagent tous des ressources. En effet, quand nous analysons un réseau, il est important de déterminer les types de ressources qu'il permet de partager. Prenons un exemple très simple d'un réseau d'amis. Un tel réseau qui compte seulement quelques membres partage différentes ressources. Par exemple, lors d'un déménagement, nos amis nous fournissent de l'aide que nous pourrons éventuellement leur donner en retour. Notre réseau d'amis permet aussi de partager des ressources matérielles (prêt d'argent ou tout simplement emprunt d'un outil). Par ailleurs, dans notre société de communication dominée par Internet, les réseaux d'amis, réels ou virtuels, échangent des ressources en termes d'information sur toutes sortes de sujets.

Ce simple exemple d'un réseau d'amis qu'on utilise pour partager différentes ressources nous amène à poser la question fondamentale suivante : à quoi servent les réseaux sociaux ? Pour répondre à cette question, l'étude des réseaux a tenté de faire ressortir les fonctions essentielles des réseaux sociaux (Lemieux , 2000).

—— Les fonctions du réseau social

Une première fonction bien connue du réseau social est celle d'apporter de l'aide et du soutien aux individus. Comme nous le verrons dans le dossier 5.3, à la page 166, le réseau social des parents est un facteur important qui a une influence sur la qualité de la vie des enfants. Plusieurs enquêtes sociologiques ont démontré que la parenté joue encore un rôle important de soutien matériel dans la société contemporaine. La sociologue Renée B.-Dandurand rend compte de cette réalité :

> Dans la vie quotidienne, le soutien de la parenté est surtout matériel et s'exprime le plus souvent sous forme de dépannage ou de coup de main occasionnel : garde d'un enfant, prêt d'argent, don de vêtements d'enfant, aide au déménagement. [...] Quand des événements exceptionnels surviennent dans la vie d'une famille (naissance, rupture conjugale, accident ou maladie grave,), les contacts se font plus fréquents et les soutiens plus généreux (Brien-Dandurand, 1998, p. 63-73).

Une deuxième fonction du réseau est de faciliter la circulation de l'information. Les réseaux professionnels (médecins, avocats, chercheurs) sont fortement orientés vers cette fonction. Pensons par exemple aux forums de discussion dans Internet, aux blogues, aux congrès des associations professionnelles, etc. Lemieux nous rappelle encore une fois que les liens faibles sont plus efficaces pour faire circuler l'information parce qu'ils agissent comme des ponts entre les sous-groupes. Dans ce cas, la ressource partagée est essentiellement de l'information.

Une troisième fonction du réseau est de servir de **capital social.** Le concept de capital social a été développé par le sociologue français Pierre Bourdieu. Pour Bourdieu, le capital social est constitué des relations sociales qui mènent à d'autres ressources.

CAPITAL SOCIAL

Réseau de relations sociales que l'individu peut mobiliser pour avoir accès à des ressources.

La parenté constitue un réseau social complexe qui joue un rôle important de soutien matériel dans la société contemporaine.

L'exemple le plus simple de capital social est le réseau personnel que l'on utilise pour se trouver un emploi. Les études sur la recherche d'emploi indiquent que 75 % des gens obtiennent leur nouvel emploi par l'intermédiaire de leur réseau personnel, 15 % avec l'aide des firmes de recrutement et 10 % par les annonces dans les journaux (*La Presse*, 15 janvier 2000). Le capital social est essentiellement constitué des ressources humaines.

Enfin, une quatrième fonction du réseau est de favoriser la mobilisation sociopolitique. Les mouvements sociaux contestataires utilisent les réseaux sociaux pour influencer les décisions politiques. Le sociologue Peter Gerlach a été l'un des tout premiers sociologues à étudier l'organisation des groupes contestataires. Il a étudié aux États-Unis les coalitions antiguerre des années 1960 qui s'opposaient à la guerre du Vietnam. Ce mouvement était constitué d'organismes indépendants très variés, mais qui pouvaient s'organiser en réseau autour d'une même cause afin que les gouvernements mettent fin à la guerre.

5.6 Les nouveaux mouvements sociaux et les réseaux sociaux mondiaux

Les manifestations de Seattle en 1999 contre l'OMC (Organisation mondiale du commerce) ont renforcé un nouveau mouvement social mondial, l'altermondialisation. Ce mouvement est considéré par plusieurs comme « le mouvement des mouvements ». Ce qui nous intéresse dans ce mouvement mondial, c'est justement qu'il s'agit essentiellement d'un réseau social tissé à l'échelle de la planète, comme le rappelle le site Web du mouvement : « Le mouvement des mouvements, rappelle-t-on, joue sur la multiplicité des luttes et des stratégies, et sa force repose sur le réseau » (http://fr.wikipedia.org/wiki/Altermondialisme).

En effet, le mouvement des mouvements possède toutes les caractéristiques du réseau telles que nous les avons définies précédemment. Ce mouvement est d'abord un système ouvert : il n'y a pas de cartes de membre ni de conditions pour y adhérer. De plus, ce mouvement valorise l'égalité. La démocratie interne y est très importante, et les structures sont horizontales, contrairement aux partis politiques fortement hiérarchisés.

Le mouvement altermondialiste est formé de personnes d'horizons très diversifiés, de telle sorte que la liberté d'expression et la diversité des opinions font partie de la culture du mouvement. En cela, le mouvement favorise la fluidité de l'information et des opinions, contrairement aux partis politiques, qui obligent leurs membres à suivre la ligne du parti.

> En véritable superréseau, l'altermondialisation est un lieu de partage de l'information, des opinions et des ressources.

Enfin, en véritable superréseau, l'altermondialisation est un lieu de partage de ressources. Ce sont d'abord les ressources d'information qui y sont véhiculées : de l'information sur les inégalités sociales, l'endettement des pays pauvres, les dangers qui guettent les écosystèmes, etc. Le mouvement permet également le partage des ressources humaines, notamment lors des manifestations, en favorisant la participation massive des altermondialistes aux événements.

Bref, l'ampleur de l'altermondialisation confirme que les réseaux prennent de plus en plus de place et qu'ils sont un facteur important de changement social dans les sociétés contemporaines.

Tableau 5.3

Comparaison entre les groupes primaires, les groupes secondaires et les réseaux

	Groupe primaire	Groupe secondaire	Réseau social
Relations interpersonnelles	chaudes directes	froides indirectes	chaudes et froides directes et indirectes
Pouvoir	égalitaire ou charismatique (secte)	hiérarchique	égalitaire
Nombre d'individus	restreint	nombreux mais fini	infini
Type de système	fermé	ouvert	ouvert
Ressources	partagées ou contrôlées (secte)	contrôlées	partagées
Intégration de l'individu	intensive	extensive	extensive
Normes	informelles	formelles	informelles
Buts et objectifs	absents ou informels	présents et formels	informels ou ponctuels
Cas type	gang ou secte	bureaucratie ou organisation volontaire	mouvement altermondialiste

Analyser son propre réseau social

L'exercice suivant consiste à étudier votre propre réseau social en intégrant les concepts propres à la théorie des réseaux sociaux. Pour ce faire, vous devez distinguer trois types de réseaux auquel vous appartenez. Nous vous suggérons d'abord d'explorer les réseaux suivants : votre réseau d'amis personnels, votre réseau scolaire, votre réseau de travail ou votre réseau familial.

Utilisez le *Tableau analytique des réseaux personnels* fourni ci-après. Écrivez dans la colonne appropriée le nom de chaque personne que vous connaissez. Limitez le nombre de personnes par réseau à moins de dix. Poursuivez l'exercice en précisant à côté de chaque nom le ou les types de liens (positifs ou négatifs ; faibles ou forts) que vous entretenez avec cette personne. Après avoir rempli ce tableau, analysez vos trois réseaux à l'aide de la *Grille d'analyse des réseaux personnels*. Cette grille vous permet de reconnaître les ponts entre les réseaux et d'analyser leur interconnexion.

Tableau analytique des réseaux personnels

Réseau 1
Type de réseau :

Réseau 2
Type de réseau :

Réseau 3
Type de réseau :

Noms	Liens		Noms	Liens		Noms	Liens	
	+ ou −	forts (F) ou faibles (f)		+ ou −	forts (F) ou faibles (f)		+ ou −	forts (F) ou faibles (f)

Grille d'analyse des réseaux personnels

	Réseau 1	Réseau 2	Réseau 3
Nombre de personnes			
Proportion de liens positifs			
Proportion de liens forts			
Densité du réseau			
Interconnexion avec d'autres réseaux			
Fonction(s) du réseau			
Ressources partagées			
Type de pouvoir : égalitaire, hiérarchique ou charismatique			

Dossier 5.3 Le réseau social et la qualité de l'environnement social de l'enfant

La présence d'un réseau social des parents peut améliorer sensiblement la qualité de la vie familiale. La recherche menée par Camille Bouchard, de l'Université du Québec à Montréal, a contribué à éclairer cette relation.

L'étude de Bouchard permet de constater que les enfants tirent profit des réseaux sociaux de leurs parents.

> Les amis parentaux (comme les voisins ou les compagnons de travail) peuvent se montrer plus sereinement disposés à aider l'enfant à explorer de nouveaux jeux et de nouveaux environnements, à assouplir les contraintes disciplinaires et à le soutenir dans ses efforts de solution de problèmes. Le contact avec un réseau social d'adultes favoriserait également le développement social et affectif de l'enfant. La diversité des modèles éducatifs expérimentés par l'enfant lui donne l'occasion de complexifier sa conception des rôles sociaux et des pratiques éducatives des adultes (Bouchard, 1981, p. 5).

Camille Bouchard établit le lien entre la violence familiale et l'absence de réseau social de la famille. Les enfants maltraités ou battus ont, dans la très grande majorité des cas, des parents qui sont isolés socialement et qui ne bénéficient pas d'un réseau social. Par exemple, il y a plus de violence familiale dans une proportion de 72 % chez les parents qui ne participent à aucune activité communautaire. Les parents qui sont intégrés dans un réseau peuvent à l'occasion demander à d'autres membres de garder leurs enfants. Ils peuvent aussi laisser leurs enfants jouer avec les enfants du réseau. En fin de compte, les parents qui disposent d'un réseau sont moins stressés, moins épuisés, plus tolérants et ont accès à plus de compétences extérieures. Le réseau s'affirme donc comme un complément familial très important.

L'étude démontre aussi la relation entre la pauvreté du réseau social et la pauvreté matérielle. C'est que le réseau social se tisse à l'aide de différents types d'expériences et de relations sociales comme le travail, les voyages ou les loisirs. Or, les personnes sans emploi ne peuvent pas compter sur un réseau aussi diversifié que les travailleurs. Elles doivent s'appuyer davantage sur le réseau de quartier, mais elles se retrouvent souvent dans des ghettos ou des zones de pauvreté urbaine. De tels ghettos se caractérisent par la rareté de parcs et d'espaces verts, par l'absence de personnes compétentes pour résoudre leurs problèmes, par la présence du bruit, etc. Bref, ces citoyens qui ont le plus besoin d'un réseau de quartier (parce qu'ils n'ont pas de réseau de travail ou de loisirs) sont souvent ceux qui ne peuvent en bénéficier. Dans cette mesure, les enfants de parents défavorisés sont plus soumis à la violence familiale à cause non pas tant d'un manque matériel chez les parents que de l'absence d'un réseau social chez eux.

Une étude de l'Organisation de coopération et de développement économiques (OCDE) (Freid, 2001) parue en 2001 nous apprend aussi que le réseau social contribue à la qualité de la vie sociale sous plusieurs aspects. Outre la qualité de la vie familiale, l'étude énumère les aspects suivants qui s'améliorent avec la présence d'un réseau social :

- **Amélioration de la santé mentale.** Les symptômes de la maladie d'Alzheimer diminuent avec la présence d'un réseau social.

- **Réduction de la criminalité.** Les réseaux de voisinage ont un effet dissuasif sur la criminalité.

- **Amélioration de la vie en région.** Les réseaux sociaux ont un effet positif sur l'innovation en région de même que sur l'emploi.

RÉSUMÉ

1. Certains groupes sont imposés à l'individu par la société; de ce fait, ils constituent une contrainte sociale non négligeable pour lui. D'autres groupes, comme les institutions totalitaires ou les sectes, dominent l'individu et peuvent même mener à sa resocialisation. Mais l'individu n'est pas toujours passif à l'égard des groupes; d'ailleurs, des types de groupes ou d'organisations, tels que les associations volontaires, offrent beaucoup plus de liberté à l'individu, et celui-ci peut y jouer un rôle dynamique.

2. Les groupes primaires sont caractérisés par des relations chaleureuses, affectives et intenses qui exercent une influence directe sur le comportement de l'individu. Les groupes secondaires correspondent à de grandes organisations qui ont des objectifs précis à réaliser et qui comptent sur la rationalité pour les atteindre.

3. La bureaucratie constitue le modèle d'organisation typique des sociétés modernes. Cette forme d'organisation recherche avant tout l'efficacité. Aussi peut-on parler d'une bureaucratisation croissante de la société.

4. Les réseaux sociaux constituent une autre forme d'organisation de la vie sociale. Ceux-ci ont leurs caractéristiques propres. Les réseaux sociaux remplissent des fonctions sociales qui sont de l'ordre du soutien, de l'échange d'information, de la consolidation d'un capital social ou du partage de ressources. De plus, les réseaux sociaux sont souvent à l'origine de mobilisations sociales d'envergure internationale, comme le démontre le mouvement altermondialiste. C'est donc dire que l'individu peut agir sur la société en faisant partie de groupes, d'organisations ou de réseaux sociaux.

MOTS-CLÉS

Association volontaire	p. 154	Groupe de référence	p. 149	Leader charismatique	p. 144
Bureaucratie	p. 151	Groupes d'appartenance	p. 151	Mouvements sociaux	p. 161
Bureaucratisation	p. 157	Groupes primaires	p. 147	Oligarchie	p. 157
Capital social	p. 162	Groupes secondaires	p. 147	Réseau social	p. 158
Groupe	p. 142	Hiérarchie	p. 152	Secte	p. 144
Groupe de discussion	p. 143	Institution totalitaire	p. 144	Squatters	p. 148

1. Indiquez laquelle des institutions suivantes ne constitue pas une institution totalitaire :
   a) l'école publique ;
   b) la prison ;
   c) l'établissement psychiatrique ;
   d) la secte ;
   e) aucune de ces réponses.

2. Indiquez lequel des groupes suivants constitue un groupe primaire :
   a) un gang de jeunes de quartier ;
   b) une association de joueurs d'échecs ;
   c) une association étudiante ;
   d) une équipe de joueurs professionnels ;
   e) aucune de ces réponses.

3. Indiquez lequel des groupes suivants ne peut pas constituer un groupe de référence :
   a) un gang de jeunes de quartier ;
   b) une association de joueurs d'échecs ;
   c) une association étudiante ;
   d) une équipe de joueurs professionnels ;
   e) aucune de ces réponses.

4. Indiquez laquelle des caractéristiques suivantes ne convient pas à la définition d'une bureaucratie :
   a) un système impersonnel et inégalitaire ;
   b) une spécialisation du travail très poussée ;
   c) des règles généralement formelles ;
   d) toutes ces réponses ;
   e) aucune de ces réponses.

5. Indiquez laquelle des caractéristiques suivantes ne convient pas toujours à une association volontaire :
   a) la liberté d'adhésion ;
   b) une association formelle ;
   c) une association dotée d'objectifs ;
   d) la liberté de la participation aux activités ;
   e) toutes ces réponses.

6. Laquelle des caractéristiques suivantes définit le mieux le réseau social ?
   a) Tout le monde se connaît relativement bien.
   b) Le réseau peut se fixer des objectifs précis.
   c) Le réseau se développe davantage d'une façon informelle.
   d) Les membres participent librement aux activités.
   e) Le réseau est un système hiérarchique.

7. Indiquez laquelle des caractéristiques suivantes définit le mieux les nouveaux modèles d'organisation des mouvements sociaux :
   a) une propension à la bureaucratisation ;
   b) une spécialisation poussée du travail ;
   c) de nouvelles valeurs fondées sur le respect de la hiérarchie ;
   d) un fonctionnement par réseau ;
   e) un fonctionnement impersonnel.

8. Voici les caractéristiques types de l'individu qui participe aux associations volontaires. Laquelle parmi celles-ci ne s'applique pas ?
   a) Il est marié et a des enfants.
   b) Il a un bon emploi.
   c) Il est très scolarisé.
   d) Il a une position sociale très stable.
   e) Aucune de ces réponses.

9. Indiquez lequel de ces regroupements ne constitue pas un réseau social :
   a) le mouvement terroriste international ;
   b) l'Église catholique ;
   c) le mouvement altermondialiste ;
   d) la parenté ;
   e) un regroupement de trafiquants de drogue.

10. Indiquez laquelle des caractéristiques suivantes définit le mieux la secte :
    a) l'absence de temps libre pour les membres ;
    b) l'intégration maximale de l'individu dans le groupe ;
    c) la présence d'un leader charismatique ;
    d) des normes et des valeurs très strictes ;
    e) toutes ces réponses.

ACTIVITÉS INTERACTIVES

Chapitre 6

Le contrôle social de l'individu

6.1 Les bases du contrôle social

Les gens ont des perceptions variées des individus qui les entourent, des rôles sociaux qu'ils jouent ou du statut social qui est le leur. On valorisera le médecin pour l'image générale de compétence qu'il projette et parce qu'il agit sur une chose fondamentale : la vie et la mort des personnes. Pour sa part, une vedette du sport sera reconnue pour son talent et pas nécessairement pour ses capacités intellectuelles. Le policier, quant à lui, sera perçu en fonction de l'autorité et du pouvoir qu'il représente. Mais la grande majorité des personnes voit ces individus en fonction d'un minimum de normes rattachées à des modèles globaux d'actes proscrits et d'actes prescrits par la société : des gens qui travaillent pour le mieux-être de l'être humain par opposition à des gens qui travaillent pour nuire à celui-ci, des gens qui mettent leur talent au profit de la société par opposition à des gens qui utilisent leur talent contre elle. En fait, l'acceptation ou la non-acceptation des individus, de ce qu'ils sont et de ce qu'ils font, est fonction d'un **contexte social** donné. Une personne qui se déshabille complètement, rue Sainte-Catherine à Montréal, sera arrêtée immédiatement et accusée de grossière indécence. Si cette même personne se dévêt dans un camp de nudistes, son geste paraîtra alors tout à fait normal. Un comportement condamnable dans une situation donnée devient souhaité, normal, dans une autre situation. Pourquoi ?

Les termes « contrôle social », « criminalité » et « marginalité » peuvent être considérés comme des réponses permettant de comprendre les façons d'être et d'agir en fonction des pressions, réelles ou imaginées, qui sont exercées sur nous par les groupes et la société. Nous sommes tous socialisés suivant un ensemble plus ou moins abstrait de comportements jugés valables ou non. Nous sommes tous soumis à un **contrôle social** qui tente de régulariser nos gestes et nos comportements au regard de ceux du groupe ou des groupes auxquels nous appartenons. Le terme **conformité** suggère l'imitation presque parfaite des gens qui nous entourent. On parlera de conformité, par exemple, lorsque d'un commun accord un groupe d'adolescents adopte la même tenue vestimentaire ou que des gens d'affaires se vêtent d'une même manière dite conservatrice : complet gris ou marine pour les hommes, robe classique sombre ou tailleur pour les femmes. La conformité peut aussi signifier la solidarité, c'est-à-dire l'appartenance à un groupe, à une équipe où existe une cohésion. Elle peut même, comme nous le verrons plus loin, entraîner certaines personnes dans un état de surconformité.

> Le rapport entre le contrôle social et la conformité est donc évident : le premier doit à la fin conduire à la deuxième. Toute violation des normes provoque une exclusion.

Qu'en est-il de la personne qui n'est pas conforme ? Ou on la considère comme unique, comme une personne à part qui a une personnalité forte et qu'il faut respecter, ou on la rejette, c'est-à-dire qu'on l'exclut en disant qu'elle viole les normes établies pour le groupe par rapport auquel elle se distingue, ou encore on l'isole en lui créant un monde parallèle dans lequel elle devra fonctionner. Le rapport entre le contrôle social et la conformité est donc évident : le premier doit à la fin conduire à la deuxième. Toute violation des normes provoque une exclusion.

La lecture de ce chapitre devrait vous permettre de répondre aux questions suivantes :

- Dans quel but une société exerce-t-elle un contrôle sur les individus qui en font partie ?
- De quelles façons le contrôle social s'exerce-t-il ?
- Quelle différence existe-t-il entre la légalité et la légitimité ?
- Quelle est la frontière entre la conformité et la déviance ?
- Quelle est l'origine de la criminalité et quel en est le portrait actuel ?

CONTEXTE SOCIAL
Milieu (un groupe, une société) régi par des normes et des valeurs (une culture) dans lequel évolue un individu.

CONTRÔLE SOCIAL
Ensemble de mécanismes utilisés par la société pour standardiser l'ensemble des façons de penser, d'agir et de ressentir des individus.

CONFORMITÉ
Adhésion spontanée ou réfléchie à une façon d'agir ou de penser provenant d'une pression exercée par un groupe ou la société.

Un criminel à la maison !

Avez-vous déjà commis un crime ? Un membre de votre famille ou un de vos proches a-t-il déjà commis un crime ? Ne répondez pas NON trop vite. On peut très bien avoir commis un crime sans s'être fait prendre. Consultez la liste d'actions qui suit et vérifiez si vous ou l'un de vos proches n'avez pas déjà commis l'une de ces actions.

- Bousculer ou pousser quelqu'un.
- Donner un coup de poing à quelqu'un et le blesser au visage.
- Mettre le feu à un bâtiment inoccupé.
- Causer des dommages à la propriété d'autrui.
- Rôder la nuit près d'une maison sur une propriété privée.
- Pénétrer dans une maison et y commettre un acte criminel ou avoir l'intention d'y commettre un acte criminel.
- Faire sciemment un chèque sans provision.
- Écrire sur les murs ou le mobilier d'un endroit public.
- Dérober de menus articles (5000 $ et moins).
- Dérober des articles de grande valeur dans un magasin (plus de 5000 $).
- Garder de l'argent ou une chose que vous avez trouvé et au sujet duquel vous savez qu'il a été volé ou perdu.
- Acheter à bon prix un ou des objets au sujet desquels vous savez qu'ils ont été volés.

- Prendre un repas dans un restaurant et sortir sans payer.
- Inciter quelqu'un à se prostituer.
- Communiquer avec quelqu'un dans un endroit public dans le but de se livrer à la prostitution.
- Arrêter sa voiture pour solliciter une prostituée.
- Parier sur un événement sportif (achat d'un billet illégalement).
- Se rendre dans un bar avec un couteau avec l'intention de l'utiliser si une bagarre survient.
- Consommer des drogues interdites.
- Offrir des drogues interdites à un ami.
- Conduire une voiture avec les facultés affaiblies.

Toutes ces actions sont punissables par la loi. Si certaines ne conduisent qu'à des amendes, la grande majorité est passible d'emprisonnement. Devrait-on considérer les individus qui font de telles actions comme des criminels ? Probablement pas, à moins qu'ils ne les commettent de manière régulière. En fait, la majorité de la population ne commet à peu près jamais de tels actes. Non pas par peur des sanctions, mais parce qu'elle est convaincue de la nécessité de respecter certaines règles dans la société. Par contre, une minorité de la population ne respecte pas ces mêmes règles. La sociologie nous aide à comprendre ces deux phénomènes.

6.2 Le contrôle social : pour la survie du groupe

—— Quel contrôle social ?

Chaque culture, chaque sous-culture, chaque groupe a ses normes propres qui régissent le comportement de ses membres. Ce contrôle s'exerce par la pression du milieu dans lequel on se trouve ou par la place que l'on occupe dans une structure où des responsabilités sont distribuées. Qu'on les appelle lois, règles de la mode, règlements des organisations, exigences dans le cadre d'un cours, règlements d'un sport ou règles d'un jeu, il s'agit toujours de normes sociales. Selon certains théoriciens, les gens doivent respecter un minimum de normes si un groupe ou une société veut survivre. Dans cette optique, une société ne peut fonctionner si une fraction importante d'elle rejette un nombre minimal de règles de base qu'elle a établies. Le principe même de la démocratie est un exemple où la majorité doit accepter ce mode de fonctionnement d'une société pour qu'elle s'applique. Un pouvoir qui veut aller à l'encontre du désir de la majorité devra tôt ou tard reculer.

Certains exemples, comme les soulèvements en Haïti et au Chili ou encore la chute de l'Empire soviétique, montrent que la volonté de la majorité de voir s'instaurer la démocratie a pu s'imposer malgré une dictature temporaire ou prolongée. D'autres théoriciens, par contre, soutiennent que la contestation, par différents groupes, des normes établies s'avère bénéfique pour le fonctionnement de la démocratie, car elle permet au pouvoir en place de créer une solidarité dans la majorité autour des valeurs sociales fondamentales de la société d'appartenance. Une population qui sent que les fondements mêmes de la société peuvent être remis en question choisira de se ranger du côté du pouvoir exercé par les dirigeants malgré son désaccord avec ceux-ci sur d'autres questions. C'est ainsi que des agences de sécurité de certains pays, comme la CIA (Central Intelligence Agency) aux États-Unis ou le SCRS (Service canadien du renseignement de sécurité) au Canada, iront jusqu'à infiltrer des organisations pour les rendre un peu plus « terroristes » qu'elles ne le sont en réalité afin de renforcer l'appui au pouvoir en place. Rappelons simplement l'infiltration, par un agent double, de la Confédération des syndicats nationaux au Québec au moment du conflit avec l'entreprise Malenfant ou, encore, l'action de l'agent de la GRC qui a été membre fondateur du Héritage Front, une organisation d'extrême droite. Dans un autre ordre d'idées, que dire des moyens que l'on prend parfois pour justifier une morale ou suggérer la non-acceptation de certaines minorités? L'exemple du sida est intéressant à cet égard. Pendant un certain temps, on a affirmé que le sida était une maladie de Noirs et d'homosexuels. Sous prétexte que ces groupes étaient plus durement touchés que les autres, on a profité de la situation pour les discréditer. On sait maintenant que le sida touche toutes les catégories de la population.

Selon certains théoriciens, les gens doivent respecter un minimum de normes si un groupe ou une société veut survivre.

Les individus dans une société sont donc conduits à accepter des normes minimales pour que cette dernière puisse fonctionner. Et la notion de contrôle social permet de cerner les différents moyens que l'on utilise pour exercer une pression de régularisation du comportement humain. Le contrôle social s'exerce à tous les niveaux de la société. Dans une famille, comme on l'a vu, nous sommes socialisés pour obéir à nos parents simplement parce que ce sont nos parents. Dans un groupe d'amis, nous constatons un certain contrôle quant à la tenue vestimentaire, comme le port du jean ou d'un type de blouson qui révèle l'appartenance au groupe, la solidarité avec lui. Dans une organisation bureaucratique, les travailleurs doivent se soumettre à un ensemble strict de règles. Finalement, le gouvernement impose des lois et des règlements pour renforcer certaines normes et en ajouter de nouvelles. Il réglemente non seulement les comportements globaux des individus dans une société, mais aussi leurs comportements les plus intimes entre eux. La sexualité, par exemple, ne peut se pratiquer n'importe où et avec n'importe qui. Il y a, d'autre part, des règles qui régissent son exploitation commerciale.

Nous assumons tous une responsabilité dans le respect des normes minimales qu'impose la société et nous souhaitons que les autres en fassent autant. C'est ainsi que nous suivons sans trop y penser les ordres du policier, que nous exécutons jour après jour les mille et un gestes routiniers d'un travail, que nous nous déplaçons vers l'arrière dans un autobus bondé. La plupart de nos comportements, en fait, reflètent bien ce que nous apprenons tout au long de notre vie, c'est-à-dire les choses primordiales à respecter dans la société. Nous sommes par ailleurs conscients que les individus, les groupes et les institutions s'attendent à ce que nous nous comportions de façon respectueuse à l'égard de ce qui nous entoure. Les mécanismes utilisés pour encourager le respect des normes de la société et, surtout, pour dissuader la violation de celles-ci sont représentés par ce que l'on appelle le contrôle social, qui peut prendre un caractère informel ou formel. Si nous dérogeons à la conduite dite acceptable, nous sommes immédiatement sanctionnés, soit de manière informelle (une crainte quelconque ou la peur du ridicule auquel nous sommes exposés), soit de manière plus formelle, plus directe (l'emprisonnement, l'amende, la perte d'un emploi).

—— Le contrôle social informel

Le **contrôle social informel** renvoie aux façons indirectes, voire presque inconscientes, de faire pression sur un individu pour obtenir de lui la conformité. Le sourire, le fou rire, le froncement des sourcils et la moquerie peuvent servir de contrôle social informel.

Les techniques de contrôle social informel sont observées principalement dans les groupes primaires comme la famille. L'apprentissage de ces techniques se fait tout au long du processus de socialisation. Ces mécanismes de contrôle social sont dits informels parce qu'ils ne sont pas très précis ni très bien codifiés et font souvent appel concrètement au non-verbal. On peut remarquer certaines variantes dans leur utilisation à l'intérieur d'une société. Imaginons un individu qui se permet de passer devant tout le monde dans une file d'attente. Certaines personnes le regarderont d'une façon menaçante, d'autres d'une façon offensée. D'autres encore le bousculeront pour l'empêcher de passer. D'autres enfin verbaliseront leur désapprobation à l'égard de son geste. Dans beaucoup de cas, les techniques de contrôle social informel ne permettent pas le renforcement de la conformité. Dans l'exemple mentionné, l'individu en question peut ne pas tenir compte des gens qui le regardent et envoyer promener quiconque désapprouve plus directement sa façon d'agir. Les seules possibilités pour les personnes lésées consistent à faire appel à un responsable de l'établissement pour qu'il tente de rétablir la norme, en supposant que ce responsable soit perçu comme ayant une certaine autorité, ou à contraindre l'individu récalcitrant par la force, même si cela se fait rarement.

—— Le contrôle social formel

Le **contrôle social formel** est le contrôle social qui peut se lire, s'entendre ou être édicté. C'est le dernier recours que possèdent les gens pour contraindre un individu à agir selon la norme lorsque le contrôle social informel ne fonctionne pas. Il est important de mentionner que le contrôle social formel n'est pas exercé uniquement par les représentants mandatés par les gouvernements pour faire respecter les lois, comme les policiers, les juges, les fonctionnaires ou les militaires. Pourtant, les gens ont tendance à considérer que le pouvoir est entre les mains uniquement de ces individus et refusent de voir la pression immédiate exercée autour d'eux. En effet, plusieurs autres groupes sociaux font respecter leurs propres normes. Par exemple, un individu qui fait partie d'une secte ou même d'une religion et qui transgresse les normes acceptées par le groupe se verra renié, excommunié, exclu physiquement et moralement. Le milieu du travail exerce lui aussi un contrôle formel très fort sur l'individu.

Plusieurs normes sont considérées comme tellement importantes par une société que celle-ci juge de l'intérêt de tous de les grouper dans un code de lois qui régit les comportements de l'ensemble des individus. En termes politiques, la loi est le cadre établi par un gouvernement, administré par les tribunaux et appliqué par les agents de l'État. Certaines lois, comme celles qui condamnent le meurtre, s'adressent à tous les membres d'une collectivité donnée, alors que d'autres lois régissent le comportement

CONTRÔLE SOCIAL INFORMEL

Moyens indirects, presque inconscients, de faire pression sur un individu pour obtenir de lui la conformité.

CONTRÔLE SOCIAL FORMEL

Moyens directs et explicites (lois, règles) que l'on utilise pour contraindre un individu à agir selon les normes de la société.

des institutions de la société comme les entreprises : lois sur les entreprises, lois anti-monopoles, lois de l'impôt sur le revenu des entreprises, etc. Bien qu'elles soient fort différentes dans leurs visées, toutes ces lois constituent des normes sociales formelles.

Au Québec, la norme veut qu'il ne soit plus acceptable d'incommoder ses voisins avec la fumée de cigarette lorsqu'on fréquente un établissement public comme un bar ou un restaurant ; c'est pourquoi on a voté une loi allant dans ce sens.

Les sociologues ont démontré un intérêt croissant pour l'étude de la création des lois comme processus social. Les lois, en effet, reflètent en partie la société qui les édicte. Elles sont élaborées et votées dans le but de répondre à un besoin. Pourquoi en est-il ainsi ? Il semble que la loi ne soit pas une chose inerte qui se transmet d'une génération à une autre. Elle traduit plutôt le changement continu de la définition de ce qui est « bon » et de ce qui est « mauvais » dans une société, de ce qui doit être considéré comme allant à l'encontre ou non des normes et du type de sanctions à appliquer dans le cas de comportements qui dérogent aux normes de la majorité.

Ainsi, il arrive que les changements apportés aux lois fassent du criminel d'hier la victime d'aujourd'hui, et inversement. L'application des lois concernant la possession, la consommation et le trafic des drogues en est un exemple. Les petits consommateurs ne sont plus considérés comme des criminels de premier plan. On se tourne maintenant vers les dirigeants de réseaux de distribution, qui sont dès lors les véritables criminels. On observe alors une interprétation plus permissive de la loi canadienne quant à la possession d'une petite quantité de certaines substances pour la consommation personnelle. On estime plutôt que les individus qui sont pris dans l'engrenage de la consommation de drogues ont besoin d'aide. Certains autres comportements, en revanche, en viennent à faire l'objet d'une criminalisation plus forte. La violence conjugale, compte tenu de la transformation de l'image de la femme, de la place qu'elle occupe dans la société et de ses droits, a fait l'objet d'une criminalisation accrue depuis quelques années. On a instauré des pratiques qui ont contribué à la criminalisation de formes de violence conjugale jugées tolérables jusque-là entre conjoints, soit la violence psychologique et la violence sexuelle. La criminalisation de certains comportements n'a cependant pas toujours un aspect positif. Ainsi, la criminalisation accrue des infractions aux programmes d'aide sociale, si minimes soient-elles, est apparue à certains comme une tentative de l'État pour se débarrasser de problèmes incontrôlables, compte tenu de son incapacité à satisfaire les besoins des assistés sociaux. On transfère alors ces personnes à l'intérieur du système judiciaire, ce qui donne d'elles une image plus négative. Les dirigeants, en ce sens, utilisent la notion de criminalité en fonction de leurs intérêts.

Les lois d'une société sont donc le reflet d'un choix de valeurs sociales. Elles nous apprennent beaucoup sur la société qui les édicte puisqu'elles s'établissent souvent après de longs débats dans la société en question et doivent, pour être appliquées, recevoir l'assentiment d'une majorité ou profiter de la tolérance de celle-ci, quelles qu'en soient les raisons. Une chose est sûre, en tout cas : si des lois ne recueillent pas un large consensus chez les individus, elles seront difficilement applicables.

La différence entre la légalité et la légitimité

Notre société fait une autre distinction plus subtile en ce qui a trait à l'acceptation de différents types de comportements des individus en société. Cette distinction repose sur les notions de légalité et de légitimité.

La **légalité** est la reconnaissance d'un ensemble de comportements adoptés par des individus, des organisations ou des institutions qui agissent en fonction du cadre

LÉGALITÉ

Reconnaissance, par un groupe ou une société, de comportements d'individus, d'organisations ou d'institutions qui agissent conformément aux lois.

de la loi. Les citoyens qui paient leurs impôts, qui respectent les règles de la circulation et qui ne commettent pas de crimes sont dans la légalité. La légalité est ce qui se conforme à la loi, c'est-à-dire au droit : l'ensemble des règles structurant les rapports des membres d'une société. Il peut s'agir de règles professionnelles, de la définition des tâches dans une entreprise ou de différents codes élaborés par l'État : le Code civil, le Code du travail, etc.

La **légitimité,** quant à elle, consiste en la reconnaissance d'un ensemble de comportements en fonction de valeurs ou de traditions qu'ils représentent, ou de l'appui majoritaire d'une population qu'ils reçoivent. Le pouvoir légitime est issu des idées sur la forme, la nature et la situation que les individus se font d'un pouvoir jugé valable. Ainsi, les Amérindiens accomplissent parfois des gestes qui ne sont pas légaux en vertu de nos lois, mais qui sont jugés légitimes par la majorité des personnes de cette communauté. La mafia, bien qu'elle ait toujours été considérée comme illégale, demeure une organisation extrêmement forte dans bon nombre de sociétés parce qu'elle reçoit l'appui tacite d'une partie non négligeable de la population et parfois du pouvoir lui-même. La légitimité est fondée sur des valeurs. Un acte qui viole la loi ne peut jamais être légal, mais il peut être légitime en raison des circonstances qui l'entourent ou des valeurs qu'il défend. Mais ce ne sont évidemment pas toutes les valeurs qui sont englobées dans la légitimité. Il faut savoir faire la distinction entre des valeurs constructives et des valeurs destructives. La transgression des lois étant jugée parfois nécessaire pour que ces mêmes lois puissent évoluer, cette distinction est très importante pour que la légitimité exerce son rôle comme élément moteur du changement rattaché à des valeurs qui, tout en étant nouvelles, soient acceptables.

Selon leur définition, la légalité et la légitimité recoupent des réalités distinctes, mais conjointes et interchangeables selon les situations et les époques. Ces deux notions ne cessent d'évoluer et d'être remises en question, par exemple par rapport à des sujets comme l'avortement ou l'euthanasie sur demande (la mort assistée). L'étanchéité de la classification faite ici n'est donc pas à toute épreuve. Elle sert à illustrer, selon une certaine perspective, le fait qu'il existe des degrés d'acceptation de la part des individus et des groupes dans la société. N'utilisons-nous pas quotidiennement les notions de légalité et de légitimité pour porter un jugement sur ce qui nous entoure, sans que nous en connaissions vraiment la signification ?

Pour mieux saisir la portée de ces deux notions, appliquons-les à la notion de groupe, que nous avons vue au chapitre 5. Parlons d'abord des groupes légitimes et légaux. Ils sont légitimes parce que la majorité de la population les reconnaît et ils sont légaux parce qu'ils agissent en suivant les lois et les règles édictées par la société. Le gouvernement, le Conseil du patronat du Québec, la Corporation des médecins du Québec sont en ce sens des groupes légitimes, car ils ont une notoriété sociale, et ce sont aussi des groupes légaux, car ils fonctionnent dans le cadre des lois et sont constitués en fonction de règles codifiées.

D'autres groupes, tout en conservant leur légitimité, sont illégaux. Ils ont une certaine reconnaissance sociale, mais leurs comportements ne respectent pas les lois établies. On peut citer le Congrès national africain (ANC) en Afrique du Sud, qui, jusqu'en 1990, date du début du démantèlement de l'apartheid, recueillait l'appui de la majorité noire tout en étant jugé illégal en vertu des lois de la minorité blanche.

Il existe, d'autre part, des groupes illégitimes mais légaux. On n'a qu'à penser à un parti politique qui prônerait la révolution, ou à un syndicat ou à un groupe de pression qui organiserait des actes de sabotage. Ces organisations, bien que parfaitement légales, ont parfois des méthodes ou des objectifs tellement radicaux qu'elles en

> **LÉGITIMITÉ**
>
> Reconnaissance de comportements en fonction de valeurs ou de traditions qu'ils représentent, ou de l'appui qu'ils obtiennent de la majorité de la population.

deviennent illégitimes, car elles n'ont pas la reconnaissance populaire voulue. Cette non-reconnaissance est souvent entretenue par le pouvoir en place, qui fera tout pour que ces groupes n'obtiennent pas l'appui populaire. Ces groupes pourront alors faire l'objet d'une surveillance étroite de la part des services policiers réguliers et spéciaux. En ce sens, une population peut décider de la légitimité ou de l'illégitimité d'un groupe, mais le pouvoir et l'influence des **élites** sont parfois déterminants dans cette décision. Le tableau 6.1 nous donne un aperçu de la classification actuelle de différents groupes.

ÉLITES

Personnes qui, en raison du pouvoir qu'elles détiennent ou de l'influence qu'elles exercent, contribuent au développement d'une collectivité, soit par les décisions qu'elles prennent, soit par les idées, les sentiments ou les émotions qu'elles expriment ou symbolisent.

Tableau 6.1

La légalité et la légitimité

Légalité	Légitimité	
	+	**−**
+	• Gouvernements • Associations professionnelles • Etc.	• Mouvements écologistes • Groupes de gauche • Etc.
−	• Mouvements populaires • Organisations clandestines • Etc.	• Groupes terroristes • Etc.

Il existe finalement des groupes illégitimes et illégaux. Ceux-ci n'ont pas la reconnaissance ni de la population ni de la loi. Le pouvoir s'efforce de contrecarrer toutes les tentatives de ces groupes pour obtenir quelque légitimité que ce soit qui pourrait conduire par la suite à leur légalité. Il fera en sorte de définir les lois, ou de les modifier, pour maintenir dans l'illégitimité un groupe qui n'a pas la faveur populaire. Comme nous le mentionnions précédemment, les lois sont un produit social où interviennent les intérêts, les tensions, les conflits et les négociations ; elles ne sont donc pas un absolu dont la nécessité va de soi. Les meilleurs exemples de ce type de groupes sont les groupes terroristes comme l'IRA en Irlande du Nord et, plus près de nous, le FLQ dans les années 1970. Certains diront que les dirigeants semblent se placer eux-mêmes dans l'illégalité à cause des actions qu'ils peuvent mener contre ces groupes. Mais, dans toute société, le pouvoir établi définit pour lui-même une violence légale et légitime, souvent au nom de l'intérêt ou de la sécurité du pays, cette même violence étant jugée illégale lorsqu'elle est utilisée par d'autres groupes. Ainsi, le pouvoir peut recourir à l'espionnage, à la propagande, à la détention, à la cruauté mentale, à la violence physique (où l'on trouve la notion de force nécessaire), à la corruption, à la délation et même à l'assassinat pour parvenir à ses fins. Signalons le cas du *Rainbow Warrior*, un bateau de Greenpeace, dont la destruction par bombe, en juillet 1985, avait été soigneusement préparée par les services secrets du gouvernement français. On pourrait aussi évoquer le Chili, où, selon plusieurs analystes, la CIA était liée directement au renversement du gouvernement de Salvador Allende en 1973. Et que dire du mystère, toujours persistant, entourant l'assassinat, en 1963, du président états-unien John Fitzgerald Kennedy ? Dans une perspective plus quotidienne, certains gestes violents et illégaux selon la loi, donc non acceptables, ne deviennent-ils pas légitimes et légaux parce qu'ils sont acceptés dans certains contextes comme durant une compétition sportive?

En somme, l'exercice d'un certain contrôle social à l'endroit des individus est lié à un contexte donné. Même si le contrôle social semble bien enraciné dans les pratiques sociales et bien défini dans des textes de lois, il fait l'objet d'ajustements continuels et de justifications parfois contradictoires d'une situation à une autre, d'une génération à une autre ou d'une époque à une autre.

La conformité et la surconformité

Le contrôle social peut s'exercer à différents niveaux. Ainsi, il existe un contrôle exercé par la société de manière globale et un contrôle exercé par les divers groupes auxquels nous appartenons, comme la famille, l'entreprise, le groupe d'amis ou la classe sociale. Le contrôle social peut varier d'un groupe à l'autre, de même que peuvent varier nos réactions relativement à ce contrôle. Les gens qui se situent au même niveau que nous, socialement parlant, nous amènent à agir d'une façon plus familière; à l'inverse, nous sommes plus enclins à éprouver de la crainte à l'égard des gens qui ont sur nous une certaine autorité ou qui occupent une position sociale plus élevée que la nôtre. Les psychosociologues états-uniens Stanley Milgram (1974), Solomon Asch (1952) et Muzafer Sherif (1936) ont fouillé la question de l'effet de la pression exercée par l'entourage sur le degré de conformité et, à certains moments, de **surconformité** des individus qui y sont soumis. Dans les pages qui suivent, nous décrirons les résultats qu'ils ont obtenus.

Après avoir sélectionné pour son expérience un certain nombre de sujets de différents milieux socioéconomiques, Stanley Milgram leur a confié un rôle de moniteur à l'égard d'une «personne-élève» qui devait répondre à quelques questions. Celle-ci, sans que le moniteur le sache, était de connivence avec Milgram. Les moniteurs avaient le pouvoir de faire subir une décharge électrique de 15 à 450 volts, répartie en 30 niveaux, à l'élève isolé dans une autre pièce chaque fois que celui-ci donnait une mauvaise réponse. Milgram avait demandé à l'élève complice de simuler l'effet de la décharge électrique, laquelle était évidemment fictive, selon son intensité. La réaction de l'élève allait du silence total à la supplication. Avant l'expérience, Milgram avait soumis chaque «sujet-moniteur» à une décharge réelle de 45 volts pour qu'il connaisse l'effet de ce courant électrique sur l'être humain. D'autre part, un second complice représentant l'expérimentateur se tenait à côté du moniteur pour lui rappeler de donner des décharges s'il omettait de le faire.

Les résultats obtenus furent renversants. Jamais on n'aurait pu prévoir des réactions aussi excessives de la part des moniteurs. Une proportion importante de ceux-ci allaient jusqu'à faire subir la décharge maximale de 450 volts, tout en ayant la certitude qu'ils torturaient l'élève. L'un des participants justifia son geste en disant qu'il avait effectué du bon travail. L'agonie de la victime ne le concernait pas, pour ainsi dire; il avait fait son «devoir».

> **SURCONFORMITÉ**
> Situation où l'individu est placé devant une autorité suprême ou devant la pression d'une majorité dans un groupe qui le conduit à une soumission totale.

Demandons-nous comment il se fait que des individus (deux sur trois) aient pu agir délibérément de cette façon envers des personnes qui leur étaient inconnues et envers lesquelles ils n'entretenaient objectivement aucune agressivité. Peu de moniteurs semblaient heureux (possibilité de 2 % de cas pathologiques) de faire subir des décharges électriques. Selon Milgram, la seule raison d'une telle soumission serait que l'on fait passer son obéissance à l'autorité (en l'occurrence à l'expérimentateur qui était à côté du « sujet-moniteur ») au-dessus de sa morale. Certains moniteurs soulignèrent, d'autre part, que le fait d'être séparés des participants les incitait à exercer sur eux un pouvoir plus intense. Ils avouèrent qu'ils n'auraient pu agir de cette manière avec des individus placés en face d'eux. Ainsi, l'impersonnalité des individus les uns par rapport aux autres intensifie le pouvoir des uns et accroît la crainte et la soumission des autres.

La soumission à Hitler, c'est le summum de la surconformité.

De façon générale, cette explication semble tout à fait plausible. La société actuelle, par exemple, ne nous amène-t-elle pas à subir des formes d'autorité impersonnelles qui reposent sur des titres plutôt abstraits, comme ceux de médecin, d'enseignant, de P.D.G. ou de directeur adjoint, ou sur des apparences précises, comme l'uniforme du policier, du gardien ou du militaire, le sarrau du technicien ou du chercheur ? Nous nous soumettons — souvent sans nous poser de questions — au pouvoir de ces figures d'autorité. La société nous pousse à entrer dans ce jeu. Nous cherchons une identité au moyen du pouvoir plus ou moins réel qui se rattache à ce jeu et une justification à certains comportements que nous désirons adopter. Nous choisissons ainsi des vêtements à la mode, dont la marque devient un critère de sélection (Coco Chanel, Christian Dior, Jean-Paul Gaultier), et achetons des voitures non pas pour ce qu'elles sont, mais pour ce qu'elles représentent (Mercedes, BMW).

Une autre recherche, de Solomon Asch, nous amène à saisir, outre la soumission à une autorité absolue, une autre dimension de la conformité et de la surconformité. Un certain nombre d'étudiants, divisés en deux groupes, devaient estimer la longueur de diverses lignes sur deux cartes. Tous les participants sauf un étaient de connivence avec l'expérimentateur pour donner une fausse réponse, même si la vraie réponse était évidente. Les résultats furent, là encore, étonnants. Le tiers des personnes se ralliaient à l'avis de la majorité des sujets, lesquels, pour les besoins de la cause, donnaient une fausse réponse. Ces résultats nous montrent qu'en plus d'un phénomène de soumission et d'identification qui contribue à la conformité des individus, il faut tenir compte de la pression du groupe. Plus la pression est forte, plus les personnes intériorisent le besoin de solidarité avec le groupe, sans qu'il y ait besoin de la moindre sanction. Cela fait en quelque sorte partie, comme nous l'avons vu au chapitre précédent, de l'essence même de la formation et du fonctionnement du groupe.

Pour sa part, une étude de Muzafer Sherif, menée avant les deux recherches précédentes et portant sur le déplacement présumé d'un point lumineux évalué individuellement, puis collectivement, démontra l'incontournable besoin pour les individus d'en arriver à définir et à soutenir une norme de groupe.

Que doit-on retenir des différentes recherches menées sur la conformité ? Elles nous amènent à constater la mise en veilleuse par une personne de son opinion, de son jugement, de la logique même, en réponse, dans un premier temps, à une autorité ferme qui lui dicte un « sens du devoir » et, dans un second temps, à la pression du groupe. Cette acceptation repose sur le désir de ne pas déroger aux consignes données et sur celui de se solidariser avec l'ensemble pour être réciproquement accepté par lui. En d'autres mots, les opinions collectives deviennent souvent des normes sociales, et les figures d'autorité des modèles d'application de ces normes compte tenu du pouvoir ou de la domination qu'elles exercent sur la vie des gens, des sanctions subtiles ou directes qu'elles présagent et des valeurs qu'elles expriment.

À la lumière de ces recherches, nous pouvons établir que la conformité se manifeste de diverses façons suivant le point de vue que l'on adopte. Ainsi, la surconformité est un niveau de comportement qui peut être atteint sans que l'on en ait vraiment conscience, sans que l'on maîtrise réellement ce qui nous arrive.

Réseau thématique Le contrôle social : pour la survie du groupe

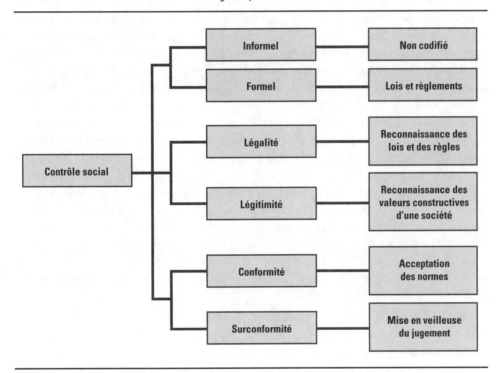

6.3 La déviance : une question de normes et de contexte

—— Définition

Est-il possible pour tous les individus de fonctionner dans le cadre de normes et dans le respect de valeurs sans déroger à celles-ci une ou plusieurs fois ? Le fait de ne pouvoir fonctionner dans le cadre de règles, contenues ou non dans des lois préalablement acceptées par l'ensemble des personnes qui nous entourent, conduit à la **déviance.** La **déviance** ne doit pas être considérée uniquement de façon **négative**; elle ne se manifeste pas seulement par des actes nuisibles, malintentionnés ou répréhensibles, ce que l'on appelle de manière générale la « criminalité » (le non-respect des règles de la circulation, l'acceptation d'un pot-de-vin, le refus de se conformer aux directives de l'école ou d'un enseignant, le fait de mentir délibérément, et même le non-respect des règles de politesse). La **déviance** peut en effet être également **positive.** Elle se définit alors par rapport au fait de se mettre en marge de l'activité sociale normale ou de s'exclure de la rationalité en adoptant une logique selon un ordre normatif différent. Elle peut se vivre à travers des mouvements religieux, pacifistes, pour la défense des droits de la personne ou des droits des animaux, ou consister dans une lutte contre l'exclusion de certaines personnes ou de certains groupes de la société. Globalement, la déviance inclut toutes les actions qui sortent du cadre des normes établies et qui peuvent dans certains cas être porteuses de changement social. C'est, en d'autres mots, la transgression des règles normatives d'institutions comme la famille, les associations ou les entreprises ou simplement des règles de vie dites normales (actes normaux).

D'autre part, il est important de souligner que, qu'elle soit négative ou positive, la déviance ne vient pas de l'individu. Ce sont en effet les groupes sociaux qui créent des règles et qui déterminent que la transgression de celles-ci constitue la déviance. La déviance n'existe pas de façon naturelle. Elle est en outre la conséquence d'un jugement porté par autrui sur un acte que commet un individu, d'une perception rattachée à une définition de la normalité. Prenons l'exemple d'un individu, membre d'un groupe quelconque, qui dénoncerait une politique de son groupe visant à exclure les femmes, les Noirs, les homosexuels ou les personnes handicapées. Il ferait alors preuve d'une déviance négative par rapport à ce groupe, mais la même déviance serait positive au regard des principes défendus par la société. Par ailleurs, un policier qui, sous le couvert de la notion légale de force jugée nécessaire (déviance positive), recourt à la brutalité ou adopte des moyens plus ou moins acceptables pour obtenir les aveux d'une personne devrait être jugé négativement par la société parce que l'on ne peut pousser trop loin l'utilisation de la déviance positive. C'est dire qu'un jugement qui est négatif pour certains peut être positif pour d'autres. De même, un jugement peut devenir inconstant compte tenu de l'incapacité à le formuler, à l'élaborer par rapport à des conceptions établies en tout temps et en tout lieu. Ce constat nous amène à affirmer que la frontière entre acte déviant et acte conforme est circonstancielle; elle n'est donc pas immuable.

Afin de mieux circonscrire ces notions de déviance négative, de normalité et de déviance positive, nous pouvons postuler que les actes humains se répartissent selon un champ continu, ou distribution gaussienne (*voir la figure 6.1*), allant de la déviance négative minoritaire (crimes graves, actes nuisibles) jusqu'à la déviance positive elle aussi minoritaire (actes dits de sainteté: surconformité), en passant par la normalité majoritaire (actes jugés normaux par la majorité). Mais comme le montre ce modèle, les frontières entre ces trois situations dépendent du seuil de tolérance de la société au regard des actes accomplis et de la définition qu'elle veut bien en donner. Cela revient à dire que nous pouvons tous être déviants à un moment ou à un autre de notre vie. Il nous arrive à tous d'aller à l'encontre de ce qui est jugé normal, de ce qui est largement répandu ou accepté.

Comme nous l'avons dit, la définition de la déviance est fonction du contexte social dans lequel elle s'exerce. Voici quelques exemples qui illustrent bien ce fait dans notre société. Une photographie d'une femme ou d'un homme nu peut avoir sa place dans un musée, parce qu'on la considère alors comme une œuvre d'art, mais elle ne convient certes pas dans la classe d'une école primaire, si l'on se fie aux normes morales actuelles de la société québécoise. Un pharmacien, dans notre société, ne peut vendre certains narcotiques qu'aux personnes qui possèdent une ordonnance signée par un médecin. Le pharmacien qui ne se conformerait pas à cette directive et qui vendrait les produits en question à des toxicomanes serait considéré comme déviant. Au Québec, on accepte que les gens chantent et manifestent leur enthousiasme lors d'un concert rock. La même attitude, toutefois, est inconcevable lors d'un opéra ou d'un concert de l'Orchestre symphonique de Montréal. Prendre une bière l'après-midi ou lors d'une soirée entre amis est, comme le clame la publicité, un geste fort bien accepté socialement. Mais la personne qui a besoin de boire de la bière le matin est étiquetée comme ayant un problème d'alcool et, par conséquent, comme étant déviante. Finalement, certains Nord-Américains se scandalisent de voir un torero, sous les acclamations d'une foule en délire, tuer un taureau très affaibli par les manœuvres du picador ou du banderillero. Ils ne comprennent pas où est le plaisir dans un tel spectacle. Pourtant, les mêmes personnes pourront trouver normal que deux hommes se frappent, lors d'un match de boxe, jusqu'à ce que l'un des deux s'écroule, parfois blessé gravement, devant des individus grisés par la violence et le sang. Notre sport national, le hockey, ne repose-t-il pas dans une certaine mesure sur la violence et l'intimidation ? Les bagarres qui se produisent durant les matches ne sont pas toujours dénoncées. « Ça fait partie du sport », répliquent certains amateurs. Le contexte explique donc qu'une chose est acceptée dans certains cas et non dans d'autres.

Les combats de chiens seraient une pratique cruelle pour certains.

Figure 6.1 Normalité et pôles de déviance : distribution gaussienne des actes normaux et des actes déviants

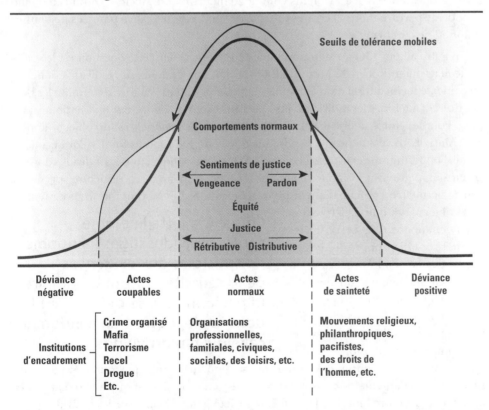

Source : *Encyclopædia Universalis, Dictionnaire de la sociologie,* Paris, Encyclopædia Universalis/Albin Michel 1998, p. 248.

Une explication de la déviance

Qu'est-ce qui fait que des individus se trouvent dans une situation de non-respect des normes d'un groupe ou de la société? Comme nous l'avons déjà mentionné, le fait pour un individu de ne pas suivre certaines normes peut entraîner un coût important pour lui. Il subira des sanctions formelles ou informelles de la part d'une partie de son entourage. Il pourra ainsi faire face à la désapprobation générale, perdre ses amis ou même être emprisonné. Pourquoi alors la déviance est-elle présente dans notre société? Doit-on considérer qu'elle fait partie inévitablement de notre quotidien? Est-elle due à une décadence momentanée de la société ou à son mauvais fonctionnement?

Plusieurs sociologues se sont penchés, conjointement avec des psychologues, sur la question de la déviance et de son origine. Celui que l'on pourrait qualifier de pionnier dans la sociologie de la déviance, Émile Durkheim, affirme qu'elle est le résultat d'un désordre social. Durkheim (1897) appelle **anomie** le plus haut degré de déviance, c'est-à-dire une situation où les normes ne signifient plus rien, où les règles ne sont plus reconnues dans une société. Quand l'anomie s'installe, les individus fonctionnent dans l'indiscipline. Selon Durkheim, l'anomie se trouve aussi bien dans l'éclatement de petites communautés traditionnelles que dans les structures plus organisées de centres urbains modernes. L'incohérence et l'ambiguïté des comportements sont présentes dans ces deux types de situations. Lorsqu'il n'y a aucune ligne de conduite reconnue sur le plan de l'ensemble de la société, les passions, qui sont des forces indépendantes, peuvent amener les individus à un point de non-retour qui les empêchera d'adopter des comportements jugés normaux. Selon Durkheim, l'anomie apparaît dans une période de bouleversements sociaux négatifs, comme durant une récession; les gens deviennent alors moins sûrs d'eux, plus agressifs, plus dépressifs, ce qui donne lieu à une recrudescence d'actes violents comme le meurtre et le suicide. Durant une telle période de perturbations, il est très difficile de rendre significative pour ces personnes la notion de conformité.

> **ANOMIE**
> Situation sociale désorganisée causée par l'absence de normes, de règles ou encore par suite de l'incapacité des normes ou des règles en place à s'imposer. Le lien social est alors dissous.

Un autre auteur tout aussi important à s'être penché sur cette question est le sociologue états-unien Robert K. Merton (1965). Selon lui, les désirs des individus viennent du contexte socioculturel dans lequel ils se trouvent. Chaque culture détermine les buts que doivent atteindre les individus ainsi que les moyens qu'ils doivent utiliser pour y parvenir. Pour les Nord-Américains, la possession de biens matériels est un objectif important. Ainsi, le «rêve américain» repose sur une recette du succès fondée sur l'école, le travail, l'opportunisme et le désir de vaincre. Dans cette optique, tous les individus doivent et, surtout, peuvent réussir, être gagnants à ce jeu. Cependant, la structure sociale est loin de permettre à chacun d'atteindre les mêmes buts. Les moyens fournis pour tendre vers l'objectif symbolisé, la réussite, nous échappent sans cesse, et les attentes sont disproportionnées au regard des possibilités réelles. Il en résulte inévitablement un dérèglement du fonctionnement du système social étant donné le paradoxe suivant lequel le possible est impossible. La rupture entre l'illusion et la réalité est donc très douloureuse. Les individus se rendent compte que tout n'est pas accessible à tous — l'argent, les biens, les services, le statut social — et qu'au lieu d'attribuer ce fait à l'écart entre l'idéal et la réalité, la société jette le blâme sur les individus jugés incapables de satisfaire aux exigences de la réussite. Autant on admire la personne qui se débrouille bien dans la vie, autant on condamne celle qui n'y arrive pas.

> La société jette le blâme sur les individus jugés incapables de satisfaire aux exigences de la réussite. Autant on admire la personne qui se débrouille bien dans la vie, autant on condamne celle qui n'y arrive pas.

Devant cette relation inégale entre les valeurs et les moyens de les atteindre, Merton a élaboré une théorie de la déviance qui fait référence à quatre types d'adaptation individuelle.

Le tableau 6.2 montre que la frontière entre la conformité et la déviance est à la fois fragile et rigide. La moindre dérogation en ce qui concerne l'acceptation des buts que la société nous demande d'atteindre et des moyens qu'elle nous demande d'utiliser nous rend déviants. Les types de déviance mentionnés dans le tableau mettent en lumière les contradictions entre les valeurs dominantes d'une société et les moyens dont disposent certains groupes pour les atteindre.

Tableau 6.2

La conformité et la déviance

Modes d'adaptation	Buts	Moyens
Conformité (respect des normes)	+	+
Déviance		
• Innovation	+	−
• Ritualisme	−	+
• Évasion	−	−
• Rébellion	+ −	+ −

+ : acceptation   − : non-acceptation

Dans la vision de Merton, il devrait y avoir un accord entre, d'une part, les buts proposés et acceptés et, d'autre part, les moyens qui permettent de les atteindre. Ainsi, pourquoi ne pas donner aux personnes qui le veulent les moyens de développer leur potentiel, compte tenu du fait que l'on nous dit constamment qu'une des valeurs importantes de notre société est la réussite ?

Il n'y a pas de définition universelle de la conformité. D'une région à une autre, des lois peuvent être contradictoires. Les lois sur la possession d'armes à feu, sur l'avortement ou sur la peine de mort sont différentes au Québec et aux États-Unis. En conséquence, il ne faut pas s'attendre à ce que les personnes elles-mêmes se trouvent toutes du même côté de la barrière. Le tableau de Merton tente de refléter les diverses formes d'adaptation que l'on constate dans une société en ce qui a trait à la « normalité ». Les formes décrites sous le terme « déviance » montrent de quelle façon on peut contourner ou déjouer les normes. Nous essaierons de comprendre, de manière simple et en nous référant pour chaque explication au tableau de Merton, ces formes de déviance qu'il a précisées.

La poursuite de la valeur « succès matériel » incitera certains individus à trouver de nouveaux moyens (illégitimes ou carrément illégaux) de l'atteindre comme le trafic de drogue, le trafic d'influence et les fraudes de toutes sortes. On est alors placé devant un type de déviance qui correspond, dans le tableau de Merton, à l'*innovation*. D'autre part, l'impossibilité pour certains de se rattacher aux valeurs sociales dominantes, parce qu'ils les considèrent comme inaccessibles ou dépassées, les conduira à adhérer à des groupes ayant des croyances différentes (des Églises, des sectes, etc.). Cette non-concordance s'exprimera dans le *ritualisme*. L'*évasion*, quant à elle, entraîne un refus à la fois des valeurs et des normes de conduite. Elle se manifeste par la fuite des individus dans des comportements excessifs (l'alcoolisme, la toxicomanie, le décrochage ou encore la lecture de romans à l'eau de rose, la passion pour un hobby). Finalement, la *rébellion* signifie le remplacement des valeurs et des normes sociales rejetées par de nouvelles. Les individus s'intègrent alors dans de nouveaux groupes, qui ont de nouvelles idéologies. Les mouvements terroristes du monde entier illustrent ce type de comportements déviants. Les attitudes d'innovation, d'évasion et de rébellion sont les plus menaçantes pour une société, puisqu'elles refusent son fonctionnement, s'attaquent aux gestes et aux actions qui servent à construire la société. L'attitude ritualiste, quant à elle, ne s'arrête qu'aux idées, ce qui est moins menaçant: un combat d'idées se maîtrise mieux et a moins d'effets qu'un combat de rue.

En fait, la théorie de Robert K. Merton se fonde sur l'affirmation selon laquelle la déviance est un produit de la société et non un comportement anormal de l'individu. Les gens qui adoptent un comportement déviant le font parce que les besoins créés de toutes pièces par leur contexte social ne peuvent être satisfaits par les comportements jugés normaux. La publicité nous dit que si nous sommes beaux, riches, et en bonne santé, si nous avons un corps parfait et sommes bien éduqués, la réussite sera à nous, tant dans le domaine de l'amour que dans celui des affaires, et nous vivrons des aventures inoubliables... Mais comment est-il possible pour un très grand nombre d'individus de réunir toutes ces caractéristiques?

—— L'apprentissage de la déviance

Il n'y a pas une manière innée ou héréditaire de se comporter avec les autres individus. Les êtres humains apprennent, au cours de différentes situations sociales, ce qui est acceptable et ce qui ne l'est pas. Comme nous l'avons dit précédemment, l'univers des valeurs (*voir le chapitre 3*) auxquelles on adhère est défini par les milieux de socialisation au sein desquels on peut faire l'apprentissage aussi bien de la conformité que de la déviance. La déviance peut donc s'enseigner dans une sous-culture fondée sur le crime. Celui-ci peut devenir tout aussi rationnel que l'est la conformité pour la majorité bien-pensante. Un adolescent ne boira pas d'alcool s'il est seul. Le contact avec des amis ou des parents l'amènera à consommer de l'alcool et fera de lui un « buveur social » ou un alcoolique. Les techniques du crime, et surtout la motivation à le commettre, les règles de conduite et toutes les attitudes qui s'y rattachent conduisent à l'apprentissage de la criminalité; cela ne se fait pas du jour au lendemain. Mais arrive un moment où l'individu se trouve dans une situation où le comportement criminel devient une façon de se valoriser. L'enracinement dans la déviance dépend de la régularité du contact avec le milieu qui valorise la violation des règles de la société. Autrement dit, l'individu ne devient pas déviant par lui-même. Il doit faire partie d'une sous-culture qui se donne comme style de vie le non-respect des normes sociales. En ce sens-là, certains voient la prison comme une école du crime.

L'explication de l'existence, du développement et de la persistance de la déviance chez un individu ne décrit pas vraiment le processus par lequel celui-ci devient déviant; elle permet cependant de constater l'effet du groupe, qui provoque l'apparition d'un comportement hors des normes. Elle nous fait donc découvrir que la déviance peut être liée à la notion de sous-groupe qui bâtit sa propre histoire, sa propre influence sur les individus au-delà des générations, des normes et des valeurs reconnues par la société (la conformité). Le groupe de motards Hell's Angels est considéré comme déviant selon la catégorisation de Merton. Il peut toutefois susciter l'admiration et le respect de certaines gens en raison de son histoire, de son importance ou de son mystère et attirer ainsi des individus dans ses rangs.

SOCIOLOGIE EN ACTION

Shirley Roy
Professeure titulaire, UQAM

La prison : voilà un lieu où s'exerce un contrôle social important, que la sociologue Shirley Roy a étudié. Titulaire d'un doctorat en sociologie de l'Université du Québec à Montréal (1990), elle est aujourd'hui professeure au Département de sociologie de la même université. Au sein du Centre de recherche sur l'itinérance, la pauvreté et l'exclusion sociale (CRI), dont elle est la coresponsable, elle poursuit des travaux directement liés au contrôle social. Pour devenir une telle spécialiste, Shirley Roy a approfondi son questionnement sur les normes sociales et ce qui fait en sorte que des individus leur obéissent, les subissent, les contestent ou encore en dévient.

Par exemple, dans sa thèse de doctorat (Roy, 1990), cette sociologue a étudié le concept de contrôle social en observant comment celui-ci se manifeste selon que les détenus soient des hommes ou des femmes. Elle a montré que la prison pouvait être un lieu de différenciation du contrôle social et de reproduction de modèles sociaux, notamment des formes patriarcales de pouvoir. Parallèlement à cela, la chercheuse s'est interrogée sur le processus de criminalisation ainsi que le rapport à la déviance et à la marginalité chez les hommes et les femmes. Elle s'est aperçue que le sexe exerce une influence sur les mécanismes de contrôle social qui mènent à une carrière carcérale.

L'incarcération n'est pas le seul mécanisme que la société met en place pour ceux qui ne se conforment pas à ses règles. D'autres mécanismes, plus subtils, existent ; ils placent en marge de la société des individus qui ne sont pourtant pas des criminels. À ce propos, Shirley Roy met l'accent sur l'itinérance comme forme extrême d'exclusion sociale (Roy, 1995). Elle note que le terme *exclusion* est un concept flou qui ne rend pas compte d'une réalité plurielle. Ainsi, « les jeunes, les itinérants, les familles monoparentales, les chômeurs, les assistés sociaux, les décrocheurs scolaires, les précaires, les handicapés physiques et mentaux, les immigrants, les Noirs, etc. » (Roy, 1995, p. 77) peuvent éventuellement être considérés comme des exclus alors que les causes de leur exclusion ne sont pas du tout comparables entre elles. Il faudrait alors plutôt nuancer les types de mise en marge de la société en parlant soit d'insertion sociale, soit de désinsertion sociale, soit d'exclusion sociale. Selon la sociologue, cette typologie a le mérite de distinguer les niveaux de basculement d'un individu vers l'exclusion sociale, processus extrême de la marginalisation. Ainsi distingués, ces trois niveaux sont plus compréhensibles, ce qui peut améliorer les stratégies d'intervention publique auprès des individus concernés par ces problèmes.

Shirley Roy a poussé plus loin la réflexion sur l'exclusion sociale. Avec son collègue Marc-Henry Soulet, elle a dirigé un numéro thématique d'une revue savante (Roy et Soulet, 2001) sur la question.

En plus de s'entourer de spécialistes, les deux chercheurs ont mis à jour, dans leur présentation, quatre grands thèmes qui se dégagent de la production scientifique sur le sujet. Le premier thème voit l'exclusion comme le résultat d'un rapport inégal au pouvoir. Certains groupes ayant des valeurs communes fortes et une organisation plus cohérente se trouvent dans une position dominante, ce qui stigmatise d'autres groupes moins bien organisés et moins solidaires. Le second thème considère l'exclusion comme le produit des mutations de la société salariale qui, en s'affaiblissant, détruit le lien social. Le troisième thème serait lié à un trop grand individualisme, qui renforce les problèmes identitaires. Ceux qui éprouvent le plus de difficulté à résoudre ces problèmes sont les exclus, car ils ont moins de stratégies à leur disposition pour s'insérer dans la société. Enfin, le quatrième thème associe l'exclusion aux conséquences du processus de mondialisation qui entraîne une dérégulation des marchés locaux et nationaux. L'insertion sociale par le travail devient alors de plus en plus difficile. En outre, même si la richesse augmente, elle n'est pas forcément redistribuée partout équitablement. Bref, les recherches de Shirley Roy montrent une réalité troublante : celle de la plus grande propension de nos sociétés à l'exclusion sociale à cause de mécanismes de contrôle plus ou moins efficaces.

—— La déviance : une étiquette

Même si un individu choisit la déviance, il faut concevoir celle-ci comme un produit de la société. Quand les gens découvrent qu'un individu a commis un crime quelconque, ils ont souvent tendance à interpréter les comportements passés de cet individu en fonction de sa situation actuelle et à extrapoler ce qu'ils deviendront. « Criminel un jour, criminel toujours » ou encore « Qui vole un œuf vole un bœuf », croit la société. L'individu subit alors le rejet ou la discrimination, qu'il lui sera très difficile de surmonter. La société lui renvoie une image de déviant, qu'il en viendra rapidement à accepter. Il se dira : « On veut voir en moi quelqu'un de différent ; eh bien ! je vais agir de façon à ce que l'on me remarque comme tel. » Certains appellent cela le développement de l'identité de déviant, de criminel. On présume d'ailleurs que les toxicomanes se trouvent dans ce cercle vicieux à cause, entre autres, de ce phénomène. Les rapports que ces personnes peuvent entretenir avec des milieux où l'on ne consomme pas de drogue, ce qui les aiderait à s'en sortir, les font tomber encore plus bas parce qu'ils leur renvoient l'image de dégénérés, d'irrécupérables. On peut presque dire que le comportement déviant est considéré comme tel parce qu'on lui met l'étiquette de déviant. Cette façon de voir la déviance contraste évidemment avec la façon dont elle est traditionnellement présentée. On ne met plus l'accent sur l'individu qui viole des normes sociales, mais sur les travailleurs sociaux, les policiers, les psychologues, les juges, les enseignants et autres représentants de l'autorité, et sur leur attitude à l'égard de l'individu déviant.

Dans notre société, des individus ont le pouvoir ultime d'étiqueter, de classifier et de rejeter d'autres individus. Il s'agit d'un phénomène important dont il faut tenir compte quand on tente de saisir l'origine et le développement de la déviance. La condamnation répétée des gestes accomplis par un individu et l'humiliation qu'il subit continuellement amènent celui-ci à rechercher la protection d'un groupe qui correspond à ce à quoi il est identifié. L'alcoolique à qui l'on rappelle sans cesse son problème, en ne lui accordant ni crédibilité personnelle ni soutien dans la prise de conscience de son état, cherchera refuge auprès de gens qui lui ressemblent et sombrera de plus en plus dans l'alcool. Il entreprendra alors une carrière de déviant, c'est-à-dire qu'il adoptera un mode de vie basé sur une déviance périodique ou permanente. Il arrive parfois que des personnes n'acceptent pas l'étiquette qu'on leur donne et luttent pour que les gens ne reconnaissent pas dans un premier acte ou un acte isolé de déviance le début d'une vie de déviance. Les individus violents qui trouvent des excuses à leur comportement en disant qu'ils ne pourraient jamais frapper quelqu'un, ou, encore, le père incestueux qui se présente comme un bon père de famille et qualifie son acte d'impulsion passagère souhaitent en fait qu'on ne les considère pas comme des déviants avec tout ce que cela implique. Le refus de leur problème devrait inciter les gens à tenter de les réinsérer dans la société plutôt que de les condamner. Ces exemples montrent que l'étiquette apposée sur nos comportements et nos manières de penser est importante, de même que la pression qu'exerce l'entourage sur ce que nous sommes ou désirons être.

Pourquoi certains individus deviennent-ils déviants et d'autres pas? Pourquoi certains individus acceptent-ils cette étiquette, tandis que d'autres la rejettent? Il n'est pas facile de répondre à ces questions. D'autre part, comment expliquer le fait que certains individus déviants soient perçus, par rapport à un système social, comme conformes, soient sanctionnés moins fortement et soient même valorisés pour leurs actes? La glorification des «légendes» du crime passées et actuelles que nous présente le cinéma n'entre-t-elle pas en contradiction avec la condamnation des actes criminels lorsqu'ils sont commis par de simples citoyens?

Certains comportements sont jugés déviants et d'autres pas parce que les personnes qui détiennent le pouvoir tentent de le conserver en définissant la déviance en fonction de leurs intérêts. Cela peut être jugé favorable par la majorité de la population, qui semble y trouver son compte. Elle se fait alors complice des limites de la déviance ainsi déterminées. L'exemple de la légalité de certaines drogues par rapport à d'autres définie en fonction de critères arbitraires indique bien que l'on prend les arguments qu'il faut, à un moment donné, pour justifier une chose. Si demain les intérêts changent, on adoptera une tout autre argumentation, même contraire à la précédente. C'est ainsi qu'actuellement la marijuana est jugée illégale parce qu'elle est censée perturber davantage le cerveau et être plus nocive que la cigarette ou l'alcool. Pourtant, ces deux derniers produits, qui ont engendré les plus grandes maladies de notre siècle, sont vendus au coin de la rue. Et que dire de la loi concernant le viol des femmes, qui a été interprétée pendant des décennies en faveur de l'homme? Ainsi, le viol était considéré comme criminel seulement lorsque les personnes n'étaient pas mariées. Un mari pouvait donc légalement violer sa femme. D'autre part, on avait tendance à nous présenter la femme violée comme ayant provoqué l'homme, comme ayant excité ses sens. De ce fait, elle n'était plus la victime, mais l'accusée. Elle devait justifier ses gestes, le lieu où elle se trouvait, le moment où elle s'y trouvait, et ainsi de suite. Les groupes féministes se sont battus pour qu'une telle mentalité évolue. Mais jusqu'à quel point a-t-elle évolué? Certains affirment encore que l'appareil judiciaire sert les individus qui détiennent le pouvoir. Et que, dans l'ensemble des sociétés, ce sont les hommes et les individus conservateurs en général qui exercent le contrôle social. Toute la criminalité serait donc définie en fonction de leurs intérêts économiques, politiques, sociaux et moraux. Les lois établies permettraient de maintenir la «stabilité» et l'«ordre». Des chercheurs qui se sont attardés sur les mécanismes qui conduisent à la production des lois ont trouvé que les intérêts personnels, les conflits et les négociations sont à la base du processus de définition des règles juridiques.

En ce sens, ce que l'on appelle le droit dans notre société n'est pas abstrait au regard des comportements positifs ou négatifs que ce terme tente de décrire. Il ne s'agit pas d'un absolu (qui va de soi) ni d'une chose immuable, mais d'un facteur social changeant. La société ou certains groupes peuvent renforcer la sanction négative à l'endroit de gestes jusque-là non criminalisés ou évalués de manière différente, comme la criminalité chez des jeunes. On verra ainsi, par exemple, la violence faite aux femmes et aux enfants faire l'objet de lois plus sévères par suite des pressions exercées par le mouvement féministe. On verra encore le législateur, compte tenu de l'émotion qu'ont suscitée dans la population certains crimes commis par des jeunes, réfléchir sur la possibilité de changer la loi pour pouvoir poursuivre ces jeunes devant les tribunaux pour adultes. À l'inverse, on observe que certaines sanctions pénales sont moins appliquées à l'égard de certains comportements ; dans d'autres cas, des comportements ne sont plus considérés comme des crimes (les rapports homosexuels entre deux adultes consentants, la tentative de suicide, la vente de produits anticonceptionnels, l'avortement, etc.). Il faut donc faire preuve de discernement quand il s'agit de déterminer ce qui est déviant et ce qui ne l'est pas. La déviance n'est pas rattachée à un acte individuel ; elle ne constitue pas non plus une caractéristique personnelle. Elle est plutôt une conséquence de l'application, par d'autres personnes, de normes et de sanctions à un transgresseur. Elle est le produit des institutions qui exercent un contrôle social.

Les gens sont-ils tous égaux devant la loi et ses sanctions ? La réponse à cette question se doit d'être dès le départ plus négative que positive. En effet, certaines études (dont nous ne ferons pas état en détail ici) menées aux États-Unis par différents organismes, entre autres Human Rights Watch ou encore le Justice Policy Institute, et basées sur des données fournies par le gouvernement états-unien révèlent que les minorités visibles sont proportionnellement surreprésentées dans la population carcérale, qu'elles sont sanctionnées plus fortement que les Blancs et qu'elles ont moins de moyens de se défendre que les Blancs devant les tribunaux.

Selon l'organisme Human Rights Watch, sur les 1 976 019 adultes incarcérés aux États-Unis en 2002, 1 239 946 — soit près de 63 % — étaient soit des Noirs (46 %), soit des Hispaniques (16,7 %), alors que ces minorités ne représentent respectivement que 12,3 % et 12,5 % de la population états-unienne. Parallèlement, 55 % de ceux qui ont bénéficié en 2001 d'une période de probation selon le Illinois Criminal Justice Information Authority sont des Blancs, et 31 % des Noirs. D'un point de vue plus spécifique, le ratio Noir/Blanc dans le cas des hommes de 18 à 64 ans en regard du taux d'incarcération par 100 000 hommes était en 2002 de 7,4 contre 1 ; le ratio Hispanique/Blanc, lui, était de 2,5. Pour les femmes, les mêmes ratios étaient de 5,6 et de 1,8 respectivement. Évidemment, ces données n'expliquent pas les facteurs ou les antécédents judiciaires (par exemple, la pauvreté et tous les problèmes qui s'y rattachent) qui contribuent à une telle disproportion. Elles servent toutefois à établir, avec les données qui suivent, un état de fait, une évidence que de nombreux chercheurs, études et organismes constatent, c'est-à-dire l'attitude raciste des autorités judiciaires à tous les niveaux envers les minorités, attitude qui transparaît dans la nature et la sévérité des peines imposées pour des crimes tout à fait semblables par comparaison avec les peines imposées aux Blancs.

En ce qui a trait justement à la nature et à la sévérité des peines, certaines données montrent une manière différente d'exercer le contrôle social sur l'individu selon qu'il s'agisse d'un Blanc ou d'un membre d'une minorité visible. Par exemple, le Justice Institute Policy (2003) révèle des données troublantes sur l'application de la peine de mort, très répandue aux États-Unis. En effet, sur les 845 personnes exécutées entre le 17 janvier 1977 et le 10 avril 2003, 300 étaient des Noirs, soit 40 % de toutes les personnes mises à mort. Durant la même période, plus du quart des exécutions étaient liées à des meurtres de Blancs par des Noirs, et seulement 1,4 % à des meurtres de Noirs par des Blancs. Une étude réalisée, elle, dans l'État de l'Illinois en 2002 révèle que sur les 12 exécutions qui ont eu lieu dans cet État depuis 1977, 11 étaient liées à des meurtres de Blancs par des Noirs. D'autre part, dans de nombreux cas, les causes des meurtres sont souvent jugées par des jurys composés uniquement ou très majoritairement de Blancs. En janvier 2003, le gouverneur du même État déclarait que non seulement 2 condamnés à la peine de mort sur 3 étaient des Noirs, mais encore que 35 des condamnés noirs avaient été reconnus coupables par des jurys formés exclusivement de Blancs.

Par ailleurs, en 1999, le *Chicago Tribune* a révélé que sur les 65 cas de condamnation à mort impliquant un accusé noir et une victime blanche, le jury était exclusivement composé de Blancs dans 21 des cas. Mentionnons que, dans l'État de l'Illinois, plus de 25 % de la population est noire, et que cette proportion est de 42 % au Tennessee, où la situation est semblable. Dans de nombreux cas, les tribunaux de différents États, que ce soit la Louisiane ou le Colorado, ont jugé après certaines condamnations que le verdict rendu était influencé par des considérations raciales. Ces quelques constatations et bien d'autres amènent le Justice Policy Institute à considérer la peine de mort aux États-Unis comme un acte d'injustice raciale. Selon cette institution, il existe deux facteurs majeurs au-delà de la loi qui jouent un rôle important dans l'attribution d'une sentence de mort pour un meurtre au premier degré impliquant dans une forte probabilité des meurtriers noirs et des victimes blanches : la race des victimes et la région géographique. Toutes ces remarques et considérations se retrouvent dans d'autres études menées sur le même sujet, entre autres en Pennsylvanie — dans un rapport de la Cour suprême intitulé *Final Report of the Pennsylvania Supreme Court Committee on Racial and Gender Bias in the Justice System* (2003) —, au Maryland, au Texas, en Géorgie, et dans la plupart des 15 États où la peine de mort est en vigueur.

Les individus ne seraient pas tous égaux devant la loi. La sévérité des peines varierait selon l'origine ethnique.

Dans d'autres pays comme la France, les statistiques sont peu nombreuses concernant la représentativité en milieu carcéral et la nature de la sanction en regard de ceux que l'on appelle les « étrangers ». Cependant, les données disponibles sont éloquentes quant au fait que ceux-ci ne sont pas les égaux des Français en matière d'emprisonnement. Ainsi, en 2002, les « étrangers » représentaient 6 % de la population, mais plus de 24 % de la population pénitentiaire. Dans un article de la revue *Plein Droit* publié en 2001, on apprend qu'en 1998, pour un délit unique d'usage de stupéfiants, 15 % des étrangers ont été sanctionnés par une peine d'emprisonnement, contre 9 % des Français. L'écart passe à 52 % contre 37 % pour les peines liées aux vols avec effraction. D'autre part, les peines étaient en moyenne plus longues pour les étrangers que pour les Français. Ainsi, dans le cas de recel simple, 30 % des condamnés « Français de souche » ont été emprisonnés pour une durée inférieure à trois mois, contre seulement 16 % des étrangers. Enfin, seulement 3 % des étrangers contre 8 % des Français ont bénéficié d'une mesure de libération conditionnelle dans le cas d'un vol sans violence. Cette surreprésentation des minorités pourrait s'expliquer par la précarisation économique de certaines populations, mais cela fait l'objet d'un autre débat. Pour certains, cependant, cet état de choses ne peut certes justifier le fait que les minorités ne semblent pas jouir des mêmes droits devant la justice que la majorité.

Au Canada, une réalité quelque peu semblable à celle des États-Unis et de la France semble exister, cette fois en regard du traitement réservé aux criminels issus des communautés autochtones. En effet, selon le Service correctionnel du Canada, des données relatives aux taux d'incarcération dans les provinces et les territoires canadiens en 2001 montraient que les Autochtones, qui représentent 2,8 % de la population canadienne, représentaient pourtant 18 % (12 % en 1994) de la population carcérale sous responsabilité fédérale. En 2001 toujours, les populations autochtones des Territoires du Nord-Ouest, du Nunavut et du Yukon représentaient moins de 0,1 % de la population canadienne, mais 1,2 % des personnes condamnées à la détention, soit 12 fois plus que le reste des Canadiens. Cette disproportion se retrouvait dans certaines provinces où les taux d'incarcération sont habituellement très élevés. Ainsi, en Saskatchewan, où les Autochtones représentent 13 % de la population, le taux de personnes autochtones détenues dans les établissements provinciaux et territoriaux représentait 78 % des personnes détenues. Au Manitoba, où les Autochtones représentent aussi 13 % de la population, ce taux était de 69 %, et en Alberta il était de 38 % pour une population composée de seulement 4 % d'Autochtones. En Ontario, province où l'on observe la plus forte concentration en termes de nombre d'Autochtones (188 315, ce qui ne représente toutefois que 1 % de la population totale), le taux d'incarcération de cette minorité se situait à 9 %.

En ce qui concerne les jeunes Autochtones, il appert que ceux-ci sont plus susceptibles d'être gardés en détention provisoire. En 1998-1999, les jeunes Autochtones représentaient 26 % des admissions en détention provisoire, alors qu'ils ne comptaient que pour 7 % des jeunes Canadiens de 12 à 17 ans. Cette disproportion était plus accentuée dans certaines provinces. Ainsi, au Manitoba, 69 % des jeunes en détention provisoire étaient des Autochtones, alors que seulement 16 % de la population de jeunes de cette province était composée d'Autochtones. En Alberta, les chiffres étaient respectivement de 33 % pour 6 %, et dans les provinces de l'Est, de 4 % pour 2 %. D'autre part, des données plus spécifiques révélaient que les Autochtones adultes étaient plus souvent incarcérés pour des crimes contre la personne (voies de faits graves ou simples, agressions sexuelles, vols qualifiés, etc.) que les individus non autochtones : on retrouvait 42 % d'Autochtones contre 31 % de non-Autochtones dans les établissements provinciaux et territoriaux, et 79 % d'Autochtones contre 72 % de non-Autochtones dans les établissements fédéraux.

Ces quelques statistiques et considérations, qui font suite à d'autres publiées dans des études antérieures, mettent bien en lumière la réalité que vivent les Autochtones par rapport au système pénal, système qu'ils ne comprennent pas toujours compte tenu de leurs valeurs. Il en résulte une situation de discrimination qu'a bien résumée en 2000 l'Association canadienne de justice pénale, dans un numéro spécial de la revue *Bulletin* ayant pour titre « Les Autochtones et le système de justice pénale » et dans lequel elle met en relief un certain nombre de problèmes auxquels se heurtent les Autochtones dans le système de justice pénale. Parmi les principaux, mentionnons le fait que, lors de leur condamnation, les Autochtones risquent davantage de se voir refuser la liberté sous caution. De plus, les Autochtones sont détenus plus longtemps avant leur procès. Les délinquants autochtones risquent deux fois plus d'être incarcérés que les délinquants non autochtones. Par ailleurs, les Autochtones plaident souvent coupables parce qu'ils sont intimidés par les tribunaux et souhaitent que les procédures prennent fin au plus vite.

Évidemment, ces études réalisées en France et au Canada n'ont pas tout à fait la même orientation que celles qui ont été menées aux États-Unis et elles ne permettent pas d'effectuer le même genre de comparaison entre les groupes. Elles laissent toutefois supposer que les personnes appartenant à des minorités visibles sont surreprésentées dans la population carcérale, sauf dans un cas au Canada, comme le montre le tableau 6.3. Mentionnons, dans le même ordre d'idées, qu'une étude menée en 1979 montre que la majorité des délinquants reconnus comme tels et sanctionnés par les agents de contrôle social (la police, les tribunaux, etc.) au Québec sont issus de milieux défavorisés (Fréchette et LeBlanc, 1979). Pourtant, cette même étude en arrive à la conclusion que le nombre de gestes délinquants cachés est le même dans les divers milieux socioéconomiques, riches ou pauvres. Une autre étude menée par le Conseil national du bien-être social au printemps 2000 et intitulée *La justice et les pauvres* en arrive, elle, au constat que les criminels des classes supérieures causent plus de dommages à notre société que les criminels pauvres ; pourtant, nos prisons sont pleines de gens défavorisés. Pourquoi en est-il ainsi ? Simplement, selon cette étude, parce que les gestes illégaux des jeunes et des adultes mieux nantis risquent moins d'attirer l'attention des autorités judiciaires, parce qu'une partie de la population ainsi que les politiques et pratiques en matière d'application des lois exercent une discrimination directe ou indirecte envers les pauvres, et parce que les familles des garçons délinquants à revenu élevé ont plus de ressources, ce qui fait que ces derniers courent moins de risques d'être arrêtés et reconnus coupables d'actes criminels. En fait, la différence entre les riches et les pauvres tient au fait que les gestes accomplis par les nantis sont perçus et considérés davantage comme un défi envers l'autorité (illégaux mais légitimes), alors que ceux qui sont accomplis par les autres (les pauvres) et qui visent souvent la satisfaction de besoins vitaux, sont perçus, paradoxalement, comme étant « illégaux » mais aussi « illégitimes ».

> **En fait, la différence entre les riches et les pauvres tient au fait que les gestes accomplis par les nantis sont perçus et considérés davantage comme un défi envers l'autorité (illégaux mais légitimes), alors que ceux qui sont accomplis par les autres (les pauvres) et qui visent souvent la satisfaction de besoins vitaux, sont perçus, paradoxalement, comme étant « illégaux » mais aussi « illégitimes ».**

En définitive, le portrait que nous venons de tracer nous permet de conclure que la déviance — qu'elle soit associée à la criminalité que pratiquent les personnes qui ne respectent pas les lois, à la révolte que manifestent les personnes qui rejettent la société à travers des attitudes ou des comportements, ou à la violation des règles quotidiennes — doit être considérée comme une **transgression** des normes auxquelles l'individu doit se soumettre, transgression qui peut toutefois être perçue et sanctionnée différemment.

TRANSGRESSION

Comportement de rejet systématique des règles ou des valeurs d'un groupe ou d'une société.

Tableau 6.3

Cinq groupes de délinquants

Autres	3 / 3 / 5	
Asiatiques	8 / 2 / 5	
Noirs	2 / 6 / 7	
Autochtones	3 / 18 / 12	
Blancs	84 / 71 / 72	

Population canadienne — Incarcérés — Sous surveillance dans la collectivité

Source : Shelley Trevethan et Christopher J. Rastin, *Profil de délinquants sous responsabilité fédérale, membres de minorités visibles incarcérés et sous surveillance dans la collectivité*, Direction de la recherche, Service correctionnel du Canada, juin 2004, p. 12.

6.4 La criminalité

—— Une définition de la criminalité est-elle possible?

Est-il possible de donner *une* définition de la criminalité? La littérature sur le sujet montre que l'on ne peut en arriver à une telle singularité. La criminalité se définit en réalité par rapport à trois niveaux à la fois conceptuels et pratiques (Bessette, cité dans Durand et Weil, dir., 1997).

Selon Bessette, il y a d'abord la **criminalité réelle,** c'est-à-dire l'ensemble des infractions commises au sein d'une population donnée dans une période précise. Mais l'impossibilité de cerner véritablement ces données non quantitatives et de vérifier l'authenticité des faits et gestes rapportés ne constitue pas un terrain des plus solides pour une définition de la réalité criminelle. Une solution consisterait à se rabattre sur la **criminalité apparente,** laquelle rend compte de toutes les infractions signalées aux autorités policières, mais non sanctionnées par les tribunaux. Toutefois, là encore, tous les faits occasionnant des plaintes ne sont pas nécessairement déférés à d'autres instances judiciaires. Si bien que la définition de la criminalité s'avère encore une fois plus ou moins exacte. Il est alors possible de considérer l'ensemble des actes et des infractions définis par le Code criminel et les autres lois, et légalement sanctionnés: il s'agit de la **criminalité légale.** Évidemment, cette définition de la criminalité doit, elle aussi, être examinée avec prudence, puisqu'elle relève de l'aptitude plus ou moins grande des institutions judiciaires à rendre compte efficacement de la structure de la criminalité et de son évolution. Cependant, les statistiques demeurent un bon indicateur de l'état du crime dans les sociétés et représentent un paramètre important de l'analyse sociologique de la criminalité. Mais si l'analyse quantitative de la criminalité reflète bien ce phénomène, l'aspect qualitatif ne doit pas pour autant être négligé. Ce dernier permet de mieux percevoir le côté vivant de ce phénomène, entre autres de mieux comprendre les relations entre les victimes et les condamnés, le processus d'étiquetage des individus comme criminels, les actions des divers agents en cause dans le système pénal et l'évolution même de la notion d'infraction en fonction de l'évolution des sociétés sur les plans technoéconomique (fraude informatique) et sociojuridique (l'approche communautaire comparativement à l'approche répressive).

—— Une théorie causale de la criminalité est-elle possible?

S'il est difficile d'en arriver à une définition unique de la criminalité, est-il possible d'élaborer une théorie de la criminalité qui rendrait compte de toutes ses facettes? Il semble que non. Au-delà de certaines théories qui considèrent l'individu comme génétiquement anormal ou comme pathologiquement criminel, il existe, en sociologie, un certain nombre de théories du phénomène criminel. Ces théories, toutes aussi valables les unes que les autres, sont rattachées aux différentes approches que nous avons définies au chapitre 2. Une première théorie, fonctionnaliste celle-là, considère que la criminalité peut tout bonnement faire l'objet d'un apprentissage dans un groupe donné, cela parce que l'individu considère que la loi ne répond pas adéquatement à ses besoins. Une telle attitude pourrait, selon certains, être renforcée par le laxisme de la société en matière de punition, ce qui deviendrait une cause subséquente de la criminalité. Mais rien, disons-le, ne permet d'affirmer que l'utilisation accrue de la répression puisse freiner l'augmentation de la criminalité et, inversement, qu'une justice plus clémente la stimule. Sous un autre angle, mais toujours d'un point de vue fonctionnaliste déterministe, la criminalité peut aussi être expliquée à partir du choc

---

CRIMINALITÉ RÉELLE
Ensemble des infractions commises au sein d'une population dans une période donnée.

CRIMINALITÉ APPARENTE
Ensemble des infractions signalées aux autorités policières mais non sanctionnées par les tribunaux.

CRIMINALITÉ LÉGALE
Ensemble des infractions commises en vertu du Code criminel et des autres lois et légalement sanctionnées.

des cultures sur un territoire donné au moment où la présence d'un certain nombre de groupes culturels occasionne la rencontre de normes et de valeurs parfois incompatibles. Une autre théorie, plus interactionniste, postule que la criminalité est issue d'un conflit entre une sous-culture et la culture générale. Disons d'abord qu'il ne va pas de soi, quoi que puisse en dire une approche psychologique ou même fonctionnaliste (macrosociologique et déterministe), que la connaissance des normes conduise à la soumission de l'individu à des conduites dites normales, et que la criminalité résulte d'une faillite de l'intégration sociale. Un adolescent placé devant les normes de son sous-groupe de pairs et celle de sa famille ou de la société en général peut très bien opter pour les comportements valorisés par le premier groupe même s'ils sont considérés déviants ou criminels par le groupe adulte. Le poids d'un groupe de sous-culture peut donc faire en sorte dans ce cas que la culture générale se désagrège. Autrement dit, la criminalité peut très bien relever d'un choix rationnel et personnel de quelqu'un qui trace son «plan de carrière» criminel en tenant compte des avantages et des inconvénients des gestes commis. Considérée ainsi, la criminalité est une activité pratique et logique qui répond à certaines exigences comme n'importe quel autre comportement social, et non un déterminisme du milieu ou une pathologie de l'individu. Bien que cette théorie permette *a posteriori* de comprendre le cheminement de l'individu criminel, elle ne fait pas référence à la source même de ce cheminement. Elle ne fait que l'expliquer pour mieux comprendre les gestes accomplis. Parallèlement à ces théories, il en existe une autre, qui privilégie la perspective du conflit social et qui est basée, celle-là, sur l'existence de la structure sociale ainsi que d'une hiérarchisation des individus et des groupes. Elle considère la criminalité comme la conséquence des inégalités sociales. Ainsi, certains individus, qui sont confinés dans des quartiers pauvres et exclus de la réussite scolaire (et, par la suite, de la réussite sociale), en arriveraient à exécuter des gestes illégaux. Cependant, le fait d'expliquer la criminalité en fonction de la notion d'inégalité sociale liée à la position sociale plus ou moins élevée d'un individu semble réducteur. En effet, il devient alors difficile d'expliquer la criminalité dans les affaires, la fraude, les perversions sexuelles ou l'attrait de l'alcool ou du jeu chez les nantis, ces formes de criminalité ne faisant pas toujours partie spécifiquement des statistiques, mais n'en étant pas moins bien réelles. L'analyse statistique ne rend pas suffisamment compte d'un rapport significatif entre les conditions socioéconomiques et la criminalité. On ne peut donc, pour l'instant, malgré la description de certaines dimensions de l'inégalité et de certains aspects de la criminalité, conclure hors de tout doute que celle-ci est un phénomène propre à un groupe socioéconomique.

Même si ces théories semblent parfois éloignées, chacune explique un aspect de l'origine de la criminalité ou la façon dont elle est intégrée à la vie des individus qui s'y adonnent. En ce sens, elles ne sont pas opposées, mais complémentaires. Si bien qu'on peut résumer l'apport de chacune d'elles en disant que les inégalités provoquent des frustrations qui amènent les individus à se joindre à des groupes (sous-cultures) qui font la promotion de normes et de valeurs, criminelles en l'occurrence, différentes de celles de la société. À travers l'apprentissage de cette sous-culture, les individus finissent par donner un sens à leurs faits et gestes.

> Les inégalités provoquent des frustrations qui amènent les individus à se joindre à des groupes (sous-cultures) qui font la promotion de normes et de valeurs, criminelles en l'occurrence, différentes de celles de la société.

Par-delà les différentes théories sociologiques, psychologiques ou biopsychologiques, une question reste entière : comment se fait-il que des individus issus de milieux vraisemblablement identiques ne deviennent pas tous criminels ? Aucune théorie n'a encore réussi à formuler une réponse à cette question.

—— Un portrait statistique de la criminalité au Québec

Comme nous l'avons vu, la déviance est le plus souvent, aux yeux des gens, associée à la criminalité (au regard des lois). Il est vrai, en effet, que le visage le plus présent de la déviance dans l'actualité est celui de la criminalité, de la délinquance. La criminalité semble répandue dans la société globalement sous différentes formes, comme le montre le tableau 6.4.

Tableau 6.4

Les différents types de crimes

Types de crime	Définition
Crime avec violence	Violation d'une loi relative au respect de l'intégrité de la personne (meurtre, voie de fait, enlèvement, infraction d'ordre sexuel, vol qualifié)
Crime contre la propriété	Violation d'une loi relative au respect des biens possédés par les personnes (vol, vol avec effraction, vol d'une voiture)
Crime économique	Activité illégale visant à favoriser économiquement une ou plusieurs personnes (détournement de fonds, évasion fiscale, corruption, fraude, crime dit technologique)
Crime organisé	Regroupement illégal qui régit le fonctionnement d'un ensemble d'activités criminelles sur un territoire donné (prostitution, trafic de stupéfiants, jeux et paris, prêt usuraire)

Sur les plans méthodologique et statistique, l'analyse de la criminalité se fait en fonction des infractions qui relèvent du Code criminel, infractions classifiées ainsi : infractions contre la personne, infractions contre la propriété, autres infractions au Code criminel et infractions touchant la conduite de véhicules, infractions aux lois fédérales et, enfin, infractions aux lois provinciales. Selon les dernières statistiques disponibles publiées par le ministère de la Sécurité publique du Québec, le taux global de criminalité au Québec va en diminuant depuis quelques années. De 1997 à 2003, ce taux est passé de 7665,1 crimes par 100 000 habitants à 7134,1. Depuis 1997, le taux a donc connu un déclin global de près de 7 %. La baisse la plus marquée, pour cette même période, concerne les infractions contre la propriété (vol, méfait, etc.), qui ont chuté de 23 %, passant de 5188,0 crimes par 100 000 habitants à 3994,1, mais ces crimes représentent tout de même le type d'infractions le plus répandu comparativement aux infractions contre la personne (voie de fait, agression, homicide, etc.) Ces dernières, quant à elles, ont connu une hausse importante, passant de 622,3 crimes à 695,4 par

100 000 habitants en 2003. Pour ce qui est des autres infractions au Code criminel (prostitution, jeux et paris, crime économique, crime organisé, etc.), le taux se situait à 1717 crimes, 2 par 100 000 habitants en 2003, comparativement à 905,6 en 1997 et à 853,5 en 1999, année où il a connu une diminution significative. Enfin, le taux concernant la conduite de véhicules (conduite avec facultés affaiblies, délit de fuite) est passé de 612,2 crimes par 100 000 habitants en 1997 à 390,6 en 2003. Parallèlement à ces infractions au Code criminel, il existe aussi des infractions (qu'on intègre au portrait de la criminalité) aux lois fédérales liées entre autres au phénomène des drogues et des stupéfiants. Dans ce cas précis, nous assistons à une hausse importante du taux d'infractions, qui est passé de 238,0 par 100 000 habitants en 1997 à plus de 308,2 en 2002, pour finalement subir une baisse en 2003, où il se situait à 288,4. Pour ce qui est des infractions aux lois provinciales (Code du travail, etc.), le taux est passé de 99,0 crimes par 100 000 habitants en 1997 à 48,5 en 2003 (ministère de la Sécurité publique, octobre 2004).

Si nous jetons rapidement un coup d'œil sur les auteurs de certains types d'infractions, infractions au Code criminel et infractions touchant les drogues et les stupéfiants (celles dont nous entendons parler le plus fréquemment), nous constatons qu'il existe certaines disparités en fonction de l'âge et du sexe. Ainsi, en ce qui a trait aux auteurs présumés des différents types d'infractions, c'est-à-dire les personnes reconnues comme ayant commis un acte criminel et contre lesquelles un corps de police pourrait porter des accusations, les adultes figurent en 2003 plus souvent que les jeunes parmi les auteurs présumés d'infractions au Code criminel et de celles liées aux stupéfiants, c'est-à-dire dans une proportion de 101 416 contre 25 493. Cependant, le taux de perpétration des infractions (basé sur la population de chacun des groupes d'âge prise séparément) est plus élevé chez les jeunes — même s'il a diminué depuis 1997, passant de 6709,0 par 100 000 jeunes à 4755,2 en 2003 (une diminution de 30 %) — que chez les adultes — qui, lui, est de 2228,7 par 100 000 adultes. Toujours selon les statistiques de 2003, les jeunes de 12 à 17 ans sont, d'autre part, représentés plus fortement — tous types d'infractions confondus —, avec 19 % des auteurs présumés, par rapport à la proportion de la population québécoise qu'ils constituent, soit environ 7 %. Dans leur cas, la criminalité se répartit ainsi : 44,9 % des infractions commises en 2003 le sont contre la propriété ; 22,5 % contre la personne ; 15,8 % font partie de la catégorie « autres infractions » (y compris celles relatives à la conduite de véhicules) et 16,8 % sont liées aux drogues et aux stupéfiants (une augmentation de 38,4 % de 1997 à 2003). Du côté des adultes, qui, on l'a dit, sont majoritaires parmi les auteurs d'infractions, on a observé entre 1997 et 2003 une certaine stabilité quant à leur nombre (101 896 contre 101 416). Fait intéressant à souligner, le nombre d'adultes auteurs d'infractions relatives aux drogues et aux stupéfiants a augmenté de 32,7 %, soit presque autant que chez les jeunes (38,4 %). Quant à la répartition des adultes comme auteurs des différents types d'infractions, les proportions sont les suivantes : 21,7 % pour les infractions contre la personne ; 25,3 % pour celles contre la propriété ; une forte proportion, 43,4 %, pour la catégorie « autres infractions » (y compris celles relatives à la conduite de véhicules) ; et 9,5 % pour les infractions liées aux drogues et aux stupéfiants.

Pour ce qui est de la représentativité au point de vue des sexes, les hommes sont nettement surreprésentés parmi les auteurs présumés d'infractions comparativement aux femmes. Ainsi, en 2003, les femmes ne représentaient en effet que 16 % de tous les auteurs présumés d'infractions. Leur taux de perpétration en ce qui a trait aux infractions au Code criminel est de 666,6 infractions par 100 000 femmes adultes, contre 3865,5 par 100 000 hommes adultes, soit un taux de 5 fois inférieur. La répartition de la proportion de femmes selon le type d'infractions commises s'effectue comme suit : 31,6 % pour les infractions contre la personne, 36,6 % pour les infractions contre la propriété, 24,8 % pour les autres infractions (y compris celles relatives à la conduite de véhicules), et 7 % pour les infractions liées aux drogues et aux stupéfiants. La seule infraction, de façon très spécifique, pour laquelle la représentativité des femmes était supérieure à celle des hommes en 2003 est celle de la prostitution, tant en ce qui a trait au nombre (52 % des auteurs sont des femmes) qu'au taux de perpétration (22,9 infractions par 100 000 femmes, contre 21,8 par 100 000 hommes).

Disons, en terminant ce portrait rapide de la criminalité, que, comparativement au nombre total des infractions commises au Canada (2 572 243) en 2003, le Québec représentait environ 18,6 % de ce nombre, contre 29 % pour l'Ontario. Malgré un pourcentage nettement plus faible, le Québec a tout de même dépensé en moyenne, pour les services de police, 215 $ par habitant contre 283 $ pour l'Ontario, la moyenne étant de 250 $ pour l'ensemble du Canada. Mentionnons que le taux de criminalité par 100 000 habitants est plus élevé au Québec qu'en Ontario (7134,1 crimes contre 6657,9).

6.5 La marginalité : vivre en dehors de la société

—— Définition

> **MARGINALITÉ**
> État dans lequel se trouvent des individus, groupés ou non, qui fonctionnent en dehors des normes ou des valeurs reconnues par un groupe ou une société.

> **ITINÉRANCE**
> Mode de vie conduisant des individus à vivre dans la rue, sans domicile fixe.

> **EXCLUSION SOCIALE**
> Processus par lequel un individu se voit privé de certains droits ou privilèges dans la société.

> **STIGMATISATION**
> Processus d'étiquetage entraînant la disqualification d'une personne ou d'un groupe pour l'empêcher d'être pleinement accepté par la société.

La déviance résulte de la transgression des normes sociales, d'une attitude consciente et volontaire de la part d'un individu, dans une certaine mesure d'une décision individuelle. La **marginalité** est, quant à elle, déterminée par la société, voulue par elle. L'individu ne décide pas d'entrer ou non dans la marginalité, la société lui colle, en quelque sorte, cette étiquette contre son gré. Ce serait dire que la marginalité n'a aucun lien avec la déviance ? Pas tout à fait. La distinction entre les deux est réelle, mais la frontière est incertaine. La criminalisation de la marginalité est une réalité dans beaucoup de cas. Il arrive, en effet, comme nous le disions à propos de la déviance, que certains phénomènes, l'**itinérance** par exemple, soient temporairement ou durant une longue période judiciarisés en théorie ou en pratique selon le degré de contrôle exercé sur des phénomènes sociaux par le pouvoir et selon sa volonté de le faire. Les conditions de vie de la marginalité conduisent fréquemment, pour ne pas dire inévitablement, à commettre des délits. Ces deux concepts rejoignent donc des réalités parfois semblables. La déviance, toutefois, a la plupart du temps une connotation plus criminelle, au regard des lois, alors que la marginalité, comme nous le disions, relève davantage de l'**exclusion sociale.**

La marginalité renvoie à une diversité de sens et de conditions de vie. D'autre part, les motifs de la marginalisation de certains individus ou groupes peuvent varier énormément. C'est pourquoi on ne peut élaborer un modèle global permettant de traiter de tous les éléments expliquant la marginalité. Malgré cela, un certain nombre de caractéristiques comme la précarité, la vulnérabilité, la ghettoïsation, la **stigmatisation** et l'isolement permettent, en partie à tout le moins, de mieux la comprendre.

Lorsque l'on parle de marginalité, on évoque l'impossibilité pour des personnes, au nom de certaines normes, de correspondre à la conformité telle qu'elle est définie. De ce point de vue, on peut inclure dans la marginalité des catégories d'individus de toute nature, de toute origine, comme les personnes handicapées, les personnes défavorisées, certains groupes ethniques ou les itinérants.

La marginalité, comme la déviance, est définie par le contrôle social. C'est lui qui détermine quelles situations feront l'objet d'une exclusion sociale, comme le chômage, le manque de qualification professionnelle, l'orientation sexuelle, la condition physique, etc. Les marginaux issus du regard social, c'est-à-dire de la façon dont sont perçus des individus à une époque donnée, sont alors désignés par la société dans des discours explicites ou des pratiques sociales discriminatoires. Mais l'appartenance à un ensemble de marginaux peut s'avérer, dans certains cas, le choix de l'individu. La marginalité devient alors un acte volontaire comme dans le cas de l'adhésion à une secte.

Qu'elle soit imposée ou choisie, la stigmatisation que subissent les individus n'est pas facile à vivre. Le **stigmate,** qui était jadis une marque sur la peau d'un individu pour signifier son infamie, est aujourd'hui une marque sociale. Des stigmates sont parfois accolés à la race, à la religion, à l'ethnie et à la condition physique (les maladies incurables et infectieuses). Certaines formes de stigmatisation feront l'objet d'une étude plus détaillée aux chapitres 8 et 9.

Un itinérant qui transporte sa vie dans des sacs. L'itinérance est un phénomène complexe de marginalité.

> **STIGMATE**
> Caractéristique d'un individu, comme son apparence, son sexe, son groupe ethnique ou sa classe sociale, qui jette le discrédit sur lui.

—— Un processus d'exclusion

La marginalisation prend forme dans l'humiliation (les déficients ridiculisés), la discrimination (les Noirs à qui l'on refuse de louer un appartement), mais aussi dans l'autoréclusion (les personnes obèses qui se cachent de peur d'être remarquées). La marginalité est beaucoup plus qu'un miroir en fonction duquel chacun vit individuellement. Elle est l'expression d'un rejet collectif, que doivent vivre tous les individus visés. Les marginaux sont placés dans une situation où ils sont incapables de créer une image d'eux-mêmes pour ne pas laisser transparaître leur véritable identité. Plusieurs d'entre eux se refusent donc à affronter et à combattre la pression sociale à laquelle on les soumet. On assiste alors à ce qu'Erving Goffman appelle le « syndrome de Cendrillon ». Les marginaux ne veulent pas vivre ce qu'ils sont devant l'ensemble des gens. Ils préfèrent se trouver dans une situation où ils n'ont pas l'obligation de porter un déguisement. Certains diront alors qu'ils s'excluent eux-mêmes de la société. Mais la réalité est tout autre. La marginalisation provient en réalité de la majorité envers la minorité. La société tolère mal les différences, qu'elles soient ethniques, sexuelles, physiques ou intellectuelles. On assiste alors à une marginalisation sournoise, non officielle et négative, comme nous le verrons dans les prochains chapitres. Mais l'exclusion issue de ces différences n'est pas toujours de cette nature. Elle peut en effet devenir tout à fait acceptable, officielle et positive. Ainsi, on ne peut bien sûr demander à un handicapé physique d'occuper un poste de monteur électricien.

Les critères de la marginalisation

Mais, sans égard à ces deux types de marginalité, la stigmatisation peut être faite suivant trois critères plus généraux, qui conduiront à l'établissement d'une sanction sociale très forte, sinon au rejet de certaines personnes. Ces trois critères nous permettent de désigner de façon plus juste la marginalité officielle négative, c'est-à-dire celle qui est reconnue, institutionnalisée et punie au nom des valeurs établies par la société, sinon par la loi.

Les Juifs hassidim vivent presque en communauté fermée, notamment rue Hutchison, à Montréal.

Le mode de vie C'est le premier critère qui permet d'identifier le marginal. Pour la société québécoise, le fait de s'adonner au végétarisme, à l'hassidisme si l'on est juif ou au naturalisme constitue un mode de vie suffisamment différent pour être un critère de la marginalisation, sinon de rejet, puisqu'il va à l'encontre des préceptes normalement acceptés par la majorité. La marginalisation s'effectue parfois dans une société de façon tellement forte que l'individu en arrive à un certain conditionnement qui l'amène à vivre de manière cloisonnée. Par exemple, même si un individu estime qu'il est victime de la pollution comme l'ensemble de la population, il ne peut dénoncer l'entreprise pour laquelle il travaille, si polluante soit-elle, sans quoi il sera marginalisé. La marginalisation serait donc issue de l'unification des deux modes de vie et de la négation du cloisonnement établi. Certains peuvent peut-être admettre une réalité contradictoire dans la vie de tous les jours. D'autres constatent rapidement l'incompatibilité des univers dans lesquels ils évoluent parfois en même temps. Ils supportent alors difficilement cette situation créée par la stigmatisation négative de la marginalité, qui renforce donc la logique de la division sociale des rôles et activités et de l'ordre social tel qu'il est conçu. Mais ne faudrait-il pas s'interroger davantage sur les conséquences du refus d'un croisement des rôles sociaux au nom de la défense d'un ordre social qui devient de plus en plus irrationnel ? Un choix devra se faire.

L'exclusion du travail salarié Le deuxième critère permettant de marginaliser une personne est le rapport avec le travail, avec la production, avec la participation au jeu économique. Ce critère définit mieux la marginalité, la rend plus concrète. La non-participation, voulue ou imposée, au monde du travail est alors au centre de la perception de la marginalité. Mais, là encore, il faut s'interroger sur la pertinence de l'évaluation des individus en fonction de l'orientation de toute la société quant au travail, à la production. Une part importante de la population n'a pas de travail. Au Québec, près de 20 % de la population est maintenue en dehors de ce mécanisme de contrôle social que l'on présente comme universel. L'importance accordée au rapport entre la marginalité et le travail sert de toute évidence de protection contre le danger que peuvent représenter des individus inactifs dans une société idéalisant l'action productive. Le « non-sens » de l'inactivité dans nos sociétés doit être stigmatisé, de peur que la majorité qui travaille n'en vienne à considérer le travail comme étant lui-même un non-sens. Cette menace amène d'ailleurs la population active et les politiciens à suggérer que les mesures sociales deviennent une incitation à l'activité productive, même futile, et soient conséquemment plus qu'un palliatif, et que les budgets rattachés à ces mesures soient réduits.

Le refus du pouvoir Selon ce troisième critère de la marginalisation, on est marginal à partir du moment où l'on refuse d'agir, de participer à la prise de décisions au sein de la société à laquelle on appartient. Mais attention ! Cette non-participation, perçue comme un critère de marginalisation, n'est-elle pas en train de constituer le fait de plus en plus de gens qui seront probablement marginalisés ? L'anormalité pourrait-elle alors devenir la norme ? Si tel était le cas, il faudrait s'attendre à des mutations profondes dans certaines sociétés démocratiques. Les personnes qui exercent le pouvoir devraient alors se poser des questions sur leur rôle. L'absence sociale que manifeste ce refus du pouvoir est peut-être moins synonyme de passivité que de recherche d'une solution de rechange.

Dossier 6.1 L'itinérance : une image de la marginalité

L'itinérance est un phénomène social encore peu connu. Sa problématique est très complexe. L'alcoolisme, que l'on a toujours désigné comme la cause principale de l'itinérance, n'est plus le seul élément déclencheur de ce phénomène. Un ensemble de facteurs économiques, physiques, mentaux et moraux y jouent un rôle important. De façon plus précise, on peut dire que l'itinérance est marquée par la désaffiliation sociale, où l'individu a rompu ses liens avec l'ensemble de ses réseaux d'appartenance. Elle relève aussi d'une pauvreté matérielle très grande. Elle signifie aussi, pour la personne qui la vit, une absence totale de maîtrise de sa vie et une rupture avec le fonctionnement social et avec toute forme de contrôle pouvant s'exercer sur elle. L'itinérance se perpétue, d'autre part, en raison d'un problème d'accessibilité à des services qui permettraient aux individus qui le veulent de s'en sortir. Elle constitue donc une facette de la marginalité officielle qui, par surcroît, est de plus en plus visible.

La situation de l'itinérance s'est transformée depuis les 50 dernières années au Québec. Après une certaine régression dans les années suivant la Seconde Guerre mondiale, elle connaît depuis 1980 une forte progression. Les récessions de 1981 et 1989 ont contribué à une augmentation du nombre d'itinérants en plus de rendre plus hétérogène cette partie de la population. Le dénombrement exact, comme nous le verrons plus loin, des sans-abri au Québec est difficile à faire puisque nous n'avons pas de moyens précis permettant de circonscrire une telle réalité. Par ailleurs, la composition même de cette population est maintenant très diversifiée. L'image du « vieux robineux » est dépassée. La population itinérante est de plus en plus jeune, elle est même très jeune. De plus, l'itinérance a tendance à se féminiser ; du moins, un plus grand nombre d'études portent sur la situation des femmes sans-abri. Et il semble que l'itinérance rejoigne désormais des membres des classes moyennes. Globalement, les groupes les plus touchés par cette réalité sont donc les personnes souffrant de troubles psychiques, les personnes atteintes de troubles du spectre de l'alcoolisation fœtale, les toxicomanes, les familles monoparentales dirigées par une femme, les jeunes, les personnes qui fuient la violence familiale, les réfugiés et les immigrants récents, les ex-détenus, les petits salariés et les Autochtones (principalement dans les villes suivantes : Vancouver, Edmonton, Calgary, Saskatoon, Régina, Winnipeg, Thunder Bay et Toronto).

Cette thèse de l'acte délibéré peut permettre à plusieurs de ne pas avoir à repenser les règles qui régissent nos choix collectifs. Elle fait fi, alors, de la détérioration des conditions sociales et économiques et des causes structurelles dans l'explication de l'itinérance. En ce sens, l'itinérance ne correspond pas uniquement à un monde défavorisé économiquement. Elle est le résultat de rapports sociaux où une catégorie sociale plus riche nie à une autre catégorie sociale des droits fondamentaux, comme l'instruction et le travail. Les itinérants sont donc beaucoup plus victimes d'un processus d'exclusion sociale que d'une prise de distance ou d'un retrait volontaire de la vie sociale (Roy, 1988). L'itinérance est l'aboutissement d'une démarche inextricable qui, jour après jour, pousse les individus dans une situation où ils s'enfoncent davantage. Cela ne relève certes pas d'un choix et encore moins du hasard. De plus, s'installe avec le temps une attitude de résignation qui conduit la personne rejetée et dévalorisée par la société à rationaliser et à valoriser le mode de vie de l'itinérance qui est désormais le sien. Emprisonnés d'abord par la société et ensuite par eux-mêmes dans un monde détérioré, vidé de tout lien affectif, les itinérants se donneront un discours qui soutiendra leur condition d'exclus aux yeux des autres autant qu'à leurs propres yeux.

Toutefois, la question à laquelle les chercheurs sont le plus souvent amenés à répondre porte sur le nombre exact de personnes vivant dans une situation d'itinérance. Peut-on, en effet, arriver à chiffrer l'ampleur de ce phénomène ? La face connue de l'itinérance, celle des « sans-abri chroniques » (les personnes sans revenu, sans biens, qui dorment dans les parcs ou autres lieux publics ou dans des centres d'hébergement), représente la partie la moins importante de ce phénomène. La face cachée, cependant, englobe le groupe le plus nombreux et le plus visible : les « sans-abri épisodiques ». Ceux-ci vivent dans des conditions matérielles minimales et reçoivent des prestations d'aide sociale. Il est toutefois évident que l'accumulation de diverses données sur l'accroissement de ce phénomène constitue un élément de sensibilisation majeur de la population tout autant qu'un élément de pression sur les pouvoirs politiques et économiques. Mais il serait souhaitable que toute méthode quantitative de recensement s'accompagne d'une évaluation qualitative si l'on veut avoir une idée plus complète du phénomène.

Bref, le nombre d'itinérants ne peut être déterminé de manière très précise. Dans une vaste étude menée en 1996 par Santé Québec à Montréal et à Québec, on a toutefois estimé le nombre de sans-abri à plus de 28 214 à Montréal et à 11 295 à Québec. Pour arriver à ces chiffres, Santé Québec a comptabilisé les personnes ayant utilisé les ressources d'hébergement pour sans-abri, les personnes ayant fréquenté des centres de jour pour sans-abri et les soupes populaires. De « race » blanche, cette population est aux trois quarts composée de francophones et, suivant les données sur lesquelles on s'appuie, elle comprend entre 50 % et 75 % d'hommes (certaines sources parlent de 95 % d'hommes). Mais selon l'Institut Vanier de la famille (McCloskey, 2000), le quart des sans-abri qui ont déjà eu recours au système des refuges sont des femmes. Même si les deux tiers des hommes itinérants ont entre 25 et 45 ans, et que la moyenne d'âge des femmes itinérantes est quant à elle de 45 ans, les jeunes sont de plus en plus représentés au sein des itinérants. En effet, selon les spécialistes du milieu et les chercheurs, il est vrai qu'il y a un rajeunissement de la population itinérante. Suivant les études, par rapport à l'ensemble des itinérants, le pourcentage de jeunes peut varier. Le groupe Diogène, un organisme qui vient en aide aux jeunes psychiatrisés, estime à plus de 3000 — entre 2000 et 4000, selon l'Institut Vanier de la famille (McCloskey, 2000), quoique certaines études évaluent ce nombre à 10 000 — le nombre d'itinérants qui ont entre 18 et 30 ans à Montréal. Évidemment, ces chiffres concernant les jeunes itinérants (de 18 à 30 ans) ne tiennent pas compte des mineurs, dont le nombre tendrait aussi à augmenter de manière dramatique. L'itinérance frappe donc tous les secteurs de la population : les hommes et les femmes, les jeunes et les vieux, les individus scolarisés et ceux qui ne le sont pas. Sur ce dernier point, mentionnons que, en 1996, 78 % des sans-abri (hommes et femmes) avaient complété une scolarité de niveau secondaire ou inférieur, contre 22 % qui avaient atteint la treizième année ou un niveau supérieur (ce taux était de 12 % en 1985) (Roy, 1988). En 1973, 37 % des hommes itinérants avaient fait des études secondaires ; en 1985, ils étaient près de 54 % et plus de 70 % en 1996.

Le profil du sans-abri révèle aussi une problématique fort complexe, comme nous le disions précédemment. En 2002, les toxicomanes représentaient 41,2 % des sans-abri à Montréal, mais on estime par ailleurs que trois personnes sur quatre consomment des substances psychotropes (alcool, drogues) qui conduisent à de graves problèmes de dépendance. On dit aussi que 43,2 % des sans-abri de Montréal souffrent de problèmes de santé mentale et que la moitié des itinérants ont déjà été incarcérés au moins une fois. D'autres sources brossent un tableau aussi peu reluisant de cette condition de vie, ou plutôt de survie.

Comme on le voit, l'itinérance n'est pas, statistiquement parlant, en voie de se résorber. D'ailleurs, la sensibilisation aux problèmes des sans-abri résulte de l'augmentation de leur nombre et de leur visibilité croissante. Il faut aussi souligner que le risque de l'itinérance rejoint maintenant des catégories socioéconomiques (la classe moyenne) jusque-là épargnées par ce phénomène. Que faire pour stopper la progression lente mais continue de ce fléau social ? Doit-on envisager des solutions globales ? Doit-on compter sur de grandes stratégies d'intervention sur lesquelles pèsent des contraintes politiques et économiques ? Bien qu'il ne faille pas minimiser les efforts des personnes qui œuvrent dans les services offerts aux sans-abri quotidiennement, il faut adopter une perspective beaucoup plus large pour s'attaquer aux causes de cette situation que sont la pauvreté, la sousscolarisation, l'accès difficile au travail, l'isolement, etc. On devrait enclencher ce processus avant même de concevoir des programmes portant sur des interventions individuelles. Sinon, la situation du chien qui court après sa queue risque de se perpétuer. Le Québec assure déjà à ces victimes de la société des conditions meilleures que dans bien d'autres pays par l'intermédiaire de régimes d'aide sur les plans social et médical. Mais de nombreux problèmes persistent (comme le chômage, la précarisation de l'emploi, les difficultés de certains jeunes ou la violence familiale), ce qui a pour effet d'alimenter l'itinérance dans notre société. Voilà sûrement un défi de taille en ce qui a trait aux choix politiques et économiques que nous aurons à faire. Les solutions ne sont ni simples ni complètes.

—— La marginalité positive

En terminant, il faut aussi se questionner sur la présence d'une marginalité « non officielle positive » qui s'avère dans les faits une problématique autant que la marginalité ciblée jusqu'à maintenant. Il est plus ardu de préciser ses contours, même si elle tend de plus en plus à se répandre, compte tenu du fait qu'elle ne se démarque pas nécessairement de l'ordre social en fonction des critères que nous avons énumérés. Elle renvoie en fait à tout ce qui vit parallèlement au fonctionnement établi et valorisé par le système social, qui ne le condamne ni le louange. Là-dessus, l'exemple de l'économie parallèle est éloquent. On entend par économie parallèle une « contre-économie » qui donne naissance à une sorte de double marché du travail : le secteur des emplois stables et le secteur des emplois précaires, ces derniers étant les emplois temporaires, à temps partiel ou provisoires. Le secteur des emplois précaires connaît, on le sait, un développement non négligeable depuis une décennie. L'économie officielle, pour son profit, encourage ces autres formes de travail et, probablement indirectement, le travail au noir. Cela se fait évidemment à l'encontre même de la logique des systèmes politique, économique et social selon laquelle il faut idéalement que l'individu ait un emploi stable et que tout le monde paie son dû à l'État. Il y aurait donc une complicité entre le fonctionnement parallèle de cette marginalité et la structure officielle. On créerait alors, tout à fait consciemment, ce type de marginalité, tant qu'elle ne devient pas menaçante. Il faut dire que ce type de marginalité est toléré davantage dans les périodes économiques difficiles, car il permet une maîtrise des individus susceptibles d'exprimer des revendications économiques et sociales qui pourraient s'avérer menaçantes pour l'ensemble de la société.

En ce sens, le maintien d'un système social et le désir de contrôler un certain nombre d'individus dans la société semblent justifier la mise en place d'une forme de marginalité. On obtient ensuite l'assentiment, à l'égard de cette marginalité, des individus jugés conformes en liant l'existence même de leur situation à l'acceptation de ce type de non-conformité. Ainsi, pour assurer le maintien d'un certain nombre d'emplois stables ou même pour éviter la fermeture de l'entreprise, un syndicat se verra forcé d'accepter l'instauration d'emplois précaires comportant des conditions de travail moins avantageuses

> **Le maintien d'un système social et le désir de contrôler un certain nombre d'individus dans la société semblent justifier la mise en place d'une forme de marginalité.**

et, conséquemment, un statut social dévalorisé. Cette marginalisation non identifiée peut même être présentée comme le moteur de la transformation ou de l'avancement de la société. Lorsqu'on dit : « L'avenir est dans le travail à temps partiel », de quel avenir parle-t-on ? Pour qui et pourquoi ?

En définitive, le processus d'exclusion sociale varie selon que la société considère la marginalité de manière restrictive (les individus différents doivent être exclus et le sont pour le « bien » de la société) ou au contraire de manière constructive et positive : il est normal que certains emplois, par définition, ne soient pas accessibles à tous ; la survie du marché de l'emploi et de l'ordre économique en dépend. Toutes les sociétés éprouvent les contradictions qui justifient l'acceptation de certaines formes de marginalité et le rejet d'autres formes. Mais les critères de positivité et de négativité de la marginalité demeurent flous et arbitraires. Qu'est-ce qui fait, fondamentalement, qu'une marginalité puisse être considérée comme étant positive ou négative ? La question n'est pas encore élucidée en théorie même si, en pratique, les clivages sont de plus en plus marqués. Dans les chapitres qui suivent, nous approfondirons notre compréhension des bases de la marginalisation de certains individus en raison du niveau socioéconomique, du groupe ethnique, du sexe ou de l'âge.

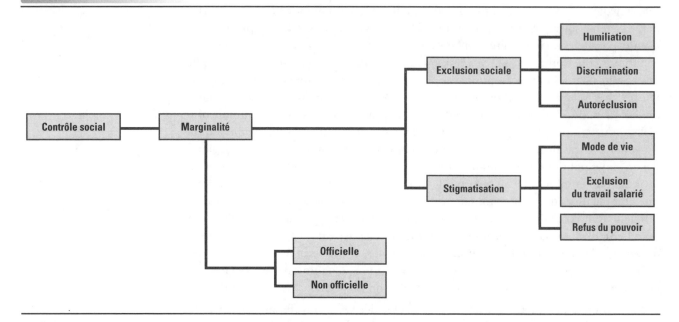

RÉSUMÉ

1. Les façons d'agir et d'être dans une société ou dans un groupe sont liées à des perceptions concernant la conformité (l'acceptation des normes et des valeurs de la société), la déviance (le rejet de celles-ci) ou la marginalité (la stigmatisation par rapport à celles-ci).

2. Pour déterminer ce qui est conforme et ce qui ne l'est pas, toute société exerce un contrôle social, c'est-à-dire une pression visant à régulariser le comportement humain. Cette réglementation se situe non seulement sur le plan des comportements globaux, mais aussi sur celui des comportements les plus intimes. Certains comportements peuvent faire l'objet d'une criminalisation partielle ou totale pendant un certain temps. D'autres peuvent à l'inverse être décriminalisés.

3. Le contrôle social peut s'exercer d'une façon formelle ou d'une façon informelle. Les techniques de contrôle social informel sont indirectes et parfois inconscientes. Ainsi, un regard, une expression du visage ou un geste démontreront notre approbation ou notre réprobation quant à un comportement. Le contrôle social formel, pour sa part, comprend toutes les formes de limites directes imposées à nos comportements. Cela inclut les lois, les règlements de toutes sortes, les institutions judiciaires, la bureaucratie et les formes d'autorité sociale, économique et politique.

4. L'évaluation des comportements des individus dans notre société se fait aussi en fonction de leur légalité, c'est-à-dire en vertu des lois, et de leur légitimité, c'est-à-dire au regard de leur reconnaissance par la population. La combinaison variable de ces deux notions conduit à une acceptation ou au rejet des individus qui adoptent ces différents comportements.

5. Certaines études ont démontré à quel point le désir des individus de définir et de soutenir une norme de groupe peut être fort. Dans une situation précise, certains individus vont même jusqu'à dépasser le niveau de soumission que l'on attend d'eux tant leur besoin de solidarité avec le groupe est intériorisé. Ces études ont par le fait même indiqué que le pouvoir exercé sur des individus peut conduire ceux-ci aux pires excès, à l'abdication, sous la pression, de leurs opinions, de leur jugement et même de toute logique. C'est la surconformité.

6. La déviance renvoie à la transgression des normes d'un groupe ou d'une société. Elle ne peut être comprise que dans un contexte social donné. Elle relève par conséquent de la non-intégration ou du rejet de certaines normes. La déviance fait l'objet d'un apprentissage lié au milieu de vie, qui, par l'image qu'il donne à l'individu de lui-même, tend à renforcer chez lui ce type de comportement. Les gestes inacceptables qui ne sont pas nécessairement sanctionnés doivent être considérés comme de la déviance au même titre que ceux qui sont jugés criminels.

7. La criminalité peut se définir de différentes façons. La sociologie s'appuie d'abord sur une définition statistique, quantitative et juridique qui permet de cerner la réalité criminelle de la manière la plus exacte possible. C'est ainsi qu'un coup d'œil jeté sur le portrait statistique de la criminalité au Québec permet de constater que le taux de criminalité a diminué entre 1992 et 1997, et que la criminalité est surtout le fait d'adultes et d'hommes. Toutefois, l'analyse qualitative s'avère aussi un aspect essentiel pour bien comprendre cette réalité. Lorsqu'il s'agit de donner, d'autre part, une explication causale de la criminalité, plusieurs théories s'offrent à nous. Ces théories, qui ne sont pas opposées mais complémentaires, fournissent un éclairage global sur les causes diverses qui sont à l'origine de la criminalité.

8. La marginalité recoupe une réalité liée à un phénomène d'exclusion sociale et de stigmatisation pour les personnes qui sont dans l'impossibilité de correspondre à la conformité telle qu'elle est définie. C'est la société qui détermine quels individus seront victimes d'exclusion et de stigmatisation en fonction de critères comme le mode de vie, l'exclusion du travail salarié ou le refus du pouvoir. Les différentes formes de marginalité ne sont cependant pas évaluées de la même façon par la société. Tout comme dans le cas de la déviance, les individus exclus en viennent à développer une image négative d'eux-mêmes, qui renforce ce qu'ils sont, alors que d'autres tentent de ne pas laisser transparaître leur véritable identité.

MOTS-CLÉS

Anomie	p. 182	Criminalité réelle	p. 192	Légitimité	p. 175
Conformité	p. 170	Déviance	p. 180	Marginalité	p. 196
Contexte social	p. 170	Déviance négative	p. 180	Stigmate	p. 197
Contrôle social	p. 170	Déviance positive	p. 180	Stigmatisation	p. 196
Contrôle social formel	p. 173	Élites	p. 176	Surconformité	p. 177
Contrôle social informel	p. 173	Exclusion sociale	p. 196	Transgression	p. 191
Criminalité apparente	p. 192	Itinérance	p. 196		
Criminalité légale	p. 192	Légalité	p. 174		

1. Le contrôle social est le moyen par lequel la société tente :

   a) de nous imposer une conviction profonde et stable ;

   b) de nous forcer à aimer tous les gens de notre groupe d'appartenance ;

   c) de régulariser nos gestes et nos comportements au regard de ceux des groupes auxquels nous appartenons ;

   d) de nous amener à nous distinguer de l'ensemble des gens qui nous entourent ;

   e) de nous amener à tolérer des valeurs en contradiction avec les nôtres.

2. Quand on fait référence aux façons indirectes, presque inconscientes, de faire pression sur un individu pour obtenir de lui la conformité, on parle alors :

   a) de contrôle social indirect ;

   b) de contrôle social volontaire ;

   c) de contrôle social informel ;

   d) de contrôle social rationnel ;

   e) de contrôle social formel.

3. La conformité signifie :

   a) autonomie pour agir ;

   b) évaluation objective des comportements ;

   c) soumission à des règles, à des formes d'autorité ;

   d) non-reconnaissance de la différence des rôles sociaux ;

   e) indifférence à l'égard des comportements déviants dans un groupe.

4. Des organisations comme le Conseil du patronat du Québec ou le Collège des médecins du Québec sont des groupes :

   a) légaux et légitimes ;

   b) illégaux et légitimes ;

   c) légaux et illégitimes ;

   d) illégaux et illégitimes.

5. La légitimité signifie :

   a) la reconnaissance de l'hétérogénéité de la société ;

   b) la reconnaissance de comportements en fonction de nos valeurs personnelles ;

   c) la reconnaissance de comportements par l'appui majoritaire de la société ;

   d) la reconnaissance de différences ethniques dans une société ;

   e) la reconnaissance de comportements en vertu du cadre des lois d'une société.

6. « La violation des normes d'un groupe ou d'une société » correspond à la définition :

   a) de la discrimination ;

   b) de la marginalisation ;

   c) de la délinquance ;

   d) de la déviance ;

   e) de la dépression.

7. Selon le sociologue états-unien Robert K. Merton, le fait de ne pas accepter les buts de la société tout en acceptant les moyens qu'elle nous donne pour les atteindre nous place dans un état :

   a) de conformité ;

   b) de rébellion ;

   c) de modification ;

   d) de ritualisme ;

   e) de redéfinition ;

   f) d'immobilisme.

8. Indiquez à quelle notion vous pouvez rattacher la définition suivante : « État dans lequel se trouvent des individus, groupés ou non, qui fonctionnent en dehors des normes ou des valeurs sociales reconnues par un groupe ou une société. »

   a) à la criminalité ;

   b) à l'agressivité ;

   c) à l'anormalité ;

   d) à la marginalité ;

   e) à la vulnérabilité ;

   f) à la réactivité.

9. Vrai ou faux ?

   a) La déviance est déterminée en fonction du contexte social dans lequel elle est exercée.

   b) La frontière entre la conformité et la surconformité peut être franchie sans qu'on en soit vraiment conscient, sans qu'on comprenne nécessairement ce qui nous arrive.

10. Le niveau de criminalité qui permet d'obtenir un portrait de celle-ci au regard du nombre d'infractions définies en vertu des différentes lois et légalement sanctionnées fait référence :

    a) à la criminalité réelle ;

    b) à la criminalité légale ;

    c) à la criminalité statistique ;

    d) à la criminalité apparente ;

    e) à la criminalité pénale.

ACTIVITÉS INTERACTIVES

Les inégalités et les différences sociales

Troisième partie

3

Chapitre 7

Les classes sociales

7.1 Les mêmes chances pour tous ?

Sébastien est un élève de deuxième année. Il est attentif en classe et il apprécie l'étude. Ses bulletins scolaires indiquent des résultats supérieurs à la moyenne. Martin est également en deuxième année, mais dans une autre école de la ville. Il est aussi attentif en classe et il apprécie l'étude. Ses résultats sont semblables à ceux de Sébastien.

Même s'ils obtiennent des résultats scolaires presque identiques, Sébastien et Martin ont une origine sociale différente. Leurs parents se situent aux deux extrémités de l'échelle sociale. Selon des études sociologiques comme celles d'Alain Massot (1978) et de Pierre Dandurand (1986), l'ensemble des individus qui partagent les mêmes conditions que Martin ont environ quatre fois plus de chances que ceux qui partagent les conditions de Sébastien de poursuivre leurs études jusqu'à l'université et, par la suite, d'exercer une profession.

Les profils de carrière hypothétiques de Sébastien et de Martin peuvent être déterminés par la connaissance de quelques faits qui les concernent. Martin est le fils d'un professionnel reconnu que son salaire annuel situe dans la catégorie des gens ayant les revenus les plus élevés. Le père de Sébastien, qui n'a pas terminé ses études secondaires, travaille de temps en temps comme commis ou comme gardien. Son revenu annuel le place dans la tranche de 10 % de la population la plus démunie. Malgré leurs aptitudes scolaires semblables, Martin et Sébastien n'ont pas les mêmes chances de réussite sociale. La réussite sociale dépend de l'effort, du talent, mais aussi de certaines caractéristiques de l'individu qui lui sont léguées par son milieu social, économique et culturel ou qu'il a acquises dans ce milieu.

L'origine sociale de Martin et celle de Sébastien ne permettent cependant pas de prédire avec une certitude absolue leurs profils de carrière. La société dans laquelle nous vivons n'est pas une mécanique qui détermine complètement le sort des individus. Il peut même se produire le contraire de ce qui est prévisible, c'est-à-dire que Sébastien pourrait devenir un professionnel plutôt que Martin, mais le taux d'accès à l'université des jeunes de leurs milieux continuera à être inégal.

Dans certaines sociétés qui font une discrimination dans l'emploi, la résidence, les droits, etc., fondée sur la race, comme les États-Unis avant les années 1960 ou l'Afrique du Sud avant l'abolition de l'apartheid, le sort de Martin et de Sébastien aurait été plus facilement prévisible. Si Sébastien avait été le fils d'une famille de descendants d'esclaves noirs vivant dans l'État américain de la Géorgie au début du XXe siècle, on aurait pu prédire, sans grand risque de se tromper, la situation sociale que Sébastien occuperait à l'âge adulte. La place des individus de race noire, dans une société comme la Géorgie, était rigidement régie par les lois, ce qui avait

> **L'origine ethnique des parents et les conditions économiques dans lesquelles ils vivent influent encore aujourd'hui sur le profil de la réussite sociale de leurs enfants.**

pour effet de concentrer la main-d'œuvre de race noire dans des emplois moins bien payés que ceux des Blancs. Heureusement, ce n'est plus le cas aujourd'hui, mais il demeure que l'origine ethnique des parents et les conditions économiques dans lesquelles ils vivent influent encore aujourd'hui sur le profil de la réussite sociale de leurs enfants.

Le but de ce chapitre est d'étudier les classes sociales, des groupes sociaux que les sociologues considèrent comme très importants à la fois pour l'individu et pour la société. Pour les sociologues (Briand et Chapoulie, 1980), l'expression « classes sociales » désigne les groupes sociaux qui ont des caractéristiques et des comportements différents, et qui constituent la société. Des différences considérables peuvent se manifester entre des individus qui, comme Martin et Sébastien, se ressemblent au départ. Ils peuvent devenir très différents à cause de leur niveau d'instruction, de leur emploi, de leur revenu et de leur richesse, de leur style de vie, de leur pouvoir et de la considération sociale qu'ils obtiennent. L'étude des classes sociales nous amène à reconnaître des inégalités, des différences ou même des conflits entre les individus du simple fait qu'ils ne partagent pas la même place dans la société.

Les inégalités de revenu : où est la limite acceptable ?

Pour effectuer l'exercice qui suit, vous devez connaître le salaire que différentes personnes reçoivent de leur emploi. Il vous faut calculer l'écart entre le salaire de base d'une ou d'un employé d'une entreprise et le salaire le plus élevé dans la même entreprise. Vous obtiendrez l'écart en divisant le salaire le plus élevé par le salaire le plus bas.

Déterminez l'écart maximal (sous forme de multiple) entre le salaire le plus élevé et le salaire le plus faible dans votre collège. Comparez cet écart avec celui que vous obtenez dans le cas d'une banque, d'une caisse populaire ou d'une entreprise manufacturière.

Comparez en petits groupes vos résultats. Vos réponses sont-elles semblables ? Selon vous, quel écart maximal de revenu notre société devrait-elle accepter ? Pour appuyer votre opinion, vous pouvez consulter le dossier 7.3 au sujet de la distribution inégale des revenus.

La lecture de ce chapitre devrait vous permettre de répondre aux questions suivantes :

- Qu'est-ce qu'une caste ?
- Qu'est-ce qu'une classe sociale ?
- Quelles sont les principales caractéristiques des classes sociales selon les approches marxiste et fonctionnaliste ?
- Comment chacune de ces approches distingue-t-elle les classes sociales ?
- Du point de vue de leur étude des classes sociales, qu'est-ce qui distingue l'approche fonctionnaliste de l'approche marxiste ?
- Quelle est l'influence des classes sociales sur le comportement des individus ?

7.2 Les castes : on est nés pour un p'tit pain

—— Définition

Un **système de castes** est un système de catégories sociales hiérarchiques dont les critères d'appartenance sont basés essentiellement sur la naissance et la pureté religieuse. Ainsi, dans un système de castes, les individus deviennent automatiquement, dès leur naissance, membres de la même caste sociale que leurs parents. De cette façon, les castes se maintiennent et se prolongent de génération en génération. Les pouvoirs et les droits de chaque caste sont bien définis. Les individus savent exactement ce qui leur est permis et ce qui leur est interdit, tant sur le plan individuel que sur le plan collectif.

> **SYSTÈME DE CASTES**
> Système de catégories sociales hiérarchiques dont les critères d'appartenance s'appuient surtout sur la naissance et la pureté religieuse.

Le mot « caste » vient du portugais *casta,* qui signifie « pur, sans mélange », et qui fut employé par les Portugais en Inde pour désigner les groupes sociaux héréditaires de ce pays. En Inde, chaque caste avait ses fonctions spéciales et ses prérogatives. Chaque individu devait rester dans la caste où il était né, sans jamais chercher à se soustraire aux obligations qu'elle lui imposait.

Le système traditionnel des castes en Inde comprend quatre castes. Les brahmanes, la caste la plus noble, constituait la caste sacerdotale. Ils portaient des vêtements particuliers et jouissaient de plusieurs privilèges, dont celui d'être les seuls conseillers des princes. Les kshatriyas, ou guerriers, formaient la deuxième caste. Ils se considéraient comme les descendants des anciens rois indiens et étaient destinés à la vie militaire. La troisième caste, celle des vaiçyas, se composait de toutes les personnes qui s'occupaient de commerce et d'industrie. Les shoudras, c'est-à-dire les laboureurs ou les ouvriers, constituaient la quatrième caste. Au-dessous des shoudras, on trouvait une multitude d'individus qui étaient les descendants de tous ceux qui avaient été dégradés par rapport à leur caste d'origine pour avoir dérogé aux règles de celle-ci. Enfin, au-dessous de toute caste, on trouvait les chandâlas, issus d'une brahmane et d'un shoudra, dont le contact était regardé comme une souillure (intouchables). Bien que cette caste ait été officiellement abolie en 1947, plusieurs de ses membres n'ont pas vraiment cherché à changer leur sort, étant persuadés qu'ils seraient récompensés dans une autre vie.

L'Afrique du Sud possédait jusqu'au début des années 1990 un système de classement social où la race déterminait largement la position sociale d'un individu. Il s'agissait à toutes fins utiles d'un **système de castes raciales.** Environ 15 % des habitants de l'Afrique du Sud sont de race blanche. Ces descendants d'Européens forment le groupe social dominant sur les plans de la richesse et du pouvoir. La majorité (environ les trois quarts) des habitants de l'Afrique du Sud sont de race noire et possèdent peu de richesse et de pouvoir. Le reste de la population est soit métisse, soit d'origine asiatique. Le gouvernement d'Afrique du Sud pratiquait une politique connue sous le nom d'**apartheid,** c'est-à-dire une séparation des races reléguant les Noirs dans les occupations mal payées. Ainsi, la naissance dans un groupe racial particulier avait une grande influence sur l'avenir d'un individu dans cette société. Bien que l'apartheid soit maintenant chose du passé, l'appartenance à un groupe racial aura encore longtemps des effets sur la vie des individus en Afrique du Sud.

Les principales caractéristiques du système de castes

Trois caractéristiques du système de castes ont une grande influence sur l'individu. Elles concernent le monde du travail, les règles du mariage et les croyances.

Le travail

La famille au sein de laquelle l'individu naît détermine en grande partie son emploi ou sa fonction sociale. Les Blancs d'Afrique du Sud détiennent presque toutes les occupations qui procurent du pouvoir et un revenu élevé. De leur côté, les Noirs sont confinés dans les occupations manuelles et dans les autres occupations au bas de l'échelle sociale.

Le mariage

Un système de castes oblige les individus à se marier avec des personnes qui occupent la même position sociale qu'eux, c'est-à-dire qui sont dans la même caste. Les ethnologues disent de ce type de mariage qu'il est endogame. L'**endogamie** est le fait, pour un individu, de se marier avec une personne du même groupe social. Dans l'Inde

---

SYSTÈME DE CASTES RACIALES

Système de classement social où la race détermine la position sociale de l'individu.

APARTHEID

En Afrique du Sud, séparation systématique des races reléguant les Noirs aux occupations mal payées.

ENDOGAMIE

Le fait d'épouser une personne du même groupe social que le sien.

traditionnelle, ce sont les parents qui décidaient du mariage de leurs enfants ; ce mariage s'effectuait nécessairement avec une personne de la même caste. En Afrique du Sud, la loi défendait jusqu'en 1985 les relations sexuelles et les mariages entre les personnes de races différentes.

Les croyances

Les systèmes de castes sont appuyés par des croyances qui ont souvent une origine religieuse. C'est le cas de l'Inde, où les castes supérieures sont dites « pures » et en communication étroite avec les divinités. Les castes inférieures sont dites « impures » et ne peuvent pas communiquer avec les divinités sans l'intermédiaire des castes supérieures. Le système d'apartheid en Afrique du Sud a longtemps été maintenu grâce à la croyance que les Blancs sont moralement supérieurs aux Noirs et, de ce fait, en droit de dominer ces derniers (*voir la notion de racisme au chapitre 8*).

Nelson Mendela

L'importance des croyances morales de cette nature a diminué graduellement dans le monde moderne. Même si le système de castes est encore ancré dans la mentalité indienne, l'Inde a déclaré ce système illégal, et la modernisation du pays le rend presque impraticable. De la même façon, malgré que la minorité blanche d'Afrique du Sud ait longtemps essayé de maintenir sa position et ses privilèges, le système d'apartheid a été vivement condamné par la plupart des autres sociétés dans le monde et il est officiellement démantelé depuis que Nelson Mandela, un Noir qui a passé une grande partie de sa vie en prison parce qu'il s'opposait à l'apartheid, est devenu en 1994 le premier président élu par toute la population de l'Afrique du Sud.

Réseau thématique   Les castes : on est nés pour un p'tit pain

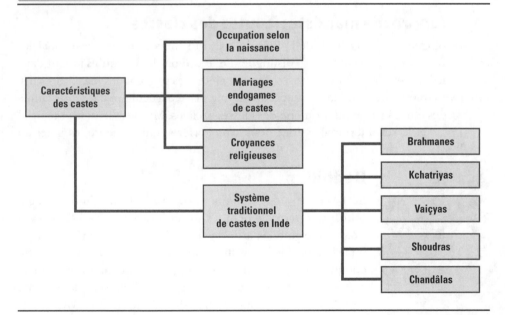

7.3 Les classes sociales : deux points de vue

Si les castes sont des catégories sociales hiérarchiques, il en est de même pour ce que l'on appelle en Occident les classes sociales. Tout comme les castes, les classes sociales ont pour effet de produire une distribution inégale de la richesse et du pouvoir entre les membres de la population. Le système de classes sociales repose, comme le système de castes, sur la hiérarchie et sur un modèle de division des classes. Cependant, les classes se différencient des castes en ceci que les frontières entre les classes sont moins précises que dans un système de castes et surtout en ceci que les classes ne sont pas héréditaires. Les systèmes de castes se sont développés dans les sociétés agricoles avant l'industrialisation. Ces sociétés conservaient la même structure d'emploi de génération en génération. Ce n'est plus le cas dans les sociétés industrielles. De nouveaux types d'emplois viennent modifier la structure sociale de ces dernières sous l'effet des transformations économiques et technologiques. La **structure sociale** est une hiérarchie constituée par les diverses catégories professionnelles dans une société. Les individus peuvent changer d'emploi et même de classe sociale, contrairement à ce qui est prévu dans un système de groupes sociaux héréditaires comme les castes.

> **STRUCTURE SOCIALE**
>
> Hiérarchie constituée par les diverses catégories professionnelles dans une société.

À titre d'illustration, le tableau 7.1 présente les transformations de la structure sociale en France entre 1962 et 1999. La proportion des emplois détenus par les actifs agricoles de la population active a baissé de 56 % entre 1982 et 1999. Par contre, pour la même période, on constate une augmentation des employés (+25 %), des professions intermédiaires (46 %) et des professions intellectuelles supérieures (+67 %).

Les classes sociales n'ont pas la même signification selon que ce sont des sociologues fonctionnalistes ou des sociologues marxistes qui en parlent. On a vu, en effet, au chapitre 2 que les diverses théories en sociologie reposent sur des visions différentes de la société.

> Les sociologues marxistes s'inspirent des travaux de Karl Marx, qui occupent une place particulière dans l'ensemble des études sur le phénomène des classes sociales.

—— L'approche marxiste : la lutte des classes

Les sociologues qui s'inspirent de la théorie marxiste conçoivent les classes sociales comme des groupes sociaux qui se distinguent d'abord par le rôle qu'ils jouent dans la production des biens et des services d'une société. Les sociologues marxistes s'inspirent des travaux de Karl Marx, qui occupent une place particulière dans l'ensemble des études sur le phénomène des classes sociales. Marx est le penseur social et le révolutionnaire dont nous avons brièvement présenté les idées au chapitre 2.

Définition

Karl Marx a vécu au moment où la révolution industrielle a transformé radicalement les sociétés agricoles de l'Europe. Il a passé une grande partie de sa vie à Londres, en Angleterre, qui fut le berceau de la révolution industrielle. Londres était à cette époque une métropole où se côtoyaient une minorité d'aristocrates et d'industriels d'une très grande richesse, et la majorité de la population, qui travaillait de longues heures, vivait dans des taudis et était affligée par la maladie et la malnutrition.

Marx était attristé et irrité devant tant d'inégalités sociales. Le « miracle » de l'industrialisation dans un pays parmi les plus riches du monde n'avait en fin de compte pas permis d'améliorer les conditions de vie de l'ensemble de la population. Selon Karl Marx, cela représentait une contradiction fondamentale : comment une société si riche pouvait-elle compter une majorité de personnes si pauvres ?

Tableau 7.1

Les transformations de la structure sociale

Évolution des catégories socioprofessionnelles de 1962 à 1999 (nouvelle nomenclature)

	Effectifs en milliers (recensements)					Évolution 1982-1999 (%)
	1962	1975	1982	1990	1999	
Agriculteurs exploitants	**3 045**	**1 691**	**1 475**	**1 013**	**642**	− 56
Chefs d'exploration	1 705	1 186	992	705	—	—
Aides familiaux	1 340	505	483	308	—	—
Artisans, commerçants, chefs d'entreprise	**2 084**	**1 766**	**1 835**	**1 823**	**1 659**	− 10
Artisans	1 039	865	904	850	69	− 23
Commerçants	941	792	797	796	665	− 16
Chefs d'entreprise de 10 salariés ou plus	104	109	134	177	170	+ 28
Cadres et professions intellectuelles supérieures	**892**	**1 551**	**1 899**	**2 693**	**3 165**	+ 67
Professions libérales	133	183	236	308	345	+ 46
Cadres de la fonction publique	157	212	241	286	373	+ 52
Professeurs, professions scientifiques	98	272	352	553	662	+ 90
Professions de l'information, des arts et des spectacles	59	88	103	152	203	+ 92
Cadres administratifs et commerciaux d'entreprise	281	484	560	720	749	+ 36
Ingénieurs et cadres techniques d'entreprise	159	290	369	584	698	+ 88
Chômeurs	5	72	38	90	139	+ 266
Professions intermédiaires	**2 114**	**3 480**	**3 943**	**4 714**	**5 763**	+ 46
Instituteurs et assimilés	385	673	761	736	851	+ 12
Professions intermédiaires de la santé et du travail social	190	434	589	738	964	+ 63
Clergé, religieux	151	112	60	48	20	− 66
Professions intermédiaires de la fonction publique	181	242	278	394	437	+ 58
Professions intermédiaires administratives et commerciales d'entreprise	558	844	898	1 279	1 629	+ 76
Techniciens	285	570	653	723	876	+ 34
Contremaîtres, agents de maîtrise	350	519	546	546	541	− 2
Chômeurs	14	86	158	250	451	—
Employés	**3 535**	**5 093**	**6 249**	**6 913**	**7 809**	+ 25
Employés civils, agents de service de la fonction publique	772	1 352	1 658	1 915	2 184	+ 31
Policiers et militaires	379	346	381	395	486	+ 29
Employés administratifs d'entreprise	1 117	1 807	2 060	1 921	1 754	− 14
Employés de commerce	389	537	622	732	863	+ 38
Personnel de services directs aux particuliers	809	744	781	937	1 358	+ 73
Chômeurs	69	307	747	1 013	1 154	+ 54
Ouvriers	**7 488**	**8 118**	**7 786**	**7 623**	**7 062**	− 9
Ouvriers qualifiés et chauffeurs	2 933	3 745	3 736	3 714	3 497	− 6
Ouvriers non qualifiés	3 634	3 680	3 002	2 580	2 163	− 29
Ouvriers agricoles	809	355	269	236	245	− 9
Ensemble des ouvriers ayant un emploi	7 376	7 781	7 044	6 546	—	—
Chômeurs	112	337	742	1 077	1 151	+ 55
TOTAL POPULATION ACTIVE	**19 158**	**21 699**	**23 187**	**24 779**	**26 100**	+ 13

Source : Serge Bosc, *Stratification et classes sociales. La société française en mutation*, 5e éd., Paris, A. Colin, 2004, coll. « Civca », p. 74.

Pour Marx, la réponse se trouve dans le mode de production capitaliste, qui, comme chacun des modes de production, engendrerait des classes sociales opposées. Selon Marx, les **classes sociales** sont des groupes d'individus qui se distinguent par la place qu'ils occupent dans un mode de production donné. Pour lui, les classes sociales existent en dehors des individus, car elles sont le prolongement de l'organisation de la vie matérielle.

Les principales caractéristiques des classes sociales selon les marxistes

Les classes sociales sont basées sur la production L'action de produire des biens et des services, c'est-à-dire la **production,** est la principale activité des êtres humains vivant en société. L'activité de production est, selon Karl Marx, l'activité la plus déterminante pour comprendre le comportement des individus dans une société. C'est cette activité qui assure la survie des sociétés ; par conséquent, elle est le fondement des relations entre les individus. Les **rapports sociaux de production** sont les relations que les êtres humains établissent entre eux en travaillant. La société capitaliste qui apparaît à l'époque de l'industrialisation est, pour Marx, un nouveau type de société qui correspond à un mode de production différent : le capitalisme. Un **mode de production** est un ensemble de rapports sociaux qui s'instaurent entre les humains dans leurs activités pour produire ou échanger des biens et des services. Marx distingue les modes de production esclavagiste, féodal et capitaliste tout au long de l'histoire de l'humanité. Le mode de production esclavagiste se caractérise par l'utilisation d'esclaves dominés par une classe de maîtres. Le mode de production féodal comporte l'exploitation par une classe noble (les chevaliers) d'une masse de producteurs (les serfs) isolés et attachés au travail de la terre.

L'esclavagisme est l'un des modes de production identifié par Marx. L'industrie du coton aux États-Unis, a longtemps reposé sur l'exploitation d'esclaves noirs par de riches propriétaire terriens blancs.

Les rapports de classes dans le mode de production capitaliste sont basés sur l'exploitation Dans les sociétés européennes du XIXᵉ siècle, le mode de production qui apparaît est le capitalisme industriel. Le mode de production capitaliste se caractérise par un rapport social de production qui définit deux types de situations économiques opposées qui sont à l'origine de deux classes sociales.

Les **capitalistes,** appelés aussi la **bourgeoisie,** sont les propriétaires des entreprises et des autres moyens de production, tels que la machinerie. Ils recherchent le profit par la vente des produits à un prix supérieur au coût de production. La plupart des individus dans la société capitaliste naissante sont des travailleurs industriels, que Marx nomme le **prolétariat.** Ces travailleurs offrent leur travail en échange du salaire nécessaire pour assurer leur subsistance. Le rapport entre ces deux classes est inégal. Pour augmenter leur capital, les capitalistes doivent payer leur main-d'œuvre le moins cher possible afin d'en tirer un meilleur profit.

Selon Karl Marx, il existe une exploitation de la classe ouvrière par la bourgeoisie ; c'est un aspect fondamental des rapports sociaux de production capitaliste. On entend par **exploitation** l'action d'abuser du travail des ouvriers — que ce soit en augmentant la durée du travail, les cadences ou la productivité du travail — afin de maintenir ou d'accroître les profits. Les travailleurs ne possèdent qu'un moyen de faire face aux capitalistes : s'unir pour résister à l'exploitation. Il en résulte une lutte des classes.

La lutte des classes est le principal facteur d'évolution dans une société capitaliste Ainsi que nous l'expliquions au chapitre 2, la clé de la pensée de Karl Marx est l'idée du conflit social, c'est-à-dire la lutte entre les différentes classes de la société pour l'obtention ou le contrôle du pouvoir et de la richesse. Le conflit social résulte de la façon dont la société produit les biens matériels.

Selon Marx, le conflit social entre les capitalistes et le prolétariat est engendré par le système de production lui-même. Pour maximiser les profits, les capitalistes essaient de réduire les salaires, qui constituent habituellement leur coût de production le plus élevé. La compétition, qui empêche les capitalistes de vendre leurs produits à un prix trop élevé, les encourage à maintenir les salaires les plus bas possible. De leur côté, les travailleurs désirent des salaires qui reflètent la valeur de ce qu'ils produisent. Comme les profits et les salaires viennent des mêmes ressources, le conflit social entre ces deux catégories de personnes est inévitable. Pour Marx, ce conflit (la lutte des classes) est une caractéristique essentielle des sociétés capitalistes. Le conflit social ne pourra cesser, à moins d'un changement fondamental du mode de production lui-même. Marx croit que ce changement se produirait éventuellement par le renversement de la classe capitaliste et de son mode de production, et par la mise en place d'un nouveau mode de production, à savoir le socialisme.

En résumé, Karl Marx reconnaît deux grandes classes sociales dans les sociétés capitalistes industrielles : les capitalistes, qui sont propriétaires des moyens de production, et les travailleurs ou prolétaires. La lutte des classes entre les bourgeois et les prolétaires constitue le principal facteur d'évolution des sociétés.

CAPITALISTES (BOURGEOISIE)

Propriétaires des entreprises et des autres moyens de production (machinerie, etc.) dans la théorie marxiste.

PROLÉTARIAT

Classe ouvrière, travailleurs dans la société industrielle capitaliste.

EXPLOITATION

Action d'abuser, par diverses méthodes, du travail des ouvriers en vue de maintenir ou d'accroître les profits.

SOCIOLOGIE EN ACTION

Michel Doré

Service de la recherche, CSN

Aujourd'hui, les disparités économiques et sociales ne cessent de s'accroître. La mondialisation de l'économie en est en grande partie responsable puisqu'elle fragilise le marché du travail. Pour lutter contre les situations d'inégalité vécues par les travailleurs, le rôle des syndicats revêt alors une importance considérable. Justement, le sociologue Michel Doré a pu mesurer la portée de l'action syndicale, lui qui a travaillé pendant de nombreuses années au Service de la recherche de la Confédération des syndicats nationaux (CSN). Avant d'entreprendre des études de doctorat en sociologie sous la direction d'Alain Touraine à Paris, Michel Doré militait déjà pour la justice sociale en s'engageant dans le syndicalisme étudiant et en faisant de l'animation sociale dans certains quartiers populaires. Son expérience de terrain en fait un témoin précieux des changements sociaux liés aux conflits de travail. Cette expérience, il la met à profit et la partage en donnant des cours à l'École de relations industrielles de l'Université de Montréal.

Pendant son activité au sein de la CSN, Michel Doré a rédigé plusieurs documents de réflexion concernant le rapport de cette confédération de syndicats avec le politique et ses effets positifs sur la démocratie. Dans un de ces documents (Doré, 2001), le sociologue présente différents modèles d'action politique qui ont été associés à l'action syndicale. Depuis ses origines et selon les caractéristiques nationales des divers pays, le syndicalisme a connu plusieurs types de rapports avec les partis politiques. Dans certains pays, les centrales syndicales ont participé à la formation de partis politiques; dans d'autres, les partis politiques ont créé les organisations syndicales. On retrouve aussi des situations où les syndicats ont conservé leur pleine indépendance face aux partis, soit par apolitisme, soit par désir de mettre en œuvre des modes particuliers d'intervention sur la scène politique sans aliéner leur autonomie à un parti, quel qu'il soit. Au Québec, la CSN, depuis sa création en 1921 jusqu'à la Seconde Guerre mondiale, a pratiqué un syndicalisme apolitique, inspiré par la doctrine sociale de l'Église. Durant l'après-guerre, elle s'est politisée en combattant le gouvernement anti-syndical de Maurice Duplessis. Elle s'est ensuite associée à la Révolution tranquille, puis, dans les années 1970 et 1980, elle s'est radicalisée notamment dans le contexte des séries de négociations des salariés de l'État et des luttes contre les entreprises multinationales. Depuis les années 1990, avec les difficultés économiques, la révolution technologique et la mondialisation, la CSN et les autres organisations syndicales sont amenées à redéfinir le sens de leur action politique.

Les grands changements de la dernière décennie invitent à une réflexion plus large sur la démocratie. Dans un autre document (Doré, 2002), Michel Doré fait état de la question. Après avoir montré la nécessité pour la CSN, en tant que « laboratoire de la démocratie », d'appuyer des actions significatives pour les droits des individus, le sociologue revient sur la genèse de la démocratie et de ses principes. Il expose ensuite la façon dont a émergé et s'est développé l'État, puis l'État providence. L'acquisition de droits par la population, notamment par les femmes, montre aussi que la citoyenneté a pu s'exercer avec plus de force et de respect. Cependant, dans l'exercice de la démocratie se révèlent une diversité de causes liées à la multiplication des communautés d'appartenance qui caractérisent nos sociétés d'aujourd'hui. Michel Doré formule plusieurs niveaux d'exercice de la démocratie avant d'offrir quelques pistes de réflexion pour la faire progresser. L'une d'entre elles est d'exiger la responsabilisation sociale des entreprises. Celle-ci est mise à rude épreuve devant les nombreuses fermetures d'usines qui bouleversent l'économie régionale des provinces et la vie de nombreuses communautés. Elle l'est aussi devant les dommages causés à l'environnement par certaines entreprises. Le capitalisme actuel ne favorise par les rapports égalitaires entre les différents acteurs de ce mode de production. Même si des efforts sont menés pour remédier à la situation, les classes sociales seront donc toujours un concept pertinent à étudier.

La mise à jour de la vision marxiste des classes sociales

Les sociétés capitalistes industrielles ont changé considérablement depuis le XIXe siècle. Les entreprises qui autrefois appartenaient aux grandes familles bourgeoises sont aujourd'hui entre les mains de nombreux actionnaires. La gestion quotidienne de ces organisations est effectuée par des administrateurs qui, habituellement, ne détiennent pas une portion significative de la propriété des entreprises qu'ils dirigent.

La structure des emplois s'est transformée depuis le début de la révolution industrielle à cause de l'accroissement considérable des occupations de cols blancs. Au XIXe siècle, la grande majorité des travailleurs occupaient des emplois de **cols bleus,** c'est-à-dire des occupations de travailleurs manuels dans les usines ou les fermes. Aujourd'hui, la plus grande partie de la main-d'œuvre occupe des emplois de **cols blancs,** soit des occupations qui impliquent essentiellement une activité mentale et des relations nombreuses avec d'autres personnes. Les employés de services, les vendeurs, les employés de bureau, etc., constituent des cols blancs.

La condition des travailleurs ne semble pas actuellement aussi désespérante qu'il y a un siècle. Les relations du travail sont aujourd'hui caractérisées par des négociations régulières, où le conflit, lorsqu'il se produit, constitue un instrument de négociation.

Enfin, la protection légale et financière des travailleurs est de nos jours très répandue. Les travailleurs ont des droits garantis par les lois. Les programmes gouvernementaux, comme l'assurance-emploi et l'aide sociale, donnent aux travailleurs une plus grande sécurité financière que celle que pouvaient leur offrir les bourgeois du XIXe siècle.

Tous ces changements donnent à penser que la lutte des classes entre les bourgeois et les prolétaires, telle qu'elle a été décrite par Karl Marx au XIXe siècle, s'est atténuée. Si certains sociologues pensent que la théorie de Marx est maintenant dépassée, d'autres, comme Miliband et Domhoff, croient que la vision marxiste est toujours actuelle. Ces derniers indiquent que les quatre changements dont nous venons de parler (la propriété des entreprises, la structure des emplois, les conditions des travailleurs et la protection légale) ne transforment pas fondamentalement la société capitaliste. Selon eux, la plus grande partie des actions des compagnies est détenue par seulement 1 % ou 2 % de la population aux États-Unis. Les nombreux emplois de cols blancs ne donnent pas beaucoup plus de revenus ou de pouvoir que n'en donnaient les emplois de cols bleus du XIXe siècle. Plusieurs de ces emplois sont marqués par la même monotonie et la même routine que les emplois d'usine. Même si les travailleurs ont obtenu une protection légale, la loi n'a pas modifié l'ensemble de la distribution des richesses. Les riches peuvent encore, aujourd'hui, utiliser le système légal de façon plus avantageuse que les pauvres.

COLS BLEUS
Travailleurs manuels dans les usines ou les fermes.

COLS BLANCS
Personnes dont les emplois supposent surtout une activité mentale et des relations nombreuses avec d'autres personnes.

Dossier 7.1 Mondialisation, globalisation et classes sociales

Lac-Mégantic : 185 jobs s'envolent au Mexique. Canadelle déménage sa production au désespoir de ses employées. C'était la manchette à la une du journal sherbrookois *La Tribune,* édition du 25 août 2005. Le journaliste Ronald Martel écrivait : « La mondialisation des marchés a eu raison de l'usine de lingerie pour dames Canadelle, de Lac-Mégantic, bien connue pour sa principale marque de commerce WonderBra, qui a annoncé hier la mise à pied de ses 185 employées et le transfert de sa production chez une compagnie-sœur au Mexique. » Ce jour-là, les travailleuses de cette petite ville des Cantons-de-l'Est ont appris à leur dépens qu'elles vivaient dans un village global.

Ce n'est pas la première fois dans l'histoire que les êtres humains voient les distances si facilement abolies. Jean Matouk (2005) distingue trois mondialisations d'importance dans les temps modernes. D'abord, une première mondialisation marchande centrée sur l'Europe a pris naissance à partir de la découverte des Amériques en 1492. Les échanges commerciaux avec les nouveaux pays conquis étaient alors organisés au profit de l'Europe. Ensuite, l'avènement de la révolution industrielle au XIXᵉ siècle a permis une deuxième mondialisation à la fois coloniale et industrielle, toujours centrée sur l'Europe. Enfin, la troisième mondialisation, qui peut être qualifiée de commerciale, est portée avant tout par les entreprises multinationales. Elle s'est mise en place avant les deux derniers conflits mondiaux, mais s'est surtout développée à partir de 1950. Selon Jacques B. Gélinas (2000), nous assistons depuis 1980 à la globalisation de la mondialisation. « Globalisation » dans le sens que, partout sur la planète, on est de plus en plus gouverné par de puissants intérêts économiques qui dépassent le pouvoir des États.

Les entreprises multinationales (organisations commerciales, bien que rattachées à un pays ou à un État précis par un siège social qui possède des filiales ou des entreprises dans plusieurs pays) se métamorphosent en compagnies transnationales (corporations multinationales qui se caractérisent par une absence de contrôle d'un pays ou d'un État en particulier). Ces firmes transnationales possèdent des moyens financiers et technologiques qui défient les frontières et dépassent les pouvoirs étatiques. Prenons l'exemple de Nike, une entreprise que l'on peut qualifier aujourd'hui de transnationale, fondée en 1986 dans l'État de l'Oregon aux États-Unis. Cette entreprise a fait une innovation stratégique majeure : sous-traiter l'ensemble de sa production à l'échelle mondiale pour ainsi créer une firme sans usine (Carroué, 2004). La fabrication de la chaussure Nike est assurée par un réseau de 350 sous-traitants qui emploient environ 550 000 salariés dans 55 pays en Asie et en Amérique latine. Le design, la recherche, la communication et la gestion demeurent aux États-Unis, tandis que trois centres de coordination continentale sont implantés au Canada, aux Pays-Bas et à Hong-Kong. Jean Matouk (2005) a calculé qu'une chaussure qui se vend 70 $ (dollars américains) rapporte 2,75 $ à celui qui la fabrique. L'ensemble de son coût de fabrication et d'amortissement (sommes nécessaires au maintien en état du capital productif) est de 16 $. Le coût de la publicité est de 4 $ et celui des frais du siège social, de 13 $. Le solde de 35 $ correspond au coût de la distribution.

L'exemple de Nike permet d'entrevoir le réaménagement en profondeur du système économique mondial au moment de la globalisation de la mondialisation. À l'échelle mondiale, il faut prêter attention à l'entrée des deux pays les plus populeux du monde, la Chine et l'Inde, dans la production mondiale. Dans les années 1970 à 1980, c'était le tour de la Corée du Sud, de la Thaïlande et de la Malaisie. Maintenant, d'autres pays d'Asie s'y ajoutent, la Chine est aujourd'hui devenue l'atelier du monde. On y retrouve surtout des entreprises qui réalisent des productions à forts besoins en main-d'œuvre comme les jouets, le textile, l'électronique de base, etc. Pour sa part, l'Inde retient l'attention avec ses centres d'appels et la fourniture de prestations informatiques (facturation, comptabilité, vente en ligne, etc.) aux grandes entreprises occidentales.

Le premier effet de ces transformations économiques pour les pays concernés comme la Chine est la création d'emplois pour des millions de paysans qui fuient la misère des campagnes et migrent vers les villes. Le travail à l'usine pour quelques dollars par jour permet d'accéder à une vie meilleure, mais ce processus d'enrichissement est très inégal. Ce sont les provinces de la région côtière de l'est de la Chine qui se développent. Le PIB (produit intérieur brut, une mesure de richesse collective) par habitant des villes côtières comme Shanghai peut être de sept à neuf fois supérieur à celui des provinces de l'ouest du pays (Quinty, 2004). À l'échelle du globe, la mondialisation des marchés s'accompagne d'une croissance des inégalités. La part du revenu mondial de 20 % des pays les plus riches par comparaison avec celle de 20 % des pays les plus pauvres est passée de 1 à 30 en 1960 à 1 à 70 en 2000 (Matouk, 2005).

Dans les pays développés, cette globalisation a aussi pour effet de creuser les inégalités. D'un côté, elle cause l'accroissement des fermetures d'entreprises dans les secteurs industriels qui ont de la difficulté à concurrencer les bas coûts de la main-d'œuvre. Par conséquent, les travailleurs les plus vulnérables sont déclassés ou tout simplement exclus du monde du travail. De l'autre côté, la classe des propriétaires et des dirigeants d'entreprise augmente sa richesse. Le sociologue Jacques B. Gélinas (2000) affirme que la globalisation a donné naissance à une nouvelle classe sociale dirigeante à l'échelle de la planète. Le pouvoir de cette classe repose essentiellement sur le puissant réseau de production, d'échanges et de financement que constituent les compagnies transnationales. Les maîtres du monde globalisé reçoivent l'aide des « contremaîtres » de la globalisation que sont les dirigeants salariés des grandes compagnies — les chefs de la direction —, les grands commis de l'État et les politiciens de haut niveau. Ces gens de pouvoir se glissent facilement d'une catégorie à l'autre, comme l'ancien premier ministre du Canada, Brian Mulroney, qui est passé du milieu des affaires à la politique pour ensuite retourner aux affaires. La rémunération excessive des chefs de la direction (aux États-Unis, ils gagnent 500 fois le salaire moyen de leurs employés) (Gélinas, 2000) vise à stimuler le rendement des gestionnaires et à s'assurer de leur complicité lorsqu'ils doivent appliquer des politiques néfastes aux travailleurs subalternes.

Une application du marxisme

La sociologue Anne Legaré a publié en 1977 un livre intitulé *Les classes sociales au Québec*. Son analyse s'inscrit dans le courant marxiste. Après une longue étude, à l'aide des données du recensement, de la division du travail entre les différents secteurs d'activité économique, Anne Legaré distingue quatre classes et couches (certains auteurs marxistes utilisent le terme « fractions » plutôt que « couches ») de classes au Québec : les capitalistes, les ouvriers, la petite bourgeoisie salariée et la petite bourgeoisie traditionnelle (*voir le tableau 7.2*).

Tableau 7.2

La distribution des classes sociales au Québec (1961)

Classe	Proportion (%)
Capitalistes	8,9
Ouvriers	40,8
Petite bourgeoisie salariée	40,6
Petite bourgeoisie traditionnelle	9,6

Source : Adapté d'Anne Legaré, *Les classes sociales au Québec,* Montréal, Les Presses de l'Université du Québec, 1977, p. 116-117.

La classe des capitalistes (la bourgeoisie) est composée des propriétaires et des dirigeants salariés des grandes entreprises. La classe ouvrière comprend surtout des travailleurs de la production dans le secteur de la fabrication. Cette classe englobe aussi des travailleurs dans le secteur de la circulation des produits, comme les commis d'épicerie, les conducteurs de camion ou les manutentionnaires. Anne Legaré distingue ensuite deux catégories de petite bourgeoisie. La petite bourgeoisie traditionnelle est liée à la petite propriété marchande. Elle est composée des professionnels qui travaillent à leur compte, comme les avocats ou les architectes, et des producteurs et des travailleurs indépendants, comme les agriculteurs ou les artisans. Quant à la petite bourgeoisie salariée, c'est la nouvelle petite bourgeoisie qui s'est particulièrement développée avec l'avènement des professionnels salariés. Elle comprend également les techniciens salariés.

Olin Wright (Langlois, 2003, p. 51) propose pour sa part une typologie des classes sociales marxistes plus détaillée pour décrire la composition de la population de la société québécoise en 1981. En plus de la bourgeoisie, de la petite bourgeoisie et des ouvriers, Wright distingue les travailleurs indépendants, les cadres, les travailleurs semi-indépendants et les surveillants, quatre classes que d'autres auteurs regroupent soit dans la bourgeoisie ou dans la petite bourgeoisie salariée. Le tableau 7.3 décrit la composition de la société québécoise en 1981 selon Wright.

Depuis la publication de ces études, la situation des classes sociales au Québec a changé. Selon Thierry Rousseau et Céline Saint-Pierre (Daigle, 1992), définir la classe ouvrière dans les sociétés industrielles de nos jours est une entreprise difficile. Les changements dans la répartition de l'emploi transforment profondément l'image de la classe ouvrière. Pour Karl Marx, la classe ouvrière était avant tout composée des travailleurs du secteur de la production qui étaient, grâce à leurs revendications, les principaux porteurs d'un changement fondamental de la société. La proportion de l'emploi total occupé par le secteur secondaire, y compris le secteur de la production, a diminué de plus de 10 % depuis le début des années 1960 au Québec. L'ensemble du secteur secondaire représentait, en 1961, 33,57 % de l'emploi total (Daigle, 1992) alors que, selon l'Institut de la statistique du Québec, cette proportion n'était plus que de 23,5 % en 1997. La classe ouvrière

L'automation et l'informatisation du travail modifient profondément la structure des emplois.

Tableau 7.3

Les classes sociales au Québec en 1981 selon Wright

Classe	Proportion (%)
Bourgeoisie	2,4
Travailleurs indépendants	6,3
Petite bourgeoisie	5,9
Cadres	13,6
Surveillants	7,6
Travailleurs semi-indépendants	28,4
Ouvriers	36,1
TOTAL	100

Source : Simon Langlois, « Quatre décennies d'études sur la stratification sociale au Québec et au Canada », *Lien social et Politiques – Des sociétés sans classes ?*, (n° 49 — printemps 2003, p. 45-70), p. 51.

connaît des bouleversements depuis les années 1970, et son importance numérique diminue. Les théoriciens sont donc confrontés à une nouvelle réalité sociale.

Certains aspects de cette nouvelle réalité sociale au Québec nous obligent à relativiser ce que l'on dit à propos des classes sociales. Par exemple, Simon Langlois (Daigle, 1992) montre que l'augmentation de la participation des femmes au marché du travail a fait faire un pas vers l'égalité entre les sexes. Mais le revenu des femmes a eu comme conséquence de créer un plus grand écart entre les familles à double revenu et les autres types de familles. Par exemple, un couple formé par deux professeurs de cégep peut avoir un niveau de vie assez différent de celui d'un couple où il n'y a qu'une personne qui, elle aussi professeur de cégep, retire un revenu de son travail. Ces deux couples font-ils néanmoins partie de la même classe sociale?

Dossier 7.2 Les revendications des travailleurs et des travailleuses

Certains conflits de travail entre les syndicats et les entreprises s'expliquent mieux lorsque l'on utilise l'approche du conflit social. En formulant des demandes qui paraissent raisonnables, mais qui sont inacceptables pour les entreprises ou pour le pouvoir politique, les syndicats réveillent parfois la possibilité d'une résistance de la part de l'ensemble du mouvement ouvrier. Plusieurs personnes deviennent alors conscientes de leurs intérêts communs devant le pouvoir économique ou politique.

Certains grands conflits dans l'histoire du mouvement ouvrier au Québec ont permis à la classe ouvrière de s'opposer ouvertement au pouvoir. Ce fut le cas lors de la grève de l'amiante à Asbestos en 1949. Les syndicats d'alors ont réussi à obtenir l'appui d'une bonne partie de la population face à leurs revendications. Cependant, les autorités politiques se sont montrées très dures envers les grévistes et ont adopté une loi spéciale pour maintenir leur pouvoir.

La célèbre grève du Front commun des employés de la fonction publique du Québec en 1972 a réussi, elle aussi, à réveiller le pouvoir potentiel du mouvement ouvrier. Les syndicats avaient une revendication centrale, qui s'appuyait sur le principe que le salaire minimum d'un employé devait être déterminé selon la satisfaction des besoins essentiels et non selon la loi de l'offre et de la demande. L'application de ce principe entrait en contradiction avec les politiques du pouvoir et des entreprises privées. Le Front commun des syndicats est parvenu à attirer la sympathie d'une bonne partie des travailleurs, et le gouvernement québécois a dû promulguer une loi spéciale très sévère pour que le conflit cesse. Le conflit a même entraîné l'emprisonnement des chefs des trois principales centrales syndicales (CSN, CEQ, FTQ).

Malgré la répression du pouvoir politique, ces deux conflits majeurs ont permis à la cause des travailleurs de progresser. C'est ainsi que les lois du travail ont dû être modernisées à la suite du conflit de l'amiante.

Quant à la grève du Front commun intersyndical, Gérard Hébert (Daigle, 1992) souligne ceci:

> La grande victoire de la ronde de 1972 a été d'obtenir, pour la troisième année de la convention collective, un salaire minimum de 100 $ par semaine pour tout le secteur public, particulièrement pour les employés d'hôpitaux les moins bien rémunérés. C'était là la principale demande syndicale de cette troisième ronde. Il faut se rappeler qu'en 1971, au début de cette négociation, le salaire minimum légal était de 1,50 $ l'heure ou de 60 $ par semaine de quarante heures. Son niveau crût rapidement au cours des années suivantes (p. 147-148).

Plus récemment, la fermeture brutale par Wal-Mart de son magasin de Jonquière a montré que les travailleurs devaient maintenant affronter des entreprises multinationales qui tentent par tous les moyens d'éviter la syndicalisation de leurs employés. En 2004, les employés du magasin Wal-Mart de Jonquière étaient parmi les premiers groupes de travailleurs de cette entreprise à obtenir une accréditation syndicale. Cinq mois plus tard, Wal-Mart a annoncé la fermeture de cette succursale, et 190 employés ont perdu leur emploi. Heureusement, la Fédération des travailleurs du Québec (FTQ) n'abandonne pas son combat, et les employés du magasin Wal-Mart de Saint-Hyacinthe, notamment, ont réussi à se syndiquer. Entretemps, plusieurs consommateurs prennent conscience des politiques inacceptables de ce géant du commerce.

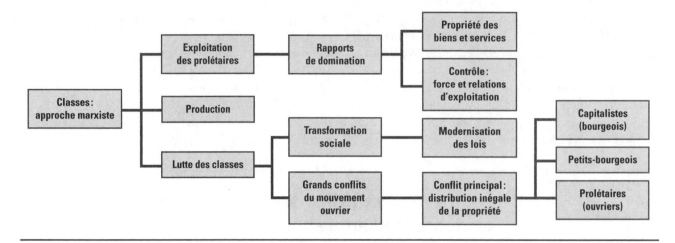

— L'approche fonctionnaliste : qui se ressemble s'assemble

Les sociologues qui s'inspirent de l'approche fonctionnaliste étudient les classes sociales sous l'angle de la stratification sociale. D'ailleurs, ils préfèrent habituellement le terme « strate sociale » à celui de « classe sociale ». Le sociologue états-unien Talcott Parsons (1902-1979) est le principal théoricien de l'approche fonctionnaliste. Nous verrons maintenant les caractéristiques générales des systèmes de stratification sociale selon l'approche fonctionnaliste.

Définition

Dans presque toutes les sociétés que nous connaissons, des personnes détiennent plus de pouvoir et de richesse que d'autres. C'est dans ce sens que l'on parle d'inégalités sociales. Par exemple, on constate que les membres des professions libérales traditionnelles comme les avocats ou les médecins possèdent habituellement, dans notre société, plus de pouvoir et plus de richesses que la plupart des travailleurs manuels. Les propriétaires d'entreprises en ont encore davantage.

Des études sociologiques ont montré que cette distribution inégale du pouvoir et des richesses entre les membres d'une société ne se fait pas au hasard. Elle est le résultat d'un ensemble de pratiques que l'on désigne par l'expression « stratification sociale ». La **stratification sociale** est le processus par lequel des catégories d'individus à l'intérieur d'une société sont rangés à un moment donné dans un ordre hiérarchique.

Le processus de stratification sociale a pour effet de grouper dans une même classe ou strate sociale des personnes qui possèdent des caractéristiques communes. Les sociologues fonctionnalistes définissent les **strates sociales** comme étant des catégories de personnes dont la position économique, le mode de vie, et les attitudes et comportements se ressemblent.

> **Les sociologues fonctionnalistes quant à eux rejettent l'expression « classes sociales » au profit de « strates sociales ». Le concept de strates sociales est plus vaste et réfère à des catégories de personnes dont la position économique, le mode de vie, et les attitudes et comportement se ressemblent.**

STRATIFICATION SOCIALE

Selon l'approche fonctionnaliste, processus par lequel des catégories d'individus dans une société sont placés à un moment donné dans un ordre hiérarchique.

STRATES SOCIALES

Selon l'approche fonctionnaliste, catégories de personnes qui ont une position économique, un mode de vie, et des attitudes et comportements semblables.

Les caractéristiques de la stratification sociale

La stratification sociale échappe en partie à la maîtrise des individus Une stratification sociale se base sur le fait que certaines catégories de personnes possèdent plus d'argent, plus d'années de scolarité, une plus grande considération sociale ou plus de pouvoir que d'autres. On a tendance à concevoir que ces inégalités sociales sont liées aux caractéristiques des individus. Par exemple, on dira : « La famille Roy a certainement augmenté son niveau de vie depuis que Daniel a ouvert sa nouvelle boutique », ou encore : « Mon cousin Alain manque tellement d'ambition que je me demande s'il fera quelque chose plus tard ». Toutefois, en révélant le général à travers le particulier (*voir le chapitre 1*), la perspective sociologique montre que le système de stratification sociale contient plusieurs éléments qui échappent à la maîtrise de l'individu. Par exemple, les études en sociologie de la santé révèlent, selon Marie-Thérèse Lacourse (2006, p. 79-80), que l'espérance de vie en bonne santé est plus courte parmi les individus vivant dans les quartiers défavorisées de Montréal par rapport à ceux vivant dans les quartiers mieux nantis. Les enfants nés dans les familles aisées ont plus de chances de connaître une vieillesse en bonne santé que les enfants nés dans les familles défavorisées. Ni les enfants pauvres ni les enfants riches n'ont créé le système de stratification sociale, mais ce système influe grandement sur leurs vies.

La stratification sociale varie selon les sociétés On trouve les strates sociales dans presque toutes les sociétés ; cependant, les systèmes de strates sociales sont très variables. Dans les sociétés très peu avancées sur le plan technologique, comme les sociétés nomades qui vivent de la chasse et de la cueillette, les inégalités sociales sont moins prononcées. Il serait plus juste de parler, dans ce cas, de différences sociales, qu'implique le simple fait de jouer des rôles précis. Les membres de la communauté, qui doivent participer à la survie du groupe, se spécialisent dans des tâches données. Ainsi, ces différences sociales sont largement fondées sur le sexe. Les femmes accomplissent des tâches liées à la maison, à la cueillette et à l'éducation des enfants, tandis que les hommes s'occupent de la chasse, de la construction des canots et de la défense.

Dans les sociétés plus avancées sur le plan technologique comme les sociétés industrielles, la stratification sociale est plus complexe — étant donné le plus grand nombre de rôles sociaux — et souvent plus prononcée, car les écarts de richesse peuvent être plus importants. Ainsi, le système de stratification sociale varie beaucoup même si sa présence est universelle.

Le système des strates sociales peut varier selon le type de société (peu ou très avancée sur le plan technologique, riche ou pauvre, etc.) et il peut aussi changer d'une société à l'autre pour un même type de société. Par exemple, certaines sociétés industrielles ont des systèmes de stratification sociale très différents, comme c'est le cas des États-Unis et de la Russie. Ainsi, les personnes qui pratiquent la médecine aux États-Unis bénéficient d'une considération sociale beaucoup plus grande qu'en Russie.

La stratification sociale est une structure nécessaire Les sociologues fonctionnalistes insistent sur le caractère inévitable et nécessaire de la stratification sociale. Ils considèrent que celle-ci est un système de récompenses et de punitions indispensable au bon fonctionnement de la société.

Ainsi, selon Tischler (2004), pour les théoriciens fonctionnalistes, la stratification sociale est essentielle à la société. Toutes les sociétés doivent choisir des individus qui occuperont une grande variété de positions sociales et doivent les encourager à faire ce que l'on attend d'eux dans ces positions. En d'autres mots, la stratification sociale est un moyen utilisé par la société pour motiver l'individu à remplir son rôle social en le récompensant de différentes façons, comme avec de l'argent ou de la considération

POSITION SOCIALE

Situation précise dans le système de stratification sociale.

STATUT ASSIGNÉ

Position sociale que l'individu assume involontairement à la naissance ou à un autre moment de sa vie.

STATUT ACQUIS

Position sociale que l'individu assume volontairement et qui reflète ses habiletés et ses efforts.

MOBILITÉ SOCIALE

Changement de la position sociale des individus dans un système de stratification sociale.

sociale. Par exemple, notre société a besoin d'enseignants, d'ingénieurs, de concierges, de policiers, d'administrateurs, de fermiers, de pompiers, de travailleurs de la construction, d'éboueurs, de chimistes, d'artistes, d'employés de banque, de pilotes d'avion, de secrétaires, etc. Afin d'amener les individus les plus talentueux à choisir chacune de ces occupations, la société doit créer un système de récompenses qui tiendra compte des habiletés nécessaires pour remplir chacune de ces positions sociales. Selon les sociologues fonctionnalistes, c'est là le rôle indispensable du système de stratification sociale.

La stratification sociale entraîne la mobilité des individus Précisons d'abord quelques notions qui sont liées à la mobilité sociale, à savoir la **position sociale** et le statut social. Il y a dans tout système de stratification sociale un certain nombre de positions de prestige qui sont convoitées par les individus. Nous recevons de nos parents une position sociale, c'est-à-dire une situation précise dans le système de stratification sociale, et nous en donnons une par la suite à nos enfants. Nous avons un **statut assigné,** qui est la position sociale que nous assumons involontairement à la naissance ou à une autre période de notre vie. Le statut assigné assure la stabilité de la stratification sociale parce qu'il se transmet de génération en génération. D'un autre côté, notre position sociale est aussi un **statut acquis,** que nous assumons volontairement et qui reflète nos habiletés et nos efforts.

Selon l'approche fonctionnaliste, dans un système de stratification sociale, les individus peuvent changer de position sociale; on parle alors de la **mobilité sociale,** c'est-à-dire d'un changement de la position sociale des individus à l'intérieur d'un système de stratification sociale. Certains individus connaissent une mobilité sociale ascendante parce qu'ils montent dans la hiérarchie sociale. Il y a aussi des individus qui connaissent une mobilité sociale descendante à cause du chômage ou de la maladie.

Les études réalisées par des sociologues sur la mobilité sociale indiquent qu'en général la position sociale des individus ne change pas de façon importante au cours de la vie. À côté des individus qui connaissent une très grande mobilité sociale ascendante, il y a une majorité de personnes qui conservent à peu près la même position sociale que leurs parents.

Certaines périodes de l'histoire sont accompagnées d'une mobilité sociale plus grande parce que la structure de l'emploi subit des transformations majeures. Alors, certains types d'emplois disparaissent, tandis que de nouvelles occupations se créent. Ce fut le cas au Québec lorsque nous sommes passés d'une société rurale à une société urbaine et industrielle.

Bill Gates, informaticien et chef d'entreprise issu d'une famille de professionnels, est un bon exemple de mobilité sociale ascendante. Sa richesse personnelle le classe parmi les plus riches au monde.

On peut examiner les inégalités sociales basées sur le revenu (un des critères définissant les strates sociales dans une perspective fonctionnaliste) en comparant la part de revenus qui revient à chacun des cinq sous-groupes de l'ensemble de la population. Statistique Canada commence par classer les gens en fonction de leur revenu, puis divise ce classement en cinq groupes égaux en nombre, appelés « quintiles ». Chaque quintile représente un cinquième de la population.

On constate dans le tableau 7.4 que l'ensemble des revenus gagnés en un an sont répartis d'une manière très inégale. Les individus qui font partie du cinquième de la population qui détient les revenus les plus élevés (quintile supérieur) recevaient 44,3 % de l'ensemble des revenus en 1997. Par contre, pour la même année, les membres du quintile inférieur ne recevaient que 4,6 % des revenus totaux. De leur côté, les personnes faisant partie des deuxième,

troisième et quatrième quintiles recevaient respectivement 10,1 %, 16,4 % et 24,8 % des revenus totaux.

L'inégalité dans la répartition des revenus entre les différents quintiles est très stable depuis plus de quarante ans. Cependant, on doit noter un changement depuis les années 1980 : la proportion des revenus totaux détenus par les membres du quintile supérieur a tendance à augmenter au détriment de celle des revenus totaux détenus par les deuxième et troisième quintiles.

La croissance des inégalités de revenus depuis les années 1980 est encore plus forte aux États-Unis. Le tableau 7.5, à la page suivante, indique clairement que ce sont les deuxième, troisième et quatrième quintiles qui perdent une partie significative des revenus totaux. Si elle se poursuit, cette tendance aura pour effet de créer deux groupes de revenus dans la société : une minorité qui reçoit plus de la moitié des revenus et les autres. Plusieurs personnes suggèrent de prendre des

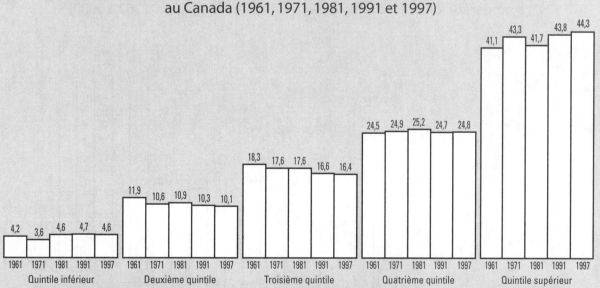

Tableau 7.4

La proportion du revenu total des familles et des personnes seules par quintile au Canada (1961, 1971, 1981, 1991 et 1997)

Le revenu total comprend le revenu gagné et les paiements de transfert gouvernementaux avant toute déduction d'impôt.

Sources : Statistique Canada, *Répartition du revenu au Canada selon la feuille du revenu 1997*, n° 13-207-XPB. Pour les années 1961 et 1971, les données proviennent de Pierre Fréchette et J.-P. Vézina, *L'économie du Québec*, 1990, p. 367.

mesures efficaces pour lutter contre la croissance des iné-galités de revenus. Paul Krugman (Finsterbusch, 1999), un économiste états-unien, propose que l'on retourne aux valeurs et aux institutions qui ont fait des États-Unis une société de classes moyennes. Selon lui, il faut que les syndi-cats redeviennent un contrepoids efficace au pouvoir de l'ar-gent. Il faut aussi diminuer l'écart de revenu entre les directeurs des grandes entreprises et les travailleurs ordinaires.

La tendance vers un accroissement des inégalités de revenus n'est ni souhaitable ni inévitable. Le sociologue Harold Kerbo (2006) souligne que les inégalités de revenus peuvent être diminuées. Ce fut le cas aux États-Unis dans les années 1930 et 1940. Le pourcentage des revenus totaux détenus par le quintile supérieur est passé de 54,4 % en 1929 à 44 % en 1945. Dans les années 1980, en Allemagne, il y a eu une réduc-tion des inégalités de revenus. En 1950, les quintiles inférieur et supérieur détenaient respectivement 5,4 % et 45,2 % des revenus totaux. En 1989, les quintiles inférieur et supérieur en détenaient respectivement 9 % et 37,1 % (Kerbo, 2006).

Le modèle de répartition des revenus au Canada et aux États-Unis est moins égalitaire qu'il ne l'est dans certaines sociétés comme la Suède, les Pays-Bas, l'Allemagne ou le Japon.

Dans un article de la revue *Sciences humaines,* le socio-logue français Louis Chauvel (1997) présente d'une manière originale, à l'aide d'une représentation visuelle, cinq mo-dèles nationaux de répartition des revenus. Il ressort de son étude comparative que les inégalités dans les sociétés contemporaines ne sont pas uniquement le résultat des contraintes technologiques et économiques. Des sociétés où le niveau de développement économique est comparable possèdent des modèles de répartition des revenus très dif-férents. Selon Chauvel, ces différences s'expliquent par le statut que la société reconnaît aux citoyens. En Suède, le revenu est plus égal parce que la population est fortement regroupée autour du revenu médian. Cette concentration serait la conséquence d'une dévalorisation des riches parce que, dans ce pays, on a une conception égalitaire du citoyen. Aux États-Unis, le dogme du laisser-faire et de la réussite individuelle a pour conséquence l'exclusion du cinquième de la population. Une partie importante de la population n'obtient pas le rang de citoyen à part entière.

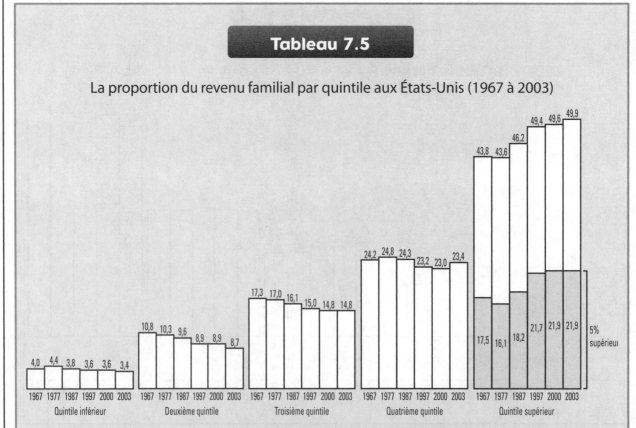

Tableau 7.5

La proportion du revenu familial par quintile aux États-Unis (1967 à 2003)

Source : Harold R. Kerbo, *Social Stratification and Inequality. Class Conflict in Historical, Comparative and Global Perspective*, 6ᵉ éd., McGraw-Hill Higher Education, 2006, p. 25.

Une stratification sociale se fonde sur des valeurs et des croyances acceptées Aucun système de stratification sociale ne peut se maintenir pendant plusieurs générations sans qu'une majorité d'individus le trouvent légitime. Ce sont les valeurs et les croyances largement répandues dans la société qui justifient un système de stratification sociale. Les membres d'une société ont souvent tendance à considérer comme étant bon et naturel leur propre système de stratification sociale. Par exemple, il pouvait sembler naturel, autrefois, que les femmes obtiennent un salaire inférieur à celui des hommes ; on expliquait alors cette situation par le fait que l'homme était le pourvoyeur de la famille. On trouve autant de justifications aux inégalités sociales qu'il y a de systèmes de stratification sociale. Cela ne veut pas dire que les systèmes de stratification sociale ne soient jamais critiqués ou remis en question.

> Aucun système de stratification sociale ne peut se maintenir pendant plusieurs générations sans qu'une majorité d'individus le trouvent légitime. Ce sont les valeurs et les croyances largement répandues dans la société qui justifient un système de stratification sociale.

Une application du fonctionnalisme

Tous les sociologues fonctionnalistes constatent l'existence de la stratification sociale, qu'ils présentent sous la forme d'au moins trois grands groupes de strates : les strates supérieure, moyenne et inférieure. Cependant, ces sociologues ne s'entendent pas sur le nombre exact de strates sociales (de trois à neuf) ni sur les critères à employer pour les désigner.

Certains font appel au revenu, d'autres à l'occupation ou aux années de scolarité ou encore à la considération sociale. Plusieurs sociologues utilisent un indice de stratification sociale établi à l'aide de plusieurs critères. L'indice le plus connu est le **statut socioéconomique,** c'est-à-dire une échelle sociale basée sur le revenu, l'occupation et l'instruction.

Certains sociologues états-uniens font appel à l'occupation pour déterminer les différentes strates du système de stratification sociale aux États-Unis. Ainsi, J. A. Khal et D. W. Rossides ont dégagé cinq strates sociales : la classe supérieure, la classe moyenne-supérieure, la classe moyenne-inférieure, la classe ouvrière et la classe inférieure, comme l'indique le tableau 7.6, à la page suivante. On y trouve le pourcentage de la main-d'œuvre ainsi que les principales occupations pour chacune de ces classes sociales.

STATUT SOCIO-ÉCONOMIQUE
Échelle sociale basée sur le revenu, l'occupation et l'instruction.

La classe supérieure : un club select La classe supérieure se compose d'une faible minorité de personnes qui ont un mode de vie très différent de l'ensemble de la population. Les membres de la classe supérieure possèdent de grandes richesses, qui proviennent souvent des générations précédentes. Ces individus se reconnaissent facilement entre eux et sont reconnus par l'ensemble de la population à cause de leur réputation et de leur mode de vie. On leur témoigne en général une grande considération sociale, et leur style de vie exclut les personnes des autres classes sociales. Les membres de cette classe sociale exercent souvent une grande influence sur la structure économique et politique de la société. La classe supérieure s'isole habituellement du reste de la société par le lieu de résidence, les clubs fréquentés et les écoles où les enfants étudient. Selon les auteurs états-uniens, on trouve entre 1 % et 3 % de la population dans la classe supérieure.

Tableau 7.6

La stratification sociale aux États-Unis selon l'occupation

Classe	Pourcentage de la main-d'œuvre	Occupations
Supérieure	1 % à 3 %	Propriétaires de grandes entreprises ; dirigeants politiques à l'échelon supérieur ; positions honorifiques dans le gouvernement et dans le domaine des arts
Moyenne-supérieure	10 % à 15 %	Professionnels et techniciens spécialisés ; administrateurs, propriétaires d'entreprises de taille moyenne
Moyenne-inférieure	25 % à 30 %	Employés de bureau et vendeurs ; propriétaires de petites entreprises ; semi-professionnels ; fermiers
Ouvrière	25 % à 30 %	Travailleurs spécialisés et semi-spécialisés ; artisans ; contremaîtres
Inférieure	15 % à 20 %	Travailleurs non spécialisés et travailleurs des services d'entretien ; travailleurs domestiques et employés de ferme

Source : Adapté de Henry L. Tischler, *Introduction to Sociology*, Thomson Wadworth, 2004, p. 182-184.

La classe moyenne-supérieure : la réussite comme mode de vie La classe moyenne-supérieure comprend les personnes qui ont un mode de vie supérieur à celui de l'ensemble de la population. Cette classe est constituée de gens d'affaires qui ont réussi, de professionnels et de leurs familles. Ces personnes ne détiennent pas directement les postes de commande dans les grandes organisations, mais elles sont suffisamment près du pouvoir pour bénéficier d'un revenu élevé. Plusieurs aspects de leur vie sont dominés par la carrière, et le succès représente pour elles une préoccupation constante. Aux États-Unis, ces personnes ont suivi un cours collégial ou universitaire, ont une propriété et des économies. Elles vivent dans des maisons confortables situées dans les quartiers les plus distinctifs de la communauté. Elles participent pleinement aux principaux groupes professionnels ou communautaires et planifient avec grand soin leur vie future. Une grande proportion des nouveaux membres de cette classe sont des couples avec deux revenus. Ces personnes composent de 10 % à 15 % de la population.

La classe moyenne-inférieure : respectabilité, ordre et sécurité La classe moyenne-inférieure partage certaines caractéristiques avec la classe moyenne-supérieure. Elle se trouve dans le même secteur d'emplois (surtout dans les services), mais ses membres n'ont pas été capables d'obtenir le même niveau de vie. Les membres de cette classe possèdent habituellement un diplôme d'études secondaires et disposent d'un revenu modeste. Ils occupent des emplois semi-professionnels, comme travailleurs de bureau ou vendeurs, ou font un travail manuel spécialisé. Ils accordent beaucoup d'importance à la respectabilité et à la sécurité, ils ont une certaine épargne et sont politiquement et économiquement conservateurs, c'est-à-dire qu'ils désirent conserver l'ordre social et politique qu'ils connaissent. Selon Tischler, ils constituent de 25 % à 30 % de la population états-unienne.

La classe ouvrière : plaisirs simples et famille La classe ouvrière est constituée des ouvriers d'usine. Ce sont les travailleurs des chaînes de montage, les mécaniciens automobiles, les préposés à l'entretien et à la réparation. Leur vie matérielle est correcte, mais elle comporte peu de luxe. Même s'ils ont du temps pour participer aux différentes organisations de la communauté, ils préfèrent les activités de famille. Plusieurs d'entre eux n'ont pas achevé leurs études secondaires. Ils constituent de 25 % à 30 % de la population.

La classe inférieure : survivre Ce sont les personnes les plus démunies sur le plan économique. Elles sont très peu scolarisées et ne possèdent presque pas d'habiletés professionnelles. Les membres de la classe inférieure ont une faible connaissance des événements mondiaux et n'ont pas tendance à s'engager dans leur communauté. À cause de la complexité de leurs problèmes personnels et économiques, ils ont beaucoup de difficulté à améliorer leur sort. Leur vie est axée sur la survie quotidienne. Ils constituent entre 15 % et 20 % de la population.

Ces cinq strates illustrent, selon les sociologues fonctionnalistes, le fait que la richesse, le pouvoir et la considération sociale sont inégalement distribués dans la société états-unienne. Cette répartition inégale est le résultat du système de stratification sociale qui est, d'après ces sociologues, accepté par les cinq classes de la société. Ce système de stratification s'appuie sur la croyance que la réussite ne dépend que de l'effort individuel et que, par conséquent, la mobilité sociale ascendante est ouverte à tous.

7.4 Comparaison entre l'approche fonctionnaliste et l'approche marxiste

Le tableau 7.7, à la page suivante, compare l'approche fonctionnaliste avec celle du conflit social (qui, rappelons-le, s'inspire du marxisme) en ce qui concerne leur conception des classes sociales.

Les sociologues fonctionnalistes perçoivent la société comme un organisme ou un système social dans lequel les différentes parties occupent des fonctions nécessaires au maintien et à la survie de la société (*voir le chapitre 2*). Par exemple, la famille est, selon l'approche fonctionnaliste, une institution sociale dont la principale fonction est la socialisation des jeunes. D'un autre côté, le mariage a comme fonction d'assurer la stabilité de la famille. Selon cette approche, une institution sociale comme la famille ne peut véritablement se comprendre que si l'on se réfère à la société tout entière et aux besoins particuliers qu'elle veut combler au moyen de cette institution.

Les fonctionnalistes pensent que la stratification sociale, tout comme la famille, prendra la forme que la société dans son ensemble lui donnera. Pour l'approche fonctionnaliste, la stratification sociale reflète l'organisation de la société (*voir le point 2 du tableau 7.7*). Les sociologues fonctionnalistes pensent aussi que la stratification est nécessaire parce qu'elle facilite l'intégration dans la société et la cohésion de la société (*voir le point 3*). La stratification sociale sert à sélectionner et à motiver les individus de façon à ce qu'ils acceptent de remplir les différentes occupations nécessaires à la bonne marche de la société. Pour ce faire, la société doit organiser un système de récompenses, comme nous l'avons vu précédemment.

Les sociologues qui préconisent l'approche du conflit social ne partagent pas cette vision des choses. Ils ne pensent pas que le système de classes soit nécessaire ou inévitable même s'il est universel. Pour ces sociologues, l'activité de production est le fondement des relations entre les individus. Dans la société capitaliste, l'activité de production est organisée de telle façon qu'il se crée des classes sociales antagonistes. Ainsi, le système de classes, qui rend compte de l'activité de production, détermine la forme que prend l'organisation sociale (*voir le point 2 du tableau 7.7*). Les sociologues qui utilisent l'approche du conflit social croient que la compétition dans un contexte où les ressources sont rares engendre les inégalités entre les individus et entre les divers rôles sociaux, ce qui rend l'intégration illusoire (*voir le point 3*). De plus, les tâches et les récompenses que la société offre aux individus qui occupent les rôles sociaux sont souvent distribuées de façon inéquitable. Selon ces sociologues, le système de classes a des aspects immoraux. Par exemple, suivant quel critère peut-on justifier le fait de donner des récompenses différentes aux personnes ayant diverses occupations ? Comment peut-on décider que certaines occupations contribuent davantage au fonctionnement de la société ? Après tout, sans mécaniciens d'automobiles, sans facteurs, sans secrétaires, sans manœuvres, etc., où irions-nous ? Pourquoi certaines personnes reçoivent-elles un salaire de plus d'un million de dollars par année alors que d'autres

---

Tableau 7.7

Comparaison entre l'approche fonctionnaliste et l'approche du conflit social au sujet de la stratification sociale

L'approche fonctionnaliste	L'approche du conflit social
1. La stratification sociale est universelle, nécessaire et inévitable.	1. Le système de classes peut être universel sans être nécessaire ou inévitable.
2. L'organisation sociale (le système social) donne sa forme au système de stratification sociale.	2. Le système de classes donne sa forme à l'organisation sociale (le système social).
3. La stratification sociale est le résultat des besoins d'intégration, de coordination et de cohésion de la société.	3. Le système de classes est le résultat de la conquête, de la compétition et du conflit entre les groupes sociaux.
4. La stratification sociale facilite le fonctionnement optimal de la société et de l'individu.	4. Le système de classes entrave le fonctionnement optimal de la société et de l'individu.
5. La stratification sociale est l'expression des valeurs sociales partagées par l'ensemble de la société.	5. Le système de classes est l'expression des valeurs des groupes dominants de la société.
6. Le pouvoir est habituellement distribué d'une manière légitime dans la société.	6. Le pouvoir est habituellement distribué d'une manière illégitime dans la société.
7. Les tâches et les récompenses sont attribuées de façon équitable.	7. Les tâches et les récompenses sont attribuées de façon inéquitable.
8. La dimension économique est subordonnée aux autres dimensions de la société comme la dimension politique ou la dimension idéologique.	8. La dimension économique est la dimension la plus importante de la société.
9. Les systèmes de stratification sociale changent généralement au moyen d'un processus d'évolution.	9. Les systèmes de classes changent généralement au moyen d'un processus révolutionnaire.

Source : Adapté de Henry L. Tischler, *Introduction to Sociology,* Thomson Wadworth, 2004, p. 201.

vivent sous le seuil de la pauvreté? Pourquoi la richesse et le pouvoir dans la société sont-ils répartis si inégalement? Les sociologues de l'approche du conflit social pensent que le système actuel de classes de nos sociétés est immoral et qu'il est nécessaire de le changer.

Les sociologues fonctionnalistes et les sociologues du conflit social s'entendent pour affirmer que les systèmes de stratification sociale ou de classes sociales sont justifiés par des valeurs de la société. Cependant, ces deux groupes de sociologues divergent d'opinion lorsqu'il s'agit de préciser l'origine de ces valeurs. Selon les fonctionnalistes, le système de stratification sociale est l'expression des valeurs partagées par l'ensemble de la société, alors que les marxistes jugent que le système de classes est l'expression des valeurs des groupes dominants de la société, qui les ont imposées aux autres, notamment par leurs propriétés ou le contrôle des médias.

> **Les marxistes jugent que le système de classes est l'expression des valeurs des groupes dominants de la société, qui les ont imposées aux autres, notamment par leurs propriétés ou le contrôle des médias.**

Réseau thématique   Classes sociales : approche fonctionnaliste

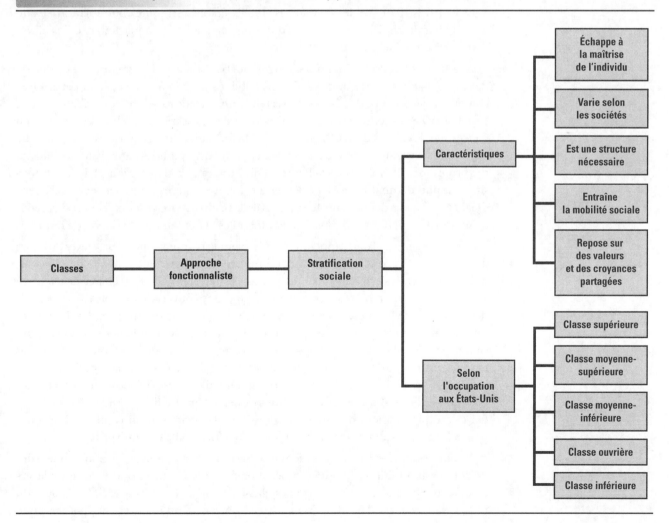

7.5 L'influence des classes sociales sur les comportements de l'individu : donner une tendance générale

Nous avons vu que les classes sociales sont une caractéristique de la société, et non de l'individu. Cependant, quelle est la relation entre l'individu et les classes sociales ?

Le fait d'être membre d'une classe sociale plutôt que d'une autre peut suggérer à un individu un modèle de comportement, comme l'inciter à poursuivre ses études jusqu'à l'université. De la même façon, l'appartenance à une classe sociale peut inciter un individu à voter pour un parti politique plutôt que pour un autre. D'une manière plus générale, nous verrons comment une classe sociale peut servir de groupe d'appartenance ou de référence.

Les classes sociales et l'orientation scolaire

Tant les sociologues fonctionnalistes que les sociologues marxistes ont souvent démontré que l'appartenance à une classe sociale influence le choix d'un individu de poursuivre ou non des études universitaires.

Les études en sociologie de l'éducation, qu'elles soient françaises (Bourdieu et Passeron, 1964 ; Beaudelot et Establet, 1975) ou québécoises (Dandurand, 1986 ; Massot, 1978, 1979 ; Veillette et autres, 1993), établissent toutes une relation étroite entre le fait de choisir de faire des études universitaires et l'appartenance des élèves à une classe sociale ou à une autre.

À la fin des années 1970, un sociologue québécois, Alain Massot, a calculé, à l'aide des résultats d'une vaste enquête, les probabilités d'accès à l'université à partir de la cinquième secondaire des élèves du secteur public français selon leur origine sociale. Le tableau 7.8 présente les résultats de son étude. Il est très net, selon ces chiffres qui concernent les élèves de 1972, que l'accès à la formation universitaire est fortement lié à l'origine sociale des candidats. Le tableau montre que, pour les élèves issus des milieux des professions libérales et de la haute administration, les chances d'accéder à l'université sont plus de quatre fois supérieures à celles des enfants d'ouvriers et de fermiers. Quant aux enfants des semi-professionnels et des cadres moyens, leurs chances d'accéder à l'université sont deux fois plus élevées que celles des enfants d'ouvriers et de fermiers.

Ces pourcentages, qui, rappelons-le, décrivent le comportement des élèves au cours des années 1970, sont le résultat final d'un processus long et complexe de sélection qui commence à s'effectuer très tôt et qui est marqué par deux étapes cruciales, à savoir la décision de poursuivre ses études au cégep, puis celle de poursuivre ses études à l'université. Plusieurs facteurs influencent la décision d'entreprendre des études universitaires ; parmi ceux-ci, les ressources financières, les résultats scolaires, la motivation personnelle et l'encouragement des parents. Derrière l'encouragement des parents, on retrouve l'influence du capital culturel transmis par la famille. Selon le sociologue français Pierre Bourdieu, le capital culturel est composé des savoirs, des savoir-faire, des habitudes et des attitudes qui font partie de l'héritage familial. Les élèves qui proviennent de milieux professionnels héritent d'un capital culturel qui peut à la fois les aider et les inciter à poursuivre des études à l'université.

Depuis les années 1970, la fréquentation scolaire s'est modifiée. Le pourcentage des personnes ayant fait des études postsecondaires s'est accru. Selon l'Institut de la statistique du Québec, ce pourcentage est passé de 20,5 % en 1971 à 42,5 % en 2001. De plus, le taux d'accès des filles au cégep et à l'université est maintenant plus élevé que celui des garçons. Cependant, l'origine socioéconomique influence encore l'accessibilité aux études postsecondaires. Une étude récente (*voir le tableau 7.9*) de Statistique Canada sur le taux de participation aux études universitaires des jeunes de 18 à 24 ans

Tableau 7.8

Les probabilités d'accès à l'université à partir de la cinquième secondaire en 1972, secteur public français, selon l'origine sociale des élèves

Profession du père	Probabilités d'accès à l'université
Professions libérales et haute administration	44 %
Semi-professionnels et cadres moyens	21 %
Petits propriétaires	16 %
Cols blancs	11 %
Ouvriers semi-spécialisés	11 %
Ouvriers spécialisés	9 %
Fermiers	8 %
Manœuvres	7 %

Source : Alain Massot, *Structures décisionnelles dans la qualification — distribution du secondaire V à l'université,* thèse de doctorat en sociologie, Montréal, Université de Montréal, 1978, p. 136.

Tableau 7.9

Taux de participation aux études universitaires des jeunes de 18 à 24 ans au Canada, en pourcentage, selon le revenu parental

Revenu parental total en dollars constants de 2001	1979	1984	1989	1994	1997
25 000 ou moins	9	9	13	17	19
De 25 001 à 50 000	10	12	17	20	21
De 50 001 à 75 000	13	16	22	22	23
De 75 001 à 100 000	21	24	29	29	24
100 001 et plus	30	41	39	43	38

Source : Statistique Canada, *Revenu familial et participation aux études postsecondaires,* Division des études, de la famille et du travail, octobre 2003, n° 11F0019MIF, figure 9, p. 37.

au Canada selon le revenu parental indique qu'il subsiste toujours (en 1997) un écart important dans la fréquentation scolaire. Les jeunes dont les parents ont le revenu le plus faible (25 000 ou moins) sont deux fois moins nombreux que les jeunes dont les parents disposent du revenu le plus élevé (100 001 et plus) à fréquenter l'université.

Les recherches qui démontrent que la classe sociale d'origine influence l'accessibilité aux études postsecondaires indiquent par contre que la réussite des études collégiales dépend avant tout du travail des élèves. L'étude de Terrill et Ducharme (1994) portant sur les élèves admis dans les collèges en 1992 et en 1993 signale que le rendement et la réussite des élèves au cégep dépendent très peu de l'origine sociale. L'influence du revenu ou de la scolarité des parents sur le rendement scolaire est faible ou nul. La réussite au cégep est attribuable avant tout aux efforts consentis par les élèves dans leurs études. En résumé, l'origine sociale influence la décision de faire des études collégiales, mais elle n'a pas d'effets significatifs sur la réussite scolaire.

—— Les classes sociales et le choix électoral

Le choix d'un parti au moyen d'un bulletin de vote que l'on remplit dans l'isoloir apparaît comme une action confidentielle et individuelle. Cependant, des études sociologiques indiquent que l'on trouve aussi un effet du groupe social sur cette décision de l'individu.

Dans certains pays comme l'Angleterre, où l'opposition entre les partis politiques est très forte, l'effet des classes sociales se fait beaucoup sentir. Les ouvriers votent pour le parti qui correspond le plus à leurs aspirations, c'est-à-dire le Parti travailliste, tandis que les classes moyenne et supérieure votent pour le Parti conservateur, qui défend mieux leurs intérêts.

Au Québec, l'opposition entre les grands partis politiques est moins prononcée. De plus, l'importance de la question de la langue complique les oppositions politiques. Cependant, certaines études, comme celle qu'a dirigée Jean Crête, indiquent que le choix électoral est étroitement associé à la stratification sociale. Par exemple, le fait d'être membre d'un syndicat et d'être un employé de la fonction publique serait lié au vote péquiste (Crête, 1984).

En définitive, l'importance des classes sociales n'a plus besoin d'être démontrée. Nous avons vu que ces différents groupes suggèrent à l'individu des modèles de comportement en ce qui concerne la fréquentation scolaire et le choix électoral. Il existe des modèles semblables dans d'autres activités sociales. Par exemple, les études sociologiques révèlent des différences importantes entre les classes sociales quant à la fréquentation des musées.

Les classes sociales ne sont cependant pas le seul groupe qui suggère des modèles de comportements aux individus. Nous verrons, dans les deux chapitres qui suivent, que le groupe ethnique, le groupe sexuel et le groupe d'âge d'une personne peuvent aussi suggérer à celle-ci des modèles de comportements.

La fréquentation des musées semble être, encore aujourd'hui, et ce, malgré les efforts de démocratisation des muséologues, l'apanage des classes supérieures de la société.

1. L'étude des classes sociales permet aux sociologues de s'intéresser à la répartition du pouvoir et de la richesse dans la société. Même si elles sont une caractéristique de la société, les classes sociales influencent grandement la vie de l'individu.

2. Les castes sont des catégories sociales hiérarchiques, basées essentiellement sur la naissance, qui empêchent à toutes fins utiles la mobilité sociale. Ce sont des groupes héréditaires, qui déterminent l'emploi et le mariage des individus. Les mariages s'effectuent entre des personnes de la même caste. Les systèmes de castes qui se sont développés dans les sociétés agraires s'appuyaient sur des croyances religieuses.

3. Tous les sociologues s'entendent pour définir les classes sociales comme étant des groupes sociaux qui sont à l'origine des inégalités et des différences entre les membres d'une population. Cependant, pour les sociologues marxistes, les classes sociales représentent des groupes de personnes qui se distinguent par la place qu'elles occupent dans un mode de production donné, tandis que, pour les sociologues fonctionnalistes, les classes sociales sont constituées de catégories de personnes qui possèdent une position économique, un mode de vie, et des attitudes et comportements semblables.

4. L'approche marxiste définit les classes sociales en fonction de l'activité de production. Les relations que les êtres humains établissent entre eux au travail créent deux grandes classes sociales dans la société industrielle : la bourgeoisie, qui possède les moyens de production, et le prolétariat, dont les membres sont dans l'obligation de travailler pour survivre. Ces deux classes rivalisent pour obtenir le contrôle du pouvoir et des richesses.

5. L'approche fonctionnaliste étudie les classes sociales sous l'angle de la stratification sociale. Selon cette approche, les strates sociales sont universelles et variables ; elles sont en outre nécessaires parce qu'elles permettent un bon fonctionnement de la société. La stratification sociale est un système de récompenses qui tient compte des habiletés requises pour occuper diverses positions sociales.

6. La classe sociale est pour l'individu un groupe de référence qui lui suggère d'adopter un comportement particulier. Par exemple, les classes sociales influencent le comportement quotidien des individus en ce qui concerne la décision de poursuivre ou non des études postsecondaires ou, encore, le choix d'appuyer un parti politique plutôt qu'un autre.

MOTS-CLÉS

1. Indiquez quelle est la principale différence entre les castes et les classes sociales :

    a) le type de mariage ;

    b) le caractère héréditaire ;

    c) le type d'emploi.

2. Indiquez laquelle des réponses suivantes n'est pas une caste dans le système traditionnel des castes en Inde :

    a) les brahmanes ;

    b) les shoudras ;

    c) l'apartheid ;

    d) les kchatriyas.

3. Quelle activité humaine est à la base de la définition marxiste des classes sociales ?

4. Quelles sont les deux grandes classes sociales dans le mode de production capitaliste ?

5. Qu'est-ce qui justifie les systèmes de stratification sociale ou de classes sociales ?

6. Vrai ou faux ?

    a) Selon l'approche fonctionnaliste, la stratification sociale est nécessaire au bon fonctionnement de la société.

    b) La mobilité sociale est le passage d'un statut acquis à un statut assigné.

    c) Les sociologues fonctionnalistes pensent que la stratification sociale est le reflet de l'organisation de la production dans la société.

    d) D'une façon générale, les sociologues pensent que les classes sociales influent sur les valeurs des individus.

ACTIVITÉS INTERACTIVES

ODILON.CA

Chapitre 8

Les minorités

8.1 Différencier, catégoriser... pour dominer ?

Dans toute société, on trouve invariablement des différences qui amènent une classification des personnes à l'aide de critères variés. Certains traits physiques ou biologiques, comme le sexe, l'âge ou la couleur de la peau, servent fréquemment à classifier les individus. D'autres groupements peuvent être effectués en fonction de traits culturels, comme les croyances religieuses, la langue ou les habitudes de vie propres à un groupe. De même, des caractéristiques qui sortent des normes établies par le groupe, comme l'homosexualité, l'obésité ou l'alcoolisme, peuvent servir à grouper et à classifier les individus dans des catégories sociales distinctes.

La hiérarchie des valeurs propre à cette société viendra justifier la position des individus et des groupes d'individus dans l'échelle sociale. C'est ce processus de différenciation et de classification qui fera en sorte que, selon les sociétés, les personnes âgées, notamment, seront plus ou moins respectées et occuperont une place plus ou moins enviable. Si une personne ou un groupe présente les caractéristiques valorisées par cette société, il aura la possibilité de se hisser au sommet de l'échelle sociale. Ce processus de classification débouche également sur des tensions, lesquelles se transforment parfois en des affrontements violents, comme l'histoire ne cesse de le montrer régulièrement: protestants contre catholiques, musulmans contre chrétiens, Blancs contre Noirs, Arabes contre Juifs, Hutus contre Tutsis, Serbes contre Kosovars; la liste paraît interminable.

Les êtres humains paraissent extrêmement sensibles aux traits qui permettent aux « uns » de se distinguer des « autres ». Ainsi, tous ceux qui ne font pas partie des « leurs » deviennent suspects, et leurs différences peuvent paraître menaçantes. Cependant, comme l'approche du conflit social le montre bien, des conflits en apparence religieux ou raciaux peuvent masquer une lutte de pouvoir ou des enjeux matériels importants. Par exemple, la mise en esclavage d'un groupe humain comporte certes des avantages financiers importants pour les esclavagistes! Derrière les différences raciales, ethniques ou religieuses se camouflent bien souvent des enjeux économiques, politiques ou territoriaux, qui peuvent alors être la source réelle de ces conflits.

Une personne appartenant à un groupe social jugé problématique verra probablement sa vie influencée par cette appartenance. Par exemple, aux États-Unis, lorsqu'on naît noir ou chicano, c'est notre avenir même qui risque d'en porter la marque. Là comme dans la plupart des pays du monde, les conditions de vie et les chances de réussite sociale d'un individu se trouveront largement conditionnées par la place qu'occupe son groupe d'appartenance. Une personne qui naît noire dans un pays blanc possède-t-elle les mêmes chances de réussir sa vie? Malgré quelques exceptions, la réalité est que tout le monde ne profite pas des mêmes chances au départ.

Il n'y a pas que les distinctions fondées sur la religion ou l'ethnie qui posent un problème. L'étiquette mise sur certains individus, comme celle que l'on met sur les vieillards, les homosexuels, les obèses, les assistés sociaux et sur bien d'autres groupes, peut entraîner des préjudices importants pour les individus en cause.

La place réservée au groupe auquel un individu appartient aura des conséquences directes sur sa vie. Ainsi, certains individus subiront une forme de rejet ou éprouveront de l'isolement. D'autres, comme les personnes âgées ou handicapées, se sentiront inutiles ou auront même l'impression d'être un fardeau pour la société. Le chômage et la pauvreté sont souvent le lot des personnes associées à un groupe social jugé problématique par le groupe dominant. Historiquement, certaines sociétés ont même interdit à des groupes bien définis comme les Noirs ou les femmes de voter ou de circuler librement ; les droits fondamentaux de l'être humain ont alors été bafoués. Bref, l'appartenance à un groupe minoritaire caractérisé socialement implique souvent des rapports difficiles avec le groupe dominant. On risque d'être rejeté, détesté, méprisé, uniquement parce que l'on est juif, musulman, noir, femme, homosexuel, vieux, etc.

Les problèmes liés au processus de différenciation sociale demeurent d'une actualité incontestable. Les famines, les guerres et les conflits de toutes sortes provoquent l'arrivée massive de réfugiés ou d'immigrants dans les zones moins touchées. Mais il n'y a pas que l'afflux d'immigrants qui puisse créer des problèmes. Pour s'en convaincre, on n'a qu'à penser à nos rapports tendus avec les Amérindiens ou à la violence physique ou verbale que subissent bon nombre de personnes qui sont jugées comme n'étant pas conformes par la majorité des membres de notre société. Si les humains aiment départager les uns des autres en créant des formes de hiérarchie, il semble que cela finisse trop souvent par l'établissement de systèmes de domination plus ou moins violents.

La lecture de ce chapitre devrait vous permettre de répondre aux questions suivantes :

- Comment peut-on reconnaître le processus de différenciation sociale ?
- Quelles notions s'avèrent utiles pour reconnaître les problèmes sociaux les plus fréquents liés à la différenciation sociale ?
- Quelles sont les conséquences du processus de différenciation sociale pour les groupes qui en sont victimes ?
- Quels sont les problèmes propres au Québec en matière de différenciation interethnique ?
- Quelle place faisons-nous aux personnes âgées et aux jeunes dans notre société ?

8.2 Le processus de différenciation sociale : nous et les autres

Toutes les sociétés établissent certaines distinctions entre leurs membres en les classifiant selon une échelle de valeurs (Inkeles, 1971). On peut grouper les êtres humains de diverses manières. Ces classifications comportent un degré important d'arbitraire et varient considérablement d'une culture à l'autre. Il est clair que le processus d'étiquetage (*voir le chapitre 6*) des êtres humains a pour conséquence d'augmenter les risques de tensions entre les groupes qui composent une société.

La différenciation sociale existe dans toutes les sociétés connues. Les distinctions basées sur l'âge et le sexe sont quasi universelles. On les trouve tant dans les sociétés archaïques que dans les sociétés modernes. Ainsi, les personnes âgées et les femmes susciteront plus ou moins le respect selon les sociétés ou les époques. D'autres distinctions pourront être établies à partir de critères variés. Un valeureux guerrier pourra occuper une position importante dans la hiérarchie de sa société. De même, il

> Toutes les sociétés établissent certaines distinctions entre leurs membres en les classifiant selon une échelle de valeurs. [...] Ces classifications comportent un degré important d'arbitraire et varient considérablement d'une culture à l'autre.

est possible que l'on accorde un statut privilégié au meilleur chasseur. La **différenciation sociale** est un processus qui établit, pour une personne ou un groupe donné, sa position dans l'échelle sociale, selon une hiérarchie de valeurs propre à cette société ou à ce groupe social.

Comme nous l'avons vu au chapitre 7, le statut acquis dans une société est celui que l'on reconnaît à un individu, la plupart du temps grâce à son travail ou à une activité quelconque qui l'a valorisé. Par contre, l'individu n'a aucune influence sur le statut qu'on lui assigne dans une société donnée. Ainsi, à la naissance, on ne choisit pas son sexe, la couleur de sa peau ou la culture de ses parents. Le statut assigné constitue l'un des facteurs en cause dans le processus de différenciation sociale. Par exemple, le statut assigné à une personne qui a la peau noire, dans une société blanche et raciste, aura des conséquences pour le déroulement entier de sa vie. Cette personne ne pourra pratiquement pas éviter le traitement réservé à son groupe, puisque la place qu'occupe celui-ci est déterminée d'avance et qu'il est très difficile de briser ces barrières établies socialement. Notre place dans la société, l'estime et le prestige que nous réussissons à obtenir de la part de nos semblables dépendent largement de l'évaluation que l'on fait de nos caractéristiques innées ou acquises.

Cette manière différente d'être évalué et traité peut toucher l'individu sur divers plans, comme le pouvoir qui lui sera accordé, l'accessibilité de certains services ou l'accès à certains emplois. D'autres **préjudices,** c'est-à-dire des situations qui portent atteinte aux droits ou aux intérêts d'un individu, accompagnent parfois cette évaluation : au restaurant, le service ralentit soudainement à la table d'un individu jugé malvenu ; à l'école, un élève se trouve seul sans raison dans la cour ou au moment de faire des travaux en équipe ; au travail, un employé n'obtient jamais de promotion malgré son bon rendement, etc.

Les facteurs de différenciation sociale sont le plus souvent d'origine physique ou biologique ou encore d'origine culturelle. Par exemple, les facteurs tels que l'âge, le sexe, la couleur de la peau ou les traits du visage constituent des critères de différenciation de type physique ou biologique, alors que la langue et la religion sont des facteurs de différenciation de type culturel. En ce qui concerne les facteurs de type culturel, certains groupes sociaux peuvent se voir cibler ou catégoriser socialement parce qu'ils rejettent les normes en vigueur à une époque donnée ou sont incapables de s'y conformer. Ainsi, les homosexuels, les assistés sociaux et les ex-détenus sont des groupes sociaux qui font l'objet d'une différenciation fondée sur les normes propres à une culture donnée. On assiste alors à la création, par le groupe, de minorités.

En outre, comme nous l'avons vu au chapitre 7, des facteurs liés aux inégalités sociales, comme l'appartenance à une classe sociale, forment également une source importante de différenciation. Ainsi, la capacité de s'insérer dans le marché du travail, ou l'incapacité de le faire parce que l'on est analphabète ou sans diplôme d'études secondaires, déterminera largement la place occupée dans les sociétés actuelles. En ce sens, les assistés sociaux, les chômeurs et les pauvres, d'une manière générale, se retrouvent dans une position sociale semblable à celle des minorités culturelles ou ethniques.

—— La notion de minorité : une question de pouvoir

À partir de quel moment un groupe différencié au sein d'une société devient-il une minorité ? Le fait qu'il existe des personnes qui se distinguent par la couleur de leurs yeux ou de leurs cheveux permet-il de les qualifier de minorité dans le sens sociologique du terme ? Habituellement, une minorité est un groupe qui constitue moins de la moitié de la population d'une société donnée. Est-ce un critère suffisant ?

Comment expliquer que l'on appelle «minorités» des groupes tels que les femmes, qui forment 52 % de la population dans le monde, ou encore les minorités non blanches d'Afrique du Sud, qui, à l'époque de l'apartheid (*voir le chapitre 7*), constituaient 80 % de la population de ce pays (Light et Keller, 1985) ? Une **minorité** est un groupe qui, en raison de ses traits physiques ou culturels, se distingue du groupe dominant de sa société et se retrouve dans une position d'inégalité sur divers plans, dont celui du pouvoir. Ce traitement se traduit en général, pour ce groupe, par une situation d'inégalité sur les plans économique, politique et social.

Cette définition implique qu'il faut être prudent lorsque l'on emploie le concept de minorité. Le fait d'avoir les yeux bleus ne pose pas de problèmes particuliers à ce groupe de personnes ; elles ne subissent pas un traitement discriminatoire pour autant. Les membres d'une minorité peuvent aussi être plus nombreux que le groupe qui forme la majorité. Il arrive que des populations majoritaires n'aient ni le pouvoir ni les privilèges qui devraient accompagner la force du nombre. C'était le cas des Noirs en Afrique du Sud jusqu'en 1994, lors de l'abolition de l'apartheid. On peut également citer le problème des Hutus et des Tutsis, au Rwanda et au Burundi, où les Hutus majoritaires d'un point de vue numérique constituaient une forme de minorité par rapport aux Tutsis.

En réalité, la notion de minorité est quelque peu ambiguë ; elle doit surtout être envisagée en rapport avec le pouvoir moindre que détient un groupe dans la société dont il fait partie. Une minorité consiste en un groupe qui a moins de pouvoir, moins de prestige, et qui subit plus ou moins de préjudices ; bref, il s'agit d'un groupe dominé. Le **pouvoir** est la capacité d'exercer son autorité sur les autres, d'influencer ou même de contrôler le cours des événements et d'atteindre des objectifs malgré les obstacles qui peuvent se dresser sur la route. Lorsque les individus se sentent traités d'une manière équitable dans une société, ils développent un sentiment de confiance. Ils sentent aussi qu'ils sont maîtres du déroulement de leur vie. Les individus qui font partie des minorités ressentent parfois clairement, d'autres fois confusément, les effets du statut qu'on leur assigne. Ils comprennent que leurs chances sont moins bonnes d'obtenir tel ou tel emploi parce qu'ils font partie d'un groupe dominé. Ils iront même jusqu'à s'interdire eux-mêmes de faire un geste comme poser leur candidature à un poste ou porter un certain type de vêtement parce que cela leur semble inconcevable. Cette situation était autrefois fréquente dans les rapports entre les hommes et les femmes. Il fut un temps où une femme ne pouvait même pas imaginer devenir juge ou première ministre ; cela était tout simplement impensable. Les minorités intègrent souvent les normes dictées par le groupe majoritaire et finissent par croire qu'il est normal, par exemple, d'être pauvre ou de se voir interdire l'accès à certains rôles sociaux, car cela ébranlerait l'ordre dit «naturel» des choses.

Les minorités les plus facilement repérables et les plus faciles à cibler sont celles qui présentent des caractéristiques aisément reconnaissables comme l'habillement, la langue ou certains traits physiques et physionomiques. Pour cette raison, des groupes comme les Noirs, les Juifs hassidim, les musulmans, les femmes, les personnes âgées et les personnes handicapées deviennent fréquemment l'objet d'un traitement différencié dans maintes sociétés. Ces groupes sont parfois appelés «minorités visibles», c'est-à-dire des individus que l'on associe à tort ou à raison à des groupes identifiables de par certains traits physiques ou culturels évidents.

—— De la différenciation sociale à l'exclusion

Apposer une étiquette à un individu ne facilite pas sa vie en société. L'appartenance à une ethnie ou à tout groupe minoritaire génère de nombreux problèmes. Par

MINORITÉ

Groupe qui, en raison de ses traits physiques ou culturels, se distingue du groupe dominant de la société et se retrouve dans une position d'inégalité sur divers plans, dont celui du pouvoir.

POUVOIR

Capacité d'exercer son autorité sur les autres, d'influencer ou même de contrôler le cours des événements et d'atteindre des objectifs malgré les obstacles qui peuvent se dresser sur la route.

exemple, le **stigmate** rattaché à l'homosexualité, à l'obésité ou à certains traits jugés inesthétiques peut créer toutes sortes de difficultés sur les plans personnel et social. Les critères de différenciation sociale deviennent parfois carrément des critères d'exclusion et de marginalisation. Est-il possible pour une personne obèse ou jugée laide de se trouver un emploi dans le domaine des relations publiques ? Qu'advient-il de la personne homosexuelle au sein d'un corps policier ou de l'armée : arrivera-t-elle à gagner l'estime ou la confiance de ses pairs ou sera-t-elle victime de quolibets et de railleries incessantes ? Un enfant handicapé ou déficient sera-t-il intégré entièrement par les autres élèves de sa classe, voire par sa propre famille ?

Comme nous l'avons vu au chapitre 6, les groupes marginaux nous renvoient une image de nous-mêmes qui nous force parfois à réfléchir sur les normes et les valeurs de la société à laquelle nous appartenons et sur les mécanismes d'intégration de l'individu au groupe. La marginalisation prend racine dans le processus plus large de différenciation sociale. Tout élément physique ou culturel peut servir de critère de différenciation positif ou négatif, selon les normes en vigueur à une période donnée. Le cas de l'obésité est intéressant de ce point de vue. Les très belles femmes peintes par Pierre Auguste Renoir au XIXe siècle seraient jugées obèses selon les normes esthétiques actuelles. Les rondeurs étaient alors un critère positif de différenciation ; de nos jours, l'embonpoint est rarement valorisant. Par ailleurs, à l'époque de l'Allemagne nazie, la « race supérieure » aryenne était associée aux cheveux blonds et aux yeux bleus, ce qui rendait ces traits désirables. Autre exemple plus près de nous : dans les écoles secondaires, des adolescents sont évalués et rejetés en fonction de critères parfois surprenants comme « elle est trop coincée » ou « lui, c'est un *nerd* ».

Le rejet, l'exclusion, voire la violence verbale ou physique accompagnent régulièrement le processus de différenciation sociale. Ce processus, même s'il n'occasionne pas toujours des problèmes, fait en sorte que les membres d'une société se voient évalués selon des traits distinctifs jugés meilleurs ou pires que ceux que possède ou valorise le groupe majoritaire. Le plus souvent, ces perceptions érigées en système deviennent la source de problèmes et de conflits sociaux plus ou moins importants.

Les critères d'inclusion dans un groupe ou d'exclusion de celui-ci sont nombreux et fort discutables dans bien des cas. Bien qu'ils échappent complètement à notre maîtrise, ces critères forgent notre identité sociale et personnelle. Cette identité, et le statut social qui lui est rattaché, nous est imposée de l'extérieur selon les normes et valeurs qui prévalent dans un groupe donné ou dans la société dans son ensemble. L'identité de « nègre », de « lesbienne » ou de « B.S. » attribuée socialement influe sur l'identité de l'individu, c'est-à-dire la façon dont il perçoit et construit l'image de lui-même. Si cet étiquetage s'avère parfois positif pour les gagnants,

Paradoxalement, l'obésité est un stigmate dans les sociétés nord-américaines où la norme demeure la minceur, et ce, malgré leur attachement pour la restauration rapide de leurs « Supersizes ».

> Les groupes marginaux nous renvoient une image de nous-mêmes qui nous force parfois à réfléchir sur les normes et les valeurs de la société à laquelle nous appartenons et sur les mécanismes d'intégration de l'individu au groupe.

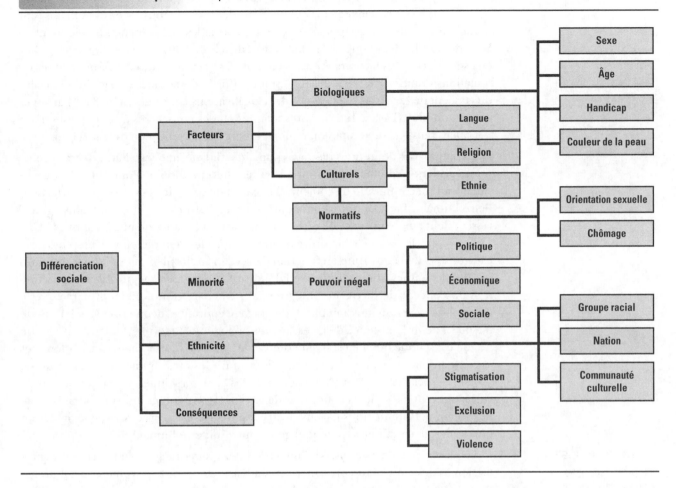

c'est-à-dire pour ceux qui réussissent à se conformer aux critères fixés par la majorité, il peut devenir infernal pour les victimes de ce processus de stigmatisation des individus ou des groupes jugés non conformes. Nos relations avec les autres et notre capacité de nous intégrer à un groupe ou à une organisation seront considérablement influencées par cette dynamique. La réaction de rejet ou d'acceptation d'un individu par le groupe sera largement conditionnée par l'image développée et entretenue socialement autour de groupes qui se distinguent selon l'âge, le sexe, l'orientation sexuelle, la couleur de la peau, la religion, la langue, et ainsi de suite.

8.3   L'ethnicité : source majeure de différenciation sociale

Comme nous l'avons vu, l'appartenance à une minorité peut entraîner des préjudices de toutes sortes pour les personnes ou les groupes visés. Nous définirons d'abord l'ethnicité et les notions qui y sont rattachées, pour montrer ensuite les conséquences négatives de la différenciation ethnique.

Souvent, la différenciation donne lieu à des préjugés ou à de la discrimination. Lorsque l'on porte un jugement sur « l'autre », on a souvent tendance à trouver bien meilleur son propre groupe… Pourtant, les scientifiques réunis à l'occasion d'une démarche effectuée sous les auspices de l'UNESCO (Organisation des Nations Unies pour l'éducation, la science et la culture) ont déclaré que tous les êtres humains font partie d'une seule espèce appelée *Homo sapiens*. Tous les êtres humains proviennent de la même souche génétique, et les différences de teint ou de forme que l'on trouve chez eux sont dues à des facteurs évolutifs comme la sélection naturelle, l'isolement et les mutations (Vander Zander, 1983). Il est fort difficile de dégager une définition claire du concept de race. On a répertorié des classifications comprenant de 3 à 34 groupes raciaux ou plus (Farley, 1982). Après maintes études consacrées à cette question, on n'a jamais réussi à faire l'unanimité sur les critères de classification des races humaines.

La plupart des définitions des races humaines ont été établies à l'aide de traits génétiques évidents, comme la peau noire ou les cheveux blonds. Pourtant, ces traits se situent sur un continuum de couleurs de peau et de types de cheveux qui caractérisent l'être humain. Par exemple, comment situer les Polynésiens qui, à certains égards, ressemblent aux Noirs et, à d'autres, font penser aux Blancs ou aux Asiatiques ? Une race n'est pas le produit d'un ordre naturel universellement reconnu ; c'est plutôt une catégorie sociale construite en fonction de certains traits physiques réels ou imaginés par des personnes qui se trouvent en dehors de ce groupe (Faegin, 1982). La définition du concept de race a été intégrée dans ce chapitre uniquement parce que le concept de race humaine fait partie du langage courant. Aucune preuve scientifique n'a pu soutenir l'existence de races, au sens biologique du terme (Farley, 1982). Cette notion est si floue qu'elle est même remise en question dans l'analyse des différentes espèces animales. En fait, les classifications entre les êtres humains sont le fruit de processus sociaux et n'ont rien à voir avec les caractéristiques génétiques des individus. Souvent, ce sont les conditions de vie qui façonnent les individus le plus significativement. Comme nous l'avons vu au chapitre 4, c'est le processus de socialisation qui permet d'actualiser le potentiel génétique d'un être humain.

De plus en plus de spécialistes utilisent le terme « **groupe racisé** » pour décrire la stigmatisation associée au fait de présenter certaines caractéristiques physiques ou culturelles (Labelle, 2006). Ce concept traduit bien le processus de différenciation sociale fondé sur la race et la stigmatisation qui l'accompagne. L'être humain présente une quantité impressionnante de traits génétiques et culturels, et il semble que la vie en société l'amène à regrouper les individus dans diverses catégories et à les hiérarchiser, avec les conséquences que l'on sait. Le processus de **racisation** permet de saisir comment s'amorce la gamme des comportements discriminatoires envers certaines catégories humaines.

Les notions sociologiques liées à l'ethnicité

Le malaise associé au concept de race a amené certains spécialistes à utiliser le terme « minorité visible » pour désigner les groupes aisément reconnaissables selon des traits physiques comme la couleur de la peau ou la forme des yeux. Mais ce terme présente également quelques difficultés. Est-ce uniquement à cause de la couleur de sa peau qu'un individu appartient à une minorité dite visible ou est-ce aussi à cause du fait qu'il est différent de la majorité ? C'est surtout le fait de se distinguer de la majorité qui rend un individu visible. Quoi qu'il en soit, les problèmes posés par ces deux concepts illustrent bien les difficultés que l'on éprouve lorsque l'on s'apprête à étudier les rapports entre les sous-ensembles qui forment l'espèce humaine. Le concept de race devrait donc disparaître de notre vocabulaire, et il serait préférable de le remplacer par celui de « groupe racisé ». Un groupe racisé est un groupe victime d'une forme de racisation qui lui cause préjudice.

GROUPE RACISÉ

Groupe victime de préjudices à la suite d'un processus de racisation.

RACISATION

Processus de catégorisation sociale en des groupes humains discernables par certains traits physiques ou culturels. L'appartenance à un groupe racisé engendre généralement discrimination et autres formes de préjudices pour ce groupe.

Si le concept de race est problématique, celui d'ethnie ou de groupe ethnique n'est pas exempt de difficultés. Les Canadiens français forment-ils un groupe ethnique au Canada? Il n'est pas toujours facile de classifier les gens. On peut formuler comme suit une définition assez large permettant de clarifier cette notion. Une **ethnie** est une population qui se distingue des autres groupes par son histoire, son origine nationale ou certains traits culturels comme les croyances religieuses, la langue ou le mode de vie (le terme «groupe ethnique» est aussi fréquemment utilisé et est synonyme du terme «ethnie». Cependant, il est parfois confondu avec le terme «communauté culturelle»). En s'appuyant sur cette définition, on constate que tout être humain fait partie d'une ethnie. On peut même s'identifier à plus d'une ethnie. Aussi, on pourra se dire Québécois avec des ancêtres irlandais ou amérindiens.

Souvent, on utilise indistinctement les termes «groupe ethnique», «race», et «communauté culturelle». Les membres des communautés haïtienne ou vietnamienne présentent des traits culturels distincts de ceux des Québécois: leurs croyances peuvent être différentes, de même que certaines de leurs traditions. En ce sens, ce sont des ethnies, mais ce sont aussi des groupes racisés en raison des traits physiques qui les distinguent des Québécois, qui, eux, sont d'origine européenne. Or, les Noirs d'origine haïtienne ou africaine, ou les Asiatiques de souche cambodgienne ou chinoise se ressemblent-ils vraiment? Ces «races» présentent des différences culturelles et nationales évidentes. Ainsi, les classifications fondées sur des traits culturels comme la religion, la langue ou l'ethnie, quoiqu'elles ne soient pas toujours claires, sont les seules ayant une certaine pertinence.

—— Nation et communauté culturelle

Pour mieux comprendre ces notions sociologiques, il faut discerner la communauté d'accueil, c'est-à-dire l'ethnie majoritaire, des autres populations qui occupent un territoire. Ainsi, les populations immigrées sont souvent désignées sous le vocable de communautés culturelles. Une **communauté culturelle** consiste en une population immigrante qui partage habituellement une même origine ethnique et un héritage culturel distinct. Le terme «communauté culturelle» est plus souvent réservé aux immigrants qui continuent de se distinguer de la majorité de par leurs traits culturels ou leurs institutions. À Montréal, des communautés culturelles d'origines variées cohabitent dans différents quartiers: Italiens, Chinois, Vietnamiens, Haïtiens, Juifs et autres. Les Italiens ou les Vietnamiens se distinguent par leurs origines nationales, alors que les Juifs se démarquent surtout par leurs croyances religieuses et leurs traditions.

Les communautés culturelles qui appartiennent aux groupes racisés risquent d'éprouver plus de difficulté à s'intégrer à la majorité. Ainsi, aux États-Unis, le noyau culturel original, constitué principalement d'Anglo-Saxons, a graduellement assimilé à peu près toutes les ethnies d'origine européenne qui sont venues s'installer sur le territoire états-unien au cours des deux derniers siècles. Cependant, les Noirs, les Amérindiens ainsi que la plupart des minorités «visibles» ont connu un processus d'intégration plus lent et plus ardu, en particulier les Noirs, qui, comme on le sait, ont été réduits à l'esclavage dans certains États (Faegin, 1984).

Au Canada, étant donné notre histoire et la situation actuelle, il importe de tenter de clarifier le concept de nation. Un Québécois, est-ce simplement quelqu'un qui habite sur le territoire du Québec? Faisons-nous partie de la nation canadienne ou de la nation québécoise? Quant aux Amérindiens, forment-ils des nations au même titre que les Canadiens anglais ou doit-on les assimiler à des communautés culturelles?

> **ETHNIE (GROUPE ETHNIQUE)**
>
> Population qui se distingue par son origine nationale ou par certains traits culturels comme les croyances religieuses, la langue ou le mode de vie. Le groupe ethnique est un groupe social majoritaire ou minoritaire à l'intérieur d'une société ou d'un État dont les membres manifestent un sentiment d'appartenance à l'égard d'une ethnie particulière.

> **COMMUNAUTÉ CULTURELLE**
>
> Population immigrante qui partage habituellement la même origine ethnique et le même héritage culturel.

Les Anglo-Québécois sont également difficiles à classifier. Font-ils partie des communautés culturelles? Qu'est-ce qu'une nation, au juste? Une **nation** est «un groupe habitant un pays ou une partie de son territoire et qui a été lié historiquement à la fondation de ce pays» (Barrette, Gaudet et Lemay, 1993). Sur la base de cette définition, il devient clair que les Français, les Amérindiens et les Anglais ont contribué à la création de l'entité canadienne. Ce sont à juste titre des nations. Le statut des Anglo-Québécois demeure cependant ambigu. Ce sont certes des Canadiens, bien que résidant sur le sol québécois. En ce sens, ils ne devraient pas être confondus avec les autres communautés culturelles puisqu'ils ne font pas partie de la population qui a immigré récemment. Le statut de fondateur du pays leur confère des droits et privilèges particuliers, reconnus par la Constitution canadienne, comme leur propre réseau d'éducation et l'accès à des services gouvernementaux dans leur langue. De même, il est à prévoir que les nations autochtones continueront à réclamer les droits et privilèges associés à la reconnaissance de leur statut de nation. Advenant la souveraineté du Québec, il est fort probable que l'État québécois devra respecter les droits acquis par ces minorités nationales dans le contexte canadien.

Ce qu'il est important de retenir de toutes ces classifications plus ou moins arbitraires des groupes humains, c'est la nature des rapports entre ces groupes et leur place sur l'échiquier social. Les rapports entre la majorité et les minorités demeurent la clé de l'analyse de la situation sociale. Comme nous l'avons vu, la différenciation sociale, bien que positive à l'occasion, a plutôt tendance à engendrer la domination et l'exclusion.

8.4 De la différenciation sociale à la violence sociale et systémique

Les multiples manières dont les êtres humains choisissent de se classifier mutuellement donnent lieu à une gamme de comportements et de conflits sociaux qui, aujourd'hui comme hier, ont engendré des situations d'une violence extrême. La sociologie du conflit social met l'accent sur les rapports de domination et les enjeux sources de conflit ou de convoitise entre les groupes qui s'affrontent. Une quantité appréciable de problèmes de ce type s'expliquent effectivement par des conflits d'intérêts entre les groupes en présence. Les manifestations de racisme qui affligent les rapports sociaux prennent souvent des formes inattendues. Des phénomènes identitaires puissants exercent une influence significative sur les difficultés qui marquent les rapports entre les groupes humains. Nous définirons ces concepts de manière à faciliter la compréhension et l'analyse de ces problèmes et à éclairer les débats entourant ces questions.

L'ethnocentrisme et le racisme

Nous avons vu au chapitre 3 que l'ethnocentrisme est un phénomène commun à toutes les cultures. La personne ou le groupe ethnocentrique juge les autres cultures selon des normes et des valeurs qui prévalent dans sa propre culture. Si, dans une culture, les gens n'ont pas l'habitude de voir les femmes circuler en tenue de sport ou encore de voir les hommes effectuer certains travaux domestiques, les personnes faisant partie de cette culture risquent d'être choquées à la vue de situations jugées indécentes ou avilissantes selon les normes en vigueur dans leur culture. De même, les personnes appartenant à une autre culture risquent de trouver choquant le fait d'interdire aux femmes ou aux individus de couleur de circuler dans certains lieux publics. Chaque culture juge les autres cultures en fonction de ses propres normes et valeurs. En fait, toutes les cultures sont plus ou moins ethnocentriques. Les façons de faire de la culture à laquelle nous appartenons apparaissent comme sensées et normales. Comme nous l'avons vu au chapitre 4, les valeurs et les normes de notre culture nous sont enseignées tout au long de notre vie et elles se voient continuellement renforcées par le processus de contrôle social. Toutes les cultures jugent donc les autres à partir de leur propre cadre de référence. L'ethnocentrisme débouche sur des préjugés et des stéréotypes (dont nous reparlerons au chapitre 9), mais également sur toutes sortes de situations plus ou moins violentes.

> La personne ou le groupe ethnocentrique juge les autres cultures selon des normes et des valeurs qui prévalent dans sa propre culture.

Comme nous l'avons mentionné précédemment, même si l'existence de races n'a pu être démontrée scientifiquement, les comportements racistes sont légion. Une vision ethnocentrique des autres groupes humains peut se transformer en une vision raciste de l'humanité. Le **racisme** est une idéologie qui soutient que les humains se divisent en races, dont certaines seraient supérieures à d'autres en raison de leurs différences d'ordres biologique, social et culturel. Le racisme peut aussi désigner des pratiques discriminatoires envers des groupes aux traits physiques ou culturels visibles. Le racisme plonge ses racines dans l'ethnocentrisme et a engendré, historiquement, les pires catastrophes, comme la tentative d'élimination du peuple juif par Hitler ou la mise en esclavage des Africains.

Lorsqu'une société est imprégnée de l'idéologie raciste, on risque d'observer toute la gamme de comportements plus ou moins violents que nous décrirons. Plus l'idéologie raciste est partagée par la majorité, plus les pratiques discriminatoires marquent les rapports entre les groupes en présence et s'érigent en système.

RACISME

Idéologie qui soutient que les êtres humains se divisent en races, dont certaines seraient supérieures à d'autres en raison de leurs différences d'ordres biologique, social et culturel.

—— Du préjugé au génocide : un continuum de violence croissante associée à l'ethnocentrisme et au racisme

Pour mieux cerner le type de problèmes associés aux rapports entre les groupes culturels et ethniques et en comprendre toute la gravité, il est utile de situer les manifestations du racisme sur une sorte d'échelle de la violence. De la petite blague raciste, qui peut sembler sans conséquence, jusqu'aux atteintes plus graves aux droits de l'homme et à la dignité humaine, il n'y a parfois qu'un pas. Le racisme prend parfois une tournure subtile et, d'autres fois, des formes absolument terribles. Pour comprendre ces comportements sociaux, il est utile de les définir en mettant en évidence les liens qui existent entre eux et en montrant comment ils forment un tout insidieux.

Le mot « préjugé » signifie littéralement « juger à l'avance », c'est-à-dire juger avant de connaître. Ainsi, nos **préjugés** se fondent sur une information partielle que nous détenons sur des personnes ou des situations. Les opinions que nous avons des Noirs, des homosexuels ou des Amérindiens s'appuient souvent sur des rumeurs et des ouï-dire qu'il ne nous est pas toujours possible de vérifier. Les idées préconçues, construites socialement à partir d'une vision ethnocentrique, ne sont pas sans conséquence. Les préjugés sont des idées préconçues au sujet d'un groupe social donné. Ces perceptions exercent une influence sur les attitudes et les comportements des personnes qui les partagent. Elles peuvent donner lieu à de simples railleries comme à des atteintes plus graves aux droits d'une personne ou d'un groupe. Les préjugés engendrent rarement des jugements positifs. En fait, ils représentent une menace réelle pour la qualité des relations entre la majorité et les minorités, puisqu'ils agissent sur nos attitudes et nos comportements. Par exemple, un professeur qui n'apprécierait pas la

PRÉJUGÉS

Idées préconçues qui concernent des groupes sociaux et qui influent sur les attitudes et les comportements des personnes qui les partagent.

présence de quelques musulmans dans sa classe verrait sans doute ses attitudes et ses comportements modifiés par la perception négative qu'il entretient envers cette communauté religieuse. Il est probable que la qualité de ses relations avec ces étudiants en souffrirait. Le **stéréotype** est une image caricaturale, partagée.

Les préjugés peuvent finir par engendrer des attitudes et des comportements discriminatoires. On déteste un groupe parce que l'on croit qu'il possède telle ou telle caractéristique, réelle ou imaginaire. On ajuste nos attitudes et nos comportements en fonction de l'opinion préconçue que l'on s'est formée à l'égard d'un groupe donné. On aura peur en présence de jeunes Noirs dans le métro. On parlera plus fort et plus lentement à une personne âgée. On évitera les chauffeurs de taxi noirs de peur de se faire rouler. Les préjugés servent en quelque sorte de renforcement idéologique qui justifie les pratiques discriminatoires. Les opinions ainsi véhiculées ont pour effet de discréditer certains groupes pour mieux justifier leur exclusion ou leur situation de groupe dominé. Par exemple, si un propriétaire refuse de louer un logement à un Noir, il pratique une discrimination basée sur le fait que cette personne appartient à un groupe aisément repérable. La **discrimination** consiste en un acte individuel ou collectif envers une personne ou un groupe, qui constitue un traitement différencié et préjudiciable, et qui entraîne une perte de droits. Les idées entretenues à l'égard de certains groupes à grand renfort de blagues et de préjugés courants contribuent à légitimer le déni de droit et les préjudices à l'égard des groupes visés. La discrimination entraîne pour les personnes en cause une perte de leurs droits et libertés, comme le droit d'accéder au marché du travail dans les mêmes conditions que les autres membres de la société, le droit de se loger adéquatement ou le droit de circuler librement.

Parmi les actes courants de discrimination, outre le fait de refuser de louer un logement ou d'accorder un emploi à un individu, il existe une pratique qui s'est amplifiée depuis le 11 septembre 2001 nommée « profilage racial ». Les groupes racisés font les frais de ce type de pratiques discriminatoires. Par exemple, lors d'un passage à une frontière ou lors d'une arrestation effectuée par les autorités policières ou autres, les personnes facilement repérables par la couleur de leur peau ou par leur tenue vestimentaire sont plus à risque de se faire fouiller ou arrêter inutilement. Voici comment la Commission des droits de la personne définit le profilage racial :

> Toute action prise par une ou des personnes d'autorité à l'égard d'une personne ou d'un groupe de personnes, pour des raisons de sûreté, de sécurité ou de protection du public, qui repose sur des facteurs tels la race, la couleur, l'origine ethnique ou nationale ou la religion, sans motif réel ou soupçon raisonnable, et qui a pour effet d'exposer la personne à un examen ou à un traitement différentiel (Turenne, 2005).

Les inquiétudes soulevées par le terrorisme international ont rendu ce type de discrimination plus fréquent, et des efforts pour le prévenir ont été entrepris par divers corps policiers.

Un autre type de comportements extrêmement discriminatoires que l'on a répertorié dans certaines sociétés présentes ou passées a consisté à séparer physiquement les groupes sociaux de manière à ce qu'ils se côtoient le moins possible. La forme la plus extrême de ce type d'organisation sociale a été connue sous le nom d'apartheid (*voir le chapitre* 7). Cependant, la **ségrégation** se construit insidieusement dans des sociétés riches et démocratiques ; on l'a vu en France à l'automne 2005. Ce pays hautement démocratique a révélé à la face du monde le problème de ses banlieues ethniques dans la région de Paris, qui ont été le théâtre de violentes émeutes parmi la

---

STÉRÉOTYPE

Image caricaturale, partagée collectivement, au sujet d'un groupe social donné.

DISCRIMINATION

Acte individuel ou collectif envers une personne ou un groupe, qui constitue un traitement différencié et préjudiciable, et qui entraîne une perte de droits.

SÉGRÉGATION

Séparation physique de groupes selon des caractéristiques raciales ou ethniques ou selon toute autre caractéristique jugée problématique.

population d'origine maghrébine principalement. Les difficultés d'intégration de ces immigrants, certains étant même Français depuis plus d'une génération, ont révélé comment une forme insidieuse de ségrégation s'est établie sans que cela ait été souhaité. C'est un phénomène qui a pris racine dans le tissu même de la société française, et ses dirigeants n'ont pas su mettre de l'avant les mesures nécessaires pour tenter de prévenir la situation, comme des politiques sociales et économiques qui auraient favorisé l'intégration.

Aux États-Unis, certaines villes paraissent, de prime abord, aussi ségrégationnistes que l'était l'Afrique du Sud. Dans la ville de Washington, la ségrégation raciale crève les yeux (*Le Devoir*, le samedi 30 juillet 2005, B2). S'il existe pratiquement une double ville dans la capitale états-unienne, des **ghettos** ethniques existent dans la plupart des grandes villes du pays. Il y a même des ghettos célèbres comme ceux de Harlem ou du Bronx, à New York. Ces quartiers conservent leur caractère ethnique depuis des décennies, et peu de Blancs oseraient s'y installer. De même, lorsqu'une famille noire souhaite intégrer un quartier blanc, cela génère parfois des tensions révélatrices. La ségrégation ne nécessite pas toujours des lois ou des politiques officielles pour se maintenir. Elle peut se réaliser spontanément à travers des pratiques discriminatoires insidieuses. Par exemple, comme il a été mentionné précédemment, certains propriétaires refuseront de louer un logement à des Noirs ou à d'autres «étrangers». Pire encore, certaines organisations racistes, comme le Ku Klux Klan aux États-Unis, exercent parfois sur les nouveaux arrivants des pressions directes et indirectes, qu'il s'agisse d'insultes, de menaces de violence, voire de menaces de mort. Les gens appartenant à certains groupes racisés peuvent aussi être confinés dans certains quartiers simplement parce qu'il s'agit des seuls endroits où ils ont les moyens d'habiter et où ils se sentent les bienvenus.

Les organisations d'extrême droite dans divers pays peuvent aussi se charger de maintenir une forme d'ordre social en terrorisant certains groupes par des crimes haineux. Les Juifs dans divers pays, les Noirs aux États-Unis et les homosexuels partout dans le monde ont été régulièrement victimes de crimes haineux. Les mouvements d'extrême droite se sont aussi manifestés au Canada et au Québec, tout comme dans plusieurs pays occidentaux. Les idéologies conçues et propagées par ces organisations servent parfois à justifier les attaques violentes envers divers groupes. Bien que très marginales, ces organisations sont dangereuses et peuvent constituer une menace réelle à nos acquis sociaux et démocratiques, car ce n'est pas uniquement leur importance numérique qu'il faut considérer mais aussi leur degré d'efficacité politique. Certains groupes de jeunes ont été identifiés à la mouvance d'extrême droite : les skinheads, les «nazi punks», mais aussi des groupes anciens comme l'Orange Order of Canada, l'Aryan Nation, le Heritage Front, etc. (Claudé, 1991 *c*). En Allemagne et en France, des partis d'extrême droite sont réapparus sur l'échiquier politique en conséquence d'une réaction d'une partie de la population à la présence de certaines communautés immigrantes. La renaissance de ces partis inquiète de nombreux spécialistes des relations interculturelles, surtout étant donné le potentiel de violence engendré par ces tensions interethniques. En outre, depuis les attentats du 11 septembre 2001 à New York, les communautés culturelles associées à l'islam se retrouvent sous haute surveillance, avec tous les risques d'atteinte aux droits fondamentaux que cela suppose.

Depuis les attentats du 11 septembre 2001, les communautés culturelles américaines associées à l'islam sont placées sous haute surveillance par les autorités américaines et sont de plus en plus victimes de discrimination de la part de leur concitoyens.

Le génocide et l'ethnocide : éliminer la différence

Comme on l'a vu, le racisme se manifeste de manière subtile : une blague, un commentaire désobligeant… Il peut se concrétiser d'une manière plus systémique comme lorsqu'on intègre la ségrégation dans l'organisation sociale. Il peut aussi réduire les chances d'embauche, menant ainsi au chômage et à l'exclusion, ou rendre une personne ou un groupe victime d'un crime haineux. Dans le pire cas, on tentera d'éliminer le groupe complètement, comme dans le cas de la violence interethnique. Les rapports sociaux ainsi structurés engendrent inévitablement des degrés divers de violence. Même la petite blague, lorsque souvent répétée, peut se transformer en une forme de harcèlement difficilement soutenable pour un individu.

Les mots « génocide » et « ethnocide » désignent des comportements racistes extrêmes. Il existe de nombreux exemples, au cours de l'histoire, de racisme pratiqué à une grande échelle. Les pogroms, c'est-à-dire les agressions violentes perpétrées sporadiquement contre les Juifs, les camps de concentration et l'extermination de 6 000 000 de Juifs par le régime nazi ; la mise en esclavage de Noirs provenant d'Afrique, achetés et vendus comme des bêtes de somme, puis forcés de travailler dans les plantations de coton au sud des États-Unis ; les massacres d'Amérindiens et le confinement des survivants dans des réserves, l'extermination de la population autochtone de Tasmanie, une île située près des côtes australiennes (Tischler, Whitten et Hunter, 1986) ; voilà autant d'exemples effrayants de conflits interraciaux. Plus récemment, on a assisté, impuissants, à ce qui ressemblait à l'élimination systématique des Tutsis par les Hutus du Rwanda. Dans ce cas, même les bébés ou les blessés dans les hôpitaux faisaient partie des ennemis à abattre. Lors de la guerre dans l'ex-Yougoslavie, des charniers ont été mis au jour. C'étaient essentiellement des civils, souvent déjà faits prisonniers et désarmés qui finissaient dans ces tombes collectives. La liste d'actions entreprises par un peuple dans le but d'en anéantir un autre peut sembler interminable. Le **génocide** ou l'**ethnocide** signifient l'anéantissement ou la tentative d'anéantissement d'une ethnie ou d'un groupe humain. Il s'agit probablement de l'action la plus violente faite contre un groupe humain. Les massacres organisés de populations ciblées illustrent bien jusqu'où peut mener le racisme.

Les armes modernes hyperpuissantes peuvent dorénavant faire disparaître des peuples entiers de la surface de la planète. À la lumière des exemples fournis par les nombreuses tentatives d'extermination de groupes humains, les possibilités actuelles d'anéantissement quasi instantané d'une population sont troublantes. Le racisme peut servir à justifier les guerres entre des nations, tout comme il peut justifier des gestes ou des actions discriminatoires à l'égard de minorités au sein d'une même société. Il ne faut cependant pas oublier les enjeux réels de ces conflits. En effet, la plupart du temps, des enjeux économiques et politiques constituent les motifs véritables de ces affrontements organisés. La domination qu'un groupe exerce sur un autre comporte certes des avantages pour le groupe dominant. La conservation ou la conquête d'un territoire riche en ressources et le sentiment d'avoir des droits légitimes sur des régions ou des richesses représentent de puissants enjeux susceptibles d'entraîner des groupes humains dans de violents affrontements.

Les conflits identitaires continuent de marquer notre monde. L'attaque du World Trade Center en septembre 2001 et les divers attentats terroristes menés par le mouvement islamiste radical le montrent clairement. Si la domination et l'exclusion sociale expliquent bon nombre de ces situations violentes, elles n'expliquent cependant pas tout. Les croyances culturelles et idéologiques peuvent contribuer fortement à alimenter les problèmes et les conflits sociaux liés à ces questions. Oussama Ben Laden a choisi d'épouser une cause dont il n'est aucunement la victime personnelle puisqu'il

GÉNOCIDE (ETHNOCIDE)

Anéantissement total ou partiel d'une ethnie ou d'un groupe humain.

provient d'une famille fort riche. De même, il semble que les terroristes kamikazes qui ont frappé le métro de Londres au cours de l'été 2005 étaient bien intégrés à la société anglaise. La source de leur motivation à accepter de mourir pour une cause ne peut s'expliquer uniquement par les inégalités économiques et sociales. Pour comprendre la violence raciste, il ne faut pas négliger les explications fondées sur la propagation d'idéologies ainsi que sur les croyances culturelles et religieuses. Dans l'avenir, nous risquons de nouveau d'assister à des génocides ou à des massacres déclenchés par des tensions interethniques, moyens technologiques modernes à l'appui. Vivre avec l'autre et accepter sa différence constitue un défi permanent pour l'individu et les groupes de toutes les sociétés humaines.

8.5 Le choc des cultures : l'influence des uns sur les autres

Il arrive que le choc des cultures et des groupes ethniques, bien que généralement difficile, finisse par avoir des conséquences positives. Deux cultures, bien différentes au départ, peuvent en arriver à se fusionner et à produire un groupe culturel distinct des deux premiers groupes. Les Métis installés au Manitoba au XIXe siècle constituent un exemple de ce phénomène. Des colons français qui se sont mariés avec des Amérindiennes ont donné naissance à une culture qui combinait des éléments du mode de vie de ces Canadiens coureurs des bois et du mode de vie des Indiens d'Amérique. Ce groupe a fini par s'assimiler aux Blancs ou aux Autochtones et a eu de la difficulté à maintenir cette synthèse qui rapprochait les deux mondes (Laplante et Perrault, 1977). Les Angles et les Saxes ont aussi engendré un peuple connu sous le nom d'Anglo-Saxons ou d'Anglais. Cette forme d'intégration, qui crée un nouveau groupe culturel, peut être qualifiée de « processus de fusion ». La **fusion** est le processus qui amalgame des groupes culturels de souches différentes, souvent par le mariage, pour donner un nouveau groupe.

> **FUSION**
>
> Processus qui combine des groupes culturels de souches différentes, souvent par le mariage, pour engendrer un nouveau groupe.

Une culture qui évolue devrait pouvoir emprunter quelques traits culturels appartenant à un autre groupe sans que cela pose de difficultés. Par exemple, les Amérindiens ont enseigné beaucoup de choses aux premiers colons sur la manière de survivre au Canada. Cependant, il faut distinguer fusion et assimilation. Si une culture cède aux influences étrangères au point d'abandonner ses propres traits culturels, on parlera alors d'assimilation. La plupart des immigrants d'origine européenne venus aux États-Unis pour trouver une vie meilleure ont fini par s'assimiler au mode de vie américain. Le processus d'**assimilation** provoque l'abandon des traits culturels propres à un groupe, ce qui entraîne pour ce groupe la perte de son identité. Aux États-Unis, les immigrants irlandais, allemands, italiens, polonais, grecs et portugais ont fini, tôt ou tard, par devenir états-uniens, même s'ils ont parfois réussi à conserver certains traits culturels, comme la religion ou des coutumes. De même, environ un million de Canadiens français auraient immigré aux États-Unis entre 1840 et 1940. Ils se sont pour la plupart assimilés à la culture états-unienne. Quant aux premiers habitants de notre territoire, les Amérindiens, même si tous ne sont pas assimilés, leur mode de vie s'est considérablement transformé par suite de l'invasion des cultures européennes.

> **ASSIMILATION**
>
> Processus qui entraîne l'abandon des traits culturels d'un groupe et la perte de son identité.

La plupart du temps, l'assimilation n'est pas un processus librement consenti. Elle résulte plutôt de la domination d'un groupe sur un autre ou de la très forte attraction exercée par le groupe majoritaire. Certaines cultures résistent mieux que d'autres aux relations avec un groupe dominant ; elles réussissent ainsi à préserver et à cultiver certains traits qui leur sont spécifiques, comme la langue ou la religion. Mais tout groupe en voie d'assimilation passe par une période d'acculturation plus ou moins longue. L'**acculturation** est un terme utilisé par les ethnologues pour désigner un « mécanisme de transformation culturelle déclenché par le contact continu et répété, direct ou indirect, de cultures différentes » (Barrette, Gaudet, Lemay, 1993, p. 33). Les Indiens de l'Amérique du Nord sont une illustration de ce phénomène. Ils ont réussi à préserver des éléments de leur culture, même après des siècles de domination. Il leur serait cependant fort difficile de retourner à leur mode de vie ancestral puisque, pour vivre de la chasse et de la cueillette, il faut un territoire vaste. La densité de population actuelle sur la planète exclut, du moins pour l'instant, un retour à ce mode de vie pour tout groupe numériquement important.

> **ACCULTURATION**
> Mécanisme de transformation culturelle déclenché par le contact continu et répété, direct ou indirect, de cultures différentes.

Le pluralisme, le multiculturalisme, l'interculturalisme et l'intégrationnisme

La plupart des sociétés sont capables de composer avec un nombre plus ou moins grand de minorités sur leur territoire. Les sociétés qui tolèrent bien la présence de minorités ethniques ou culturelles sont dites pluralistes. Le **pluralisme** est une conception de la vie en société qui permet à tous les groupes minoritaires de s'exprimer librement selon les traits culturels qui les caractérisent et de participer pleinement aux activités sociales et politiques de la société dans son ensemble. Cette conception de la vie en société est basée sur le respect mutuel du mode de vie de chacun des groupes qui se côtoient à l'intérieur d'une société.

> **PLURALISME**
> Conception de la vie en société permettant à tous les groupes minoritaires de manifester librement leurs traits culturels et de participer pleinement aux activités de la société.

Rares sont les pays qui peuvent se vanter d'avoir réussi ce tour de force. En général, les rapports qui s'établissent entre les minorités et la majorité partageant le même territoire sont placés sous le signe de la domination de la part de la majorité. La Suisse est souvent citée comme un modèle de société pluraliste. Sur son territoire cohabitent quatre groupes de souches distinctes, soit l'allemande, la française, l'italienne et la romanche. Les exemples de sociétés où l'harmonie semble régner entre les différents groupes ethniques constituent davantage l'exception que la règle. La prospérité économique générale d'un pays comme la Suisse facilite sans doute les rapports entre ces groupes.

Au Canada, on utilise souvent le terme « multiculturalisme » pour décrire la réalité culturelle qui s'y trouve. La coexistence de trois grands groupes, amérindien, français et anglo-saxon a nécessité certains ajustements. Les Amérindiens et les Canadiens français ont réussi à maintenir leur **identité collective** et à préserver tant bien que mal leur spécificité par rapport aux groupes intégrés aux Anglo-Saxons. L'ensemble canadien a dû tenir compte de la diversité des groupes en présence sur son territoire tout au long de son histoire. Cela a provoqué et provoque toujours des difficultés majeures chez les personnes qui souhaitent le maintien de l'ensemble canadien avec un gouvernement central fort. Le projet canadien, promu comme un ensemble multiculturel, a tenté de résoudre les difficultés posées par les relations interethniques à l'intérieur du territoire. Le **multiculturalisme** se situe dans le prolongement du pluralisme. Cependant, cette approche présente des limites importantes puisqu'elle ne définit pas clairement le pouvoir accordé à chacun des groupes sur la base même de leur appartenance ethnique. La vision multiculturelle du Canada a été élaborée en réaction au nationalisme québécois. En fait, on est passé d'une vision biculturelle du Canada à une vision multiculturelle (Rocher, 1973). Cette approche n'a d'ailleurs pas réduit les tensions entre les divers groupes présents sur le sol canadien. Au Québec, on a surtout reproché au projet multiculturaliste canadien de ramener les Québécois

> **IDENTITÉ COLLECTIVE**
> Caractéristiques sociales et culturelles que partage un groupe et qui forment sa spécificité.

> **MULTICULTURALISME**
> Conception de la société où tous les groupes ethniques bénéficient d'une égalité culturelle et politique.

au même rang que les autres groupes ethniques. Le multiculturalisme peut être défini comme une conception de la société où tous les groupes ethniques bénéficient d'une égalité culturelle et politique. Il laisse entrevoir une sorte de mosaïque de groupes ethniques, sans noyau culturel pour accueillir les nouvelles ethnies qui s'établiraient sur ce territoire. C'est pourquoi d'aucuns prétendent que le multiculturalisme canadien nierait l'existence des deux peuples fondateurs (Rocher, 1973) et rencontre de nombreuses résistances dans tout le pays, tant à l'est qu'à l'ouest.

L'**interculturalisme** constitue une approche relativement nouvelle qui permet de définir les rapports entre la culture dominante et la culture des individus qui arrivent ou qui sont déjà établis sur un territoire donné. Ce concept a évolué depuis quelques années, essentiellement pour éviter l'écueil du multiculturalisme, qui, selon certains de ses détracteurs, visait une forme d'assimilation douce plutôt qu'un véritable pluralisme. La vision d'abord avancée par les tenants de cette approche prévoyait la construction d'une société autour de la fraternité, de l'amour réciproque et de la compréhension entre les humains. C'est essentiellement dans une perspective d'éducation qu'il faut

concevoir l'approche interculturelle. Dans cette optique, l'interculturalisme a été défini comme étant « la transmission d'une pluralité de cultures tout en évitant la primauté d'une culture sur les autres » (Berthelot, 1990, p. 89). L'approche interculturelle prône le respect des différences et favorise le développement d'une ouverture sur le monde. Cette vision des rapports entre les cultures s'inscrit dans une vision pluraliste des sociétés modernes. Le concept d'éducation interculturelle est préconisé dans certains milieux scolaires où l'on trouve de nombreuses ethnies. L'éducation joue un rôle important dans l'intégration des diverses cultures. Il s'agit de donner aux jeunes le goût de vivre dans une société multiculturelle. Pour ce faire, il faut éviter les jugements moraux hiérarchisants et susciter chez les jeunes la tolérance et le respect des différences. Pour un individu, dans les sociétés modernes, il est devenu fort utile d'acquérir des aptitudes permettant de comprendre les différences culturelles et sociales. Ces aptitudes doivent être perçues comme un acquis essentiel à la compréhension du monde actuel. L'éducation interculturelle repose sur le respect des différences. Elle se fonde sur une vision de l'intégration des immigrants qui suppose que l'intégration est un processus distinct de l'assimilation. Dans cette perspective, l'intégration est un processus d'adaptation à long terme, multidimensionnel et distinct de l'assimilation. Ce processus, dans lequel la maîtrise de la langue joue un rôle essentiel, n'est achevé que lorsque l'immigrant ou ses descendants participent pleinement à l'ensemble de la vie collective de la société d'accueil et ont développé un sentiment d'appartenance à son égard (Ministère des Communautés culturelles et de l'Immigration, 1990*b*).

Le sociologue Gary Caldwell émettait cependant quelques réserves au sujet du concept d'interculturalisme à l'occasion d'un colloque sur les communautés culturelles tenu en avril 1987. Il disait que le respect envers les autres était un concept déjà inscrit dans les valeurs occidentales. En outre, le respect intégral de toutes les cultures pourrait s'avérer une approche naïve puisque, d'une part, toutes les cultures ne sont pas

> **INTERCULTURALISME**
> Transmission de plusieurs cultures sans qu'il y ait prépondérance d'une culture sur les autres.

conciliables et que, d'autre part, il y a toujours un contexte social donné et une culture dominante. Il faudrait veiller à ne pas leurrer les nouveaux venus qui croiraient trouver ici un respect intégral de leur culture. Ces immigrants ont souvent dû fuir leur pays d'origine et cherchent parfois à en oublier les conséquences économiques, politiques et sociales (Centraide, 1987). Dans cette optique, l'approche interculturelle doit tenir compte de la nécessité d'une reconnaissance de la culture majoritaire, comportant des valeurs essentielles partagées par tous, à laquelle on doit s'intégrer. Au début des années 1990, le gouvernement du Québec rendait publique sa politique d'accueil et d'intégration des immigrants (Ministère des Communautés culturelles et de l'Immigration, 1990). Cette politique se fonde sur l'approche interculturelle, et on y propose un point de vue intégrationniste. L'**intégrationnisme** est une politique d'immigration qui vise à intégrer les immigrants à la société d'accueil en proposant une langue et un ensemble de valeurs communes pour faciliter la participation à la vie collective. Selon ce point de vue, la société d'accueil respecte les nouveaux venus, mais certaines valeurs communes sont mises de l'avant de même que la participation à la vie sociale par l'apprentissage du français. Julius Grey, avocat montréalais bien connu pour sa défense des droits des minorités, estime que la politique québécoise d'intégration des immigrants est plus claire et plus intéressante que la politique canadienne fondée sur le multiculturalisme. Pour rendre possible une intégration harmonieuse des différentes cultures et jeter les bases d'un réel pluralisme, une société laïque qui s'appuie sur une charte des droits de la personne demeure une condition essentielle.

INTÉGRATIONNISME

Politique d'immigration qui vise à intégrer les immigrants à la société d'accueil en proposant une langue et un ensemble de valeurs communes pour faciliter la participation à la vie collective.

Réseau thématique L'ethnicité : source majeure de différenciation sociale

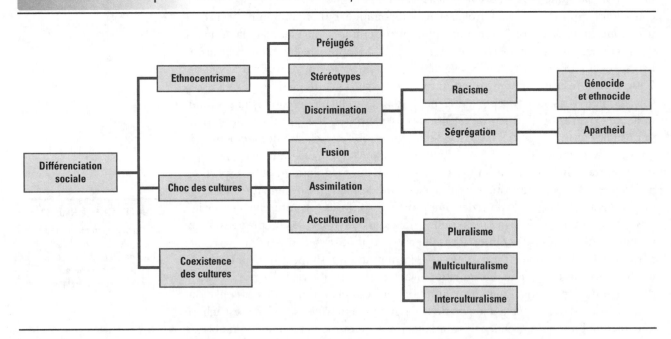

8.6 L'immigration : le défi de l'intégration de l'Autre

Les discours concernant le problème démographique des Québécois divergent sur de nombreux points et comportent inévitablement une charge émotive. Peu de gens demeurent indifférents aux difficultés liées à ces questions. Y réfléchir la tête froide n'est pas facile, puisque les Québécois deviennent très chatouilleux lorsqu'il s'agit

Dossier 8.1 L'accueil d'immigrants en terre québécoise : inquiétant mais inévitable

La société québécoise actuelle, bien qu'elle soit toujours très homogène dans son ensemble, comporte plus d'une centaine de communautés culturelles. Cette réalité est appelée à s'accentuer au cours des prochaines années. Tout comme c'est le cas dans plusieurs pays occidentaux, le Québec doit s'ajuster à la présence de minorités plus ou moins importantes sur son territoire. En France, cela suscite d'ardents débats, notamment autour de la laïcité des institutions publiques. En ce qui concerne les Québécois francophones, il faut se rappeler qu'ils n'ont pas l'habitude de se trouver en situation de pouvoir par rapport à d'autres groupes. À peine sortis de la longue période où ils ont été dominés par les anglophones, ils doivent désormais apprendre à vivre avec des groupes présentant des différences culturelles plus ou moins marquées.

Des immigrants chantant le *Ô Canada* au moment de l'obtention de leur citoyenneté canadienne.

L'immigration n'est certes pas un phénomène nouveau au Québec et au Canada. Cependant, depuis quelques décennies, elle ne provient plus essentiellement de l'Europe comme avant, ce qui rend davantage visible la diversité ethnique et culturelle. Dans ce contexte, de nombreux Québécois ont l'impression d'être envahis et s'inquiètent de leur avenir. Certaines de leurs inquiétudes paraissent justifiées. Par exemple, un affaiblissement du poids démographique des Québécois, à l'intérieur des frontières du Québec et à l'intérieur de l'ensemble canadien, réduira sans doute leur pouvoir politique et économique. Étant donné le faible taux de natalité actuel et étant donné le fait que le Canada anglais attire plus fortement les immigrants qui arrivent en terre canadienne, le déclin démographique du Québec paraît quasi inévitable.

de leur survie culturelle. Cette préoccupation est certes légitime et elle demeurera sans doute importante pour les francophones du Québec. La crise identitaire des Québécois, qui perdure depuis des décennies, contribue certes à générer des tensions. De Canadiens à Canadiens français puis à Québécois, l'identité de la nation québécoise demeure fragile, et sa spécificité est régulièrement remise en question en rapport avec le problème constitutionnel canadien. Les rapports entre la majorité canadienne et la minorité québécoise demeurent délicats. De plus, plusieurs immigrants s'identifient davantage au modèle culturel américain et comprennent mal l'insécurité identitaire des Québécois francophones. C'est dans ce contexte social et politique que le Québec accueille les nouveaux arrivants. Pourtant, le Québec a besoin de l'immigration pour pallier le déclin de sa population ainsi que les problèmes économiques et politiques qui s'ensuivront.

Bref, les tensions entre le besoin d'immigrants et la fragilité culturelle des Québécois ; le choc des intérêts divergents des anglophones, des francophones et des nations amérindiennes ; la concentration importante de l'immigration dans la région montréalaise et les problèmes associés à l'intégration économique et culturelle des immigrants forment les enjeux importants liés aux rapports interethniques au Québec.

Pour relever ce défi démographique, les solutions envisagées tournent autour de deux grands axes : a) favoriser une augmentation de la natalité jusqu'à une moyenne de 2,1 enfants par femme et augmenter le niveau d'immigration jusqu'à une moyenne de 50 000 nouveaux arrivants par année pour le Québec ; b) mettre en œuvre des mesures visant à faciliter l'intégration des immigrants à la culture francophone. Les politiques familiales visant une augmentation de la natalité demeurent timides. Cependant, la loi 101 a posé un jalon crucial en forçant les immigrants à fréquenter l'école francophone. Par la suite, les ententes Canada-Québec (Entente Cullen-Couture de 1978 et Entente Gagnon-Tremblay de 1993) concernant la sélection des immigrants ont favorisé une sélection d'immigrants francophones correspondant davantage aux besoins particuliers du Québec. En ce qui concerne l'intégration harmonieuse des immigrants, les politiques de soutien à l'accueil et à la francisation donnent certes des résultats lorsqu'ils sont financés adéquatement. Présentement, 1000 heures de cours de français sont offertes gratuitement aux nouveaux arrivants. Ces cours de français servent également de base à un soutien et à un suivi de l'intégration de ces nouveaux venus dans la société québécoise. Ces politiques de type intégrationniste semblent porter leurs fruits : présentement, les deux tiers des immigrants travailleraient en français, une proportion inverse à celle qui prévalait avant l'application de la loi 101 et des autres mesures visant à renforcer la position du français au Québec (Renaud, 2003).

L'intégration des immigrants passe également, ici comme ailleurs, par l'intégration économique. Pour intégrer les immigrants socialement, il faut d'abord être en mesure de les intégrer économiquement. En d'autres termes, il faut des emplois en nombre suffisant pour faciliter l'adaptation. Le fait que les immigrants aient du travail devrait stimuler en eux le goût du Québec. En ce sens, la francisation du lieu de travail constitue un élément essentiel à l'intégration au Québec français. De plus, s'il y a assez d'emplois, les immigrants seront davantage enclins à s'installer en région et à demeurer au Québec, plutôt que d'aller s'installer ailleurs au pays, voire aux États-Unis. Certaines corporations professionnelles constituent présentement un frein majeur à l'intégration d'immigrants titulaires de diplômes dans divers domaines. Est-il normal, lorsqu'on se trouve devant une pénurie de médecins, par exemple, d'en retrouver parmi les chauffeurs de taxi ? Des efforts ont été entrepris pour corriger ce problème, et la pénurie de travailleurs spécialisés dans des domaines comme la santé devrait contribuer à faciliter l'intégration de ces immigrants diplômés dans le marché du travail québécois.

Les politiques de gestion de la diversité ethnique visent à accroître la tolérance tout en respectant les différences ethnoculturelles. Elles ont amené des institutions publiques et privées à effectuer des aménagements pour tenir compte des requêtes de certaines minorités. En général, ces accommodements ont trait à des pratiques religieuses particulières. L'**accommodement raisonnable** est une approche liée à la gestion de la diversité ethnoculturelle. Ce genre d'entente propose des adaptations et des compromis sur le plan de différentes normes sociales, ces arrangements visant à considérer les besoins particuliers de certaines minorités ethniques ou religieuses. Lorsque les parties concernées n'arrivent pas à s'entendre, la Commission des droits de la personne peut encadrer ces ententes, ou les systèmes judiciaires québécois et canadien peuvent les édicter. À titre d'exemple, la Commission scolaire Marguerite-Bourgeois a dû accepter que l'un de ses élèves porte son kirpan, ce petit couteau à l'extrémité recourbée qui constitue un symbole religieux important chez les Sikhs. Cet objet religieux, mal reçu par les autorités de l'école, a fait l'objet d'un jugement rendu par la Cour suprême du Canada en 2006 (http://csc.lexum.umontreal.ca/fr/2006/2006csc6/2006csc6.html). Le kirpan peut être porté à l'école, mais il doit être bien cousu dans un petit fourreau et rangé de manière à assurer la sécurité de tous. Ce type de demande est de plus en plus fréquent. Beaucoup de Québécois, comme d'autres Occidentaux, jugent qu'il s'agit d'une forme de menace pour la culture majoritaire.

ACCOMMODEMENT RAISONNABLE

Approche liée à la gestion de la diversité ethnoculturelle, qui propose des adaptations et des compromis sur le plan de différentes normes sociales, visant à tenir compte de besoins particuliers de certaines minorités ethniques ou religieuses.

L'intégration des immigrants pose plusieurs défis et suscite maintes controverses. Le défi qui consiste à concevoir de nouvelles façons de faire qui facilitent l'interaction quotidienne de gens ayant des croyances et des traditions différentes est particulièrement difficile. L'accommodement raisonnable requiert du doigté et nécessite que chacun coopère afin que les décisions soient acceptables pour toutes les parties.

L'autre élément d'inquiétude fréquemment soulevé concerne la fracture qui est en voie de se faire entre Montréal et le reste du Québec. L'immigration se concentre largement dans l'île de Montréal et s'est accrue quelque peu dans les villes de Québec et de Sherbrooke. Les immigrants qui réussissent à s'établir en région semblent s'intégrer plus facilement à la société québécoise francophone. Cependant, c'est Montréal et sa région immédiate qui continue d'attirer la plus grande part des immigrants. Le Québec se trouve de plus en plus divisé en un Montréal fortement cosmopolite et multiethnique, et des régions francophones très homogènes. L'immigration a très certainement changé le visage de Montréal. Dans certains secteurs, on a peine à trouver des Québécois dits « de souche ». Des quartiers comme Côte-des-Neiges ou Parc-Extension présentent un caractère fortement multiethnique. Cette multiethnicité qui change Montréal transformera sans doute notre conception du peuple québécois.

Vu le petit nombre de Québécois francophones en Amérique et le fait que l'immigration continue de se concentrer dans la région de Montréal, les objectifs d'intégration harmonieuse des néo-Québécois sont-ils réalistes ? Plusieurs régions du Québec ont déjà énormément de difficulté à maintenir leur population, surtout à cause des taux de chômage élevés. Les immigrants ne pourront s'y établir que si les emplois s'y trouvent en nombre suffisant. Différentes solutions se profilent à l'horizon. On tente de stimuler l'immigration dans les régions, mais cette avenue demeure liée au développement économique régional. Par ailleurs, l'approche interculturelle en matière d'éducation paraît prometteuse. Dans les écoles de Montréal, les enfants apprennent le français tout en côtoyant d'autres enfants qui proviennent de partout dans le monde. Ils y développent une identité « à traits d'union » et deviennent fort à l'aise dans cet environnement (*La Presse*, 3 avril 2000). Comme le montre le tableau 8.1 à la page suivante, l'immigration des cinq dernières années a été importante. Elle provient de tous les continents et de tous les horizons culturels et religieux. Une école publique, laïque et accessible peut contribuer significativement à l'intégration des néo-Québécois à leur société d'accueil.

Exercice de sensibilisation

L'apport des communautés culturelles

Chaque nouvelle communauté culturelle qui s'installe dans notre société la transforme en y apportant ses façons de faire et de voir le monde. Observez ce qui se passe dans la ville, dans les médias, et relevez 10 réalités que l'on doit à la présence des communautés culturelles. Réfléchissez ensuite à leurs conséquences.

- Causent-elles des problèmes ?
- Les gouvernements devraient-ils être plus sélectifs dans l'acceptation des nouveaux immigrants ?

- Devrait-on accueillir plus ou moins d'immigrants ?
- Devrait-on exiger une intégration plus profonde des membres des communautés culturelles ?
- Devrait-on exiger que tous les nouveaux arrivants apprennent le français ?

Ces questions, qui sont complexes, ne comportent pas de réponses simples. La sociologie nous donne cependant des outils pour nous aider à appréhender ce phénomène.

D'autres solutions sont avancées, telles que la multiplication des interventions visant à établir des relations intercommunautaires harmonieuses (Ministère des Communautés culturelles et de l'Immigration, *Énoncé de la politique en matière d'immigration et d'intégration*, 1990*a*). On peut imaginer que le parrainage des familles immigrantes par des familles québécoises facilite l'intégration. La planification de l'immigration et de l'intégration des immigrants semble donner de bons résultats. De plus en plus, on adopte une perspective interculturelle pour mieux servir la population immigrante. Par exemple, on a adapté la formation des policiers, des travailleurs sociaux et des infirmières pour tenir compte des besoins particuliers des personnes issues d'autres cultures. Ces efforts constants réduisent également les risques de tensions et contribuent à éviter l'écueil du racisme. Ce type d'interventions permet certes d'harmoniser les relations entre la majorité francophone et les autres ethnies présentes sur le sol québécois.

L'approche interculturelle se fonde sur la tolérance et le respect des différences. Pour l'instant, étant donné la puissance et la vitesse de nos moyens de communications, les frontières tendent à ne plus signifier grand-chose, et les échanges entre les cultures se multiplient. Notre capacité d'attirer les immigrants et de les intégrer harmonieusement dans notre société demeurera un défi important dans les années à venir. Comment résister au puissant attrait de l'anglais et de la culture anglo-américaine? En outre, il faudra éviter la création de ghettos tout en conciliant les intérêts des

Tableau 8.1

Immigrants admis au Québec selon les 15 principaux pays de naissance

	2001-2005*				2005*		
Rang	Pays de naissance	*n*	%	Rang	Pays de naissance	*n*	%
1	Chine	18 749	9,3	1	Chine	3 689	8,5
2	Maroc	16 428	8,1	2	France	3 565	8,2
3	France	16 273	8,0	3	Algérie	3 463	8,0
4	Algérie	15 739	7,8	4	Maroc	2 732	6,3
5	Roumanie	12 845	6,3	5	Roumanie	2 521	5,8
6	Colombie	8 239	4,1	6	Colombie	2 131	4,9
7	Haïti	8 036	4,0	7	Liban	1 783	4,1
8	Liban	6 985	3,5	8	Haïti	1 428	3,3
9	Inde	5 423	2,7	9	Inde	1 134	2,6
10	Pakistan	5 406	2,7	10	Mexique	1 132	2,6
11	Rép. dém. du Congo	3 828	1,9	11	Pakistan	1 040	2,4
12	Mexique	3 712	1,8	12	Pérou	975	2,2
13	Bulgarie	3 295	1,6	13	Rép. dém. du Congo	801	1,8
14	Tunisie	3 222	1,6	14	Bulgarie	748	1,7
15	Sri Lanka	3 119	1,5	15	Philippines	720	1,7
TOTAL, 15 principaux pays		131 299	64,9	TOTAL, 15 principaux pays		27 862	64,2
TOTAL, tous les pays		202 368	100,0	TOTAL, tous les pays		43 373	100,0

* Données préliminaires pour 2005.

Source: Ministère des Communautés culturelles et de l'Immigration, Direction de la recherche et de l'analyse prospective.

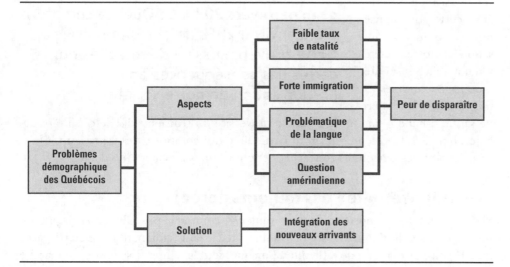

francophones, des Autochtones et des anglophones du Québec. Les rapports entre les Québécois et les autres groupes formant le tissu des sociétés québécoise et canadienne demeureront certes une question d'actualité pendant plusieurs années.

8.7 La différenciation sociale selon l'âge: un phénomène universel

Comme nous l'avons vu, les critères de différenciation sociale se fondent soit sur des traits physiques ou biologiques, soit sur des traits culturels. Toutes les sociétés effectuent des distinctions plus ou moins marquées entre les sexes et entre les groupes d'âge. C'est au processus de différenciation sociale selon l'âge que nous nous attarderons dans cette section. Certes, le fait de vieillir ou le fait d'être très jeune n'offrent pas que des avantages. Nous sentons tous, quand nous sommes très jeunes, que l'âge adulte signifie une plus grande liberté. Nous sentons tous aussi que le fait de vieillir apporte son lot de problèmes, et pas seulement des problèmes de santé. En ce qui concerne les jeunes ou les personnes du troisième âge, plusieurs difficultés qui les touchent s'expliquent en partie par les choix de société que nous faisons. Que dire actuellement des problèmes qui seront soulevés par le vieillissement de la population partout en Occident? Comment les baby-boomers, cette vague importante de personnes nées entre 1945 et 1960, influeront-ils sur l'équilibre de la société? Quel effet leur vieillissement aura-t-il sur les rapports entre les jeunes et les retraités? Voyons les conséquences réelles et anticipées de la différenciation sociale selon l'âge au Québec et ailleurs dans le monde.

—— « Mourir, la belle affaire, mais vieillir… ô vieillir![1] »

Le vieillissement de la population qui s'est amorcé au Québec depuis quelques années en inquiète plus d'un. Les baby-boomers nés en 1946 atteindront 65 ans en 2011. Ainsi, ceux qui souhaitaient prendre leur retraite à 55 ans ou à 60 ans ont commencé

---

1. Emprunté à la chanson *Vieillir* de Jacques Brel.

à le faire dès le début des années 2000. Comme on le sait, le nombre de personnes âgées de 65 ans culminera vers 2020. Le Québec comptera alors environ 20 % de personnes âgées. Cette arrivée massive de retraités aura certes des conséquences pour l'organisation de notre société. On n'a qu'à penser aux besoins en services de toutes sortes en matière

> Le nombre de personnes âgées de 65 ans culminera vers 2020. Le Québec comptera alors environ 20 % de personnes âgées. Cette arrivée massive de retraités aura certes des conséquences pour l'organisation de notre société.

de santé, d'hébergement, de loisirs, d'université du troisième âge, etc. Une population qui vieillit présente un profil particulier, qui comporte des aspects positifs et négatifs pour les personnes concernées et pour toutes les catégories d'âge.

—— Une « retraite » pas toujours dorée !

Si vieillir semble comporter quelques avantages, comme la possibilité d'avoir plus de temps pour soi, il n'en demeure pas moins que certains craignent cette étape parce qu'elle comporte son lot de difficultés. Lorsque vient le temps de se retirer du marché du travail, que se passe-t-il au juste pour les personnes en cause ? Quand cesse l'activité du travail, cela ne signifie pas automatiquement, pour beaucoup de personnes rendues à cette étape de leur vie, qu'enfin elles pourront respirer et se consacrer à divers loisirs qui n'étaient pas accessibles auparavant, faute de temps. Le travail, ce n'est pas seulement une corvée. Il permet de gagner le respect des collègues ou des membres de la communauté. Il définit le statut social, et c'est également grâce à lui que les gens atteignent une certaine autonomie financière. Le travail a aussi pour effet de structurer le temps d'un individu. La personne qui travaille connaît le plan de chacune de ses journées : elle sait exactement quand elle partira de la maison, à quelle heure elle sera de retour, à quel moment elle pourra s'offrir des loisirs. Consécutivement à la retraite, la dépression peut s'installer pendant une période plus ou moins longue. Certains ne sauront plus très bien comment occuper leur temps. Ils se sentiront inutiles. On constate parfois une détérioration de l'état de santé de personnes qui n'avaient pourtant donné aucun signe de maladie sérieuse peu de temps auparavant. Lors de la retraite, les individus sont libérés de certaines contraintes, mais ils perdent également toutes les choses positives qu'apporte le travail : l'argent, un réseau de relations, un statut social, un horaire structuré, l'impression d'être utiles à la société.

Cesser de travailler peut sembler une libération pour certains, mais cela a pour effet de diminuer significativement les revenus d'une personne. Cette diminution déclenche une forme de marginalité et de stigmatisation. Comme on l'a dit, pour les personnes rendues à cette étape de la vie, cela signifie la fin la reconnaissance sociale associée à l'exercice d'un travail jugé productif et utile à la société (Caris et Mishara, 1994).

—— L'isolement, la perte d'autonomie, la dépendance et la violence

Plusieurs autres problèmes sont également associés à la retraite. Le fait de se retirer d'une vie sociale plus active plonge certains individus dans l'isolement. Les contacts quotidiens forcés avec l'extérieur n'existent plus. Il ne reste que la famille et la parenté comme groupes, parenté qui, on le sait, n'arrive pas toujours à maintenir un lien étroit et régulier. Cependant, lorsque les deux conjoints sont en bonne santé, leur sentiment d'isolement est réduit ; ils auront alors la chance de profiter pleinement de leur retraite. Par contre, si l'un des conjoints est malade, les efforts de celui qui doit soutenir l'autre qui subit une perte d'autonomie vont parfois au-delà de ses capacités. La pauvreté constitue certes un facteur additionnel d'isolement. D'ailleurs, bon nombre de retraités québécois sont au seuil de la pauvreté. En fait, 44 % des retraités ont un revenu annuel inférieur à 15 000 $ (*La Presse*, 29 mai 2006).

De plus, chez les personnes qui n'ont plus de conjoint ou de conjointe, le sentiment d'isolement et l'ennui risquent davantage de s'installer. Leurs enfants et la communauté dans son ensemble n'ont ni le temps ni les moyens de s'occuper de personnes âgées, qu'elles soient malades ou bien portantes. Il existe, bien sûr, des organismes composés de bénévoles qui s'attaquent à ce problème, mais les efforts apportés paraissent nettement insuffisants pour satisfaire à la demande réelle. Dans les Centres locaux de services communautaires (CLSC), organismes qui offrent des services de maintien à domicile, on se plaint d'un sous-financement chronique ; on ne peut alors répondre qu'aux besoins les plus criants. La perte d'autonomie qui accompagne parfois le processus de vieillissement peut inciter les personnes âgées à s'installer dans une maison de retraite. Pourtant, dans bien des cas, elles préféreraient demeurer à la maison. Or, un coup de main pour les travaux ménagers et pour certains soins de santé pourraient suffire à maintenir à domicile les personnes ayant une incapacité partielle ou temporaire. La qualité de vie de ces personnes s'en trouverait également améliorée puisque de tels services pourraient leur éviter un déracinement souvent douloureux. Le Dʳ Réjean Hébert, gériatre et doyen de la Faculté de médecine de l'Université de Sherbrooke, défend depuis longtemps les soins à domicile pour pallier les difficultés de notre système de santé à absorber l'augmentation du nombre de personnes âgées au Québec (*Le Devoir*, 30 juillet 2005, B5). En plus de réduire les coûts du système de santé liés à cette conjoncture sociale et démographique, le maintien à domicile des personnes âgées, tout comme celui des personnes handicapées, aurait aussi pour effet de favoriser une plus grande intégration de ces personnes à la société.

La population a en général une perception négative du vieillissement. De nombreux préjugés façonnent notre vision des personnes du troisième âge comme étant un fardeau. Contrairement aux sociétés traditionnelles, où le vieillissement était perçu d'une manière plus positive, en Occident, la vieillesse est associée au dépérissement de la personne et à la mort. Comme nous l'avons vu au sujet des ethnies, les stéréotypes et les préjugés finissent par réduire les droits des personnes. L'**âgisme,** c'est-à-dire la discrimination envers les personnes âgées, influe sur les rapports que la société entretient avec le troisième âge. On a même décrit la vieillesse comme le moment où les personnes «sont tout simplement stockées comme de vulgaires marchandises inutiles» (Greene, 1993, p. 6).

Si cette vision peut paraître quelque peu dramatique, il n'en demeure pas moins que les conceptions âgistes du vieillissement minent l'estime de soi des personnes âgées, ce qui a une incidence sur leur santé mentale. Nombre de personnes tentent désespérément de camoufler les signes du vieillissement, ce qui contribue à enrichir considérablement les instituts de beauté (Brault, 1995). L'extrême valorisation de la jeunesse dans les médias et ailleurs ne manque pas d'influencer les attitudes et les comportements que les intervenants adoptent envers les personnes âgées (Conseil consultatif des aînées et aînés de l'Est-du-Québec, janvier 1997). La personne âgée est souvent jugée incapable, et l'accent est mis sur sa faiblesse, sa vulnérabilité et sa passivité.

La perte d'autonomie de la personne âgée comporte des conséquences plus graves encore. Elle peut provoquer un processus d'infantilisation de certains membres de ce groupe d'âge. On dit souvent de la personne âgée qu'elle «retombe en enfance». Dans certains cas, la maladie d'Alzheimer ou certains autres désordres de ce type

ÂGISME
Pratiques discriminatoires envers les personnes âgées.

entraînent des troubles du comportement. Ce n'est cependant pas le cas de la plupart des personnes âgées. Par contre, l'attitude que l'on témoigne à leur égard risque de les amener à devenir de plus en plus dépendantes de leurs proches et parfois très exigeantes envers eux.

Les personnes placées dans des maisons de retraite se trouvent parfois dans une situation d'infantilisation plus ou moins complète. Elles n'ont plus de responsabilités et presque plus d'autonomie dans l'organisation de leur vie. On va même jusqu'à réprimer leur sexualité, comme chez les jeunes enfants (Commission d'enquête sur les services de santé et les services sociaux, 1987). Pour les personnes du quatrième âge, la vie en institution, en plus de constituer une forme de ségrégation résidentielle, renforce leur isolement et contribue à nier leur individualité (Brault, 1995). En outre, la dépendance des personnes âgées, et en particulier celle qui résulte de leur perte d'autonomie et de leur fragilité économique et physique, peut provoquer de la violence à leur égard, comme dans le cas des femmes et des enfants. L'Organisation mondiale de la santé estime que 4 à 6 % des personnes âgées auraient été victimes d'une forme ou d'une autre de violence. Un des abus les plus fréquents que subissent les personnes âgées consiste à contrôler leur argent ou à confisquer leur chèque de pension, ce qui a pour effet de réduire considérablement leur marge de manœuvre personnelle.

La réintégration des personnes âgées dans la société

La majorité des personnes âgées disposent encore, après l'âge de 65 ans, de plusieurs années au cours desquelles leur état de santé sera relativement satisfaisant. En fait, la plupart des personnes âgées, même après l'âge de 75 ans, n'ont besoin de soutien que pour l'organisation matérielle de leur vie, surtout en ce qui a trait à l'entretien ménager ; on pourrait donc croire qu'un simple service d'aide pour ce type de travaux pourrait éviter leur placement dans des résidences pour personnes âgées. D'ailleurs, on prévoit actuellement que les baby-boomers seront en meilleure santé que les générations actuelles de personnes âgées (Hébert, 2005, B5). Ainsi, la plupart des personnes âgées de plus de 75 ans ne présentent pas de problèmes de santé qui les empêcheraient de mener une vie active aussi heureuse que des gens plus jeunes. Plus encore, au moins la moitié des personnes de plus de 75 ans interrogées dans l'enquête de Statistique Canada sur le vieillissement avaient fait au moins un voyage au cours de l'année précédant l'entrevue (McKie, 1993). Il semble par ailleurs que les personnes qui continuent de travailler ou d'avoir une activité apparentée au travail demeurent en meilleure santé (Commission d'enquête sur les services de santé et les services sociaux, 1987). Il est donc permis de penser qu'une meilleure intégration des personnes âgées à la vie sociale contribuerait à les maintenir en meilleure santé plus longtemps.

Une plus grande intégration sociale des personnes âgées paraît donc concevable, voire désirable. Actuellement, on encourage les retraités à poursuivre des études, à organiser leurs propres activités sociales, à s'engager dans leur communauté par l'intermédiaire du bénévolat ou de l'action politique. Cela est fort louable ; cependant, on oublie qu'ils pourraient être de précieux conseillers dans les domaines où ils ont travaillé. Nombre d'entre eux pourraient aussi continuer de travailler s'ils le désirent. Ils sont souvent des employés fiables, consciencieux, qui s'acquittent avec enthousiasme des tâches

La qualité de vie des personnes âgées dépend en partie de leur santé, de leur autonomie, de leur vie sociale et de leur intégration à la société de façon générale.

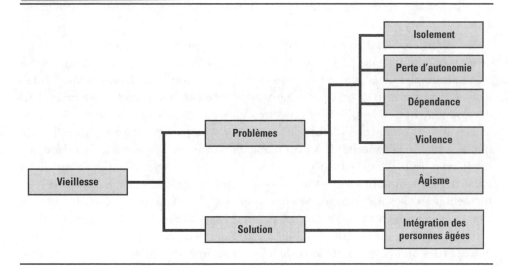

qui leur incombent. D'ailleurs, plus de un retraité sur cinq reprendrait le travail après sa retraite, et seulement 38 % d'entre eux disent le faire pour des considérations financières (*Le Devoir*, 24 et 25 septembre 2005). Cet état de fait plaide en faveur d'un retrait progressif du marché du travail. Peut-être faudrait-il remettre en question notre conception du travail et de la période dite «active» de notre vie. Une personne qui amorce sa carrière à 25 ans, qui prend sa retraite à 60 ans et qui atteint l'âge de 85 ans passera presque autant de temps à la retraite qu'au travail… Qu'est-ce que mener une vie active et productive ? Est-ce uniquement la rémunération liée au travail qui fait qu'un individu est considéré comme productif ? Les personnes qui consacrent une partie de leur vie à élever des enfants ont aussi le même problème quand vient le temps de reconnaître l'utilité sociale de leurs activités quotidiennes…

8.8 La jeunesse : une période enviable ?

Si vieillir comporte son lot d'injustices et de problèmes, qu'en est-il de la condition des jeunes aujourd'hui ? On a vu que les personnes âgées subissent de la discrimination ; on peut dire que c'est également le cas des jeunes. Même si, sur le plan esthétique, la jeunesse est fortement valorisée, les conditions économiques qui accompagnent cette étape de la vie ne sont pas aussi valorisantes. En ce qui concerne le pouvoir et l'accès à un travail bien rémunéré, les moins de 30 ans ne sont guère choyés. De plus, ce sont les jeunes d'aujourd'hui et de demain qui devront faire face aux nombreux problèmes créés par une surexploitation des ressources et le manque de prévoyance des générations précédentes.

── Dépendre des parents

Les enfants sont soumis à l'autorité parentale jusqu'à l'âge de 18 ans. Pourtant, au Moyen Âge, on les intégrait beaucoup plus rapidement au monde des adultes. Le choix de l'âge de 18 ans comme seuil de la majorité est arbitraire. Pourquoi pas 12, 16 ou 21 ans ? Les droits qu'implique l'âge de la majorité sont importants. Il n'y a pas que le droit de vote ou le droit de consommer des boissons alcoolisées qui soient en jeu. Certains soins de santé, comme une transfusion de sang, peuvent être refusés aux mineurs. Ce fut le cas il y a quelques années en Colombie-Britannique, où un enfant est mort conséquemment au refus de ses parents d'autoriser une transfusion sanguine à cause de leurs croyances religieuses.

Les enfants sont par ailleurs inévitablement contraints de partager le niveau de vie de leurs parents. Si leurs parents ne peuvent leur payer des cours de musique, ils n'auront tout simplement pas accès à cette forme d'expression et de développement intellectuel. Les enfants pauvres se voient privés de maints services qui favoriseraient leur développement parce qu'ils n'ont d'autre choix que de partager le niveau de vie de leurs parents. Comme nous l'avons vu au chapitre 4, les parents exercent une influence significative sur la capacité de leurs enfants de s'intégrer à la société, de même que sur le type de place qu'ils y occuperont. Les parents peuvent aussi soutenir leurs enfants plus longtemps en les autorisant à demeurer à la maison, par exemple. Incidemment, 32 % des parents de jeunes âgés de 20 à 34 ans ont encore un enfant à charge (*Cyberpresse,* 22 mars 2006). Le phénomène « Tanguy », tel que présenté dans le film français du même nom (Chatiliez, 2001), semble plus souvent faire l'affaire des deux parties que cette comédie ne le laisse entendre. Les enfants bénéficient d'un niveau de vie plus intéressant en demeurant chez leurs parents et, en contrepartie, les parents se sentent moins seuls et encore utiles.

—— S'intégrer au marché du travail : s'intégrer à la société

En 1984, Georges Mathews, économiste et démographe, a prédit que la lutte des classes était en voie d'être remplacée par la lutte des âges. La pauvreté a basculé d'un extrême à l'autre de la pyramide des âges ; elle a significativement reculé chez les personnes âgées, les jeunes les ayant remplacés parmi le contingent des plus pauvres (*Le Devoir,* 18 février 2000).

Depuis la crise économique des années 1980, les conditions d'insertion des jeunes sur le marché du travail sont demeurées difficiles. Si la difficulté de se trouver un emploi n'a pas augmenté au cours des 20 dernières années, la qualité des emplois offerts a, pour sa part, nettement diminué. Les emplois stables demeurent difficilement accessibles.

Le chômage chez les 15-24 ans est demeuré bien au-delà du taux moyen de chômage. Il en est de même pour les 25-44 ans, ce qui illustre clairement les difficultés d'intégration au marché de travail (Conseil permanent de la jeunesse, 1999). On pourrait toujours arguer qu'il est normal pour un jeune de commencer au bas de l'échelle et que les jeunes de moins de 20 ans devraient se trouver à l'école de toute manière. Or, ce qui se dégage de cette situation, c'est que les conditions d'accès à un travail stable et bien rémunéré s'avèrent longues et ardues, et que cette tendance est bien ancrée. De plus en plus de jeunes viendront grossir les rangs des travailleurs dits autonomes et offriront leurs services à des micro-entreprises ou occuperont d'autres formes d'emplois précaires, sans sécurité aucune.

Comme on le sait, l'intégration sociale passe dans une large mesure par l'intégration au marché du travail. Cela explique certainement la détresse plus grande que ressentent les jeunes qui sont au chômage ou qui occupent des emplois précaires (*La Presse,* 21 février 2000). Nous savons tous intuitivement que, dans notre société, le statut et l'identité d'un individu sont tributaires du statut socioprofessionnel. Lorsqu'il n'est pas possible de consommer les innombrables biens que l'on nous offre constamment dans nos sociétés d'abondance, nous devenons de mauvais citoyens ! Outre le fait de ne pouvoir consommer, ne pas avoir d'emploi entraîne une forme de « non-être » sur le plan social. Sans biens matériels et sans emploi, on n'est personne.

SOCIOLOGIE EN ACTION

Madeleine Gauthier

Professeure, Institut national de la recherche scientifique (INRS) — Urbanisation, culture et société

Bien des caractéristiques sociales peuvent expliquer que l'on catégorise les jeunes comme une minorité. Madeleine Gauthier, sociologue reconnue pour l'ensemble de ses recherches sur les jeunes, a cerné quelques-unes de ces caractéristiques. Les changements sociaux que subissent les adolescents et les jeunes adultes intéressent depuis longtemps cette chercheuse. Titulaire d'un doctorat en sociologie de l'Université Laval (1985), Madeleine Gauthier est actuellement professeure à l'Institut national de la recherche scientifique (INRS) — Urbanisation, culture et société. Plusieurs de ses ouvrages et de ses articles constituent des références incontournables dans ce domaine de recherche. En tant que responsable de l'Observatoire Jeunes et Société, cette chercheuse exceptionnelle est entourée de nombreux autres spécialistes avec qui elle poursuit ses projets d'études.

Parmi ses recherches, l'étude réalisée en 1997 avec Léon Bernier sur les jeunes âgés de 15 à 19 ans reste d'une grande actualité. Madeleine Gauthier y présente plusieurs thématiques concernant cette tranche d'âge. La première porte sur les difficultés qu'éprouvent les jeunes à faire des choix dans un contexte social d'incertitude. Contrairement à leurs parents, les jeunes se trouvent devant une multitude de choix, mais ils auront à composer avec la précarité du monde du travail. De nombreux recommencements rythment désormais leur parcours scolaire et leur orientation professionnelle. Le choix d'un partenaire s'avère aussi compliqué puisque les jeunes sont souvent dans des périodes de transition qui nuisent à des projets

durables de couple. Le fait qu'ils travaillent très tôt tout en étudiant leur procure une relative autonomie financière. Malgré tout, ils continuent de cohabiter avec leurs parents assez longtemps. Comme les jeunes sont de grands consommateurs de loisirs et de divertissements, leur mode de vie fait en sorte qu'il devient difficile de les classer en tant qu'adolescents ou en tant qu'adultes.

La seconde thématique concerne l'héritage des croyances et des valeurs religieuses, héritage qui est aussi révélateur des changements sociaux observés chez les jeunes de la nouvelle génération. Peu pratiquants, les jeunes ont plutôt individualisé leur rapport au religieux. Leurs valeurs sont surtout tournées vers la recherche d'un épanouissement personnel ; de nouvelles religions ou de nouvelles manières de croire peuvent combler ce besoin.

Par ailleurs, il existe aussi un bassin de jeunes travailleurs qui ont choisi d'abandonner leurs études avant la fin du secondaire. Ce décrochage constitue la troisième thématique explorée par Madeleine Gauthier. Ces jeunes travailleurs se heurtent plus souvent que les autres à la précarité du travail, car le marché de l'emploi exige des individus qu'ils soient de plus en plus qualifiés. Cette conjoncture joue sur les conditions générales de vie de ces jeunes et les rend plus vulnérables à la pauvreté. À ce groupe se greffe celui des jeunes qui ne sont ni aux études ni sur le marché du travail. Ces jeunes ne forment pas un groupe homogène. Souvent victimes d'un manque de soutien de leur milieu (familial, scolaire, de voisinage), ils ont parfois abandonné leurs études avant d'obtenir un diplôme, ont choisi de ne pas travailler ou sont atteints de handicaps sérieux et connaissent de graves difficultés d'insertion sociale.

D'après Madeleine Gauthier, le travail et la durée de vie en couple, deux symboles de réussite sociale, sont ce qu'il y a de plus difficile à acquérir pour les jeunes aujourd'hui. Pour elle, il est certain que l'entrée dans la vie adulte n'est pas facile pour les jeunes d'aujourd'hui et que ces derniers doivent acquérir de grandes facultés d'adaptation. Parmi ces facultés d'adaptation, celle de la migration est particulièrement développée chez les jeunes Québécois. C'est ce que la sociologue montre dans un numéro spécial (Gauthier, 2003) de la revue savante *Recherches sociographiques* consacré à ce phénomène. Les nouvelles technologies ont eu l'effet de provoquer un sentiment d'éloignement chez les populations en périphérie des grands centres urbains. La pénurie de travail n'est donc plus la seule raison qui incite les jeunes à partir en ville Pour la chercheuse, il s'agirait d'un nouveau « moment de socialisation » qui caractériserait davantage une démarche individuelle sans rupture avec les liens d'origine. Bref, tous ces changements observés par Madeleine Gauthier contribuent à la compréhension des valeurs des jeunes d'aujourd'hui et à la construction de leur identité.

——— L'exclusion et la détresse de certains jeunes

L'exclusion sociale n'est pas causée que par le chômage. Certes, la pauvreté économique se situe au centre du phénomène d'exclusion. Cependant, d'autres facteurs peuvent expliquer le processus de marginalisation et d'exclusion dont sont victimes certains individus. Parmi les marginaux de notre société, on trouve nombre de jeunes. Que l'on pense aux toxicomanes, aux mères adolescentes, aux travailleuses et aux travailleurs du sexe, aux itinérants, aux analphabètes, par exemple, les jeunes forment une large part de ces individus en difficulté.

Plusieurs de ces problèmes sont liés entre eux. Par exemple, les individus venant de familles dysfonctionnelles constituent une bonne part des itinérants. Ils ont souvent été négligés, violentés, abandonnés pour finir dans la rue sans

> Parmi les marginaux de notre société, on trouve nombre de jeunes. Que l'on pense aux toxicomanes, aux mères adolescentes, aux travailleuses et aux travailleurs du sexe, aux itinérants, aux analphabètes, par exemple, les jeunes forment une large part de ces individus en difficulté.

filet de sécurité. Plusieurs de ces jeunes ont vécu dans des centres d'accueil et ont connu nombre de placements importants, situation qui a inévitablement eu des répercussions importantes sur leur santé émotionnelle. La majorité des jeunes de la rue ont vécu dans ce type d'environnement social et familial. Ainsi peut s'amorcer un cycle de toxicomanie et de prostitution, un mode de vie marginal, où l'on tente de survivre. La toxicomanie a souvent pour effet d'enfermer les jeunes dans un cercle vicieux ; ils n'ont alors d'autre choix, dans bien des cas, que de se prostituer pour nourrir leur habitude. En outre, les jeunes formeraient au moins le tiers de tous les itinérants, et cette proportion semble vouloir s'accroître (Fortier et Roy, 1996). Heureusement, les jeunes ayant un vécu familial difficile ne s'engagent pas tous dans un parcours de vie aussi dangereux pour leur santé et leur sécurité.

Pour sortir de cette vie marginale, plusieurs conditions doivent être remplies. Il faut notamment une volonté remarquable, de bonnes capacités intellectuelles, une bonne santé physique et mentale, un soutien familial ou communautaire, car il est peu probable que l'on y arrivera seul. Il faut également parfois de longues années de thérapie ou de rééducation. Or, les ressources qui permettraient aux exclus de mettre fin à cette situation s'avèrent insuffisantes ou inaccessibles. Le Bon Dieu dans la rue, organisme du père Emmett Johns, dit Pops, estime qu'il y aurait 5000 jeunes dans la rue à Montréal, surtout des jeunes entre 16 et 25 ans. Ces jeunes auraient un taux de mortalité 13 fois supérieur à la moyenne québécoise pour le même groupe d'âge (De Billy, 2004).

Notre système social et de santé ne peut répondre adéquatement aux besoins importants dans ce domaine. La prévention demeure, selon tous les spécialistes, la clé de la résorption de pareils phénomènes. Or, le sous-financement du réseau des services sociaux risque de rendre inopérants la plupart des programmes de prévention. Ce manque de ressources a eu pour effet d'accroître considérablement la pression exercée sur le réseau des organismes communautaires et d'aide de dernier recours comme l'Accueil Bonneau, la Old Brewery Mission ou le Bon Dieu dans la rue. Les organismes communautaires comme les travailleurs de rue, Tel-Jeunes, Jeunesse au Soleil répondent à des besoins souvent essentiels de prévention ou d'aide directe. Ainsi, le secteur dit de l'économie sociale se développe en bonne partie en comblant des besoins auxquels le système de santé et de services sociaux ne peut répondre, étant donné les dépenses qu'ils nécessitent. L'État se désengage, et les ressources communautaires prennent le relais. La multiplication d'organismes semblables illustre bien ce phénomène. Cependant, ces organismes ne peuvent souvent rémunérer leurs employés adéquatement, et plusieurs comptent sur des bénévoles pour fonctionner correctement. Il est clair que l'économie sociale ne devrait pas se substituer à l'État providence. Lorsqu'il s'agit de réintégrer dans la société des jeunes en difficulté, nos choix gouvernementaux répondent-ils aux besoins? On peut se permettre d'en douter.

—— Entre la rue et l'école... s'instruire : un chemin incontournable !

Le meilleur moyen d'intégrer la société et d'y occuper une position à sa mesure demeure l'éducation. Le vieux dicton des années 1960 «S'instruire, c'est s'enrichir» reste incontestablement valide. En fait, il est devenu de plus en plus important de se scolariser et d'obtenir un ou plusieurs diplômes si l'on veut arriver à obtenir une place de qualité sur le marché du travail.

Lors du Sommet de la jeunesse qui s'est tenu en février 2000 au Québec, les jeunes ont revendiqué un réinvestissement d'un milliard de dollars en éducation (*Le Devoir*, 25 février 2000) ! Les compressions budgétaires, qui ont mené au déficit zéro et à un budget gouvernemental équilibré, avaient conduit de nombreux spécialistes à s'inquiéter des effets de ces réductions sur le système d'éducation en entier, du primaire à l'université.

Même si l'éducation au Québec demeure la moins chère en Amérique, la qualité des services a significativement souffert de ces compressions. Du primaire au collégial, la réduction des services, en orthopédagogie et en psychoéducation notamment, inquiète plusieurs personnes. À titre d'exemple, environ 85 000 jeunes Québécois entre 15 et 29 ans (5,9 %) seraient étiquetés «analphabètes fonctionnels» parce qu'ils ont moins de 9 ans de scolarité (Jobboom, 2003). Avec autant de jeunes pour qui le système d'éducation a échoué, il devient clair que les ressources spécialisées sont essentielles. D'ailleurs, peu importe les difficultés éprouvées par les jeunes d'âge scolaire, ceux-ci devraient être en mesure d'obtenir l'aide dont ils ont besoin à l'école, ou, à tout le moins, d'être dirigés vers les ressources appropriées. La prévention commence là.

Au collégial, on a reconnu dans les problèmes d'orientation et de choix de carrière l'un des facteurs clés de l'abandon scolaire (Rivière, 1996). Le faible nombre de conseillers en orientation et d'agents d'aide scolaire n'arrange certes pas la situation.

Les manifestations étudiantes contribuent grandement à sensibiliser la population et à faire bouger le gouvernement sur la nécessité de réinvestir dans le système d'éducation au niveau collégial et universitaire.

À l'université, les ressources professorales qui quittent le réseau ne sont pas remplacées ou le sont par des chargés de cours. De nombreux programmes ont été ébranlés par la diminution du financement universitaire. Bref, indépendamment du point de vue des groupes de jeunes, le monde de l'éducation au complet s'entend pour dire qu'il faut, de toute urgence, réinjecter des fonds dans l'ensemble du réseau.

La grève étudiante de l'hiver 2005 a permis d'étayer un certain nombre de revendications importantes pour permettre aux jeunes de poursuivre des études avec moins d'entraves. La première motivation du mouvement de grève visait à refuser les réductions effectuées par le gouvernement dans le régime de prêts et bourses. Les bourses destinées aux étudiants les plus démunis avaient été remplacées par des prêts étudiants, ce qui accroissait le niveau d'endettement des personnes concernées. Le mouvement de grève insistait également sur le réinvestissement dans le système d'éducation, dans les cégeps et les universités notamment. Si le mouvement de grève n'a pas réussi à faire infléchir totalement le gouvernement du Québec, les étudiantes et les étudiants ont néanmoins gagné la bataille de l'opinion publique et ont réussi à recentrer le discours sur un autre enjeu social que celui des réinvestissements publics dans le système de santé. Cela a forcé la population à reconnaître l'urgence de réinvestir dans le système d'éducation et d'en maintenir la qualité et l'accessibilité.

Le marché du travail, en cette ère de mondialisation, commandera aux futurs Québécois et Québécoises de s'instruire de plus en plus, voire de poursuivre cette formation tout au long de leur carrière et de leur vie. Comme la formation s'inscrit de plus en plus dans un processus continu, le va-et-vient entre l'école et le marché du travail sera de plus en plus fréquent. Faire des études puis travailler deviendra un modèle plus rare, qui fera place à diverses manières de former la main-d'œuvre et de poursuivre des études d'une manière générale. Les jeunes, qui ont bien compris cet enjeu, ont eu raison de revendiquer un accroissement de ressources en éducation ainsi que la mise en place de divers programmes visant à faciliter l'intégration au marché du travail.

Par ailleurs, les jeunes devraient peut-être se grouper pour revendiquer le droit d'obtenir plus tôt dans leur vie un emploi relativement stable. Le fait de passer beaucoup de temps au chômage rend difficile la fondation d'une famille, par exemple. Cela pose surtout problème pour les femmes puisque leur période d'instabilité dans l'emploi coïncide avec leur période de fertilité la plus grande. Les jeunes qui ne possèdent pas de compétences recherchées sur le marché du travail — difficiles à acquérir lorsque l'on se trouve aux études — doivent attendre plusieurs années avant de voir leur situation se stabiliser. Une société qui a de la difficulté à faire de la place à ses jeunes hypothèque sans doute son avenir. Toutefois, certaines études prévoient une réduction marquée des taux de chômage au début du XXIe siècle. Pour accéder au marché de l'emploi, une bonne scolarité demeurera toujours un atout incontournable.

8.9 Les défis de l'avenir : pour une solidarité intergénérationnelle

Les 15-29 ans formaient 30 % de la population en 1976 ; en 2011, ils seront moins de 20 % (*voir la figure 8.1*).

Les rapports entre les générations peuvent sembler problématiques aux yeux de plusieurs, les jeunes étant en voie de devenir les victimes des baby-boomers, cette génération qu'on a qualifiée de lyrique, d'égocentrique et de peu soucieuse des problèmes laissés en héritage à ses enfants. Cette vision simpliste et réductrice des conflits intergénérationnels, souvent véhiculée par les médias, blâme les baby-boomers ne pas avoir pensé aux conséquences à long terme de leurs actions. La réalité n'est pas si simple. Cette vision accusatrice cache une réalité fort complexe, où plusieurs phénomènes importants sont venus structurer et mettre en place les pièces de l'énorme casse-tête devant lequel l'humanité est présentement placée. Le changement social, qui a fortement caractérisé la génération des années 1960 et 1970, ne pourra peut-être plus appartenir uniquement aux jeunes. Les baby-boomers devront peut-être encore relever leurs manches et contribuer à bâtir le monde.

Les conflits intergénérationnels : les baby-boomers et les autres

Après la Seconde Guerre mondiale, les familles des pays impliqués ont mis au monde les enfants qui n'avaient pu être conçus au cours du conflit. L'essor démographique que cela a engendré touche encore nos sociétés aujourd'hui. Les transformations sociales qui ont eu lieu dans les décennies suivantes ont aussi eu des effets significatifs sur les sociétés modernes. L'avènement de la société de consommation, les avancées technologiques et médicales, le mouvement féministe et bien d'autres facteurs ont contribué à la transformation de la famille et de nombreuses valeurs sociales. Ces changements ont également eu pour effet de réduire considérablement le taux de natalité. Résultat, comme la figure 8.1 en témoigne : les jeunes sont en voie de devenir très minoritaires. Or, les baby-boomers, qui sont les parents et les grands-parents des jeunes d'aujourd'hui, ont, au contraire, formé une majorité qui a pu imposer les changements souhaités par la jeunesse de leur époque. C'est ainsi que les éléments de la société traditionnelle qui subsistaient ont pu être secoués, ce qui a favorisé la construction de sociétés caractérisées par des valeurs individualistes et hédonistes.

Cette conjoncture sociale et historique peut apparaître comme une source de conflits importants entre les baby-boomers, qui semblent avoir eu la partie facile, et leurs enfants, qui connaissent une insertion sociale plus difficile et qui devront réparer les pots cassés. L'un des problèmes soulevé est lié au nombre élevé de personnes âgées. Le grand nombre de retraités engendrera des coûts importants dans le domaine de la santé et des services sociaux, et l'ensemble du système sera porté par une fraction beaucoup moins grande de travailleurs. Les jeunes voient les investissements en éducation dévorés par les « vieux », qui accaparent la majorité des ressources de l'État. Pourtant, une grande part des baby-boomers a connu des épisodes de chômage importants. Par exemple, ceux qui sont nés au début des années 1960 sont arrivés sur le marché du travail au début des années 1980, quand les taux de chômage étaient extrêmement élevés et les taux d'intérêt bancaires atteignaient des records. Plusieurs ont connu une intégration au marché du travail longue et ardue.

Or, les jeunes diplômés qui entrent aujourd'hui sur le marché du travail profitent de bonnes conditions d'embauche. Depuis 1997, année où le taux de chômage était

Figure 8.1 La réduction constante de la proportion des jeunes dans la population

La proportion des 15-29 ans dans la population totale a subi une forte chute depuis environ 20 ans, et cette baisse devrait persister au cours des 20 prochaines années :

- En 1976, le groupe des 15-29 ans comptait 1,9 million de jeunes ; cette population a baissé à 1,5 million en 1998 et baissera encore jusqu'à 1,2 million en 2026.

- La proportion des 15-29 ans par rapport à la population totale diminuera de façon significative jusqu'en 2026, et ensuite elle devrait se maintenir à 15 %.

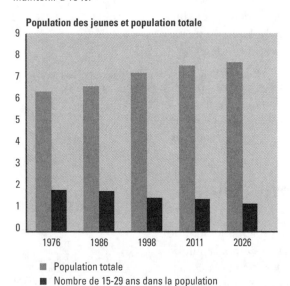

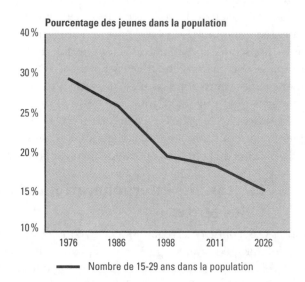

Source : Institut de la statistique du Québec.

encore très élevé, on assiste à une diminution significative du taux de chômage. Plusieurs baby-boomers ont atteint l'âge de la retraite, et de nombreux emplois dans toutes sortes de domaines sont à pourvoir. Certains prévoient même des pénuries de main-d'œuvre dans plusieurs corps d'emploi (Jobboom). Si cette tendance se maintient, elle devrait contribuer à améliorer les conditions de travail des jeunes et à réduire les tensions entre les générations de travailleurs.

Comme les jeunes sont moins nombreux, ceux qui appartiennent aux classes moyenne et supérieure reçoivent davantage de soutien matériel et financier de la part de leurs parents que les jeunes des générations précédentes. Comme les baby-boomers ont eu moins d'enfants et se sont instruits et enrichis considérablement, leurs enfants hériteront par conséquent d'un patrimoine familial substantiel. On a estimé qu'au cours des prochaines années mille milliards de dollars passeront des mains des Canadiens âgés de plus de 55 ans aux mains des plus jeunes (Foot, 1999).

Dans les années à venir, les pressions et les difficultés que poseront les baby-boomers aux sociétés occidentales seront liées aux grands problèmes économiques, politiques et environnementaux qui pèsent sur le monde actuel. Les conflits intergénérationnels se manifesteront vraisemblablement en lien avec les problèmes économiques suscités par le développement de l'économie planétaire. Les problèmes planétaires, qui touchent significativement le climat social, auront davantage d'effets sur les enjeux de société que les conflits entre générations. Par exemple, si les inégalités mondiales sur les plans économique et social continuent de s'accroître et si elles génèrent des pénuries ou du chômage, cela risque d'aggraver les crises de toutes sortes, dont les conflits intergénérationnels.

Les jeunes et le changement

Le mouvement étudiant, qui s'est manifesté avec force au cours de l'hiver 2005, fait partie d'un ensemble de mouvements sociaux auxquels de nombreux jeunes adhèrent. Le courant altermondialiste, représenté par Naomi Klein (2001) et bien d'autres, refuse de fermer les yeux sur les inégalités économiques et sociales qui caractérisent le monde actuel. Les altermondialistes font valoir leur point de vue à l'occasion de tous les sommets où les puissants de ce monde se réunissent. Ils manifestent, entre autres, leur opposition à la guerre et à l'hégémonie états-unienne dans les rapports internationaux. Par ailleurs, il existe aussi d'autres courants comme celui de la consommation équitable, représenté par Laure Waridel (2005), une jeune Québécoise engagée qui a popularisé l'expression « acheter, c'est voter ».

L'engagement social des jeunes dans des mouvements sociaux n'est peut-être pas aussi spectaculaire qu'à l'époque des mouvements contre la guerre du Vietnam, à la fin des années 1960, qui ont donné lieu au célèbre slogan « Faites l'amour pas la guerre ». Cependant, lors des manifestations contre la guerre en Irak, on a pu constater partout en Occident une vive opposition aux intentions des États-Uniens de « libérer » ce pays. Les jeunes ont certes joué un rôle important dans le soutien à ces mouvements de paix, mais également beaucoup de « vieux ». Des centaines de milliers de personnes de toutes les générations sont descendues dans la rue pour manifester leur opposition à cette guerre.

Les jeunes sont appelés à jouer un rôle significatif dans l'orientation des changements qui s'annoncent inévitables. Au Québec, bon nombre s'engagent avec une perspective visant à agir sur les problèmes mondiaux (Gauthier et Gravel, 2003). Reste à voir comment toutes les forces vives de la société pourront être mises à contribution pour établir un monde meilleur.

Le pont entre les générations et les défis de demain

Le vieillissement de la population s'avère un phénomène inéluctable, qui aura des conséquences évidentes sur le plan du pouvoir politique. Les jeunes ne pourront plus influencer seuls nos choix de société comme les baby-boomers ont pu le faire grâce à leur poids démographique. Ainsi, en ce moment, si l'on est conscient de l'évolution de la planète, nul besoin d'être devin pour comprendre que les grands changements qui s'annoncent auront une incidence sur le mode de vie auquel nous nous sommes habitués. Il nous faudra modifier nos façons de produire et de consommer les nombreux objets qui meublent notre quotidien. Les problèmes importants qui se dessinent — la surpopulation, le déséquilibre entre les pays du nord et ceux du sud de la planète, les ressources naturelles moins abondantes, la désertification, etc. — exigeront des efforts importants de tous, jeunes et vieux. Si le XXIe siècle laisse deviner de nombreux enjeux fondamentaux pour la survie de l'humanité, cette période ne sera probablement pas plus terrible que le XXe siècle, avec ses nombreux massacres, la menace d'une guerre nucléaire et les autres grands problèmes qui ont marqué la fin du IIe millénaire. Au contraire, il est possible que nous ayons en main les outils pour trouver des solutions originales et équitables pour l'ensemble de l'humanité, si tel est notre choix.

> Les problèmes importants qui se dessinent — la surpopulation, le déséquilibre entre les pays du nord et ceux du sud de la planète, les ressources naturelles moins abondantes, la désertification, etc. — exigeront des efforts importants de tous, jeunes et vieux.

Comme il est clair que la responsabilité de refaire le monde et de le préserver n'incombe pas uniquement aux jeunes, des organismes tels que Le Pont entre les générations pourraient servir de modèles pour toute question sociale d'importance. Cet organisme, fondé en 1997, se compose de jeunes et d'aînés engagés. Il s'est donné pour objectif de raffermir la solidarité intergénérationnelle. Partis du constat des iniquités entre les générations et de la perte de savoir-faire générée par l'importante vague de retraite anticipée de la fin des années 1990, ses membres ont choisi d'agir de façon concertée. Pour ce groupe, il est temps de recréer une chimie intergénérationnelle et de jeter les bases d'un nouveau pacte qui garantira les perspectives d'avenir pour les jeunes et permettra aux aînés de partager leur expérience. Est-il raisonnable de penser que les défis du XXIe siècle seront relevés uniquement par les 15 % de la population que représenteront les jeunes en l'an 2026 ? Jeunes et vieux devront conjuguer leurs efforts pour résoudre de façon équitable les incontournables défis de ce siècle.

Par ailleurs, la multiplication des contacts intergénérationnels aurait probablement pour effet de changer certaines perceptions négatives de la vieillesse. Depuis un certain temps, il semble que les jeunes préparent mieux leur retraite. Cette pratique permettra sans doute d'atténuer de façon significative, dans quelques décennies, certains problèmes associés à la retraite. Il est probable que l'on assistera à l'expansion du « pouvoir gris » par suite de l'accroissement de la proportion de personnes âgées dans la population (Baker, 1988). Celles-ci pourront éventuellement s'opposer aux institutions sociales qui contribuent à maintenir l'âgisme dans nos sociétés.

—— Pour une retraite citoyenne ?

« La sagesse… c'est l'art de situer et de comprendre les questions et les faits sur un horizon étendu d'expériences, de connaissances et de vie » (Grand'Maison et Lefebvre, 1994).

La société des loisirs que l'on nous promettait dans les années 1960 serait-elle réservée aux plus vieux d'entre nous ? Certes, si la retraite peut signifier, pour les personnes en bonne santé, l'occasion de réaliser les choses qu'elles ne pouvaient faire avant, faute de temps, elle pourrait aussi donner lieu à un engagement social bénéfique pour l'ensemble de la société.

Comme nous l'avons vu, l'intégration sociale implique que l'on songe à des façons novatrices de permettre, aux personnes âgées qui le souhaitent, de participer au monde du travail rémunéré pour continuer de se sentir utiles. Cependant, un engagement social, de nature communautaire ou politique, aurait probablement un effet tout aussi positif, tant pour les personnes qui donneraient une partie de leur temps que pour les communautés qui en profiteraient. La génération qui se dirige actuellement vers la retraite, qui est plus instruite et plus aisée, pourra éventuellement offrir son savoir et son expérience à la collectivité. Ce point de vue, exprimé par Carette (1999) et l'organisme Le Pont entre les générations, pose les jalons d'un mouvement en ce sens. Reste à voir si notre société, fondée sur la performance et la productivité, réussira à briser le carcan du travail à tout prix et à donner un nouveau sens à nos actions quotidiennes. En somme, une retraite citoyenne implique la remise en question du travail rémunéré comme principal paramètre définissant l'identité et la place des individus dans la société. Participer pleinement à la vie sociale et politique demeure la responsabilité de tous, peu importe l'occupation ou l'âge !

1. Toutes les sociétés connues effectuent une forme quelconque de différenciation sociale. Les facteurs de différenciation les plus fréquents sont habituellement d'ordre biologique ou physique et d'ordre culturel. Les principaux facteurs biologiques ou physiques sont l'âge, le sexe, la couleur de la peau et les traits du visage. Les principaux facteurs culturels sont les convictions religieuses, la langue et l'ethnie. Des facteurs d'ordre normatif tels l'orientation sexuelle ou le fait de vivre de l'assistance sociale peuvent également servir de critères de différenciation.

2. Le fait d'appartenir à un groupe qui se distingue selon des critères de type biologique ou culturel occasionne parfois un traitement discriminatoire. Les membres des groupes visés risquent de subir des préjudices plus ou moins importants consécutivement au jugement porté par le groupe dominant. On appelle « minorités » les groupes qui subissent des préjudices semblables et ont moins de pouvoir que d'autres.

3. Parmi les préjudices dont les minorités sont fréquemment victimes se trouvent les préjugés et les stéréotypes. Dans d'autres cas, il peut y avoir des formes de discrimination comme un pouvoir moindre, un accès plus difficile à l'emploi, des services distincts de ceux offerts à l'ensemble de la population et même un confinement dans certains quartiers. Les pires situations rencontrées historiquement vont de l'apartheid à la mise en esclavage en passant par les tentatives d'ethnocide ou de génocide. L'ethnocentrisme est souvent à l'origine du racisme. Toutefois, pour expliquer ce phénomène, il ne faut pas négliger les enjeux liés au pouvoir politique et économique.

4. Une culture qui entre en contact avec une autre subit inévitablement un choc. Les deux groupes culturels en présence peuvent être touchés de diverses façons. Un processus d'influence réciproque peut alors s'engager. Dans ce cas, une fusion s'effectue. Cependant, comme en général une culture domine l'autre, c'est plus souvent un processus d'acculturation ou d'assimilation qui s'amorce. Certains groupes peuvent toutefois conserver une partie de leurs traits culturels fort longtemps, même quand ils sont complètement dominés à l'intérieur d'une société donnée.

5. Le pluralisme, le multiculturalisme et l'interculturalisme proposent des réponses au problème de la coexistence de cultures diverses. Ces approches reposent sur le respect des différences et sur la reconnaissance de l'apport des cultures minoritaires. Les limites de ces visions tiennent à la force d'attraction qu'exercent inexorablement les cultures majoritaires. En outre, certains traits culturels peuvent s'avérer incompatibles, d'où la nécessité de s'entendre sur des valeurs de fond.

6. Le Québec est en voie de se transformer sous l'influence des nouveaux arrivants. C'est Montréal qui sera le principal théâtre de ces transformations. Cette évolution risque de provoquer des tensions entre les Québécois et les communautés culturelles que l'on souhaite intégrer. L'insécurité des Québécois à l'égard de la culture nord-américaine s'ajoute à ces difficultés. Le défi consiste donc à convaincre un plus grand nombre d'immigrants de demeurer au Québec et à les intégrer harmonieusement à la culture québécoise francophone.

7. Les personnes âgées forment un groupe qui fait l'objet d'une différenciation sociale dans la plupart des sociétés occidentales. La mise à la retraite a parfois pour conséquence d'appauvrir, de dévaloriser et d'isoler les personnes âgées. La dépendance qui accompagne parfois la pauvreté ou la perte de capacités physiques peut entraîner une infantilisation de ces personnes, voire, dans certains cas, de la violence à leur égard. Une sécurité financière accrue pour les personnes du troisième âge et une meilleure utilisation de leur expérience pourraient améliorer grandement leur qualité de vie et favoriser leur intégration à la société.

8. Les jeunes sont également victimes d'un processus de différenciation sociale. Ils sont maintenus plus longtemps dans une situation de dépendance à l'égard de leurs parents. L'accès à des emplois stables et bien rémunérés est limité. Les emplois laissés vacants par les baby-boomers contribueront certes à faire de la place pour les jeunes sur le marché du travail. Jeunes et vieux devront conjointement relever des défis d'envergure planétaire dans un proche avenir.

MOTS-CLÉS

Accomodement raisonnable p. 258	Génocide (ethnocide) p. 252	Pluralisme p. 254
Acculturation p. 254	Ghettos p. 251	Pouvoir p. 243
Âgisme p. 263	Groupe racisé p. 246	Préjudices p. 242
Assimilation p. 253	Identité collective p. 254	Préjugés p. 249
Communauté culturelle p. 247	Intégrationnisme p. 256	Racisation p. 246
Différenciation sociale p. 242	Interculturalisme p. 255	Racisme p. 249
Discrimination p. 250	Minorité p. 243	Ségrégation p. 250
Ethnie (groupe ethnique) p. 247	Multiculturalisme p. 254	Stéréotype p. 250
Fusion p. 253	Nation p. 248	Stigmate p. 244

RÉVISION

1. Les principaux critères de différenciation sociale sont:
   a) la couleur de la peau, l'homosexualité, le sexe et l'âge;
   b) la religion, la langue, la richesse et la taille;
   c) l'obésité, la déficience intellectuelle et les handicaps physiques;
   d) la pauvreté, le niveau de scolarité, les traits du visage et la maladie;
   e) tous ces facteurs peuvent constituer des facteurs de différenciation sociale.

2. Vrai ou faux?
   a) Une majorité, c'est le groupe qui contient le plus grand nombre de personnes dans une société donnée.
   b) Ce qui permet de reconnaître clairement une minorité, c'est le pouvoir moindre accordé à ce groupe social.

3. Les races humaines sont:
   a) des groupements humains fondés sur la couleur de la peau et les traits du visage;
   b) des groupes qui se distinguent biologiquement selon leurs caractéristiques génétiques;
   c) des catégories sociales construites en fonction de traits physiques réels ou imaginés par des personnes en dehors de ce groupe;

   d) des groupes qui proviennent de diverses régions de la planète et qui ont évolué différemment.

4. Les Québécois forment:
   a) une minorité, une société distincte et une race;
   b) un groupe d'amateurs d'humour, de consommateurs de bière et de bons chanteurs;
   c) une nation, l'ethnie majoritaire au Québec, une minorité dans l'ensemble canadien;
   d) une communauté culturelle, une minorité, la majorité des Canadiens français;
   e) aucune de ces réponses: les Québécois sont des Canadiens comme les autres.

5. Votre ami refuse de prendre un taxi conduit par un immigrant. Cette attitude constitue:
   a) de la discrimination, du racisme, de la ségrégation;
   b) un préjugé, un stéréotype, de la discrimination;
   c) du harcèlement, de la discrimination, du racisme;
   d) de la discrimination, du racisme, de la xénophobie.

6. L'étiquetage qui accompagne le processus de différenciation sociale peut:
   a) valoriser certains types de personnes par rapport à d'autres;
   b) mener à l'exclusion, au rejet ou à la discrimination;

c) influer sur la construction de l'identité personnelle et sociale ;

d) marginaliser les groupes ou des individus, justifier des inégalités ;

e) toutes ces réponses sont plausibles.

7. Vrai ou faux ?

a) Le racisme est une idéologie, c'est-à-dire un système de valeurs et de croyances qui défend la thèse de l'existence de races et qui prétend que certaines races sont supérieures à d'autres.

b) Le racisme désigne des pratiques discriminatoires envers des groupes ethniques.

8. La ségrégation peut se fonder :

a) sur la couleur de la peau, la religion et la richesse ;

b) sur le sida, le sexe et l'ethnicité ;

c) sur l'homosexualité, l'origine nationale et la langue ;

d) sur l'âge, les croyances religieuses et la classe sociale ;

e) tous ces facteurs peuvent constituer des motifs possibles d'une ségrégation plus ou moins organisée.

9. Au Québec, l'immigration pose problème parce que :

a) l'identité collective des Québécois n'est pas assez claire et affirmée ;

b) le taux de chômage est élevé ;

c) l'immigration se concentre dans l'île de Montréal ;

d) la force d'attraction exercée par l'anglais rend l'intégration plus difficile ;

e) le Québec a de la difficulté à conserver sa part d'immigrants ;

f) toutes ces réponses constituent une partie du problème de l'immigration québécoise.

10. Vrai ou faux ?

a) Les personnes âgées connaissent toutes des problèmes de santé.

b) Après la retraite, on ne peut plus être utile à la société.

c) L'âgisme, c'est le pouvoir des personnes âgées dans notre société.

11. La jeunesse est la plus belle période de la vie, dit-on. Quel est le principal problème de la jeunesse actuelle ?

a) L'âge de la majorité est trop élevé.

b) Les cégeps devraient être abolis.

c) Les normes esthétiques sont inaccessibles.

d) Le marché du travail offre peu d'emplois stables et bien rémunérés aux jeunes.

e) Les jeunes d'aujourd'hui sont plus gâtés que ceux des générations précédentes.

ACTIVITÉS INTERACTIVES ODILON.CA

Les différenciations sociales fondées sur le sexe

Chapitre 9

9.1 Des rôles bien ancrés

Au cours d'une étude portant sur la socialisation des enfants, on a présenté à de jeunes Suédois de sept et huit ans deux versions d'une même histoire mettant en vedette des enfants du même âge. Dans la première version, Lisa, une petite fille, agit selon les modèles traditionnels de comportements féminins, alors que Per, un petit garçon, agit selon les modèles habituellement associés à la masculinité. Dans la seconde version de l'histoire présentée aux enfants, on a inversé les rôles féminin et masculin : Lisa adopte le rôle dit masculin et Per, le rôle dit féminin.

Dans la première version de l'histoire, les deux enfants décident d'explorer les recoins inconnus de la maison qu'ils habitent. Lorsque son frère lui propose de s'aventurer au sous-sol, Lisa s'exclame : « Mais je ne veux pas aller au sous-sol, il y a là plein de fantômes ! » Dans la version aux rôles inversés, c'est Per qui exprime sa peur des fantômes. Les enfants choisissent ensuite d'aller explorer le grenier. La porte est très lourde. Lisa dit alors, dans la version originale : « Laisse-moi l'ouvrir. » Per lui répond : « Je ne crois pas que tu sois assez forte. » Et vice versa dans la version modifiée.

Une fois l'histoire terminée, on a posé des questions aux enfants sur le contenu du récit. Les chercheurs suédois ont découvert que les enfants soumis à la version traditionnelle de l'histoire ont répondu correctement à presque toutes les questions se rapportant à cette histoire. Par contre, les enfants auxquels on a raconté la version aux rôles inversés n'ont pu répondre adéquatement qu'à une faible proportion des questions portant sur l'histoire. L'expérience a permis aux chercheurs de conclure que, dès l'âge de sept ou huit ans, la conception des rôles masculins et féminins assimilés par les enfants suédois est ancrée si solidement qu'elle interfère avec le souvenir qu'ils gardent des événements (Schaefer, 1986).

La différenciation sociale fondée sur le sexe est observée dans pratiquement toutes les sociétés humaines. Partout dans le monde, les hommes et les femmes vivent un processus de socialisation qui se déroule selon des attentes parfois fort différentes pour chacun des sexes. Historiquement, le travail a été divisé entre les hommes et les femmes selon des modèles habituellement jugés

> La différenciation sociale fondée sur le sexe est observée dans pratiquement toutes les sociétés humaines. Partout dans le monde, les hommes et les femmes vivent un processus de socialisation qui se déroule selon des attentes parfois fort différentes pour chacun des sexes.

complémentaires. En général, les sociétés construisent des catégories sociales de personnes et leur attribuent un rôle clairement défini dans la hiérarchie sociale et dans la division sociale du travail. Tout comme nous l'avons vu au chapitre 8, le fait de naître homme ou femme est devenu une source de distinction et de classification en des catégories sociales facilement repérables dans la plupart des sociétés passées et présentes.

Récemment, les sociétés occidentales ont été fortement secouées par la forte différenciation sexuelle qui caractérisait l'Afghanistan sous le régime des Talibans. Lorsque ces derniers ont pris le pouvoir, ils ont interdit aux filles d'aller à l'école et de travailler à l'extérieur du foyer familial, ce qui a occasionné de graves crises en santé et en éducation. L'idéologie talibane définit clairement le rôle des deux sexes. Dans ce modèle de société, les filles ne sont pas scolarisées, et toute l'organisation sociale les confine à leur rôle d'épouse et de mère au sein de la famille. Quant aux hommes, bien que leur marge de manœuvre soit plus grande, ils doivent se conformer aux règles sous peine de sanctions violentes : normes pour le port de la barbe, interdiction de jouer au soccer ou au cerf-volant, interdiction d'écouter de la musique et d'en jouer, etc. Ainsi, ce type de société précise clairement les rôles de chacun et place la différenciation fondée sur les sexes (ou les genres) au centre de sa vision des rapports sociaux. L'organisation sociale qui en résulte est fortement hiérarchisée ; chacun connaît ses droits et devoirs et doit s'y conformer. Le contrôle social y est très important et la marge de liberté individuelle, fort limitée. Cette conception différente de la vie en société se situe au centre du choc entre les valeurs de la modernité et celles des sociétés de type traditionnel qui se côtoient présentement dans le monde. Cette situation fait en sorte que les rapports sociaux de sexes (ou de genres) restent un phénomène d'une grande actualité à l'échelle planétaire.

Diverses questions préoccupent aussi la société québécoise concernant les effets de la socialisation masculine et féminine : le taux de décrochage scolaire plus élevé chez les garçons, les études universitaires qui se féminisent, le manque d'intérêt des hommes ou des femmes pour certaines professions dites féminines ou masculines, la redéfinition du rôle père, etc. Si la condition des femmes reste préoccupante partout à l'extérieur de l'Occident, plusieurs problèmes continuent de se poser avec acuité dans les sociétés de droit qui préconisent l'égalité entre les personnes.

On a pu constater aux chapitres 7 et 8 que la plupart des sociétés connues établissent des hiérarchies basées sur des critères comme le revenu, le prestige accordé à certains rôles sociaux, la scolarité ou encore l'appartenance à un groupe ethnique ou à un groupe racisé. Dans le présent chapitre, nous nous attarderons précisément au processus de différenciation sociale fondée sur l'appartenance à l'un ou l'autre des sexes dans les sociétés humaines.

Exercice de sensibilisation

Vaut-il mieux être un homme ou une femme ?

De tout temps et dans toutes les sociétés, les hommes et les femmes ont vécu des situations différentes et inégales. Notre société n'échappe pas à cette règle. Cependant, on doit reconnaître que la situation des femmes s'est améliorée. Les femmes sont maintenant présentes dans presque tous les secteurs de l'activité humaine, et les gouvernements tentent de réparer petit à petit les injustices du passé.

Pour vous qui entrerez sur le marché du travail dans quelques années, croyez-vous que le fait d'être un homme ou une femme vous donne un avantage par rapport à l'autre sexe quant à vos chances de réussite ?

Imaginez que vous passez une entrevue pour votre premier emploi. Croyez-vous que votre sexe sera un handicap ? un avantage ? ou qu'il n'aura aucun effet sur votre employeur dans sa décision de vous embaucher ? Et qu'en est-il de vos chances d'obtenir une promotion dans cette entreprise ? Et si vous manifestez ouvertement le désir d'avoir des enfants ?

Dans ce chapitre, nous nous penchons sur les conséquences sociales qu'entraîne le fait de naître homme ou femme. Cette réalité biologique, qui provoque des différenciations sociales importantes dans toutes les sociétés connues, mérite que l'on s'y attarde plus longuement.

La lecture de ce chapitre devrait vous permettre de répondre aux questions suivantes :

● Comment se construit l'identité sexuelle des individus au moyen des rôles associés culturellement à chacun des sexes ?

- Les différences entre les hommes et les femmes sont-elles le fruit de notre nature biologique ou sont-elles davantage le résultat de différents processus sociaux ?
- Quelle influence les rôles sexuels exercent-ils sur l'organisation de la société ?
- Comment expliquer les difficultés sur le plan des rapports sociaux de sexes que l'on trouve partout dans le monde ?
- Quels sont les problèmes importants, ici et ailleurs dans le monde, en ce qui concerne les rapports sociaux de sexes ?

9.2 Sexe biologique et sexe social : je suis l'un, je deviens l'autre

Les différences biologiques entre les hommes et les femmes relèvent de l'évidence, qu'il s'agisse de la taille et du poids moyen, de la pilosité ou de la force musculaire ; mais la différence la plus importante est sans contredit la capacité des femmes de porter des enfants. Ces différences sexuelles, basées sur notre biologie, contribuent à l'élaboration de notre identité en tant qu'êtres sexués. Dans les sociétés humaines, le fait de naître homme ou femme développe en chacun de nous une image particulière de ce que nous sommes ou devrions être. Cette idée que nous nous formons de nous-mêmes, à l'aide de ce fait biologique et social, est si puissante que, dès l'âge de trois ans, les enfants connaissent déjà un bon nombre de comportements rattachés à chacun des sexes (Papalia et Wendkos Olds, 1982). L'image de soi qui s'élaborera par suite de cette connaissance sera plus ou moins positive ou négative, selon la valeur attribuée aux rôles prévus pour notre sexe. Par exemple, les jeunes garçons s'intéresseront aux sports ou aux machines de toutes sortes, car ce sont là des champs d'intérêt tradition-nellement associés aux hommes. De même, les filles pourront s'intéresser à la mode ou à l'éducation des enfants, car cela est davantage associé à l'univers féminin.

Le sexe biologique et le sexe social sont deux choses fort différentes. Ainsi, le **sexe biologique,** c'est le fait d'appartenir, en raison de notre constitution physique, à l'une des deux grandes catégories biologiques, les mâles et les femelles. La division biologique de l'espèce humaine en deux grandes catégories complémentaires et nécessaires à la reproduction sexuée a influé sur les rapports entre les hommes et les femmes dans presque toutes les sociétés humaines. C'est sur cette base que s'est cons-truit le **sexe social.** Le sexe social s'établit donc à travers le processus de socialisation de rôles propres aux hommes et aux femmes.

Le sexe social se remarque facilement lorsque l'on étudie la division sociale du tra-vail entre les sexes. Dans tout groupe, il est normal que les individus jouent un rôle et se répartissent les tâches afin de contribuer par leur travail à la survie du groupe. Dans les sociétés archaïques ou traditionnelles, qui vivaient de la chasse et de la cueillette ou encore de l'agriculture, ces tâches étaient divisées la plupart du temps selon l'âge et le sexe. Dans les sociétés plus complexes, de nombreux critères déterminent la façon de diviser le travail à accomplir. Cependant, la distinction entre les rôles attribués aux hommes et ceux attribués aux femmes demeure importante. Les **rôles sexuels** peuvent être définis comme des ensembles de comportements, d'attitudes et d'acti-vités attribués respectivement aux femmes et aux hommes dans une culture donnée. Les deux sexes sont capables de cuisiner, de taper à la machine ou de pelleter la neige. Or, ce sont plus souvent les habitudes culturelles d'une société qui déterminent la répartition des tâches que les aptitudes réelles des individus en cause. Les individus

SEXE BIOLOGIQUE

Appartenance, vu notre constitution physique, à l'une des deux grandes catégories biologiques, les mâles et les femelles.

SEXE SOCIAL (GENRE)

Construction, lors du processus de socialisation, de rôles propres aux hommes et aux femmes.

RÔLES SEXUELS

Ensemble de compor-tements, d'attitudes et d'activités attribués respectivement aux femmes et aux hommes dans une culture donnée.

des deux sexes sont en mesure de piloter des avions, mais ce sont les hommes qui, traditionnellement, ont eu cette responsabilité.

En principe, la division du travail entre les sexes devrait entraîner un respect mutuel pour les tâches accomplies. En réalité, dans plusieurs sociétés, les rôles féminins ont historiquement été moins valorisés par rapport aux rôles masculins. Même si les deux sexes avaient besoin l'un de l'autre pour survivre, les tâches dévolues aux femmes ont été moins considérées dans la plupart des sociétés. Également, les pouvoirs accordés aux femmes ont été limités à des degrés divers. L'histoire du droit met en évidence le statut clairement subordonné des femmes. Par exemple, le Code Napoléon faisait des femmes la propriété de leur mari et leur attribuait le statut de mineures. Pour justifier cet état de fait, on s'appuyait sur les valeurs et les idéologies propres à chacune de ces sociétés.

> **STÉRÉOTYPES SEXUELS**
>
> Images mentales, souvent caricaturales, partagées collectivement, au sujet du genre masculin ou du genre féminin.

Dossier 9.1 — Les stéréotypes sexuels au cours de l'histoire

En Occident, la vision du monde qui s'est développée au cours des siècles a donné lieu à des opinions tranchées au sujet du rôle et de la place des femmes. En voici quelques exemples :

> Qu'est-ce que la femme, sinon une ennemie de l'amitié, un mal nécessaire, une tentation naturelle, une calamité désirable, un danger domestique, un préjudice délectable, un mal de la nature parée de ses plus belles couleurs !… Lorsqu'une femme pense, elle pense le mal […] On doit noter qu'il y a eu une anomalie dans la formation de la première femme, puisqu'elle a été formée à partir d'une côte pliée […] Et puisque, par cette anomalie, elle est un animal imparfait, elle ment toujours (Spencer et Krâmer, dans Allgeier et Allgeier, 1989, p. 8).

> Il n'y a rien qui soit plus coupable qu'une femme. En vérité les femmes sont la racine de tous les maux (Mahàbhàrata, dans Badinter, 1986, p. 159).

> Les femelles sont biologiquement plus faibles et plus froides, et il faut considérer leur existence comme une défectuosité de la Nature (Aristote, dans Groult, 1993, p. 48).

> La dignité d'une femme est de rester inconnue. Sa seule gloire réside dans l'estime de son mari et le service de sa famille. Dieu l'a créée pour supporter les injustices de l'homme et pour le servir (Jean-Jacques Rousseau, dans Groult, 1993, p. 87).

> Quand une femme devient un savant, c'est qu'il y a quelque chose de déréglé dans ses organes sexuels (Nietzsche, dans Groult, 1993, p. 98).

> La plus utile et honorable science et occupation à une femme, c'est la science du ménage (Montaigne, dans Groult, 1993, p. 83).

> J'ai souvent envie de demander aux femmes par quoi elles remplacent l'intelligence (Alain, dans Groult, 1993, p. 101).

> En ce qui concerne les capacités physiques des femmes, on a longtemps cru qu'elles étaient si faibles qu'elles n'arriveraient jamais à participer à des compétitions sportives sérieuses. Cette croyance a fait en sorte que l'intégration des femmes au sport olympique a été longue et laborieuse, sans compter la quasi-absence des femmes du sport professionnel, jusqu'à récemment (Kidd, 1994).

Si, de nos jours, de tels propos peuvent paraître amusants ou choquants, ils sont néanmoins révélateurs des idées qui servaient à justifier la place que l'on réservait aux femmes. Par l'entremise d'Ève, la première femme, celle qui a causé la perte du mythique Paradis terrestre, toutes les femmes étaient considérées comme viles, peu fiables ; des sous-humains. Ces **stéréotypes sexuels** ont prévalu très longtemps et il a fallu bien des efforts, dans de nombreuses sociétés, pour modifier cette vision des femmes.

Cet acharnement à mettre en doute les capacités physiques et intellectuelles des femmes montre bien qu'il n'était pas facile de justifier leur subordination politique et économique. Ces hommes, pourtant célèbres, avaient inévitablement eu une mère, ou son équivalent, pour voir à leurs besoins après la naissance. Il ne devait donc pas être de tout repos de construire et de soutenir cet échafaudage d'idées et de mythes visant à légitimer la pyramide sociale qui caractérise les rapports entre les sexes.

—— La formation de l'identité sexuelle : acquérir un sexe

Au chapitre 4, nous avons précisé les principaux agents de socialisation qui influencent le développement des garçons et des filles. Dans une famille traditionnelle, en ce qui touche les jouets et les vêtements par exemple, le garçon reçoit typiquement des camions et des habits bleus, tandis que la petite fille reçoit des poupées et des robes en dentelle. Le modèle masculin traditionnel exige des hommes qu'ils deviennent actifs, forts, agressifs, courageux, durs et dominateurs ; les femmes, elles, doivent se montrer délicates, douces, émotives, gentilles et obéissantes.

Ce sont surtout les adultes qui servent de modèles aux enfants. Les parents constituent habituellement les agents de socialisation les plus importants dans le processus de développement de la personnalité individuelle et sociale. Cependant, les autres adultes, les frères et les sœurs, les médias, les Églises et les groupes religieux ainsi que l'environnement scolaire jouent aussi un rôle fondamental dans ce processus.

Les rôles sexuels sont intégrés dans la personnalité selon deux mécanismes principaux : le traitement différencié que nous subissons dès les premiers instants de notre vie et l'identification que nous faisons aux membres de notre sexe. On apprend, chacun selon son sexe, à jouer des rôles particuliers en fonction de modèles présents dans notre environnement. Aussi, les habitus (*voir le chapitre 3*) générés par les pratiques en vigueur dans une société donnée fixent dans l'inconscient des individus les modèles de comportements appropriés à leur sexe.

Les enfants sont susceptibles d'être traités différemment en fonction de leur sexe dès leur plus jeune âge. À l'occasion d'une étude qui cherchait à analyser les différences entre la façon dont on traite les filles et les garçons dès les premiers mois de la vie, on a constaté que les gens ne disaient pas les mêmes choses à un bébé et n'adoptaient pas les mêmes comportements envers lui selon qu'ils imaginaient qu'ils se trouvaient devant un bébé de sexe masculin ou un bébé de sexe féminin. Par exemple, dans cette étude, lorsqu'un adulte croyait qu'il était en présence d'un garçon, il commentait la force physique de l'enfant, son dynamisme, etc. Il lui donnait aussi des camions ou un ballon de football... Lorsqu'un adulte pensait être devant une fille, il lui adressait la parole plus doucement, commentait sa gentillesse et lui offrait des poupées plutôt que des jouets jugés plus masculins (Doyle, 1983). Lorsque l'on observe comment les parents d'aujourd'hui se comportent à l'égard de leur bébé, on remarque que, de toute évidence, ils continuent de valoriser les différences entre les sexes. Les vêtements, les couleurs et les jouets associés au sexe masculin ou féminin diffèrent toujours. Par ailleurs, certains courants de pensée en éducation vont même jusqu'à proposer de revenir à un système d'éducation non mixte pour faciliter l'ancrage de l'identité masculine ou féminine. Des arguments fondés sur l'écart de réussite scolaire entre les garçons et les filles — écart qui défavorise les garçons —, et sur le manque d'intérêt des filles à l'égard des sciences et des mathématiques de même que sur leur manque de confiance en soi justifieraient cette nouvelle forme de ségrégation des sexes. La vision des rôles sexuels que l'on propose demeure donc assez stéréotypée. Les garçons seraient davantage actifs et agressifs, et les filles plus passives et tranquilles, ce qui avantagerait ces dernières à l'école. La thèse défendue présuppose que les garçons et les filles auraient des caractéristiques jugées « innées » et qu'une éducation mixte, non adaptée au sexe de l'individu, nuirait au développement identitaire, voire à l'équilibre personnel des garçons en particulier. La mixité entraverait donc le développement des caractéristiques « naturelles » des jeunes... Qu'ils aient tort ou raison, les défenseurs de cette thèse font à tout le moins la preuve de la très grande importance accordée encore de nos jours à la différenciation des genres.

Le processus de socialisation s'effectue en partie par l'observation des hommes ou des femmes présents dans notre famille, dans notre voisinage, à la télévision ou ailleurs dans notre entourage. L'immersion et l'interaction quotidienne avec les différents agents de socialisation contribuent à développer le sens de la masculinité ou de la féminité chez chacun de nous. Si une petite fille voit uniquement dans son environnement des femmes qui occupent le rôle de ménagère, elle construira, en fonction de cette réalité, l'image de son rôle futur. Par contre, si elle rencontre ou sait qu'il existe des femmes sur le marché du travail qui sont médecins, ingénieures ou juges, avec ou sans enfant, elle se formera une image tout autre des rôles qu'elle aura la possibilité d'occuper lorsqu'elle sera grande. De même, si un garçon observe dans son milieu des hommes qui s'occupent des enfants, qui jouent avec eux, qui font preuve de tendresse, il apprendra qu'il est normal d'adopter de tels comportements. Par contre, s'il ne voit que des hommes durs, agressifs et dominateurs, et qu'on le rabroue lorsqu'il adopte un comportement doux, sensible ou peu sportif, il construira inévitablement son **identité sexuelle** à l'aide des modèles présents dans son environnement. Ces modèles d'hommes ou de femmes sont forgés largement dans les médias, dans la famille et à l'école, et il est assez difficile pour un individu d'y échapper.

> Le processus de socialisation s'effectue en partie par l'observation des hommes ou des femmes présents dans notre famille, dans notre voisinage, à la télévision ou ailleurs dans notre entourage.

> **IDENTITÉ SEXUELLE (DE GENRE)**
>
> Perception de soi que l'on construit à partir des conceptions de la masculinité et de la féminité associées aux rôles d'homme ou de femme dans une culture donnée.

L'assimilation des habitus propres à chacun des deux sexes s'avère un processus de longue haleine qui forge la personnalité sociale des individus de façon permanente. Chacun finit par intégrer le rôle associé à une position dans la structure sociale. C'est ainsi qu'une personne acquiert les habitus qui lui permettent de se reconnaître et d'être reconnue comme faisant partie d'une classe ou d'un groupe, tout en apprenant les comportements appropriés pour occuper la place qu'on lui réserve dans l'organisation sociale (Burnonville, 1992). Cela est vrai pour maints rôles sociaux, et les rôles sexuels n'échappent pas à ce processus. Si l'on veut être reconnu en tant que médecin, on doit se comporter en médecin, c'est-à-dire poser des diagnostics, prescrire les traitements adéquats, etc. Il en va de même pour les rôles masculins et féminins. C'est pourquoi les transsexuels et certains homosexuels nous rendent parfois mal à l'aise puisque leurs comportements ne concordent pas avec nos attentes habituelles identifiées à leur sexe biologique et social.

Comme nous l'avons vu au chapitre 4, les médias jouent un rôle de plus en plus significatif dans le processus de socialisation et d'acquisition des habitus propres à chacun des sexes. Les enfants passent, en moyenne, davantage de temps devant un écran que sur les bancs d'école. Chaque semaine, les jeunes passent environ 12 heures devant la télévision et autant de temps devant un ordinateur (http://www.statcan.ca). Les jeux vidéo ont tendance à présenter

Les enfants constituent leur identité sexuelle en fonction de ce que leur environnement leur présente. Ainsi, un fils dont le père participe activement aux tâches ménagères apprendra qu'il est normal pour lui aussi d'adopter un tel comportement.

des images très stéréotypées des hommes et des femmes. Comment ne pas être influencé par ce qu'on voit lorsqu'on passe autant de temps devant un écran cathodique ou au cinéma ? À cela il faut ajouter les images stéréotypées martelées constamment par la publicité. Il devient difficile en pareil contexte d'échapper à ces modèles constamment renforcés par tous les médias de masse.

Encore aujourd'hui, les médias montrent les femmes dans des situations traditionnelles. Dans beaucoup de films ou de romans, on trouve l'équivalent de Tarzan et de Jane. Tarzan représente le stéréotype masculin de l'homme grand, fort, courageux, autonome, aventurier, etc., alors que Jane est la jolie blonde, la compagne docile, qui bénéficie de la protection de son homme contre l'environnement hostile.

Désormais, il arrive un peu plus souvent aux romanciers ou aux producteurs hollywoodiens de modifier ces stéréotypes. Quelques rares « superhéroïnes » s'emparent de l'écran — comme le personnage de Lara Croft interprété par Angelina Jolie dans le film *Tomb Raider* —, mais l'image que les comédiennes qui les incarnent projettent reste fortement stéréotypée puisque ces dernières ont systématiquement un corps parfait selon les canons de notre société. On peut par ailleurs se demander si les héroïnes de ce genre constituent un modèle de comportement désirable étant donné le climat de violence, traditionnellement masculin, dans lequel elles sont plongées. Cependant, si les médias continuent de présenter des comportements féminins et masculins plus diversifiés, il est probable qu'ils auront une influence notable sur la façon de concevoir la masculinité et la féminité, et sur l'évolution des rôles sexuels dans notre société.

Les modèles masculins et féminins d'une société à l'autre : notre nature, c'est notre culture

Ainsi que nous l'expliquions au chapitre 3, un modèle culturel est un ensemble de normes que l'on peut associer à un rôle social dans une culture donnée. Ces modèles sont habituellement justifiés par les valeurs ou l'idéologie qui prévalent dans la société en question. Historiquement, on expliquait les différences entre les hommes et les femmes en invoquant leur « nature », c'est-à-dire la biologie propre à chacun des sexes.

Dans quelle mesure les différences d'ordre biologique influent-elles réellement sur les modèles de masculinité et de féminité choisis par une société ? Cette question soulève le débat classique visant à établir si c'est la nature ou la culture qui détermine le plus les comportements. Afin de clarifier la distinction entre les facteurs d'ordre culturel et ceux d'ordre biologique qui agissent sur les rôles sexuels, il est utile de comparer quelques sociétés.

Les recherches de la célèbre anthropologue Margaret Mead ont apporté à ce débat des arguments troublants et, à l'époque, innovateurs. Dans son livre *Mœurs et sexualité en Océanie*, Mead décrit les comportements typiques des hommes et des femmes dans trois cultures ou sociétés :

> L'idéal Arapesh est celui d'un homme doux et sensible, marié à une femme également douce et sensible. Pour les Mundugumor, c'est celui d'un homme violent et agressif, marié à une femme tout aussi violente et agressive. Les Chambuli, en revanche, nous ont donné une image renversée de ce qui se passe dans notre société. La femme y est le partenaire dominant ; elle a la tête froide, et c'est elle qui mène la barque ; l'homme est, des deux, le moins capable et le plus émotif (Mead, 1963, p. 311-312).

Margaret Mead a donc repéré deux sociétés (les Arapesh et les Mundugumor) où le comportement des hommes et celui des femmes ne possèdent pas de distinction importante selon leur sexe d'appartenance. Du point de vue occidental, on peut dire que la culture des Arapesh présente, tant chez les hommes que chez les femmes, des comportements dits féminins, alors que les Mundugumor se sont dotés d'une culture où les deux sexes se comportent plutôt comme les hommes traditionnels de chez nous. Dans le même ordre d'idées, les comportements observés chez les Chambuli se trouvent pratiquement inversés par rapport à ce qui se passe dans notre culture, c'est-à-dire que les femmes adoptent des comportements dits masculins et les hommes, des comportements dits féminins.

Dans le même ouvrage, Margaret Mead tire la conclusion suivante de ses observations sur les différences de comportements entre les sexes :

> Il nous est maintenant permis d'affirmer que les traits de caractère que nous qualifions de masculins ou de féminins sont pour un grand nombre d'entre eux, sinon en totalité, déterminés par le sexe d'une façon aussi superficielle que le sont les vêtements, les manières, ou la coiffure qu'une époque assigne à l'un ou l'autre sexe (Mead, 1963, p. 311).

Ainsi, Mead montre que si l'on tenait compte uniquement du facteur biologique, c'est-à-dire de notre nature, la diversité des rôles observés pour chacun des deux sexes n'existerait pas. Dans le règne animal, il est à peu près impossible d'échapper aux instincts programmés dans un code génétique, comme le fait, pour les saumons, de remonter la rivière pour se reproduire, ou comme ces périodes de rut qui caractérisent le mode de reproduction de nombreuses espèces. La plupart des anthropologues, psychologues, sociologues, ainsi que de nombreux biologistes s'accordent à dire que les humains ne possèdent pas d'instincts clairement repérables (Robertson, 1981). Si la plupart des animaux sont fortement conditionnés par les instincts, les humains, au contraire, constituent une espèce conditionnée plutôt par la culture. Certes, il demeure possible que la génétique joue un certain rôle ; cependant, les résultats des recherches de Margaret Mead ont apporté un argument de poids à la thèse voulant que ce soit la culture et la socialisation qui conditionnent le plus significativement les comportements sexuels différenciés.

Une société où les hommes et les femmes pourraient changer de rôles est-elle envisageable ? De plus en plus de théoriciens croient que oui. Plusieurs d'entre eux estiment en effet que, dans les années à venir, on observera une diminution des différences entre les rôles attribués aux femmes et aux hommes. Certains évoquent même la possibilité d'une culture androgyne, c'est-à-dire d'un mode de vie qui ne présenterait pas de différences majeures entre les sexes. Les individus androgynes combineraient certaines caractéristiques propres aux femmes et aux hommes de notre culture actuelle. Des recherches effectuées sur ce sujet montrent que les individus androgynes sont en général plus compétents et font preuve d'une plus grande estime de soi que ceux qui adhèrent encore aux modèles traditionnels de comportements (Schaefer, 1986). Il semble que le fait de se comporter de façon androgyne rende les comportements et le style de vie des individus plus sains et plus équilibrés.

La transformation des modèles culturels masculins et féminins

Mais qu'est-ce qu'un homme et qu'est-ce qu'une femme aujourd'hui ? Quels sont les modèles culturels propres aux hommes ou aux femmes à l'aube du XXIᵉ siècle ? Dans le Québec actuel, les modèles de masculinité et de féminité n'apparaissent plus aussi clairement qu'il y a quelques décennies. Si, pour les générations précédentes, il était possible de prévoir très clairement le rôle futur des garçons et des filles au sein de la famille, la réalité se présente différemment de nos jours. En fait, les deux sexes ont dû réajuster partiellement leurs rôles respectifs.

> Si, pour les générations précédentes, il était possible de prévoir très clairement le rôle futur des garçons et des filles au sein de la famille, la réalité se présente différemment de nos jours. En fait, les deux sexes ont dû réajuster partiellement leurs rôles respectifs.

Ce sont les femmes qui ont été les plus touchées par la remise en question des rôles associés à chacun des sexes. Elles peuvent désormais, théoriquement du moins, occuper presque tous les rôles présents dans la division du travail social : ouvrière de la construction, juge, politicienne, médecin, femme au foyer, agricultrice, etc. Pour leur part, les hommes ont surtout dû revoir leurs rôles au sein de la vie familiale. Les rôles de père et d'unique soutien financier de la famille se sont transformés par suite de l'arrivée massive des femmes sur le marché du travail.

Les analystes de la famille moderne, lorsqu'ils traitent des transformations de la paternité, parlent maintenant de paternité consentie ou de paternité active pour décrire les modifications qui se sont opérées chez les hommes. Ainsi, la **nouvelle paternité** est le fait d'«un père qui choisit d'avoir une présence affective active auprès de ses enfants et qui participe aux tâches familiales» (Lacourse, 2005, p. 158). Ce nouveau père, modèle qui tend à s'imposer actuellement, commence à jouer son rôle dès la conception de l'enfant, en assistant aux cours prénatals, par exemple.

Les pères qui n'assistent pas à l'accouchement de leur conjointe sont devenus l'exception. En général, les pères s'occupent de leur enfant dès sa naissance et partagent, pour une part non négligeable, les tâches ménagères, même si, selon les statistiques, il reste encore un bon bout de chemin à faire avant d'atteindre l'équité sur ce plan. Selon une étude menée aux États-Unis, les pères québécois seraient néanmoins à l'avant-garde sur ce plan. Toujours selon cette étude, ils consacreraient 20 heures par semaine au soin des enfants, soit autant que la mère, alors que la moyenne nord-américaine serait de 5 heures par semaine pour les pères (Robinson, 2004).

Chacun des deux sexes a dû revoir sa place et son rôle au sein de l'institution familiale. Ainsi, de nombreuses femmes éprouvent de la difficulté à abandonner leur rôle traditionnel de mère et de ménagère. Depuis le début de ce processus de changement, beaucoup de femmes cumulent plusieurs fonctions : le travail rémunéré, le travail domestique et le soin des enfants. La surcharge de travail qui en résulte est sans doute à l'origine de tensions répétées dans le couple. Le rythme de vie des familles entraîne le surmenage chez plusieurs femmes, alors que beaucoup d'hommes n'ont pas été préparés à assumer le partage des tâches domestiques. Le stress qui en résulte peut être si important qu'il provoque parfois de graves malaises : de la violence, des problèmes de santé de toutes sortes, l'éclatement du couple, etc.

Les nouvelles familles reflètent les changements qui se sont produits dans nos valeurs. La société de consommation a généré de nouvelles attentes pour les individus et a certes influencé les attentes envers la famille. Le nombre d'enfants est maintenant planifié, et les parents attendent d'être plus vieux avant d'en avoir. Il n'y a pas si longtemps encore, avoir des enfants allait de soi. Aujourd'hui, on tente de planifier la venue d'un enfant un peu comme on le fait pour l'achat d'une maison ; elle doit cadrer avec un budget et des activités !

Si la transformation des rôles masculins et féminins a certes modifié la structure de la famille actuelle, cette structure a été remodelée encore plus en profondeur par l'avènement de la société de consommation. Consommer est devenu, en quelque sorte, le moteur de bon nombre de nos actions. Nos choix de vie s'orientent largement en fonction de l'acquisition de biens matériels. Nous allons à l'école en vue d'obtenir un emploi bien rémunéré qui nous permettra d'obtenir un niveau de vie intéressant. Nous accordons énormément de temps à notre vie professionnelle, non seulement pour la reconnaissance sociale qu'elle nous procure, mais surtout pour le maintien de notre niveau de vie, c'est-à-dire notre capacité de consommer. La famille se trouve au cœur de cet important changement de nos habitudes de consommation. On a vu apparaître une société plus individualiste, hédoniste et matérialiste, c'est-à-dire axée sur la satisfaction des besoins et du plaisir de l'individu. La société de consommation a influencé tant la planification de la famille que la stabilité du couple. Voici ce qu'en dit le sociologue Simon Langlois :

> L'union conjugale [s'est transformée] en objet de consommation, jetable et à durée limitée, comme tout objet. Le mariage et l'amour sont aussi gérés comme tout objet de consommation et ils ont leurs experts, leurs avocats, leurs psychologues, leurs travailleurs sociaux, qui les traitent maintenant comme une marchandise [...] [L]a venue d'enfants vient en concurrence avec d'autres biens de consommation, du moins à court terme, dans les budgets plus limités [...] [L]es normes fixées pour l'éducation des enfants sont également nettement plus élevées qu'hier [...] [J]usqu'à un certain point, l'enfant est lui-même devenu un objet de consommation (Langlois, dans Lemieux, 1990, p. 104-108).

L'accès au marché du travail et la transformation des rôles sociaux ont permis aux couples et aux femmes en particulier de divorcer plus facilement. Cependant, d'autres facteurs expliquent l'augmentation de divorces : la plus grande autonomie financière des femmes, l'importance accordée à l'amour comme ciment du couple, la régulation des naissances, le remplacement de la famille par l'individu en tant que pilier de la société et la société de consommation.

À la suite des transformations qu'a subies la famille, les pères et les mères d'aujour-d'hui doivent composer avec des conflits de rôles. Notamment, la maternité et le travail rémunéré sont deux rôles souvent difficiles à concilier. Élever de jeunes enfants et se conformer aux exigences du marché du travail peut engendrer un certain déchirement pour de nombreux parents ; ils auront peut-être l'impression de ne pas consacrer suffisamment de temps à leurs enfants. Les horaires de travail plus flexibles facilitent la tâche de certains parents. Il n'y a cependant pas encore assez d'entreprises qui tiennent compte des obligations familiales de leurs employés.

Les hommes qui font le choix de s'engager activement auprès de leurs enfants osent de plus en plus souvent poser des exigences à leur employeur pour pouvoir, par exemple, aller chercher leur enfant à la garderie. Toutefois, le fait que les hommes occupent de façon générale des emplois mieux rémunérés et qu'ils contribuent en ce sens au maintien d'un niveau de vie plus élevé pour les familles a souvent pour effet d'amener les femmes à ajuster leur horaire de travail pour mieux répondre aux exigences familiales. Les nouveaux pères se recrutent plus souvent chez les intellectuels ou chez les hommes qui travaillent à la pige ou à temps partiel, le type d'activités qu'ils font permettant un meilleur équilibre entre vie privée et vie publique; cependant, la nouvelle paternité est désormais présente parmi les hommes de toutes les classes sociales (Lacourse, 2005).

Bref, les rôles maternels et paternels subissent encore des modifications importantes. Le rôle traditionnel du père pourvoyeur valorisait les hommes, mais il apportait également son lot de problèmes. Certains hommes avaient du mal à assumer les responsabilités familiales qui leur revenaient. L'autorité du père conférait pouvoir et respect, tant à l'intérieur de la famille qu'en dehors du foyer. Beaucoup d'hommes ont donc dû et doivent encore apprendre à composer avec le nouveau statut des femmes, dorénavant jugées égales à eux. Ils ont aussi dû développer les côtés plus « maternel » et émotif de la paternité et de la masculinité. Les femmes, pour leur part, ont d'abord dû mettre les bouchées doubles pour arriver à concilier leurs responsabilités familiales

Réseau thématique   Sexe biologique et sexe social: je suis l'un, je deviens l'autre

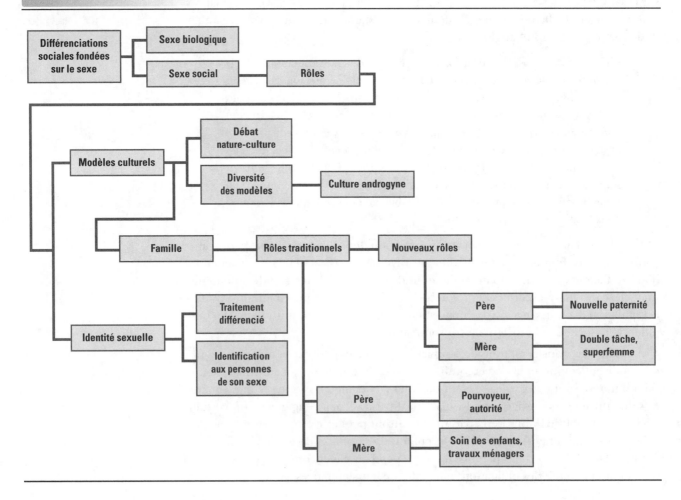

et les exigences liées au travail rémunéré. Cependant, l'autonomie financière que procure un travail rémunéré demeure essentielle à l'équilibre des forces entre les hommes et les femmes. Les deux sexes s'orientent désormais vers un partage des travaux ménagers et des soins à dispenser aux enfants. Des ajustements sont encore à faire, car le partage égalitaire reste le fait d'une minorité de familles. Les types d'emplois occupés par les hommes, les horaires de travail et le fait que les femmes demeurent encore en moyenne moins bien rémunérées que les hommes contribuent sans doute aux difficultés d'ajustement aux nouveaux rôles sexuels.

9.3 Sexe et organisation de la société : des inégalités structurelles

Les rôles sociaux qui se construisent en fonction de la division biologique des sexes influent sur toute l'organisation de la société. Historiquement, cette façon de structurer les rapports entre les sexes a eu pour effet de rendre de nombreuses sociétés sexistes. Le **sexisme** est une idéologie ou un système de croyances qui engendre des inégalités sociales entre les sexes. L'idéologie sexiste justifie habituellement les pratiques discriminatoires et les inégalités en les présentant comme naturelles, c'est-à-dire fondées sur les particularités biologiques de chaque sexe. Cette vision des rapports entre les sexes présuppose que la nature et la biologie conditionnent la place que doivent occuper les femmes et les hommes dans la société. Elle pose en principe qu'il est naturel pour chacun

> L'idéologie sexiste présuppose que la nature et la biologie conditionnent la place que doivent occuper les femmes et les hommes dans la société.

des sexes d'occuper une place et des fonctions différentes dans la société. En général, les sociétés qui adoptent une idéologie sexiste installent les hommes dans une position dominante tant à l'intérieur du foyer qu'à l'extérieur de celui-ci. Dans un tel contexte, les femmes doivent se vouer aux tâches domestiques, au soin et à l'éducation des enfants. Les sociétés sexistes sont en général du type patriarcal. Le **patriarcat** est « un système social fondé sur la suprématie des hommes en tant que pères » (Valois, 2003, p. 5). Le pouvoir obtenu au sein de la famille finit par s'étendre à toutes les autres institutions sociales.

L'organisation patriarcale de la société a eu des conséquences importantes sur la vie des femmes. En confinant les femmes dans certains rôles et les hommes dans d'autres rôles, on a généré une situation d'inégalité entre les deux sexes. Bien entendu, la division du travail entre les membres d'une même société constitue un principe d'organisation fondamental des sociétés. Il ne serait probablement pas désirable que tous soient policiers, professeurs ou menuisiers. Faut-il pour autant enfermer certaines catégories d'individus dans des tâches données ? De plus, pourquoi dévaloriser certains types de travaux et en surestimer d'autres, surtout si toutes ces tâches sont nécessaires au bien-être de la communauté ?

Comme on l'a vu avec Margaret Mead, les comparaisons entre les cultures montrent que les hommes et les femmes peuvent exécuter toutes sortes de tâches. La division du travail entre les sexes reflète donc des choix culturels. Il peut être discriminatoire de forcer des catégories d'individus minoritaires à accomplir uniquement certaines tâches. Prenons par exemple les Noirs, qui, sous le régime esclavagiste, ont été contraints de travailler dans les plantations de coton aux États-Unis. Cette situation illustre l'exploitation de l'homme par l'homme. Dans ce cas-ci, la couleur de la peau a servi de

SEXISME

Idéologie ou système de croyances qui engendre des inégalités sociales entre les sexes et qui justifie les pratiques discriminatoires en les présentant comme naturelles.

PATRIARCAT (SYSTÈME PATRIARCAL)

Système social fondé sur la suprématie des hommes en tant que pères.

prétexte à la mise en place d'un système de domination très violent. Des différences d'origine génétique ont donné lieu à un système social limitant la liberté du groupe visé et détournant les fruits de son travail au profit du groupe dominant. Il s'agit ici de racisme. On voit bien que le sexisme et le racisme forment deux systèmes qui associent des rôles à des individus en fonction de caractéristiques physiques qu'il est à peu près impossible de modifier.

Lorsque l'accès à certains rôles sociaux est limité par une caractéristique génétique comme le sexe ou la couleur de la peau, la société se prive de l'apport d'un potentiel humain important. Ce mode de fonctionnement peut coûter cher à la société qui l'adopte. Ainsi, par la pratique du sexisme ou du racisme, une société réduit son réservoir de talents qui pourraient contribuer d'une façon significative au développement de la communauté. De plus, on met en place un système hiérarchique où les inégalités et la violence réelle ou symbolique marquent les rapports sociaux.

Au chapitre 8, nous avons montré que le racisme est une forme de différenciation sociale fort répandue. De même, le sexisme conditionne les rapports entre les hommes et les femmes dans la plupart des sociétés passées et présentes. Les préjugés et la discrimination caractérisent le sexisme et le racisme. Ces comportements peuvent se produire tant sur le plan individuel que sur le plan institutionnel. Par exemple, certaines professions (comme la médecine et le droit) ont longtemps été inaccessibles aux femmes. Celles-ci ne pouvaient devenir membres de certains clubs ou entrer dans certains lieux publics. Les hommes se permettaient aussi d'injurier les femmes lorsqu'elles ne se comportaient pas selon leurs attentes. Les remarques sexistes peuvent être assimilées au sexisme individuel, alors que l'impossibilité légale d'exercer certaines professions ou certains postes peut être qualifiée de sexisme institutionnel. Le **sexisme individuel** est le sexisme que des individus pratiquent de façon non organisée, tandis que le **sexisme institutionnel** est érigé en système.

SEXISME INDIVIDUEL
Discrimination envers les femmes qui se pratique par des individus de façon non organisée.

SEXISME INSTITUTIONNEL
Discrimination envers les femmes érigée en système.

Dans certaines sociétés traditionnelles, le sexisme institutionnel, appuyé de certaines croyances religieuses, constitue un élément important de l'organisation sociale. Par exemple, en Arabie saoudite, les femmes sont totalement exclues du marché du travail et elles subissent un important contrôle social. Dans ce pays, il existe même une police religieuse :

> Les *mutawa'een* sillonnent les rues, questionnent les femmes accompagnées d'un homme pour s'assurer de l'identité de ce dernier, vérifient que la tenue vestimentaire stricte imposée par la loi est respectée, arrêtent les femmes qu'ils jugent en infraction, les emprisonnent, les soumettent parfois à une « vérification de leur virginité », les torturent, les font condamner par un système judiciaire corrompu et incompétent (Fraternet, 2000).

Au Québec et au Canada, les Chartes des droits et libertés ont rendu le sexisme institutionnel illégal. Le sexisme individuel étant dans les faits presque impossible à contrôler, on peut penser qu'à long terme les rapports sociaux devenus concrètement plus égalitaires finiront par réduire considérablement ce type de sexisme. Aujourd'hui, le plus souvent, on peut penser que ce sont plutôt les habitus propres à chacun des sexes qui perpétuent les différenciations sociales selon le sexe. Étant donné les rôles sexuels qui prévalent toujours dans notre société, les habitus qui s'instaurent en fonction de ces modèles font en sorte que, même s'il n'y a plus guère d'interdictions légales ou normatives qui empêchent les femmes ou les hommes d'occuper certaines fonctions, les individus éprouvent encore de la difficulté et hésitent à occuper un rôle traditionnellement réservé aux membres de l'autre sexe. Cela semble surtout vrai pour les hommes, puisque, historiquement, les rôles féminins étaient vus comme dégradants pour un homme.

De plus en plus de femmes obtiennent des diplômes universitaires. Elles constituent même la majorité des étudiants dans plusieurs facultés et forment un peu plus de 60 % des titulaires d'un baccalauréat : environ 34 % des femmes possèdent un baccalauréat, contre 21 % des hommes (ministère de l'Éducation, du Loisir et du Sport, 2005). Toutefois, des différences importantes persistent entre les hommes et les femmes quant à leur choix de programme d'études. Ainsi, au niveau universitaire, chez les étudiants de 25 à 34 ans, on trouve dans les programmes liés à l'enseignement, aux loisirs et à l'orientation seulement 8,9 % d'hommes et, inversement, dans les programmes liés au génie et aux sciences appliquées, on trouve seulement 4,8 % de femmes. Peu de femmes semblent s'intéresser au génie informatique ; le nombre d'étudiantes dans ce secteur est passé de 12 % en 1986 à 13 % en 2003 (Chaire CRSNG/Alcan, http:// www2.fsg.ulaval.ca/chaire-crsng-alcan/situatio/stats/eff99-03/gif.shtml). Il s'agit pourtant d'un domaine où les emplois abondent ! C'est dire que les hommes qui choisissent de travailler dans une garderie ou dans une école primaire demeurent rares. Quant aux femmes, elles préfèrent les disciplines où les relations humaines sont importantes. Elles s'intéressent toujours très peu aux machines et à leur mécanique même si les emplois rattachés à ce secteur présentent une rémunération souvent bien supérieure ! Cela éclaire notre évaluation des domaines d'expertise liés à la machine, à la technologie ou au monde des affaires ; ils semblent nettement plus valorisés que les domaines liés aux sciences humaines et sociales… Pourtant, nos difficiles rapports avec les autres humains mériteraient certes davantage d'attention. Même s'il ne semble pas y avoir de discrimination institutionnelle qui expliquerait pourquoi l'expertise jugée « féminine » demeure sous-évaluée et moins bien rémunérée, les inégalités en ce qui a trait à la rémunération des femmes par rapport à celle des hommes reflètent sans doute nos valeurs.

—— Le marché du travail

« Ma mère travaille pas, elle a trop d'ouvrage », dit Yvon Deschamps dans un de ses monologues. C'est que le travail domestique a longtemps été le lot des femmes. Ce travail, essentiel à la société, mettait les femmes dans une situation de dépendance économique puisqu'elles étaient privées d'un salaire. En outre, cette situation les rendait vulnérables à maints égards. Depuis le début du XXe siècle et surtout depuis la fin de la Seconde Guerre mondiale en 1945, les femmes participent davantage au marché du travail. Elles ne sont plus confinées dans le rôle unique de ménagère. Des millions de femmes, célibataires ou mariées, avec ou sans enfants, travaillent désormais hors du foyer. De plus en plus de femmes cherchent et obtiennent des emplois rémunérés. Au Québec, en 2003, 58 % des femmes (Statistique Canada, juillet 2003) étaient intégrées au marché du travail, comparativement à 16 % en 1911 et à 35 % en 1971 (Paquette, 1989). L'accroissement du nombre de femmes qui travaillent à l'extérieur et qui ont de jeunes enfants est encore plus significatif. En 2005, le taux d'activité des femmes ayant des enfants de moins de 6 ans était de 76 % alors qu'il était de 66 % en 1999 (Roy, 2006). Cet accroissement s'explique probablement en partie par la mise sur pied du réseau de services de garde.

Sur le marché du travail, les types d'emplois où l'on trouve surtout des femmes sont moins diversifiés et moins bien payés que les emplois qui sont accessibles aux hommes. Le marché du travail est encore fortement différencié. Par exemple, en 1981, les femmes composaient 98,5 % des secrétaires et des sténographes, 91,2 % des infirmières, 90,6 % des caissières, etc. Ces emplois étaient pour la plupart moins bien rémunérés que d'autres emplois présentant un niveau de difficulté comparable. En 2001, le recensement de Statistique Canada montrait que cette caractéristique se maintient. Ainsi, les femmes constituent 78 % des travailleurs dans le secteur de la santé, alors que les hommes forment 78 % des travailleurs dans les professions liées aux sciences naturelles et appliquées (Statistique Canada, juin 2003). Comme nous l'avons vu précédemment au sujet du choix d'un programme d'études, ici encore les femmes travaillent davantage avec l'être humain, ce qui les place dans le secteur des services, et les hommes avec les choses, ce qui les situe dans les secteurs primaire (80 %) et secondaire (transformation, 66 %) et dans celui de la gestion (cadres supérieurs, directeurs, 67 %). Malgré une évolution importante du rôle des hommes et des femmes depuis des décennies, il ne semble pas facile de changer les modèles qui ont prévalu pendant des siècles pour arriver à « désexiser » le monde du travail (*voir le tableau 9.1*).

En fait, la structure sexuée du marché du travail a donné lieu historiquement à une rémunération inéquitable. Au départ, quand les femmes ont intégré le marché du travail, il était mal vu pour elles d'effectuer un travail rémunéré ; on les accusait alors, notamment, de prendre la place d'un homme. Lorsqu'on les autorisait à travailler, leurs emplois ressemblaient aux tâches qu'elles effectuaient à la maison : l'éducation des enfants, les tâches ménagères, etc. En outre, on qualifiait de revenu d'appoint le salaire gagné dans des conditions fort difficiles parfois, comme dans l'industrie du textile. Ce système, mis en place essentiellement au cours du XXe siècle au Québec, a donné lieu aux iniquités salariales et, pour une bonne part, aux catégories sexuées d'emplois, puisque l'on jugeait les femmes ou les hommes plus aptes à exécuter telle ou telle tâche.

Tableau 9.1

Main-d'œuvre active de 15 ans et plus, selon le sexe et la profession, ensemble du Québec, 2001

Profession	Hommes	Femmes
Gestion	54 %	46 %
Affaires, finance et administration	28 %	72 %
Sciences naturelles et appliquées et professions apparentées	78 %	22 %
Secteur de la santé	22 %	78 %
Sciences sociales, enseignement, administration publique, religion	33 %	67 %
Arts, culture, sports et loisirs	47 %	53 %
Ventes et services	46 %	54 %
Métiers, transport et machinerie	93 %	7 %
Professions propres au secteur primaire	79 %	21 %
Transformation, fabrication et services d'utilité publique	66 %	34 %

Source : Statistique Canada. Recensement 2001. *Compilations spéciales préparées pour le Conseil du statut de la femme*, Institut de la statistique du Québec, juin 2003.

L'**iniquité salariale** consiste dans l'inégalité de la rémunération entre les hommes et les femmes pour un travail équivalent. Ce qui s'est passé historiquement, c'est qu'indépendamment du degré de difficulté, voire dans certains cas du niveau d'études requis, les emplois féminins ont été moins bien rémunérés. Les emplois syndiqués ont eu tendance à entraîner plus rapidement une rémunération égale pour le même type d'emploi. Mais il restait quantité de problèmes d'équité à résoudre, tel celui qui était posé par le gardien de zoo bénéficiant d'un salaire nettement plus élevé que celui d'une éducatrice en garderie !

En 1996, l'Assemblée nationale du Québec a adopté une loi pour obliger les entreprises de 10 employés et plus à corriger les iniquités salariales fondées sur le sexe (Conseil du statut de la femme, 2000). À compter du 21 novembre 2001, tous les chefs d'une entreprise publique, parapublique ou privée ont entrepris de comparer les catégories d'emplois à prédominance féminine et masculine et de déterminer quels rajustements salariaux s'avéraient nécessaires. Ils ont ensuite eu quatre ans, soit jusqu'au 21 novembre 2005, pour établir l'équité salariale (Beaulieu, 2000). Le gouvernement du Québec a finalement corrigé le problème d'iniquité pour ses propres employés en juin 2006, ce qui a engendré une hausse de salaire pour les femmes qui occupaient un poste faisant partie de diverses catégories d'emplois. Cependant, si le Québec a imposé une structure de rémunération équitable pour les deux sexes, plusieurs catégories d'entreprises en sont exclues, notamment celles dont tous les employés travaillent au salaire minimum et celles qui comptent moins de 10 employés. La Loi sur l'équité salariale contribue à enrayer la discrimination structurelle qui caractérisait le marché du travail, mais elle ne réglera pas à elle seule l'écart de rémunération entre les hommes et les femmes dans la société québécoise (Tremblay, 2005). On est passé d'un écart de revenu net moyen de 41 % en 1971 à 29 % en 2002, ce qui marque un progrès, mais pas encore l'égalité ! D'ailleurs, le revenu annuel moyen brut des Canadiens en 2001 se situait à 21 316 $ pour les femmes, contre 33 183 $ pour les hommes (Moisan, 2005). Le fait que les femmes constituent 66 % des travailleurs au salaire minimum explique probablement, en grande partie, l'écart de rémunération qui subsiste (Institut de la statistique du Québec, 2006). Cet exercice de réflexion sur la valeur d'un travail, allié à différentes mesures visant à faciliter l'accès au marché du travail pour les mères (garderies, congés parentaux, etc.), contribuera à favoriser les hommes et les femmes.

Afin de concilier les exigences d'un travail rémunéré avec celles de l'éducation des enfants et de l'entretien du foyer familial, de nombreuses femmes ont librement choisi le travail à temps partiel. Présentement, la plupart des emplois à temps partiel sont occupés par des femmes (Roy, 2006). Des recherches menées aux États-Unis tendent à montrer que les femmes sur le marché du travail éprouvent plus d'estime envers elles-mêmes que les femmes au foyer, même lorsqu'elles occupent des emplois mal rémunérés et peu valorisants. En plus de permettre l'autonomie financière des femmes en cas de divorce ou d'autres circonstances, l'apport d'un revenu additionnel généré par le travail de ces dernières est devenu indispensable au maintien d'un niveau de vie intéressant pour le couple et ses enfants.

Les exigences du marché du travail peuvent engendrer un certain déchirement pour de nombreux parents qui n'auront peut-être pas l'impression de consacrer suffisamment de temps à leur enfant — ou au contraire, d'être ralentis par leurs obligations familiales dans leur cheminement professionnel.

Cependant, la structure de l'emploi demeure, rappelons-le, différenciée selon le sexe. Cela signifie que l'on trouvera encore de nombreux emplois occupés majoritairement par des hommes ou des femmes, selon la vision construite culturellement de ce qui est plus proprement masculin ou féminin. On estime encore que de nombreuses catégories d'emplois font appel à certaines qualités jugées plus féminines ou masculines. Par exemple, la psychologie, le travail social, la médecine ou l'éducation commandent tous une certaine habileté à effectuer de la relation d'aide, habileté que l'on attribue surtout aux femmes, alors que la mécanique et les sciences appliquées semblent requérir des aptitudes pratiques que l'on croit davantage présentes chez les hommes.

Il reste donc des ajustements à faire pour atteindre un meilleur équilibre entre les deux sexes dans les différents emplois. N'aurait-on pas intérêt à trouver davantage d'hommes dans le domaine de l'éducation ou des soins infirmiers et davantage de femmes qui savent manipuler des outils? S'il y avait plus de femmes au sein de la communauté scientifique, cela amènerait peut-être une vision innovatrice de certains problèmes. En éducation, au niveau primaire, s'il y avait plus d'enseignants masculins, ceux-ci seraient susceptibles d'apporter une contribution intéressante au système. On a même déjà avancé l'idée que le décrochage plus élevé chez les garçons pourrait en partie être imputé à l'absence de modèles masculins dans les écoles primaires. Ainsi, le fait que les habiletés nécessaires à la réussite, telles que la discipline, la patience, l'assiduité et l'effort intellectuel, soient incarnées presque exclusivement par des femmes serait une des raisons expliquant la différence entre le taux de décrochage des filles et celui des garçons. Dans tous les secteurs d'emploi, il est probable qu'une meilleure représentation des deux sexes constituerait un apport appréciable. En somme, même si les écarts de rémunération entre les hommes et les femmes ont diminué et continueront de le faire grâce à l'application de la Loi sur l'équité salariale, il reste quelques différences significatives entre les hommes et les femmes sur le marché du travail. Les emplois moins bien rémunérés et souvent plus précaires qui reviennent surtout aux femmes ainsi que les « ghettos » d'emplois traditionnellement associés à l'un ou l'autre sexe constituent toujours des difficultés à surmonter.

La pauvreté : le lot des femmes seules

Actuellement, les femmes risquent davantage que les hommes de connaître la pauvreté. Cela s'explique notamment par la répartition du travail dans la société et par le fait que les femmes se retrouvent souvent seules pour subvenir aux besoins de leurs enfants. Cette situation provoque une surreprésentation des femmes et des familles monoparentales parmi les pauvres. Environ 56 % des adultes vivant dans la pauvreté sont des femmes (Malavoy, 2000). Cependant, pour l'ensemble de la population féminine, on ne peut parler de féminisation de la pauvreté, dans le sens où il y aurait de plus en plus de femmes qui sombreraient dans la pauvreté. Il semble plutôt que le phénomène de la pauvreté s'explique par l'accroissement du nombre de familles monoparentales au cours des 25 dernières années. Les naissances d'enfants en dehors du cadre familial ainsi que les séparations et les divorces ont augmenté significativement, et comme les femmes occupent de façon générale des emplois moins bien rémunérés, elles tombent plus facilement sous le seuil de la pauvreté. La société offre encore peu de soutien à la famille, ce qui explique pourquoi bon nombre de femmes (35 %) qui se chargent seules des enfants se retrouvent sous le seuil de la pauvreté (Statistique Canada, 1980-2003). Comme le montre le tableau 9.2, en 2002, le revenu familial médian des familles monoparentales, qui, dans 87 % des cas, étaient soutenues par des femmes, était de 32 192 $, contre 62 864 $ pour les familles biparentales, les personnes hors famille étant les personnes sans enfants.

Tableau 9.2		
Le revenu familial médian, 2002		
	Familles avec enfants	**Familles monoparentales**
Québec	62 864 $	32 192 $

Source : Institut de la statistique du Québec, *Le Québec chiffres en main,* édition 2005, p. 19.

Par ailleurs, beaucoup de femmes âgées souffrent de pauvreté. Parmi les personnes à faible revenu, 31 % des femmes seules de 65 ans et plus se situent sous le seuil de pauvreté, contre 15,5 % des hommes (Statistique Canada, 1980-2003). Cette situation est d'autant plus difficile que les personnes appartenant à cette catégorie d'âge sont davantage malades et isolées, et sont en outre moins bien placées pour faire valoir leurs droits.

La situation économique des femmes âgées devrait cependant s'améliorer à long terme, puisque de plus en plus de femmes occupent des emplois. Contrairement aux femmes âgées de l'époque actuelle, qui ne disposent pas d'un régime de retraite parce qu'elles n'ont pas eu d'emploi rémunéré, les travailleuses d'aujourd'hui ne devraient pas se trouver dans une position aussi fâcheuse lors de leur retraite.

Il est important de replacer les rôles sexuels dans une perspective historique pour comprendre pourquoi les femmes risquent plus que les hommes de connaître la pauvreté. Dans la plupart des sociétés orientales et occidentales, les activités des femmes étaient restreintes aux rôles d'épouse et de mère. Les relations sexuelles étaient prohibées en dehors du mariage. Les femmes se voyaient aussi interdire l'accès au travail rémunéré. Pour survivre, elles devaient être prises en charge, d'abord par le père, puis par l'époux. Au Québec par exemple, jusqu'aux années 1960, les rôles habituellement présentés aux femmes étaient ceux d'épouse, de fille qui s'occupait de ses parents âgés (si elle n'avait pas trouvé de mari) ou de religieuse. Il était difficile pour une femme de s'aventurer dans d'autres types d'emplois, car les pressions sociales devenaient fortes. Celle-ci ne devait pas enlever le gagne-pain à un homme en lui « volant » son emploi. Les emplois rémunérés à la portée des Québécoises, généralement avant le mariage, étaient rares et peu diversifiés. C'étaient principalement des emplois comme domestiques dans des familles, comme enseignantes ou encore comme infirmières. Les usines de textile ont aussi utilisé le réservoir de main-d'œuvre productive et docile que constituaient les femmes. Tous ces emplois rapportaient de très bas salaires parce que l'on estimait que les femmes ne devaient travailler qu'avant le mariage et que leur salaire était un appoint, qu'il n'était pas un apport essentiel au niveau de vie de la famille. Il a fallu plusieurs années d'efforts et de présence des femmes sur le marché du travail pour changer ces perceptions.

—— Le pouvoir

S'il est un espace social où les femmes ont encore un long chemin à parcourir pour occuper la place qui correspond à leur nombre, c'est celui du pouvoir. Les femmes semblent fuir les lieux où s'exerce le pouvoir, que ce soit le pouvoir politique, le pouvoir économique ou le pouvoir de décision dans les diverses institutions et organisations qui composent la société. Le pouvoir (*voir le chapitre 8*) est un aspect de la vie sociale qui en éblouit certains et qui en terrifie d'autres. Qu'on le méprise ou qu'on le valorise, il demeure indispensable et la mise en place de nos sociétés démocratiques nous a permis, historiquement, d'apprendre à le maîtriser et à le partager. Or, de nos jours, en Occident, force est de constater que, d'une manière générale, les femmes semblent vouloir éviter d'occuper des fonctions où elles se trouvent en situation de pouvoir sur les événements ou les personnes. Ici, comme dans le cas des carrières choisies majoritairement par les femmes, on peut penser que les habitus des femmes les rendent mal à l'aise dans les postes de pouvoir. Les attitudes et les comportements associés aux rôles qu'elles apprennent à jouer sont parfois difficilement conciliables avec les attitudes et les comportements associés aux postes de commande. Par exemple, dans la famille, elles apprennent à maintenir la paix, à réconcilier les différents membres et à voir à l'harmonie du groupe. Le pouvoir exige parfois de prendre des décisions qui ne conviendront pas à tous et qui sont donc susceptibles de mettre en conflit avec les autres la personne qui prend ces décisions. Mais, avant tout, pour obtenir le pouvoir, il faut parfois jouer des coudes. En outre, pour atteindre les places où s'exerce le pouvoir, la carrière des individus doit nettement l'emporter sur les autres dimensions de la vie sociale, comme la famille. Beaucoup de femmes, encore aujourd'hui, arrivent mal à concilier le travail rémunéré et la famille, et surtout à faire passer l'un devant l'autre. De plus, les carrières qui mènent à des fonctions de direction commandent des efforts et du temps qu'aurait du mal à fournir une femme qui doit s'occuper d'enfants en bas âge.

Que le problème vienne de la socialisation des femmes ou d'obstacles plus concrets comme le travail ménager et le soin des enfants, dont elles sont encore les principales responsables, il n'en demeure pas moins que, sur le plan de la vie démocratique, les femmes ont une participation limitée dans les lieux de décision de notre société. En ce qui concerne les structures politiques et économiques, les femmes sont encore peu présentes dans les parlements et à la haute direction des grandes entreprises. À l'Assemblée nationale du Québec en 2006, les femmes représentent environ 32 % des sièges de députés et occupent 38 % des postes de ministres. À l'échelle des mairies du Québec, on trouve 11 % de mairesses et 24 % de conseillères municipales (*Québec municipal*, http://www.quebecmunicipal.qc.ca/Cyberbulletin/Interview.asp?11186). Dans la grande entreprise, les femmes constituent un faible pourcentage des dirigeants, soit 12 % (*La Presse*, 6 mai 2006).

> **Les femmes ont une participation limitée dans les lieux de décision de notre société.**

Le Canada occupe le quarante-quatrième rang des pays en ce qui a trait à la proportion de femmes au parlement. C'est le Rwanda qui occupe le premier rang. Ce pays a fait un effort délibéré, au lendemain du génocide, pour augmenter la proportion de femmes à la direction du pays. Viennent ensuite la Suède, avec 45,3 % de femmes au parlement, et les autres pays nordiques, soit le Danemark, la Norvège et la Finlande avec environ 37 % (*Les femmes dans les parlements nationaux*, http://www.ipu.org/wmn-f/classif.htm).

Sur le plan de la magistrature, de l'administration publique québécoise et des secteurs de la santé et de l'enseignement, on observe des écarts fort significatifs entre les hommes et les femmes. Parmi les juges, les juges féminins se trouvent plus souvent à la Chambre de la jeunesse. Cependant, en 1999, on a nommé Beverly McLachlin première femme juge en chef de la Cour suprême, poste qu'elle occupe depuis lors (Conseil du statut de la femme, 2000). En 2005, dans l'administration publique du

Dossier 9.2 La contribution du mouvement féministe

Le mouvement des femmes a contribué par ses actions à modifier significativement les rapports de force entre les hommes et les femmes. C'est au XVIII siècle que s'est amorcée la lutte pour la reconnaissance des droits des femmes. Les premières revendications féministes se sont articulées autour du droit de vote et de l'accès à l'éducation. Dans plusieurs pays occidentaux, le mouvement des suffragettes, constitué de groupes de femmes qui revendiquaient le droit de vote, eut finalement gain de cause au cours de la première moitié du XXe siècle (Badinter, 1986).

Au Canada, les femmes ont pu voter dès 1918 (Lavigne et Pinard, 1977). Au Québec, elles ont dû attendre jusqu'en 1940 (Collectif Clio, 1992) pour obtenir ce droit. C'est au cours des années 1960 que les Québécoises finirent par parvenir à l'égalité sur le plan juridique. Notamment, le 1er juillet 1964, un siècle après leurs consœurs canadiennes, les Québécoises mariées obtinrent l'égalité juridique avec leurs conjoints. Ce gain fut extrêmement important puisque, avant cette date, une femme mariée ne pouvait effectuer de transactions légales, ni même recevoir certains soins médicaux, sans le consentement de son époux. Par exemple, il lui était impossible de demander un emprunt ou de signer un contrat notarié (Collectif Clio, 1992). La disparition de l'incapacité juridique des femmes mariées aurait dû, théoriquement, entraîner des droits égaux entre les Québécois. Or, il nous faut constater que certaines inégalités persistent. Il reste encore à modifier quelques-unes de nos pratiques avant de faire en sorte que l'égalité entre les sexes se concrétise à tous les niveaux de la société. Aussi, les réflexions et les activités des féministes se poursuivent malgré les gains enregistrés.

Les écrits de femmes telles que Simone de Beauvoir, Élisabeth Badinter (France), Betty Friedan, Kate Millett (États-Unis), Germaine Greer (Australie) et bien d'autres encore, ont nourri les réflexions des femmes de tout l'Occident. De plus en plus de femmes et d'hommes ont pris conscience des pratiques sexistes qui prévalent sur tous les plans : dans la famille, à l'école, sur le marché du travail, en politique, dans la sexualité, dans les gestes quotidiens, etc.

Trois courants de pensée ont marqué l'évolution de la pensée féministe : le féminisme égalitaire, axé essentiellement sur la question de l'égalité économique ; le féminisme radical ou de la solidarité, qui a mis au jour la dynamique des rapports sociaux de sexes en montrant le rôle de la famille et du patriarcat, notamment ; et plus récemment, à partir des années 1980, le courant du féminisme de la « fémelléité », qui privilégie le féminin-maternel comme voie de libération et de contre-pouvoir. Cette approche valorise les expériences diversifiées des femmes et remet en question certains aspects du discours égalitariste en faisant ressortir son assujettissement aux valeurs marchandes. Dans ce courant, certains vont jusqu'à proposer de remplacer les valeurs masculines par des valeurs féminines. Ces trois courants, qui sont encore d'actualité, ont donné naissance à tout un éventail d'analyses nuancées cherchant à expliquer les rapports sociaux de sexes (Descarries, 1998).

Au Québec, comme à d'autres endroits, le mouvement féministe des années 1970 et 1980 s'est attaqué aux problèmes des femmes qu'il jugeait les plus graves. La violence faite aux femmes a donné lieu à de nombreuses actions. Le drame des agressions sexuelles a été porté sur la place publique, et les mythes qui entouraient ces actes de violence ont été dénoncés. Plusieurs centres d'aide aux victimes de viol ont vu le jour. De même, pour tenter d'aider les femmes victimes de violence de la part de leurs conjoints, on a mis sur pied des maisons d'hébergement dans la plupart des régions du Canada et du Québec.

Les féministes ont également revendiqué un plus grand contrôle sur leur corps et sur leur maternité. Quelques centres de santé pour femmes sont apparus à la suite de cette réflexion. La lutte pour le droit à une maternité librement consentie se poursuit sporadiquement. Le cas de Chantal Daigle, qui s'est fait avorter sans l'assentiment de la Cour, a constitué un précédent juridique marquant.

> On assimile parfois les féministes à des espèces de sorcières ou à des femmes frustrées et agressives. Pourtant, elles ont simplement revendiqué des droits fondamentaux qui se trouvent désormais inscrits dans la Charte des droits et libertés de la personne.

Par ailleurs, l'équité salariale est en voie de s'établir grâce à des mesures législatives instaurées par les différents ordres de gouvernement. Les garderies se multiplient et, en 1997, une nouvelle politique familiale du gouvernement du Québec a fixé à 5 $, puis, plus tard, à 7 $ par jour les frais de garde pour les enfants. D'autre part, on a prolongé la durée du congé de maternité et du congé parental, les prestations d'assurance-emploi étant maintenant versées pendant un an. De même, on réalise des interventions visant à encourager les filles à effectuer des choix de carrière en dehors des domaines traditionnellement réservés aux femmes. On les incite à s'orienter vers des métiers où évoluent majoritairement des hommes : ceux de la construction, de la mécanique, des techniques physiques, des sciences appliquées, etc. Elles réussissent si bien à l'école, en général, qu'on commence à s'inquiéter pour les garçons…

En 1995, les femmes du Québec ont effectué une longue marche pour réclamer des mesures visant à contrer la pauvreté des femmes et de leurs enfants : la marche Du pain et des roses. Le 17 octobre 2000, 150 pays ont aussi marché d'un même pas pour dénoncer la pauvreté et la violence, qui, selon les organisatrices, constituaient toujours les plus grands obstacles à l'égalité des femmes partout dans le monde. Ensemble, par-delà les frontières, les femmes ont exigé des retombées concrètes et exprimé leurs attentes pour le nouveau millénaire.

De nombreux changements ont été rendus possibles grâce aux interventions des féministes. Si l'étiquette de « féministes » est péjorative pour beaucoup d'individus, c'est parce que celles-ci ont ébranlé sérieusement des croyances et des pratiques millénaires. En plus de provoquer une réorganisation de la vie familiale, elles ont dû rompre avec l'image de la femme soumise et sans parole. On assimile parfois les féministes à des espèces de sorcières ou à des femmes frustrées et agressives. Pourtant, elles ont simplement revendiqué des droits fondamentaux qui se trouvent désormais inscrits dans la Charte des droits et libertés de la personne. Droits que les hommes et les femmes de plusieurs pays doivent encore conquérir.

Québec, on dénombrait seulement 28 % de cadres supérieurs chez les femmes, alors que celles-ci formaient plus de la moitié (52,5 %) des effectifs permanents de la fonction publique (Fortin, 2005). Cependant, le gouvernement du Québec a mis en place une politique qui vise à ce que les principales sociétés d'État (Hydro-Québec, Société des alcools, etc.) comptent au moins 50 % de femmes dans leur conseil d'administration d'ici 2011 (*La Presse*, 6 mai 2006). Dans les grandes centrales syndicales, en ce qui a trait aux postes de direction, on semble faire un effort pour assurer une représentativité des femmes qui respecte la proportion d'hommes et de femmes qui composent les membres.

On entend souvent dire que les femmes du Québec et de la majorité des pays occidentaux n'ont plus de problèmes, que l'égalité entre les sexes est une chose accomplie, qu'il n'appartient qu'aux femmes de prendre leur place dans la société. Il y a effectivement eu des gains significatifs. Il reste néanmoins des améliorations à apporter dans plusieurs secteurs. Mais les choses continuent d'avancer. Par exemple, les femmes sont devenues majoritaires dans les facultés de médecine. Elles s'instruisent davantage, même si elles ont encore tendance à choisir des carrières traditionnellement féminines et moins payantes. Cependant, comme on peut le constater, les femmes demeurent peu présentes dans les grandes structures de décision québécoises. On peut se demander pourquoi elles fuient systématiquement les lieux du pouvoir politique et les conseils d'administration des grandes entreprises du secteur privé. Est-ce la double tâche, le manque d'intérêt ou la peur des inévitables conflits liés à l'exercice du pouvoir, ou encore est-ce le fait que le pouvoir répond davantage aux règles de la culture masculine ? Les causes de cette désaffection des lieux de pouvoir restent à cerner. Pourtant, il serait important que les femmes fassent valoir leur point de vue dans l'orientation et dans les décisions concernant le fonctionnement et l'avenir de la société.

SOCIOLOGIE EN ACTION

Dominique Masson
Professeure agrégée, Université d'Ottawa

Pour la sociologue Dominique Masson, il ne fait aucun doute qu'il existe des inégalités sociales fondées sur le sexe. Au cours de ses recherches sur les rapports entre le mouvement des femmes et l'État, elle l'a constaté de nombreuses fois. Titulaire d'un doctorat en sociologie de Carleton University, elle a consacré sa thèse à étudier cette question. Elle est maintenant professeure agrégée à l'Institut d'études des femmes affilié au Département de sociologie et d'anthropologie de l'Université d'Ottawa. Elle y poursuit de pertinentes études sur le rôle des femmes et des féministes dans les stratégies politiques liées au développement régional au Québec et au Canada.

Ainsi, l'une de ses recherches (Masson, 2001) montre que les années 1990 représentent une nouvelle ère concernant l'engagement des groupes de femmes en politique. Ce qui provoque ce phénomène, c'est le processus général de la mondialisation qui touche les sociétés, auquel les États répondent en transformant leurs structures de pouvoir et de gouvernance. Au Québec par exemple, les régions se sont vu donner plus de responsabilité dans la définition de stratégies de développement régional ainsi que dans la gestion des services qu'elles donnent à la population. De nombreux services sont destinés aux femmes et aux familles (éducation, garderies, etc.), mais d'autres restent à obtenir. La difficulté pour les représentantes des femmes en région, c'est de faire reconnaître et mettre en œuvre les priorités qu'elles définissent dans l'intérêt des femmes. C'est ce qu'observe Dominique Masson quand elle analyse comment les organisations du mouvement des femmes et les tables de concertation qu'elles ont mises sur pied réagissent et s'adaptent à ce nouveau contexte.

Sur quoi s'appuient ces organisations pour obtenir gain de cause ? La chercheuse poursuit son questionnement dans un autre article (Masson, 2004) en s'intéressant plus précisément aux discours féministes avancés dans l'élaboration de Plans stratégiques de développement régional entre 1998 et 2000 au Québec. La participation des femmes au marché du travail et l'autonomie financière des femmes, des arguments hérités du discours féministe traditionnel, sont toujours à la base des revendications pour améliorer la condition féminine. En effet, parvenir à plus d'égalité entre hommes et femmes passe par la remise en question du système patriarcal traditionnel, qui valorise plutôt le rôle de la femme au foyer et de l'homme pourvoyeur pour sa famille. Quatre grands thèmes de revendication sont alors défendus auprès des Comités régionaux de développement par les représentantes des femmes : l'emploi, l'entrepreneuriat féminin, la représentation politique et la qualité de vie des femmes en région (garderies, transport public, sécurité, etc.). Tout cela influe sur la situation matérielle des femmes et joue un rôle dans la transformation des rapports sociaux des sexes.

Cependant, les gouvernements qui subventionnent les programmes pouvant améliorer la condition féminine et les rapports sociaux des sexes ont tendance à réduire leurs budgets. Comme Dominique Masson le souligne dans un livre sous sa direction (Masson, 2005), l'intervention de l'État doit être étudiée de façon plus approfondie, car elle a des conséquences directes sur la recherche d'autonomie et les idéaux d'égalité entre hommes et femmes.

Plusieurs domaines d'intervention politique à l'échelle du Canada sont explorés dans cet ouvrage multidisciplinaire réunissant sociologues, politologues et économistes féministes: la fiscalité, l'emploi, les services de garde, l'aide sociale, la santé, la violence faite aux femmes et l'économie sociale.

La sociologue conclut que les changements sociaux (le travail des femmes, la monoparentalité, la précarité du travail, etc.) doivent être accompagnés par des politiques justes menant à une meilleure prise en charge des demandes des femmes, des familles et des communautés.

Réseau thématique   Sexe et organisation de la société: des inégalités structurelles

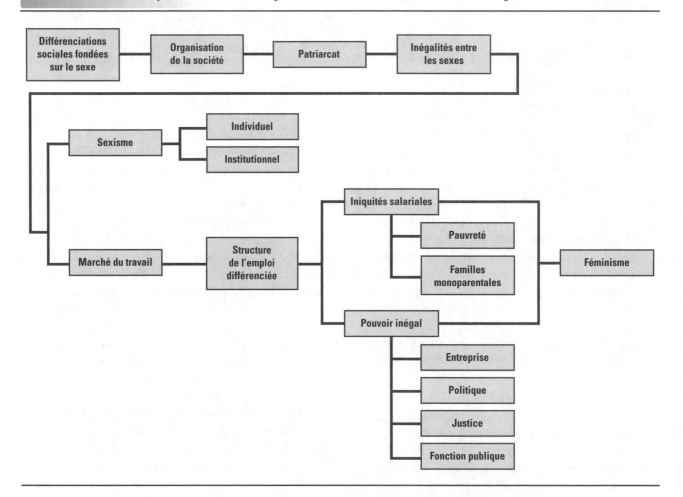

9.4 Les rapports sociaux de sexes: quelques problèmes persistants

Outre les inégalités sur les plans du pouvoir et de l'argent, il subsiste, entre les hommes et les femmes, un certain nombre de problèmes qui réduisent la qualité de leurs rapports. La violence, les stéréotypes observés dans les médias et dans la publicité, la pornographie, le faible soutien social à la maternité et à la famille, les difficultés liées à la redéfinition du rôle du père à l'intérieur de la famille et du rôle masculin dans son ensemble continuent de nuire aux rapports entre les hommes et les femmes.

La violence : la vie quotidienne comme facteur de risque

Le nombre d'agressions que subissent les Canadiennes pose la question de la sécurité des femmes. Les statistiques concernant les viols, les femmes battues et l'inceste demeurent troublantes. Même si récemment certaines données statistiques concernant la violence familiale ont été contestées, il n'en demeure pas moins que les agressions graves compilées dans les données sur la criminalité révèlent que ce sont les femmes qui sont largement les victimes de ces agressions violentes (85 % de femmes contre 15 % d'hommes) (Lacourse, 2005).

Certains types de violence sont décrits comme étant sexospécifiques, c'est-à-dire qu'ils touchent d'une manière plus marquée un sexe en particulier. La violence sexuelle correspond certes à cette définition. Au Québec, ce sont très majoritairement les femmes qui sont victimes d'agression sexuelle (85 % des victimes) et aussi plus souvent les jeunes femmes (62 %). Cependant, chez les enfants de moins de 12 ans, on compte 31 % de garçons parmi les victimes d'agression sexuelle (ministère de la Santé et des Services sociaux, http://www.msss.gouv.qc.ca/sujets/prob_sociaux/agression-sexuelle.html). En ce qui concerne la violence conjugale, en 2002, ce sont 6 % des femmes de 18 ans et plus qui ont été victimes de leur partenaire. Il est à noter que les enfants sont généralement présents (dans 75 % des cas) lors de l'agression contre leur mère (ministère de la Santé et des Services sociaux, http://www.msss.gouv.qc.ca/sujets/prob_sociaux/violenceconjugale.html). Par ailleurs, une femme sur cinq et un homme sur dix auraient été victimes d'agression sexuelle au cours de leur enfance. Selon l'Association internationale des victimes de l'inceste, les conséquences de ces agressions vont de troubles psychologiques importants menant à la prostitution jusqu'à des formes d'autodestruction (anorexie, toxicomanie, etc.). En ce qui concerne les autres formes de violence familiale jugées graves, les pères sont responsables de 73 % des agressions contre les enfants et les mères. Ils sont également responsables de 64 % des infanticides, contre 24 % pour les mères (Malavoy, 2000). Les drames familiaux constituent une proportion significative des crimes violents commis chaque année. En plus des formes d'agression mentionnées ci-dessus, une quantité non négligeable de meurtres se produisent au sein de couples. Le plus souvent, ce sont les femmes qui sont tuées par leur conjoint ou leur ex-conjoint.

La violence au féminin existe aussi et n'est pas seulement psychologique comme le veut la croyance populaire. Cependant, elle dégénère moins fréquemment en actes désespérés menant à des agressions graves ou aux meurtres. Le nombre de crimes violents commis par des femmes a augmenté significativement au cours des trente dernières années. La criminologue Marie-Andrée Bertrand (2003) a démontré récemment que les crimes violents commis par des femmes depuis 30 ans ont nettement augmenté. Cette augmentation s'explique probablement en partie par les effets de l'uniformisation de l'éducation des filles et des garçons au cours de cette période. Cette tendance statistique, bien que plutôt négative en soi, vient accréditer la thèse selon laquelle la violence serait un comportement acquis plutôt qu'inné.

Si la violence menace tant les hommes que les femmes, elle est néanmoins particulièrement inquiétante pour les femmes. La menace du viol et d'autres agressions à caractère sexuel diminue significativement la qualité de la vie et le niveau de sécurité personnelle des femmes. Beaucoup de femmes se priveront de sortir seules, de voyager, d'utiliser des stationnements souterrains ou même de se promener dans leur quartier, seules, le soir, parce qu'elles ont peur. On n'a qu'à penser aux agressions et aux meurtres de Julie Boivenue et d'Isabelle Bolbuc, deux cas survenus à Sherbrooke, pour rappeler aux femmes que sortir seules le soir constitue un risque plus important que pour un homme. La violence, et surtout la violence sexuelle, menace directement la santé mentale et physique des femmes victimes de tels drames.

── Stéréotypes sexuels et médias : du rêve à la décadence

Les médias contribuent significativement au maintien des stéréotypes sexuels. Pour la plupart des femmes, les idéaux de beauté féminins véhiculés par les médias se révèlent inaccessibles : ces femmes sont très grandes, habituellement blanches, très souvent blondes et, surtout, très minces. Cette surestimation de la minceur a pour effet de pousser plusieurs femmes vers les régimes amaigrissants et serait une des causes de désordres alimentaires graves. Elle occasionne une insatisfaction très répandue chez les femmes à l'égard de leur corps ainsi que l'augmentation notable des cas d'**anorexie** — qui consiste en un désordre émotif caractérisé par une peur intense de l'obésité et qui entraîne une perte de poids volontaire excessive — et de **boulimie** — qui consiste en une ingestion excessive de nourriture suivie d'une forme de purgation à l'aide de laxatifs ou de vomissements volontaires. Le corps féminin présente des hanches rondes et larges ; cela fait partie de sa structure anatomique. L'analyse de la forme du corps idéal promu par les médias permet de constater que la norme actuelle consiste en des hanches plutôt masculines ou appartenant à de très jeunes femmes (Bourque, 1991). Cette norme esthétique paraît être une des causes de l'insatisfaction des femmes à l'égard de leur apparence physique. De plus, les modèles esthétiques proposés minent l'estime de soi des femmes, qui, souvent, attachent une très grande importance à la minceur, voire à la maigreur, plutôt que de valoriser un poids santé, par exemple.

Plusieurs spécialistes dénoncent d'ailleurs l'hypersexualisation des très jeunes filles. La mode, les magazines, la publicité, le cinéma et la télévision présentent systématiquement des modèles de femmes et de filles jeunes au corps parfait et, surtout, très sexy. Ces modèles visent désormais les filles de moins de douze ans et constitueraient même un danger pour ces dernières. Comme elles n'ont pas encore le discernement qui accompagne la maturité, ces petites filles peuvent devenir l'objet de prédateurs sexuels, voire adopter des comportements pour lesquels elles ne sont pas prêtes, ni physiquement ni psychologiquement. La sexologue Jocelyne Robert (2005) dénonce d'ailleurs les effets néfastes de l'hypersexualisation des jeunes filles, de même qu'une sexualité trop précoce.

En plus de présenter des femmes éternellement jeunes, les médias utilisent fréquemment des femmes aux formes adolescentes, voire des petites filles, pour vendre des produits de toutes sortes. On les situe dans un contexte sensuel ou érotique, pour les rendre, ainsi que le produit annoncé, d'autant plus désirables. Tout en constituant un danger réel pour les enfants, ces images sans cesse répétées, qui associent l'enfance à la sexualité, deviennent frustrantes, sinon insultantes, pour les femmes (Kilbourne, 1982). D'ailleurs, on peut faire un parallèle entre maints clichés véhiculés par la publicité et ceux que l'on trouve dans les productions pornographiques. Par exemple, les normes esthétiques, les positions du corps, certaines attitudes et le type de rapports entre les hommes et les femmes se ressemblent. Cependant, les stéréotypes de la pornographie ont tendance à être plus grossiers et plus dégradants.

Cette forme d'expression médiatique, et plus particulièrement celle qui exploite la violence, la domination ou l'humiliation, témoigne du sexisme que subissent encore fortement les femmes. Elle a été comparée à la publicité haineuse à l'égard des Noirs ou des Juifs, laquelle est d'ailleurs interdite. La pornographie est également « une forme indirecte de violence faite aux femmes : sur le plan culturel et symbolique, elle renforce des conceptions très sexistes des rapports hommes-femmes. Que la pornographie soit dure ou douce, explicitement violente ou non, sa base idéologique demeure la même : la domination, notamment sur le plan de la sexualité, des hommes sur les femmes » (Bilodeau, 1994). Les productions pornographiques entachées de violence présentent une vision de la sexualité peu représentative des situations émotives réelles

---

ANOREXIE

Désordre émotif caractérisé par une peur intense de l'obésité, qui provoque une perte de poids importante.

BOULIMIE

Ingestion excessive de nourriture suivie d'une purgation à l'aide de laxatifs ou de vomissements.

qui marquent les rapports sexuels humains. Comment peut-on aimer des êtres humains que l'on présente ligotés, tuméfiés, stupides et masochistes ? Est-ce normal de dominer et de maltraiter les êtres avec qui l'on a des rapports sexuels ?

Les images pornographiques et les stéréotypes sexuels véhiculés par l'ensemble des médias, y compris Internet, perpétuent les modèles qui portent atteinte à la dignité des femmes et qui sont susceptibles d'encourager la violence à leur endroit. Ces messages de violence sexuelle, facilement accessibles à tous, contribuent sans doute à maintenir une vision de la sexualité empreinte de domination. Cette approche, en plus de constituer un certain danger pour les femmes et les enfants, rend difficile l'établissement de pratiques sexuelles égalitaires.

Que dire également d'une certaine industrie du sexe au Québec, largement sous l'influence du crime organisé, qui met sur pied des agences d'« escortes » et étend le réseau des bars de « danse à 10 $ ». Si la prostitution est le plus vieux métier du monde, elle demeure au cœur des différences entre les hommes et les femmes. Le rapport à la sexualité s'exprime différemment selon le sexe. L'exploitation marchande de la sexualité des femmes, de même que celle des enfants, révèle un côté sombre des inégalités entre les sexes. Une sexualité caractérisée par diverses formes de domination est encore trop souvent de mise dans cette industrie. Ce n'est pas un hasard si, d'une part, les hommes sont les grands consommateurs de cette industrie et si, d'autre part, des individus vulnérables gagnent souvent leur vie dans cette industrie. Qu'il s'agisse de toxicomanes ou de personnes provenant de milieux défavorisés, pour qui la rémunération peut de prime abord paraître fort alléchante, ils en sortent presque toujours meurtris, lorsque ce n'est pas carrément leur santé ou leur vie qu'ils y risquent. Une réflexion sur l'exploitation d'individus vulnérables — femmes, enfants, jeunes de la rue, toxicomanes et autres — sur le marché du sexe demeure sans contredit d'actualité.

— Le soutien de la maternité

Sur le plan de la sexualité et de la contraception, les femmes portent encore le poids de l'acte sexuel. La contraception demeure principalement la responsabilité des femmes. Pourtant, plusieurs jeunes filles connaissent mal les méthodes de contraception, et ce sont souvent elles que l'on blâme lorsque survient une grossesse non planifiée. Encore aujourd'hui, des clichés tels que « c'était à elle d'y penser avant de faire l'amour » font peser sur les femmes la responsabilité de la grossesse et de la contraception. Quant aux décisions subséquentes, ici encore les femmes portent souvent seules ce fardeau. En outre, les services d'interruption volontaire de grossesse ne sont pas uniformément accessibles dans les diverses régions du Canada. De fortes pressions sociales s'exercent sur les femmes qui songent à recourir à l'avortement ; on n'hésite pas à les culpabiliser et à les accuser. Dans l'ensemble, on se préoccupe peu des conditions économiques et sociales qui encourageraient les femmes à poursuivre leur grossesse ou même à choisir de faire des enfants. De même, on néglige fréquemment de parler des risques et des exigences physiques qui sont rattachés à la poursuite d'une grossesse, comme si la grossesse et l'accouchement ne comportaient aucun problème en rapport avec la santé physique et mentale de la mère.

Les grossesses non désirées constituent toujours un problème important pour les femmes. Cette dimension de la vie biologique et sociale a un effet significatif sur la qualité de la vie des femmes et sur celle de leurs enfants. Un enfant non désiré peut constituer un stress grave, tant pour la mère que pour l'enfant, avant et après la naissance de celui-ci. Pauvreté, angoisse, sentiment de culpabilité, manque d'amour et violence accompagnent trop souvent la maternité. D'autant plus qu'à notre époque

Au Québec, le développement du réseau des services de garde constitue un choix de société visant à faciliter la conciliation travail-famille. Des services de qualité à bas prix facilitent l'accès au marché du travail pour les parents d'enfants d'âge préscolaire.

les attentes entourant la venue d'enfants présupposent que les parents ont atteint un certain niveau de vie. Le très bas taux de natalité au Québec montre bien à quel point les femmes refusent désormais de faire des enfants dans des conditions difficiles. D'ailleurs, les coûts liés à la maternité et au soin des enfants sont plus élevés que jamais. La société de consommation a engendré de nombreux besoins, que les parents espèrent satisfaire. Choisir d'avoir ou de ne pas avoir un enfant n'est pas une décision facile, et cette décision peut avoir des effets sur la santé mentale de la femme. Les mères et les couples ont-ils encore à faire les frais économiquement, psychologiquement et socialement de choix de société qui laissent peu de place aux enfants et qui créent artificiellement un grand nombre de besoins à satisfaire ? Les coûts financiers et psychologiques liés à l'éducation d'un enfant sont presque entièrement assumés par les parents, ce qui signifie la mère dans bien des cas. Élever des enfants constitue pourtant une tâche indispensable à la survie de la collectivité, tout autant que les activités rattachées au travail.

Pour offrir un véritable choix aux familles, des nouvelles mesures permettant de concilier la vie familiale et le travail devront sans doute être instaurées. Pareilles mesures pourraient offrir un véritable choix aux familles et aux femmes enceintes, et permettre tant aux hommes qu'aux femmes de concilier vie familiale et travail à l'extérieur. Même si, au Québec, les familles ont désormais accès aux services des garderies à bas prix, il n'en demeure pas moins que des horaires de travail plus souples et d'autres mesures d'adaptation du cadre de travail seraient souhaitables. La situation est particulièrement difficile pour les travailleuses et les travailleurs autonomes ou pour ceux qui ont un emploi atypique : faire des enfants, dans ces conditions, constitue souvent une prouesse !

Dossier 9.3 Les femmes ailleurs dans le monde

Depuis des décennies, de nombreux organismes internationaux préviennent l'Occident, riche et industrialisé, des risques associés à l'aggravation des inégalités entre le nord et le sud de la planète. Pauvreté, surpopulation, guerre, famine, crise écologique, les avertissements ont été nombreux, et la situation semble toujours se détériorer. Au cœur de ces grands problèmes, l'on trouve les inégalités sociales, et particulièrement les inégalités entre les hommes et les femmes. En effet, qu'il s'agisse de surpopulation, de pauvreté, de famine ou de guerre, les femmes et leurs enfants s'avèrent trop souvent les premières victimes de ces fléaux. De plus, les cultures locales, habituellement de type patriarcal, font en sorte que ce sont majoritairement des femmes qui se retrouvent sous-alimentées, sous-scolarisées, soumises à des grossesses à répétition dans des conditions

malsaines et souvent violentées par leur époux. Le lot d'une bonne part des femmes de la planète peut se résumer comme suit : pauvres, impuissantes, enceintes (Population Crisis Committee, 1998).

Plus de 60 % des femmes et des filles de la planète vivent dans des conditions qui menacent leur santé, les empêchent de décider de leur fertilité, limitent leur accès à l'éducation, restreignent leur participation à la vie économique rémunérée et les privent des droits et libertés qui leur donneraient l'égalité avec les hommes. Sur les plans de la santé et de l'espérance de vie, dans certains pays d'Asie et d'Afrique, la discrimination envers les femmes est si forte que leur espérance de vie est moindre que celle des hommes, alors que dans les pays fortement industrialisés, l'espérance de vie des femmes est en moyenne de sept ans supérieure à celle des hommes. Les taux de mortalité plus élevés liés à la grossesse et à la négligence envers les enfants de sexe féminin y sont également significatifs. Le tableau 9.3 résume les différences fondamentales entre les conditions de vie dans un pays riche par comparaison avec un pays pauvre. Que dire également des mutilations sexuelles subies par les petites filles ? On parle de 100 millions de femmes qui ont subi ces mutilations, soit l'excision ou l'infibulation. Chaque jour, ce sont encore 6000 filles qui se voient mutilées de la sorte (Nations Unies, 2006). Par ailleurs, le phénomène fondamentaliste est inquiétant. En Afghanistan, en Algérie, en Iran et dans de nombreux autres pays, l'intégrisme religieux compromet la liberté de mouvement et d'expression des femmes en tant que catégorie sociale. Il s'agit là du phénomène politique le plus marquant de la fin du XXᵉ siècle (Hélie-Lucas, 1996).

Hors de l'Occident, les conditions de vie des femmes ressemblent dans bien des cas à une histoire d'horreur. De plus en plus d'analystes du Tiers-Monde s'entendent pour dire que l'autodétermination des femmes constitue une des clés de l'évolution de la situation globale de ces pays (Harlem Brundtland, 1987). D'une part, comme la régulation des naissances constitue une donnée fondamentale du problème, il faudra permettre aux femmes de mieux contrôler leur fertilité. La surpopulation combinée avec les inégalités sociales importantes constituent, selon maints spécialistes, la principale menace à l'équilibre planétaire au XXIᵉ siècle. Les statistiques nous apprennent que plus

---

Tableau 9.3

La condition féminine dans les pays se classant dans la catégorie la plus haute et dans la catégorie la plus basse

Dans un pays pauvre…	Dans un pays riche…
• L'espérance de vie des femmes à la naissance est de 49 ans.	• L'espérance de vie des femmes à la naissance est de 81 ans.
• 1 fille sur 5 meurt avant l'âge de 5 ans.	• 1 fille sur 167 meurt avant l'âge de 5 ans.
• Parmi les femmes âgées de 15 ans, 1 sur 6 ne survit pas à ses années fécondes. (Environ un tiers de ces décès sont liés à la grossesse et à l'accouchement.)	• Parmi les femmes âgées de 15 ans, 1 sur 53 ne survit pas à ses années fécondes. (Environ 1 % de ces décès sont liés à la grossesse et à l'accouchement.)
• Près de 70 % des femmes âgées de 15 à 19 ans ont déjà été mariées.	• Moins de 1 % des femmes âgées de 15 à 19 ans ont déjà été mariées.
• Les femmes ont en moyenne 5 ou 6 enfants.	• Les femmes ont en moyenne 1 ou 2 enfants.
• La plupart des femmes mariées n'ont pas accès à la contraception.	• La plupart des femmes mariées pratiquent la contraception.
• 1 fille scolarisable sur 3 est scolarisée.	• La quasi-totalité des filles scolarisables sont scolarisées.
• Les femmes vivent en moyenne 2 ans de moins que les hommes.	• Les femmes vivent en moyenne 7 ans de plus que les hommes.
• On compte environ 24 % de plus d'analphabètes chez les femmes que chez les hommes.	• Femmes et hommes ont le même taux d'alphabétisation.
• Seules 14 % des femmes font un travail rémunéré.	• Environ la moitié des emplois rémunérés vont aux femmes.

Adaptation d'un tableau produit par le Population Crisis Committee, *Briefing Paper*, 1988, p. 3.

les femmes sont alphabétisées, moins elles ont d'enfants. D'autre part, en Afrique par exemple, la formation agricole des femmes est négligée ; celles-ci n'ont pas accès aux services de soutien agricole. Pourtant, dans les pays en développement, les femmes représentent 67 % de la main-d'œuvre agricole. Elles produisent 50 % des denrées alimentaires dans le monde et jusqu'à 70 % en Afrique (« La 4e Conférence mondiale sur les femmes : impact sur la femme rurale », 1996). Les femmes ont beau former la moitié de la population mondiale, selon l'ONU elles ne gagnent que 10 % des revenus et possèdent moins de 1 % de la fortune mondiale (Malavoy, 2000). De plus, 70 % du 1,3 milliard de personnes vivant sous le seuil de la pauvreté absolu sont des femmes (Marche mondiale des femmes en l'an 2000, 1999) !

Parmi les problèmes les plus troublants qui touchent les femmes, l'on retrouve l'avortement sélectif des fœtus féminins, la prostitution mondiale et la traite des femmes, les mariages forcés et le sida. Ces problèmes engendrent des situations qui comportent un potentiel de violence grave et qui marquent la vie des femmes de nombreux pays. En Inde et en Chine, l'on assiste à l'apparition d'un important déficit démographique de femmes. En Inde, ce sont 23 millions d'hommes qui risquent de ne pas trouver d'épouses et en Chine, on estime à 40 millions le nombre de femmes manquantes. L'avortement sélectif et l'infanticide expliqueraient ce déficit de femmes. Comme les techniques de l'amniocentèse et de l'échographie sont plus répandues, les filles sont souvent condamnées à mort avant même de naître (*La Presse* du 30 mai 2006 et du 18 juin 2006). Les traditions patriarcales et la dot que doit verser une famille lors du mariage de sa fille seraient responsables de cette situation. Les familles de l'Inde et de la Chine désirent un fils à tout prix, ce qui engendre une épidémie de fœticides féminins. D'ailleurs, l'on désigne sous le terme de « **féminicide** ou de **gynécide** », le fait d'éliminer systématiquement des personnes parce qu'elles sont de sexe féminin (Ockrent, 2006).

La prostitution mondiale est également un grave fléau qui illustre non seulement les inégalités entre les sexes, mais également entre les pays pauvres et les pays riches. Le sociologue Richard Poulin compare les victimes de la traite des femmes et du système prostitutionnel mondial aux victimes de la traite des négriers (Poulin, 2004). De très jeunes femmes (et parfois de jeunes garçons) sont enlevées à leur famille et soumises à une forme atroce d'esclavage sexuel. Ces jeunes filles se retrouvent prisonnières de proxénètes et du crime organisé, et sont exploitées avec violence. Souvent victimes du sida, les jeunes prostituées finissent par mourir ou être abandonnées après que l'on ait tiré tout ce que l'on

pouvait d'elles. En ce qui concerne le sida, il est clair que les femmes prises dans le piège de la prostitution ou, encore, dans celui des traditions sont davantage victimes de cette terrible maladie. Quand ce n'est pas l'Église catholique qui interdit l'usage du condom dans de nombreux pays, ce sont les diktats des coutumes patriarcales qui surexposent les femmes à la maladie. Tous ces problèmes illustrent l'écart important qui subsiste entre les hommes et les femmes, particulièrement à l'extérieur du monde occidental.

Le Forum économique mondial a mesuré l'écart entre les sexes (*gender gap*) dans tous les pays du monde. L'outil de mesure utilise cinq domaines importants de la vie sociale pour évaluer l'inégalité entre les genres : 1) la participation économique : salaire égal pour un travail égal ; 2) l'accès au marché du travail : le fait de ne pas confiner les femmes à des catégories d'emploi sous-payés et non spécialisés ; 3) le pouvoir politique : la représentation des femmes dans les diverses instances décisionnelles du pays ; 4) le niveau de scolarité atteint : accès égal à l'éducation peu importe le sexe ; 5) la santé et le bien-être : l'accès à des soins pour les maternités. Ce type de mesure permet notamment de brosser le tableau du sexisme institutionnel qui prévaut dans maintes sociétés. Selon l'étude menée par l'organisme, ce sont la Suède, la Norvège, l'Islande, le Danemark et la Finlande qui forment le peloton de tête en matière d'égalité entre les sexes. Le Canada se situe au 7e rang et les États-Unis, au 17e rang. Selon l'OCDE, les pays qui présentent les obstacles les plus importants à l'avancement des femmes sont le Yémen, le Mali, la Sierra Leone, l'Afghanistan et le Soudan.

La scolarisation et l'***empowerment*** des femmes et des populations pauvres semblent le meilleur outil pour améliorer le sort des femmes, voire arriver à maîtriser ce que certains théoriciens ont appelé la bombe « P », c'est-à-dire la menace de surpopulation qui pèse actuellement sur la planète. Par ailleurs, comme les droits et libertés sont piétinés dans plusieurs sociétés, le chemin à parcourir paraît encore extrêmement long pour la majorité des êtres humains qui vivent sur la Terre, et peut-être encore davantage pour les femmes.

FÉMINICIDE (GYNÉCIDE)
Destruction, persécution ou extermination d'un groupe important de femmes ou de filles ayant pour cause le fait d'appartenir au sexe féminin.

EMPOWERMENT
Moyens mis à la disposition des personnes ou des groupes de personnes dominées ou impuissantes pour qu'elles sentent qu'elles détiennent la maîtrise de leur développement et de leur avenir.

La paternité et la « condition masculine »

Parmi les nouvelles conditions auxquelles nous nous adaptons depuis quelques décennies, on oublie souvent de parler de la situation que connaissent les hommes. Comme nous l'avons étudié précédemment, les modèles culturels masculins et féminins sont encore en voie de transformation. Dans cette section, nous nous arrêterons un peu plus longuement sur les problèmes liés aux rôles masculins, et plus particulièrement au rôle du père. Les hommes n'ont-ils qu'à laisser les femmes réorganiser la vie en famille et au travail, et à attendre que le tout se réajuste de lui-même ? Y aurait-il aussi des problèmes liés au rôle masculin traditionnel qu'il faudrait penser à transformer ? N'y a-t-il donc aucun problème lié au rôle social masculin ?

Dans la thèse présentée dans son livre *XY de l'identité masculine*, Élisabeth Badinter suggère que le modèle masculin traditionnel devait, pour s'élaborer, refouler la dimension plus « maternelle » qui existe à l'état latent chez tout être humain. Cette construction sociale traditionnelle de la masculinité amenait bon nombre d'hommes à mépriser tout ce qui était jugé féminin. En outre, les hommes devaient repousser fortement l'homosexualité. Cette orientation sexuelle présente, symboliquement à tout le moins, un modèle d'homme plus féminin et donc plus vulnérable. L'homosexualité était donc jugée menaçante et incompatible avec la nature virile de l'homme (Badinter, 1992). Dès lors, ce modèle masculin s'est fondé sur l'**homophobie,** c'est-à-dire la peur des homosexuels, et sur la **misogynie,** soit la haine ou le mépris envers les femmes. C'est cette conception de la masculinité qui conduit bon nombre d'hommes à nier tout comportement jugé féminin. Il ne faut donc pas s'étonner de les voir camoufler leurs émotions, refuser de demander de l'aide, résoudre trop souvent leurs conflits de façon « rude », bref se comporter en « hommes ». D'ailleurs, comme le montre le dossier 9.4 sur la surmortalité masculine, le modèle masculin, bien qu'il comporte de nombreux avantages, apporte aussi son lot de difficultés. Selon Élisabeth Badinter, il est grand temps que les hommes réconcilient les dimensions féminine et masculine de leur développement, et cela, pour leur propre bien-être.

On s'inquiète de plus en plus du décrochage scolaire, qui est nettement plus marqué chez les garçons que chez les filles, et des problèmes d'adaptation de toutes sortes, qui s'avèrent plus fréquents chez les garçons. Des études indiquent que les garçons présentent un risque plus grand de décrochage scolaire ; l'une des explications à ce sujet propose un lien entre le décrochage et les comportements stéréotypés (Bouchard et Saint-Amant, 1998). On sait également que les comportements masculins stéréotypés sont davantage présents dans les milieux défavorisés, où le travail intellectuel est absent ou peu valorisé. Lorsque l'on fait la somme des problèmes liés à la masculinité, de la surmortalité masculine au problème de décrochage en passant par la toxicomanie, la mort violente et autres problèmes semblables, tout indique qu'il faut absolument repenser le concept même de masculinité. Ce sont sûrement les hommes eux-mêmes qui devront en redéfinir les principaux paramètres. La balle est dans leur camp.

Si l'identité masculine a été secouée, le rôle du père s'est également transformé sous l'impulsion du féminisme et de la société de consommation. Cette transformation a fait perdre à ce rôle social fondamental la prépondérance qu'on lui accordait autrefois dans la société. Dans le passé, c'est un peu de l'autorité du roi, qui lui-même la détenait de Dieu, qui était déléguée aux pères. Pareillement, avec l'avènement de la démocratie, le citoyen de la République s'incarnait dans le père. Ainsi, sur le plan juridique, on usait du concept de « bon père de famille » pour signifier la conduite associée à tout citoyen honnête et responsable. Le père avait également pour responsabilité de veiller au bien-être matériel de sa femme et de ses enfants, tout en ayant une autorité complète sur eux. Dans cette logique, en cas de divorce, le père conservait la responsabilité de pourvoir

HOMOPHOBIE
Peur des homosexuels.

MISOGYNIE
Haine ou mépris envers les femmes.

financièrement aux besoins de son ex-épouse et de ses enfants. Les femmes, pour leur part, étaient vues comme les éducatrices naturelles des enfants et se voyaient le plus souvent accorder la garde des enfants. Elles n'avaient cependant pas les moyens de maintenir le même niveau de vie que durant la vie commune, à moins de recevoir une pension alimentaire. Aujourd'hui, on peut imaginer que d'autres méthodes de partage des coûts doivent être mises en place. Le couple détient la responsabilité partagée des enfants et, en cas de divorce, c'est le meilleur intérêt de l'enfant qui doit l'emporter. Cela demeure le principal défi des couples dont la rupture engage un ou des enfants.

> **Si l'identité masculine a été secouée, le rôle du père s'est également transformé sous l'impulsion du féminisme et de la société de consommation. Cette transformation a fait perdre à ce rôle social fondamental la prépondérance qu'on lui accordait autrefois dans la société.**

Dossier 9.4 Naître garçon : un risque pour la santé ?

Peu importe l'âge de l'échantillon observé, les hommes meurent toujours en plus grande proportion que les femmes du même âge. Enfin, on finit tous par mourir un jour ; cependant, l'espérance de vie des femmes est de cinq ans supérieure à celle des hommes. N'est-ce pas là la preuve que les femmes détiennent un avantage biologique certain ? Si, de prime abord, les femmes semblent effectivement avantagées par la nature, ce capital génétique ne suffit pas à expliquer la totalité des écarts notés sur le plan de la santé des hommes et des femmes.

Le fait que les hommes soient plus nombreux à naître — on parle de 105 garçons pour 100 filles — pourrait laisser penser que les garçons sont avantagés par la nature. Ou peut-être que la nature cherche à compenser le désavantage biologique des hommes, c'est-à-dire leur plus haut taux de mortalité, en produisant un plus grand nombre de garçons… Or, il existe une explication sociologique intéressante de ce phénomène. La socialisation des garçons serait une des principales causes de ce que les spécialistes de la santé appellent la surmortalité masculine. En réalité, ce sont surtout les traits culturels associés à la masculinité, et non la biologie, qui expliqueraient le mieux les disparités entre les hommes et les femmes quant à leur santé et à leur espérance de vie.

À la naissance, pour des raisons vraisemblablement d'origine génétique, les enfants mâles sont plus nombreux à mourir. Ils sont plus souvent touchés par des problèmes de santé de toutes sortes. Cependant, c'est à partir de l'adolescence que se manifeste le désavantage d'origine culturelle. Les hommes se suicident plus que les femmes. Ils

sont quatre fois plus souvent victimes de mort violente. Les emplois qu'ils occupent sont souvent dangereux et les amènent à développer des maladies industrielles. Ils apprennent à exprimer leurs émotions de façon différente des femmes, refusent donc plus souvent de chercher de l'aide, utilisent moins les services médicaux et, en général, se préoccupent peu de leur santé. Ils s'alimentent moins bien que les femmes, fument davantage, souffrent plus souvent d'alcoolisme et de toxicomanie. Pas facile d'être un homme…

Sur la base de ces données, on peut penser que c'est surtout le modèle culturel de l'homme, et non son bagage génétique, qui constitue un risque pour la santé. Ces données amèneront peut-être un plus grand nombre d'hommes à réfléchir sur la condition masculine et sur les risques associés au fait de délaisser le côté dit féminin de la nature humaine… ou plutôt de la culture humaine.

Voici quelques écarts notables en chiffres :

Espérance de vie

Année	Hommes	Femmes	Écart
1861	41,8 ans	44,0 ans	2,2 ans
2004	77,6 ans	82,7 ans	5,1 ans

Autres faits saillants :

- Chez les jeunes hommes de 15 à 24 ans, la surmortalité masculine est 5 fois plus forte dans les cas de mort violente.

- Les accidents d'automobile, les empoisonnements et autres traumatismes causent nettement plus de morts parmi la population masculine.

- Les hommes représentent 91 % des personnes décédées du sida.

- Chez les 15-24 ans et les 75-84 ans, les hommes se suicident 10 fois plus que les femmes.

- Entre 15 et 19 ans, la mortalité des garçons est 3,4 fois plus élevée que celle des filles ; de même, chez les 20-24 ans, la mortalité des garçons est 3,5 fois plus élevée que celle des filles. Chez les personnes âgées de 50 à 80 ans, le taux masculin de mortalité atteint presque le double du taux féminin.

- Étant donné le nombre plus élevé de garçons à la naissance, il y a plus d'hommes que de femmes jusqu'à l'âge de 28 ans. Par contre, la proportion d'hommes et de femmes s'avère assez équilibrée entre 20 et 40 ans. Ce n'est qu'à partir de 40 ans que le nombre de femmes dépasse le nombre d'hommes. Enfin, chez les plus de 65 ans, la chute du rapport de masculinité est spectaculaire : on ne compte plus que 68,4 hommes pour 100 femmes (André, 1998).

- Les hommes se sentent en meilleure santé que les femmes : 50 % des hommes contre seulement 40 % des femmes déclarent n'avoir aucune maladie.

- Les femmes consultent 33 % plus souvent que les hommes les spécialistes de la santé.

- Les hommes sont trois fois plus souvent victimes que les femmes d'accidents du travail ou de maladies professionnelles.

- Les femmes ont plus souvent de meilleures habitudes de vie que les hommes en ce qui concerne le sommeil, le poids, l'exercice, l'alcool et le tabac.

- Il faut cependant noter qu'en ce qui concerne les tentatives de suicide, les femmes en commettraient autant que les hommes. Malheureusement, les hommes atteignent leur objectif plus régulièrement.

Sources : Asselin et autres, 1994, et Institut de la statistique du Québec, 12 mai 2006.

L'inscription, dans le Code civil du Québec, d'un statut égal pour les deux sexes, modifie significativement ce tableau. Les mères aussi bien que les pères travaillent à l'extérieur, et l'on insiste de plus en plus sur l'importance de la participation des pères au soin et à l'éducation des enfants. En outre, de plus en plus de spécialistes déplorent les effets de l'absence des pères, tant dans le modèle familial traditionnel que dans les familles monoparentales. Des féministes françaises notoires, telles Évelyne Sullerot (1992) et Élisabeth Badinter (1992), ont écrit de vibrants plaidoyers pour redonner toute son importance à la paternité. Elles ont montré les effets pervers liés au fait d'abandonner à la mère l'entière responsabilité de l'éducation des enfants. Au Québec, Guy Corneau (1989) a fait valoir l'importance de la présence d'un modèle masculin auprès des enfants, et surtout auprès des garçons. Un modèle de père engagé, tendre et affectueux contribuerait à un développement plus équilibré des enfants des deux sexes. D'ailleurs, de plus en plus de spécialistes tendent à confirmer cette hypothèse. On note, par exemple, davantage d'enfants présentant des troubles de comportement dans les familles où le père est absent ou peu présent.

Bref, la nouvelle paternité, qui offre une présence affective plus grande à l'ensemble de la famille, semble non seulement désirable si l'on veut obtenir un meilleur équilibre entre l'action des pères et celles des mères au sein des nouvelles familles, mais aussi essentielle à une socialisation et à un développement équilibrés des enfants, et particulièrement des garçons. Dans cette optique, les parents qui doivent se séparer ont tout intérêt à conserver un engagement solide et concerté envers leurs enfants. La garde partagée, qui se pratique de plus en plus souvent au Québec, permet sans doute de maintenir des liens affectifs plus forts entre les enfants et leurs deux parents. D'ailleurs, de plus en plus de couples divorcés choisissent cette option. Le Conseil de la famille du Québec a déjà recommandé une réforme du système judiciaire qui poserait comme principe que la garde partagée et le maintien de liens forts avec les deux parents constituent la situation la plus désirable pour le bien-être de l'enfant (*Le Devoir*, 22 mars 1995).

— Quelques pistes de travail pour un meilleur équilibre entre les sexes

Les problèmes touchant les relations entre les hommes et les femmes n'ont pas fini de susciter des réflexions et de déboucher sur des ajustements de la vie sociale. Les nouveaux rôles qui se sont imposés dans le cadre familial posent encore plusieurs difficultés qu'il faudra régler tôt ou tard. Des groupes masculinistes, qui font des coups d'éclat comme c'est le cas du regroupement Fathers for Justice, nous rappellent parfois abruptement que le sujet est loin d'être épuisé. De toute évidence, des enjeux centraux sont liés aux rapports sociaux de genres. Injustices et inégalités marquent toujours les rapports sociaux de sexes, ici comme ailleurs.

Les familles actuelles arrivent difficilement à concilier les travaux ménagers, le soin des enfants, le repos, les loisirs et le travail rémunéré. Il serait peut-être temps de reconsidérer sérieusement la société des loisirs dont il est question depuis quelques décennies. Tout le monde pourrait travailler moins d'heures et ainsi trouver du temps pour se consacrer aux autres sphères de la vie sociale : famille, loisirs, environnement, vie communautaire, etc.

Les modèles masculins et féminins traditionnels ont engendré moult difficultés tant pour les hommes que pour les femmes. Les sociétés occidentales proposent des formes d'identité et des modèles plus souples et diversifiés qu'auparavant. Chacun des sexes peut désormais afficher une gamme de comportements plus variés. La redéfinition des rôles sexuels contribuera sans doute à atténuer certains problèmes liés à l'identité de genre.

Certains hommes éprouvent encore un malaise quant aux nouveaux comportements que l'on exige d'eux. Ce peut être parce qu'ils sont souvent mal préparés à jouer le rôle de père dans un contexte familial égalitaire. De même, les pères absents ou peu présents auprès des enfants posent des problèmes en ce qui concerne la socialisation des enfants, en particulier des garçons. Les femmes adoptent aussi des comportements ambigus quant à leurs nouveaux rôles ; elles hésitent entre les anciens et les nouveaux rôles. Elles demandent parfois à être traitées comme Cendrillon, c'est-à-dire à être prises en charge par un homme (Dowling, 1982), ou rêvent encore du prince charmant (Kaufman, 1999) et exigent l'instant d'après leur autonomie ainsi que des rapports égalitaires. De nombreux ajustements restent donc à faire de part et d'autre.

Que dire également de la question de l'image stéréotypée des femmes véhiculée et constamment renforcée dans les médias et par la société de consommation ? L'hypersexualisation des petites filles et les problèmes liés à l'enfermement des filles dans un modèle corporel inaccessible pour la très grande majorité d'entre elles sont en voie de faire régresser les gains que les féministes avaient faits sur le plan de la lutte contre les stéréotypes. Ce modèle de femme dont la principale raison d'être est de paraître sexy montre bien que les changements réalisés au cours des récentes décennies restent fragiles.

Les enjeux entourant la maternité demeurent nombreux. En plus des problèmes liés au contrôle de la fertilité et au manque de soutien de la maternité, des questions éthiques concernant les nouvelles technologies de la reproduction (mère porteuse, fécondation *in vitro*, clonage, etc.) commandant une vigilance particulière. Certaines innovations technologiques, comme la possibilité de procréer en dehors du corps des femmes, imposeront une réflexion majeure à l'ensemble de la société. Comme c'est le cas en Inde, des couples souhaiteraient choisir le sexe de leur enfant, alors que le système social en place rend les filles nettement moins désirables. Cette situation montre bien que la prudence est de mise lorsque de nouvelles technologies offrent aux êtres humains de puissants moyens de renforcer des situations sociales iniques.

À la suite de la redéfinition des rôles masculins et féminins et des transformations de la famille, il reste un travail important à faire pour retrouver un équilibre satisfaisant pour tous. Les conséquences du divorce et les problèmes liés aux familles recomposées en font réfléchir plus d'un. La sociologie enseigne que les problèmes sont liés entre eux; par conséquent, ceux qui concernent les rapports entre les sexes devraient être traités à la lumière de certains autres problèmes graves qui mettent en danger les sociétés à très court terme: le chômage, la violence, la surpopulation, la destruction de l'environnement, la guerre, etc. Plusieurs problèmes de développement dans les pays pauvres sont attribuables au sexisme structurel et institutionnel. L'amélioration des conditions de vie des populations de notre monde passe largement par la scolarisation et l'*empowerment* des femmes. Une meilleure qualité de vie et une plus grande justice sociale supposent des changements importants dans la conception du rôle et de la place des femmes au sein de la famille et de la société. Cela demeure l'un des défis incontournables pour l'avenir de l'humanité.

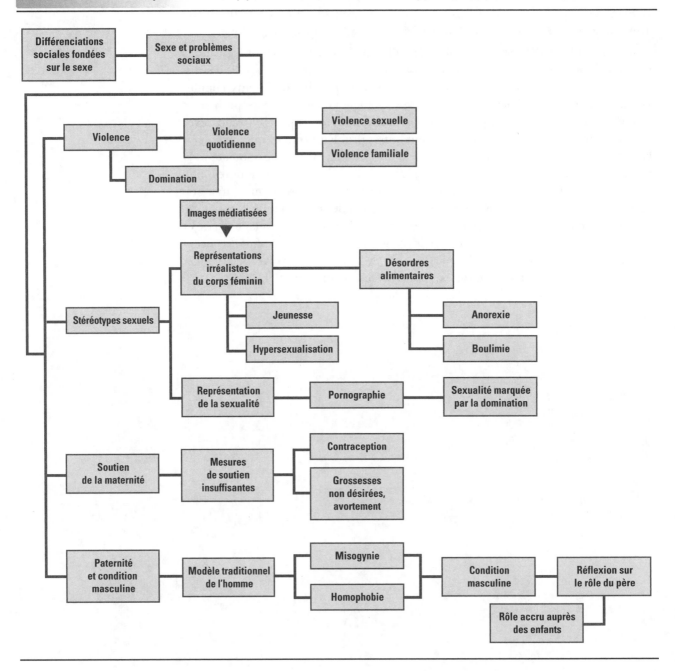

1. Les différenciations sociales basées sur le sexe sont présentes dans toutes les sociétés connues. Le sexe social se définit à l'aide des caractéristiques sociales et culturelles attribuées aux hommes et aux femmes dans une société donnée. L'identité sexuelle des individus se construit par l'identification aux personnes du même sexe occupant divers rôles sociaux et par un traitement différencié de la part des membres de leur entourage.

2. Les rôles et les comportements assignés à chaque sexe varient beaucoup d'une culture à l'autre. Des rôles sexuels rigides occasionnent des contraintes importantes tant pour les hommes que pour les femmes. Les transformations provoquées par la société de consommation et le mouvement féministe ont entraîné de nombreux ajustements au sein de la famille, par exemple un partage plus fréquent des tâches domestiques et du soin des enfants.

3. Le sexisme caractérise la division sociale du travail dans presque toutes les sociétés. Les sociétés sexistes ont tendance à réserver à l'un ou l'autre sexe certains champs d'activité. En Occident, l'égalité des droits est une chose acquise. Cependant, sur le plan économique, les femmes gagnent 71 % du salaire des hommes, même si la situation s'est améliorée. Elles se trouvent encore massivement dans certains types d'emplois et occupent la majorité des emplois à temps partiel et atypiques. La pauvreté présente largement un visage féminin ; ainsi, les femmes âgées représentent une proportion importante de la population touchée par la pauvreté. Elle frappe particulièrement les familles monoparentales dirigées par une femme. Par ailleurs, les femmes sont encore peu présentes au sein des grandes structures où s'exerce le pouvoir.

4. La violence conjugale, l'inceste et les autres agressions à caractère sexuel affligent de nombreuses femmes. Le viol constitue toujours une menace qui restreint leur liberté de mouvement et leur sécurité. Les stéréotypes sexuels véhiculés notamment dans les médias contribuent à maintenir une vision sexiste des rôles masculins et féminins. En outre, les normes esthétiques qui y sont présentées font problème. Dans les pires cas, ces normes provoquent des désordres alimentaires importants chez les femmes. Elles entraînent aussi chez une majorité d'entre elles une sérieuse insatisfaction à l'égard de leur corps. La pornographie, particulièrement celle à caractère violent ou dégradant, constitue une atteinte grave à la dignité des femmes, tout en proposant une sexualité caractérisée par la violence et la domination. Il en va de même pour la prostitution et l'exploitation marchande de la sexualité des femmes ou de tout individu vulnérable.

5. La grossesse et la contraception demeurent très souvent la responsabilité unique des femmes et des filles. En outre, il existe peu de mécanismes sociaux qui offrent du soutien aux mères de nouveau-nés. Par ailleurs, de plus en plus d'études tendent à confirmer l'importance du rôle du père dans la socialisation des enfants, et des garçons en particulier. Une dynamique de l'éducation où le père et la mère s'engagent activement auprès de leurs enfants apparaît souhaitable pour le bien-être de tous.

MOTS-CLÉS

Anorexie	p. 304	Iniquité salariale	p. 295	Sexe social (genre)	p. 282
Boulimie	p. 304	Misogynie	p. 309	Sexisme	p. 291
Empowerment	p. 308	Nouvelle paternité	p. 288	Sexisme individuel	p. 292
Féminicide (gynécide)	p. 308	Patriarcat (système patriarcal)	p. 291	Sexisme institutionnel	p. 292
Homophobie	p. 309			Stéréotypes sexuels	p. 283
Identité sexuelle (de genre)	p. 285	Rôles sexuels	p. 282		
		Sexe biologique	p. 282		

1. Indiquez comment nous acquérons notre identité sexuelle :

   a) par l'identification aux personnes de notre sexe ;

   b) par la façon dont on nous traite ;

   c) en observant et en imitant les personnes de notre entourage ;

   d) en nous identifiant à certains personnages vus à la télé ;

   e) toutes ces réponses sont vraies.

2. Vrai ou faux ?

   a) Les modèles culturels masculins et féminins varient d'une société à l'autre.

   b) Dans toutes les sociétés connues, les femmes sont plus sensibles et émotives que les hommes.

3. Quel est l'argument principal qui tranche en faveur de la thèse de la culture comme élément le plus déterminant dans la construction de l'identité sexuelle ?

   a) Les hommes et les femmes peuvent se montrer agressifs tous les deux.

   b) Les transsexuels font la preuve que les rôles sexuels peuvent être interchangeables.

   c) Les comportements dits masculins ou féminins varient considérablement d'une culture à l'autre.

   d) Les femmes et les hommes sont capables d'éprouver la gamme complète des émotions humaines.

   e) Aucune de ces réponses ; les comportements humains sont d'abord conditionnés par nos hormones.

4. La nouvelle paternité, c'est :

   a) un papa qui participe aux travaux ménagers ;

   b) un papa qui assiste à l'accouchement de sa conjointe ;

   c) un papa qui participe activement à l'éducation de ses enfants ;

   d) un papa qui s'occupe d'amener ses enfants chez le médecin ;

   e) toutes ces réponses correspondent à des conduites associées à la nouvelle paternité ou à la paternité consentie.

5. La société de consommation a fortement influé sur la famille actuelle :

   a) en augmentant considérablement les attentes quant aux besoins à combler pour chaque foyer ;

   b) en modifiant notre façon de planifier les enfants ;

   c) en réduisant la stabilité des couples ;

   d) en modifiant nos valeurs ;

   e) toutes ces réponses illustrent l'influence qu'a exercée la société de consommation sur la famille.

6. Vrai ou faux ?

   a) Le rôle masculin traditionnel ne comportait que des avantages : pouvoir, argent, statut social plus important, etc.

   b) Le rôle traditionnel du père avait tendance à l'empêcher d'établir des liens affectifs étroits avec ses enfants.

7. Indiquez quels éléments importants de l'organisation de la société québécoise témoignent de la persistance du sexisme dans notre société :

   a) l'iniquité salariale entre hommes et femmes, les sports réservés uniquement aux hommes aux Jeux olympiques, le taux de décrochage scolaire plus élevé chez les garçons, les vêtements masculins et féminins ;

   b) le petit nombre de femmes occupant un poste de pouvoir, l'iniquité salariale entre les hommes et les femmes, la concentration des hommes et des femmes dans certains types de professions, l'organisation de la famille et le partage du travail domestique ;

   c) la violence faite aux femmes, les femmes non syndiquées, le très faible pourcentage de femmes parmi les travailleurs de la construction, les hommes en faible nombre chez les enseignants de niveau primaire ;

   d) le manque de services aux femmes qui ont de jeunes enfants, le salaire moindre pour les femmes, le travail domestique non rémunéré, la force musculaire plus grande en moyenne chez les hommes.

ACTIVITÉS INTERACTIVES

Conclusion

L'individu et la société au cœur de l'analyse sociologique

Au terme de ce manuel, la question du lien entre l'individu et la société devrait désormais paraître plus claire. La culture, le processus de socialisation, le contrôle social, les groupes, les institutions, les classes sociales — bref, plusieurs des objets d'études de la sociologie — concourent à fixer l'identité de l'individu et à définir ses caractéristiques globales dans une société donnée. La sociologie place le tissu social au cœur de ses préoccupations et démontre que l'individu ne peut être compris en dehors de la société. Les grandes théories sociologiques mettent en lumière de larges pans de la toile complexe qui relie les humains entre eux.

Culture, structures sociales et processus sociaux

Les éléments centraux qui caractérisent une société et sa dynamique peuvent être divisés en trois grandes catégories : la culture, les structures sociales et les processus sociaux. La culture trace quelques traits essentiels d'une société : ses valeurs, ses croyances, ses normes, ses coutumes, etc. Les structures mises en place par une société façonnent la vie sociale : des groupes, des organisations, des institutions répondent à différents besoins individuels et collectifs. Le modèle de ville, le type de développement économique et technologique, ainsi que les formes d'institutions politiques, sociales et culturelles s'édifient conformément aux principales valeurs, croyances et courants idéologiques dominants. Ainsi, la culture et les croyances fondamentales d'une société donnée influeront grandement sur les différents modèles de systèmes politiques, de familles, de consommation, de médias et de systèmes de santé.

Les processus sociaux montrent comment la société résiste aux changements, comment elle contrôle les individus, comment elle en intègre certains et en exclut d'autres, comment elle évolue et comment s'expriment les rapports de force entre différents groupes sociaux. Des processus tels la socialisation, l'intégration, l'exclusion ou la différenciation sociale gardent la société en mouvement. Les classes sociales et les groupes qui s'affrontent sur toutes sortes d'enjeux alimentent également la dynamique sociale et le changement. Une société se transforme plus ou moins rapidement selon les époques et est constamment traversée de courants d'idées qui la forcent à s'adapter ou à réagir. L'individu s'inscrit, malgré lui ou consciemment, dans l'un des groupes qui finira par influer sur l'orientation de la société, pour un temps du moins, jusqu'à ce que de nouveaux groupes et courants viennent à engendrer de nouvelles formes de vie sociale.

Pour le sociologue, il n'est pas possible de concevoir l'individu en dehors de la société. Bien que ce point de vue soit fondé scientifiquement, il est désormais confronté à des lieux communs qui mettent en doute l'influence de la société sur les individus. Selon certains, chacun serait responsable de sa vie, de ses choix et de son destin. Comme si les classes sociales, la culture ou l'idéologie dominante n'exerçaient plus d'influence sur la construction et le contrôle des individus ! Or, si aujourd'hui les individus semblent effectivement plus libres que jamais, gageons qu'il ne faudra qu'une grande crise, telle une guerre ou une catastrophe quelconque, pour rappeler à tous que ce sentiment de grande liberté est illusoire et qu'il repose sur des bases ténues. La sociologie est essentielle pour mettre en évidence nos choix, notre inter-dépendance et la fragilité des sociétés actuelles. Certes, l'analyse scientifique des grands problèmes de notre temps, en tenant compte des systèmes sociaux et de leurs interactions, restera inéluctable pour que les êtres humains puissent mieux affron-ter les défis de demain.

Glossaire

A

Accomodement raisonnable

Approche liée à la gestion de la diversité ethnoculturelle, qui propose des adaptations et des compromis sur le plan de différentes normes sociales, visant à tenir compte de besoins particuliers de certaines minorités ethniques ou religieuses.

Acculturation

Mécanisme de transformation culturelle déclenché par le contact continu et répété, direct ou indirect, de cultures différentes.

Agents de socialisation

Ensemble des individus, des groupes et des institutions qui modèlent nos comportements, notre perception de la réalité et l'image que nous avons de nous-mêmes.

Âgisme

Pratiques discriminatoires envers les personnes âgées.

Anomie

Situation sociale désorganisée causée par l'absence de normes, de règles ou encore par suite de l'incapacité des normes ou des règles en place à s'imposer. Le lien social est alors dissous.

Anorexie

Désordre émotif caractérisé par une peur intense de l'obésité, qui provoque une perte de poids importante.

Apartheid

En Afrique du Sud, séparation systématique des races reléguant les Noirs aux occupations mal payées.

Approche

Vision qui détermine les questions qui préoccupent le sociologue de même que la façon dont il les traitera.

Assimilation

Processus qui entraîne l'abandon des traits culturels d'un groupe et la perte de son identité.

Association volontaire

Groupe social organisé autour d'un objectif commun et qui compte sur la libre participation de ses membres.

Attente

État d'esprit selon lequel une personne pense qu'elle peut facilement prédire le déroulement d'une action ou d'une situation.

B

Boulimie

Ingestion excessive de nourriture suivie d'une purgation à l'aide de laxatifs ou de vomissements.

Bureaucratie

Type d'organisation visant à atteindre l'efficacité grâce au fonctionnement impersonnel, aux règles formelles et écrites, à une hiérarchie de fonctions et à la spécialisation du travail.

Bureaucratisation

Tendance générale d'une société à adopter pour ses institutions le modèle bureaucratique.

C

Capital social

Réseau de relations sociales que l'individu peut mobiliser pour avoir accès à des ressources.

Capitalistes (bourgeoisie)

Propriétaires des entreprises et des autres moyens de production (machinerie, etc.) dans la théorie marxiste.

Catégories sociales

Ensembles de personnes qui partagent certaines caractéristiques sociales ou certaines conditions de vie.

Champ de rôles

Ensemble des rôles sociaux avec lesquels un individu est en relation à travers un rôle donné.
Exemple :
Enfant
Père
Mère
Frères ou sœurs
Amis
Grands-parents

Changement social

Modification durable et collective des modèles sociaux.

Classes sociales

Selon l'approche marxiste, groupes d'individus qui se caractérisent par la place qu'ils occupent dans un mode de production donné.

Cols blancs

Personnes dont les emplois supposent surtout une activité mentale et des relations nombreuses avec d'autres personnes.

Cols bleus

Travailleurs manuels dans les usines ou les fermes.

Communauté culturelle

Population immigrante qui partage habituellement la même origine ethnique et le même héritage culturel.

Conditionnement

Adaptation à contrecœur aux aspects négatifs d'un type d'activité, par exemple le travail.

Conflit social

Approche macrosociologique selon laquelle la société est un système caractérisé par les tensions sociales ; ces tensions découlent de la lutte des différents groupes et classes de la société pour l'appropriation du pouvoir et de la richesse.

Conformité

Adhésion spontanée ou réfléchie à une façon d'agir ou de penser provenant d'une pression exercée par un groupe ou la société.

Connaissance empirique

Connaissance qui s'appuie sur l'expérience et l'observation.

Contexte social

Milieu (un groupe, une société) régi par des normes et des valeurs (une culture) dans lequel évolue un individu.

Contrôle social

Ensemble de mécanismes utilisés par la société pour standardiser l'ensemble des façons de penser, d'agir et de ressentir des individus.

Contrôle social formel

Moyens directs et explicites (lois, règles) que l'on utilise pour contraindre un individu à agir selon les normes de la société.

Contrôle social informel

Moyens indirects, presque inconscients, de faire pression sur un individu pour obtenir de lui la conformité.

Coutumes

Normes et règles de la vie quotidienne qui peuvent être facilement transgressées.

Criminalité apparente

Ensemble des infractions signalées aux autorités policières mais non sanctionnées par les tribunaux.

Criminalité légale

Ensemble des infractions commises en vertu du Code criminel et des autres lois et légalement sanctionnées.

Criminalité réelle

Ensemble des infractions commises au sein d'une population dans une période donnée.

Croyances

Doctrines ou faits considérés comme vrais ou possibles.

Culture

La totalité de ce qui est appris, transmis, produit et créé par la société.

Culture matérielle

Ensemble des projets d'une société, peu importe leur complexité.

―― D

Dérogation subtile

Violation d'une règle ou d'une convention qui, bien que réelle, est considérée, par politesse, comme passant inaperçue.

Déterminisme social

Perspective sociologique selon laquelle la structure sociale a une influence cruciale sur la vie des individus.

Déviance

Ensemble de conduites jugées menaçantes, embarrassantes ou irritantes pour l'ordre social et sanctionnées plus ou moins fortement.

Déviance négative

Ensemble de gestes, d'actions jugées nuisibles, répréhensibles et inacceptables par un groupe ou une société au regard d'une définition de la normalité.

Déviance positive

Ensemble de gestes, d'actions qui, tout en étant en dehors de la normalité, s'avèrent acceptables pour un groupe ou une société.

Différenciation sociale

Processus qui établit, pour une personne ou un groupe, sa place dans la société, selon une hiérarchie de valeurs propre à cette société.

Discrimination

Acte individuel ou collectif envers une personne ou un groupe, qui constitue un traitement différencié et préjudiciable, et qui entraîne une perte de droits.

Dysfonctions sociales

Effets susceptibles de dérégler un système social et d'ébranler sa stabilité.

―― E

École

Institution permettant la transmission du savoir, de la culture d'un groupe, d'une société aux générations suivantes.

Élites

Personnes qui, en raison du pouvoir qu'elles détiennent ou de l'influence qu'elles exercent, contribuent au développement d'une collectivité, soit par les décisions qu'elles prennent, soit par les idées, les sentiments ou les émotions qu'elles expriment ou symbolisent.

Empowerment

Moyens mis à la disposition des personnes ou des groupes de personnes dominées ou impuissantes pour qu'elles sentent qu'elles détiennent la maîtrise de leur développement et de leur avenir.

Endogamie

Le fait d'épouser une personne du même groupe social que le sien.

Engagement

Acceptation enthousiaste des aspects positifs d'un type d'activité, par exemple le travail.

État

Ensemble d'institutions politiques jouant un rôle de régulateur dans les rapports sociaux et économiques entre les différents groupes dans une société.

État providence

État qui intervient dans différents domaines — qui, selon certains, ne relèvent pas tous de l'État — pour assurer de meilleures conditions de vie à la population.

Ethnie (groupe ethnique)

Population qui se distingue par son origine nationale ou par certains traits culturels comme les croyances religieuses, la langue ou le mode de vie. Le groupe ethnique est un groupe social majoritaire ou minoritaire à l'intérieur d'une société ou d'un État dont les membres manifestent un sentiment d'appartenance à l'égard d'une ethnie particulière.

Ethnocentrisme

Tendance qui consiste à croire que sa culture et son mode de vie sont supérieurs à ceux des autres. La personne ethnocentrique juge les autres cultures au moyen des normes en vigueur dans sa propre culture.

Exclusion sociale

Processus par lequel un individu se voit privé de certains droits ou privilèges dans la société.

Exploitation

Action d'abuser, par diverses méthodes, du travail des ouvriers en vue de maintenir ou d'accroître les profits.

―― F

Faits sociaux

Tout ce qui a trait à la vie des humains, du plus organisé au plus éphémère. Selon Durkheim, les faits sociaux doivent être considérés comme des choses que l'on peut analyser en utilisant le même modèle que celui des sciences de la nature.

Famille

Unité de vie comprenant des adultes et au moins un enfant, une résidence commune et un lien de consanguinité, d'alliance ou d'adoption.

Famille de rôles

Ensemble des rôles sociaux différents qu'une personne peut remplir à un moment défini.
Exemple :
Jeune
Frère ou sœur
Individu
Enfant
Garçon ou fille

Féminicide (gynécide)

Destruction, persécution ou extermination d'un groupe important de femmes ou de filles ayant pour cause le fait d'appartenir au sexe féminin.

Fonctionnalisme

Approche macrosociologique qui voit la société comme un système composé de parties fortement liées entre elles et relativement stables, qui ont chacune un rôle à jouer pour assurer le fonctionnement de l'ensemble de la société.

Fonctions latentes

Effets qui sont en grande partie non recherchés par les membres de la société.

Fonctions manifestes

Effets recherchés par les membres de la société.

Fonctions sociales

Effets que provoquent les différentes institutions sociales sur le fonctionnement de la société.

Fusion

Processus qui combine des groupes culturels de souches différentes, souvent par le mariage, pour engendrer un nouveau groupe.

―― G

Génocide (ethnocide)

Anéantissement total ou partiel d'une ethnie ou d'un groupe humain.

Ghettos

Quartiers souvent dégradés qui comprennent une population dont les caractéristiques sont assez homogènes.

Groupe

Nombre limité de personnes qui partagent certains champs d'intérêt et qui communiquent entre elles sur une base régulière.

Groupe de discussion

Rassemblement d'un groupe restreint d'individus dans un espace commun pendant une brève période. Le groupe de discussion est une expérience permettant à des individus choisis d'exprimer librement des opinions sur un thème déterminé sans aucune contrainte.

Groupe de pairs

Deux ou plusieurs personnes d'une même entité sociale homogène (selon l'âge, le revenu, la catégorie d'emploi, le sexe, etc.) qui interagissent et s'influencent.

Groupe de référence

Collectivité (réelle ou imaginaire) qui sert à l'individu de guide ou de modèle pour orienter ses opinions, ses attitudes et ses actions.

Groupe racisé

Groupe victime de préjudices à la suite d'un processus de racisation.

Groupes d'âge

Ensembles d'individus nés dans une cohorte particulière en fonction de l'âge.

Groupes d'appartenance

Groupes qui proposent à l'individu un lien plus formel et direct.

Groupes primaires

Petits groupes d'individus, sans objectifs précis, dont les membres entretiennent des relations interpersonnelles intimes.

Groupes secondaires

Groupes organisés, généralement de grande taille, de personnes réunies qui n'entretiennent pas de relations personnelles intimes. Les groupes secondaires visent des objectifs précis ; pour ce faire, ils valorisent l'efficacité.

——— H

Habitus

Schèmes de perception, de pensée et d'action incorporés dans l'individu et partagés par le même groupe social.

Hédonisme

Principe ou mode de vie axé sur la recherche du plaisir et la satisfaction des désirs.

Hiérarchie

Organisation sociale où chaque personne se trouve dans une position de subordination par rapport à certaines personnes et dans une position de domination par rapport à d'autres personnes.

Hiérarchie sociale

Organisation sociale dans laquelle certaines catégories de personnes possèdent un statut social, de la richesse ou un pouvoir supérieurs à d'autres personnes du même groupe, de la même société.

Homophobie

Peur des homosexuels.

——— I

Identité collective

Caractéristiques sociales et culturelles que partage un groupe et qui forment sa spécificité.

Identité sexuelle (de genre)

Perception de soi que l'on construit à partir des conceptions de la masculinité et de la féminité associées aux rôles d'homme ou de femme dans une culture donnée.

Identité sociale

Ensemble des caractéristiques d'un individu reçues de la société qui permettent de l'identifier à un groupe.

Idéologie

Ensemble cohérent d'idées et de jugements servant à interpréter les situations sociales et à créer une mobilisation en vue d'une action collective.

Iniquité salariale

Inégalité de la rémunération entre les hommes et les femmes pour un travail équivalent.

Innovation culturelle

Introduction de nouveaux éléments au sein d'une culture.

Institution

Système de normes écrites ou orales, d'instruments matériels et utilitaires, de modèles de comportements qui permettent de répondre aux besoins de base d'un groupe, d'une société (la famille, l'école, les gouvernements).

Institution totalitaire

Organisation qui vise la resocialisation radicale de l'individu.

Institutions fermées

Institutions qui constituent un environnement social totalement contrôlé, comme la prison, l'armée, l'hôpital psychiatrique, et qui régissent tous les aspects de la vie des personnes sous une seule autorité.

Institutions sociales

Ensemble des règles, des modèles de comportements et des instruments matériels d'une organisation sociale qui permettent de répondre aux besoins de base d'un groupe, d'une société.

Intégration sociale

Interdépendance des différents membres d'une société et des groupes sociaux, qui entraîne la cohésion de la société.

Intégrationnisme

Politique d'immigration qui vise à intégrer les immigrants à la société d'accueil en proposant une langue et un ensemble de valeurs communes pour faciliter la participation à la vie collective.

Interactionnisme

Approche microsociologique permettant de comprendre les multiples formes de rapports entre les individus.

Interculturalisme

Transmission de plusieurs cultures sans qu'il y ait prépondérance d'une culture sur les autres.

Itinérance

Mode de vie conduisant des individus à vivre dans la rue, sans domicile fixe.

——— L

Leader charismatique

Chef absolu d'un groupe de personnes (ou d'une société) principalement caractérisé par son pouvoir d'influencer et de convaincre les autres.

Légalité

Reconnaissance, par un groupe ou une société, de comportements d'individus, d'organisations ou d'institutions qui agissent conformément aux lois.

Légitimité

Reconnaissance de comportements en fonction de valeurs ou de traditions qu'ils représentent, ou de l'appui qu'ils obtiennent de la majorité de la population.

——— M

Macrosociologie

Étude des phénomènes qui se produisent à une grande échelle ou dans une civilisation entière.

Marginalité

État dans lequel se trouvent des individus, groupés ou non, qui fonctionnent en dehors des normes ou des valeurs reconnues par un groupe ou une société.

Matérialisme historique

Conception selon laquelle les phénomènes sociaux proviennent du lien matériel entre l'homme et la nature.

Mécanismes de socialisation

Ensembles de moyens que la société utilise pour façonner notre identité sociale.

Médias
Ensemble des moyens technologiques visant à assurer entre les individus une communication plus large et plus immédiate, et une diffusion des messages à une plus grande échelle.

Mésosociologie
Étude des groupes de grande taille, le niveau d'analyse se situant entre la société et l'individu.

Microsociologie
Étude des petits groupes qui peut se faire par l'intermédiaire d'études expérimentales en laboratoire.

Minorité
Groupe qui, en raison de ses traits physiques ou culturels, se distingue du groupe dominant de la société et se retrouve dans une position d'inégalité sur divers plans, dont celui du pouvoir.

Misogynie
Haine ou mépris envers les femmes.

Mobilité sociale
Changement de la position sociale des individus dans un système de stratification sociale.

Mode de production
Ensemble de rapports sociaux qui s'établissent entre les humains dans leurs activités visant à produire ou à échanger des biens et des services.

Modèle culturel
Normes sociales dominantes qui se présentent comme des guides d'action ou comme des exemples à suivre.

Modèles sociaux
Attentes de comportements relativement uniformisées qui guident la conduite en société.

Mœurs
Normes et règles que les membres d'une société jugent hautement désirables.

Monogamie
Norme qui interdit aux hommes et aux femmes d'avoir plus d'un conjoint ou d'une conjointe en même temps (antonyme de « polygamie »).

Mouvements sociaux
Actions collectives organisées qui visent la promotion de certaines causes sociales (l'égalité, la démocratie, les droits civiques, etc.) afin d'orienter un changement social. On distingue souvent les mouvements sociaux défensifs (dont la lutte n'apporte pas de changement social ou se tourne vers la conservation des acquis) et les mouvements sociaux offensifs (dont l'action débouche sur des changements sociaux importants).

Multiculturalisme
Conception de la société où tous les groupes ethniques bénéficient d'une égalité culturelle et politique.

—— **N**

Nation
Groupe qui habite un pays ou une partie de celui-ci et qui a été lié historiquement à sa fondation.

Normes
Règles de conduite et modèles de comportements suivis par les membres d'une société.

Nouvelle paternité
Modèle de paternité suivant lequel le père choisit d'avoir une présence affective auprès de ses enfants et de participer aux tâches familiales.

—— **O**

Oligarchie
Organisation sociale où les niveaux d'autorité sont pyramidaux, multiples et formels. L'armée constitue un cas type d'oligarchie.

Organisation sociale
Mode d'organisation des différentes parties de la société.

—— **P**

Patriarcat (système patriarcal)
Système social fondé sur la suprématie des hommes en tant que pères.

Perspective
Point de vue permettant d'envisager un phénomène sous un certain angle.

Perspective sociologique
Point de vue permettant d'envisager la réalité humaine sous l'aspect social.

Pluralisme
Conception de la vie en société permettant à tous les groupes minoritaires de manifester librement leurs traits culturels et de participer pleinement aux activités de la société.

Position sociale
Situation précise dans le système de stratification sociale.

Positivisme
Application en sciences sociales et en sciences politiques de méthodes, jusquelà adoptées par les sciences positives, qui font de l'expérimentation.

Pouvoir
Capacité d'exercer son autorité sur les autres, d'influencer ou même de contrôler le cours des événements et d'atteindre des objectifs malgré les obstacles qui peuvent se dresser sur la route.

Pratiques émancipatoires
Types d'actions sociales innovatrices qui tentent de rompre avec les modèles culturels connus ou établis.

Préjudices
Situations qui lèsent les droits ou les intérêts d'une personne.

Préjugés
Idées préconçues qui concernent des groupes sociaux et qui influent sur les attitudes et les comportements des personnes qui les partagent.

Pressions sociales
Contraintes que fait peser la société sur l'individu.

Production
Création de biens et de services.

Prolétariat
Classe ouvrière, travailleurs dans la société industrielle capitaliste.

Psychose
Trouble entraînant la désorganisation de la personnalité et la perte de contact avec la réalité.

—— **Q**

Quatrième âge
Ensemble des individus de plus de 75 ans qui sont en perte d'autonomie.

—— **R**

Racisation
Processus de catégorisation sociale en des groupes humains discernables par certains traits physiques ou culturels. L'appartenance à un groupe racisé engendre généralement discrimination et autres formes de préjudices pour ce groupe.

Racisme
Idéologie qui soutient que les êtres humains se divisent en races, dont certaines seraient supérieures à d'autres en raison de leurs différences d'ordre biologique, social et culturel.

Rapports sociaux de production
Relations que les êtres humains entretiennent entre eux par le travail.

Relativisme culturel
Perspective qui consiste à comprendre les comportements de l'autre en respectant ses références culturelles.

Reproduction sociale
Mécanismes ou institutions qui favorisent le maintien et l'avenir des groupes sociaux ou des classes sociales.

Réseau social
Rassemblement informel d'individus ou de groupes qui ont une appartenance sociale commune (sur la base d'un quartier, d'une région, de liens de parenté ou professionnels, etc.) et qui partagent des ressources.

Resocialisation
Processus par lequel un individu abandonne un modèle de comportement pour en adopter un nouveau, qui marque une transition importante dans sa vie.

Rites de passage
Cérémonies ou fêtes distinctives servant à établir une transition importante d'un stade de la vie à un autre.

Rôle social
Ensemble des normes et des obligations auxquelles est assujetti un individu à l'intérieur d'un groupe ou d'une collectivité. Ce à quoi les autres s'attendent de sa part.

Rôles sexuels
Ensemble de comportements, d'attitudes et d'activités attribués respectivement aux femmes et aux hommes dans une culture donnée.

—— S

Sanctions
Pénalités (sanctions négatives) ou récompenses (sanctions positives) relatives au respect ou au non-respect des normes et des valeurs d'un groupe, d'une société.

Science
Ensemble cohérent de connaissances fondées sur l'observation de la réalité.

Science compréhensive
Science qui cherche à comprendre la rationalité et le sens des actions humaines.

Sciences humaines
Sciences qui portent sur les différentes facettes de la vie humaine en société.

Secte
Groupe totalitaire qui se sépare de la société et s'y oppose souvent, et qui est soumis à l'obéissance stricte à un leader charismatique et à des lois diverses pour assurer le salut individuel de ses membres.

Ségrégation
Séparation physique de groupes selon des caractéristiques raciales ou ethniques ou selon toute autre caractéristique jugée problématique.

Sens commun
Interprétation que les gens plongés dans la vie quotidienne donnent de leur activité.

Sexe biologique
Appartenance, vu notre constitution physique, à l'une des deux grandes catégories biologiques, les mâles et les femelles.

Sexe social (genre)
Construction, lors du processus de socialisation, de rôles propres aux hommes et aux femmes.

Sexisme
Idéologie ou système de croyances qui engendre des inégalités sociales entre les sexes et qui justifie les pratiques discriminatoires en les présentant comme naturelles.

Sexisme individuel
Discrimination qui se pratique par des individus de façon non organisée.

Sexisme institutionnel
Discrimination érigée en système.

Sociabilité
Existence, au sein d'un groupe, d'échanges symboliques nombreux; aptitude, pour les membres du groupe, à entretenir des relations sociales agréables.

Socialisation
Processus par lequel un individu assimile les valeurs et les comportements sociaux rattachés à la culture dont il fait partie.

Socialisation mutuelle
Processus par lequel les individus socialisés sont en même temps des agents de socialisation.

Société
Ensemble d'individus, de groupes sociaux et d'institutions interdépendants.

Sociologie
Étude systématique des comportements sociaux et des groupes humains.

Solidarité mécanique
Solidarité caractéristique des sociétés les plus simples qui naît de la ressemblance entre les individus.

Solidarité organique
Solidarité qui naît de la collaboration des individus, qui occupent chacun une fonction spécialisée dans un plus grand ensemble, comme dans les sociétés industrielles où règne la division du travail.

Sous-culture
Partie de la société qui porte des modèles culturels différents (avec ses propres comportements, normes et valeurs) de ceux de la société dans laquelle elle s'insère.

Squatters
Personnes sans logement qui occupent illégalement un local ou un logement inoccupé, généralement dans le centre d'une grande ville.

Statut acquis
Position sociale que l'individu assume volontairement et qui reflète ses habiletés et ses efforts.

Statut assigné
Position sociale que l'individu assume involontairement à la naissance ou à un autre moment de sa vie.

Statut social
Place qu'une personne ou une catégorie de personnes occupent dans un groupe telle que ce groupe l'évalue (prestige, revenu, pouvoir).

Statut socioéconomique
Échelle sociale basée sur le revenu, l'occupation et l'instruction.

Stéréotype
Image caricaturale, partagée collectivement, au sujet d'un groupe social donné.

Stéréotypes sexuels
Images mentales, souvent caricaturales, partagées collectivement, au sujet du genre masculin ou du genre féminin.

Stigmate
Caractéristique d'un individu, comme son apparence, son sexe, son groupe ethnique ou sa classe sociale, qui jette le discrédit sur lui.

Stigmatisation
Processus d'étiquetage entraînant la disqualification d'une personne ou d'un groupe pour l'empêcher d'être pleinement accepté par la société.

Strates sociales
Selon l'approche fonctionnaliste, catégories de personnes qui ont une position économique, un mode de vie, et des attitudes et comportements semblables.

Stratification sociale
Selon l'approche fonctionnaliste, processus par lequel des catégories d'individus dans une société sont placés à un moment donné dans un ordre hiérarchique.

Structure sociale
Hiérarchie constituée par les diverses catégories professionnelles dans une société.

Surconformité

Situation où l'individu est placé devant une autorité suprême ou devant la pression d'une majorité dans un groupe qui le conduit à une soumission totale.

Symboles

Représentation figurée, à travers des gestes, des objets ou des paroles, d'une chose en vertu d'une correspondance analogique : une chose qui tient la place d'une autre chose.

Système de castes

Système de catégories sociales hiérarchiques dont les critères d'appartenance s'appuient surtout sur la naissance et la pureté religieuse.

Système de castes raciales

Système de classement social où la race détermine la position sociale de l'individu.

—— T

Théorie

Ensemble cohérent d'énoncés qui tentent d'expliquer des faits, des comportements et des problèmes humains.

Transgression

Comportement de rejet systématique des règles ou des valeurs d'un groupe ou d'une société.

Troisième âge

Ensemble des individus à la retraite qui sont toujours actifs.

—— V

Valeurs

Conception collective qui décrit ce qui est bon, désirable ou idéal au sein d'une culture.

Bibliographie

ADAM, Owen. « Les Canadiens et le divorce », *Tendances sociales canadiennes*, Ottawa, Statistique Canada, 1988, p. 18-19.

AGENCE ASSOCIATED PRESS. « Un enfant de 12 ans était enfermé depuis 7 ans », *Le Devoir*, 23 août 1982, p. 2.

AKOUN, André. « Karl Marx », *Encyclopédie Larousse de la sociologie*, Paris, Librairie Larousse 1978, p. 89-97.

ALLAIRE, Luc et Richard LANGLOIS. « À la une », *Nouvelles C.E.Q.*, juin-juillet-août 1990.

ALLARD, Philippe. *Peut-on donner une définition de la secte ?*, [en ligne], <http://www.membres.lycos.fr/morlhach/Allard/sommaire.html> (page consultée le 23 octobre 2006).

ALLGEIER, Albert Richard et Élisabeth RICE-ALLGEIER. *Sexualité humaine : dimensions et interactions*, traduction de Pierrette Mathieu et Marie-Claude Desorcy, Montréal, Centre Éducatif et Culturel, 1989.

ANDRÉ, Dominique. « Le déséquilibre démographique entre les sexes », *Données sociodémographiques en bref*, vol. 3, n° 1, octobre 1998.

ANSART, Pierre. *Les sociologies contemporaines*, Paris, Éditions du Seuil, 1990, 342 p.

ARON, Raymond. « La sociologie parmi les sciences », *Encyclopédie Larousse de la sociologie*, Paris, Librairie Larousse, 1978, 256 p.

ASCH, Solomon. *Social Psychology*, New York, Prentice-Hall, 1952, 574 p.

ASSELIN, Suzanne et autres. « Les hommes et les femmes : Une comparaison de leurs conditions de vie », *Statistiques sociales*, Bureau de la statistique du Québec, Québec, Les Publications du Québec, 1994.

ASSOCIATION CANADIENNE DE JUSTICE PÉNALE. « Les Autochtones et le système de justice pénale », *Bulletin*, mai 2000.

Association internationale des victimes de l'inceste, « Donnons-nous la parole ! », [en ligne], <http://www.aivi.org/> (page consultée le 24 octobre 2006).

BADINTER, Élisabeth. *L'un est l'autre : Des relations entre les hommes et les femmes*, Paris, Éditions Odile Jacob, 1986, 382 p.

BADINTER, Élisabeth. *XY de l'identité masculine*, Paris, Éditions Odile Jacob, 1992.

BAKER, Maureen. *Aging in Canadian Society : A Survey*, Toronto, McGraw-Hill Ryerson, 1988.

BAREL, Yves. *La marginalité sociale*, Paris, Presses Universitaires de France, 1982, 250 p., coll. « La Politique éclatée ».

BARRETTE, Christian, Édith GAUDET et Denyse LEMAY. *Guide de communication interculturelle*, Montréal, Éditions du Renouveau pédagogique, 1993.

BASSIS, M.S., R.S. GELLES et Ann LEVINE. *Sociology : An Introduction*, 3e éd., New York, Random House, 1988, 608 p.

BAUMRIND, Diana. « Current Patterns of Parental Authority », *Developmental Psychology Monographs*, n° 4, 1971, p. 1-103.

BEAUDELOT, Christian et Roger ESTABLET. *L'école primaire divise*, Paris, Librairie François Maspero, 1975, 119 p.

BEAULIEU, Nicole. « Équité salariale, un Everest à conquérir », *La Gazette des femmes*, vol. 21, n° 6, mars-avril 2000.

BEAUVOIR, Simone de. *Le deuxième sexe*, Paris, Gallimard, 1949, coll. « Idées ».

BEGLEY, Sharon. « Twins : Nazi and Jew », *Newsweek*, n° 94, décembre 1979.

BELL, Daniel. *Les contradictions culturelles du capitalisme*, Paris, Robert Laffont, 1976.

BELOTTI, Elena. *Du côté des petites filles*, Paris, Éditions des Femmes, 1974.

BENETEAU, Renée. « Le suicide au Canada », *Tendances sociales canadiennes*, Ottawa, Statistique Canada, hiver 1988, p. 22-24.

BERGER, François. « Protéger le français en brisant les ghettos ethniques », *La Presse*, 31 mai 1997.

BERGER, Peter L. *Comprendre la sociologie*, Paris, Centurion, (1973), 1986, 263 p.

BERK, Bernard. « Face-Saving at the Singles Dance », *Social Problems*, n° 24, juin 1977.

BERNARD, Paul et Johanne BOISJOLY. « Les classes moyennes en voie de disparition ou de réorganisation », dans DAIGLE, Gérard, dir., *Le Québec en jeu*, Montréal, Presses de l'Université de Montréal, 1992, 810 p.

BERNIER, L., Madeleine GAUTHIER et autres. *Les 15-19 ans : Quel présent ? Quel avenir ?*, Québec, Institut québécois de recherche sur la culture, 1997.

BERNOUX, Philippe. *La sociologie des organisations*, Paris, Éditions du Seuil, 1985, 378 p.

BERTHELOT, Jean-Michel. « La sociologie : Histoire d'une discipline », *Encyclopédie Larousse de la sociologie*, Paris, Librairie Larousse, 1992, p. 11-26.

BERTHELOT, Jocelyn. *Apprendre à vivre ensemble : Immigration, société et éducation*, Centrale de l'enseignement du Québec, 1990.

BERTRAND, Marie-Andrée. *Les femmes et la criminalité*, Éditions Athéna, 2003.

BESNARD, Philippe et Guy DESPLANQUES. *Un prénom pour toujours : La cote des prénoms hier, aujourd'hui et demain*, Paris, Balland, 1986, 351 p.

BILLETTE, André et J. PICHÉ. *Travailler comme des robots : Enquête auprès des auxiliaires en saisie de données*, Québec, Presses de l'Université Laval, 1986, 149 p.

BILODEAU, Diane. « Violence faite aux femmes : Vers un degré zéro », *Avis sur la violence faite aux femmes*, Québec, Conseil du statut de la femme, avril 1994.

BLANCHARD, Emmanuel. « Étrangers incarcérés, étrangers délinquants ? », *Plein Droit*, n° 50, juillet 2001.

BOISJOLY, J. et G. PRONOVOST, dir. « La sociologie et l'anthropologie du Québec », *Cahiers de l'ACFAS*, n° 33, Québec, Association canadienne des sociologues et anthropologues de la langue française, 1985.

BORDE, Valérie. « Sur la route des non-trads », *La Gazette des femmes*, vol. 21, n° 4, novembre-décembre 1999.

BORDE, Valérie. «Kyoto pour les nuls», *L'actualité.com*, [en ligne], <http://www.lactualite.com/climat/article.jsp?content =20060330_154358_5216>, mai 2006 (page consultée le 10 juin 2006).

BOSC, Serge. *Stratification et classes sociales. La société française en mutation*, 5ᵉ éd., Paris, A. Collin, 2004, coll. «Civca».

BOUCHARD, C. «Perspectives écologiques de la relation parent(s)-enfant: Des compétences parentales aux compétences environnementales», *Apprentissage et socialisation*, vol. 4, nᵒ 2, 1981, p. 4-23.

BOUCHARD, C. et autres. «Un Québec fou de ses enfants», *Rapport du groupe de travail pour les jeunes*, ministère de la Santé et des Services sociaux, Montréal, Bibliothèque nationale du Québec, 1991, 179 p.

BOUCHARD, Pierrette et Jean-Claude SAINT-AMANT. «Profils contrastés d'un groupe de garçons québécois de 15 ans», *Recherches féministes*, vol. 19, nᵒˢ 2, 3 et 4, 1998, p. 23-42.

BOURDIEU, Pierre. *Le sens pratique*, Paris, Éditions de Minuit, 1980.

BOURDIEU, Pierre et Jean-Claude PASSERON. *Les héritiers: les étudiants et la culture*, Paris, Éditions de Minuit, 1964, 189 p.

BOURDIEU, Pierre et Jean-Claude PASSERON. *Reproduction and Education, Society and Culture*, Beverly Hills, Sage, 1977.

BOURQUE, Danièle. *À dix kilos du bonheur*, Montréal, Les Éditions de l'Homme, 1991.

BOWLBY, Geoff. «Transition de l'école au travail», *L'emploi et le revenu en perspective*, vol. 12, nᵒ 1, printemps 2000, p. 43-48.

BRAULT, Marie-Marthe. «L'exclusion de la vieillesse», dans DUMONT, Fernand, dir., *Traité des problèmes sociaux*, Québec, Institut québécois de recherche sur la culture, 1995.

BRETON, Philippe et Serge PROULX. *L'explosion de la communication*, Paris, La Découverte/Boréal, 1989, 286 p.

BRIAND, J.-P. et J.-M. CHAPOULIE. *Les classes sociales: Principes d'analyse et données empiriques*, Paris, Hatier, 1980, 127 p.

BRIEN-DANDURAND, Renée. «Divorce et nouvelle monoparentalité», dans DUMONT, Fernand, Simon LANGLOIS et Yves MARTIN, dir., *Traité des problèmes sociaux*, Montréal, IQRC, 1994, p. 519-544.

BRIEN-DANDURAND, Renée, «Les parentèles: Un lieu privilégié des relations intergénérationnelles», *Possibles*, vol. 22, nᵒ 1, hiver 1998, p. 63-73.

BRIEN-DANDURAND, Renée et Marianne KEMPENEERS. «Pour une analyse comparative et contextuelle de la politique familiale au Québec», *Recherches sociographiques*, vol. XLIII, nᵒ 1, 2002, p. 49-78.

BRINKERHOFF, B. David et Lynn K. WHITE. *Sociology*, St. Paul, West Publishing Company, 1985.

BROWN, Lester R. *L'état de la planète*, Paris, Economica, 1992, p. 239-260.

BURNONVILLE, Francine. «Les femmes sont-elles allées trop loin?», *De la citoyenneté au pouvoir politique*, Montréal, Le Jour, Éditeur, 1992.

«Cahier des revendications mondiales», *Marche mondiale des femmes en l'an 2000*, juin 1999, p. 15.

CARBONI, Carlo. «État, marché du travail et classes sociales dans l'Italie des années 70», *Sociologie et société*, vol. XV, nᵒ 1, 1983.

CARETTE, Jean. *L'âge dort?: Pour une retraite citoyenne*, Montréal, Boréal, 1999.

CARIS, P. et B. MISHARA. *L'avenir des aînés au Québec après l'an 2000: Vers un nouvel équilibre des âges*, Québec, Presses de l'Université du Québec, 1994.

CARLSSON, Marianne et Pia JÄDERQUIST. «Note on Sex-Role Opinions as Conceptual Schemata», *British Journal of Social Psychology*, vol. 22, janvier 1983, p. 65-68.

CARON, André H. *L'environnement techno-médiatique des jeunes à l'aube de l'an 2000*, Groupe de recherche sur les jeunes et les médias, Montréal, Université de Montréal, 1999.

CARON, André H. et Caronia LETIZIA. «Parler de télévision, parler de soi: Une étude sur la mise en discours des pratiques médiatiques au foyer», *Communication: Information, médias, théories, pratiques*, vol. 20, automne 2000, p. 123-154.

CARON, André H. et autres. *Analyse de l'offre et de l'écoute de la programmation pour enfants*, Groupe de recherche sur les jeunes et les médias, Montréal, Université de Montréal, 1991, 63 p.

CARON-BOUCHARD, Monique. *Messages culturels et médias*, Montréal, Paulines/Médiaspaul, 1989, 147 p.

CARROUÉ, Laurent. *La mondialisation en débat*, Paris, La documentation française, 2004, dossier nᵒ 8037.

CENTRAIDE. «Le secteur bénévole et les communautés culturelles», *Actes du colloque tenu à Montréal le 30 avril 1987*, Montréal, 1987.

CENTRE D'ÉTUDES SUR LES MÉDIAS. «Violence à la télévision», *Observatoire des médias*, nᵒ 90, décembre 2004.

CENTRE FRANCOPHONE D'INFORMATISATION DES ORGANISATIONS (CEFRIO) et LÉGER MARKETING. «Portrait des 12-17 ans sur Internet», *NetAdos*, 2004, 59 p.

CHAIRE CRSNG/ALCAN, [en ligne] ;http://www2.fsg.ulaval. ca/chaire-crsng-alcan/situatio/stats/eff99-03/gif.shtml> (page consultée le 8 novembre 2006).

CHARTIER, Jean. «De 1981 à 1996, la population francophone a diminué trois fois plus vite que celle des anglophones sur l'île de Montréal», *Le Devoir*, 29 mars 1999.

CHAUCHAT, Hélène, Annick DURAND-DELVIGNE et autres. *De l'identité du sujet au lieu social*, Paris, Presses Universitaires de France, 1999, 298 p.

CHAUVEL, Louis. «La toupie et le sapin: Les inégalités dans les sociétés contemporaines», *Sciences humaines*, nᵒ 72, 1997, p. 20-23.

CLAUDÉ, Yves. «Des punks et des skinheads plutôt sympathiques...», *L'aut'journal*, nᵒ 96, septembre 1991*a*.

CLAUDÉ, Yves. «En développement au Québec: Le jeune mouvement anti-fasciste», *L'aut'journal*, nᵒ 98, novembre 1991*b*.

CLAUDÉ, Yves. «Extrême droite au Québec et au Canada: Des Orangistes aux Bérets blancs», *Vie ouvrière*, novembre-décembre 1991*c*, p. 49.

CLAUDÉ, Yves. «Jeunes, sous-cultures et intégration sociale», *Options*, n° 8, Centrale de l'enseignement du Québec, automne 1993, p. 94.

COAKLEY, Jay J. *Sport in Society : Issued and Controversied*, St. Louis, Mosby, 1982.

COHEN, Albert K. *Delinquent Boys : The Culture of the Gang*, New York, Free Press, 1955.

COIFFIER, Éliane et autres. *Sociologie basique*, Paris, Nathan, 1992.

COLLECTIF CLIO. *L'histoire des femmes au Québec depuis quatre siècles*, Montréal, Éditions Quinze, 1992.

COMITÉ D'INTERVENTION CONTRE LA VIOLENCE RACISTE. *Violence et racisme au Québec*, Montréal, juin 1992.

COMMISSION D'ENQUÊTE SUR LES SERVICES DE SANTÉ ET LES SERVICES SOCIAUX. *Programme de consultation d'experts : Dossier personnes âgées*, Québec, Les Publications du Québec, 1987.

CONSEIL CONSULTATIF DES AÎNÉES ET AÎNÉS DE L'EST-DU-QUÉBEC, DIRECTION DE LA SANTÉ PUBLIQUE DE LA RÉGIE RÉGIONALE DE LA SANTÉ ET DES SERVICES SOCIAUX. *Les préjugés et les stéréotypes à l'endroit des aînés*, janvier 1997.

CONSEIL CONSULTATIF DU TRAVAIL ET DE LA MAIN-D'ŒUVRE. «Concilier travail et famille : Un défi pour les milieux de travail (plan d'action)», *Rapport de consultation*, Québec, Gouvernement du Québec, septembre 2001, 45 p.

CONSEIL DE LA FAMILLE ET DE L'ENFANCE. «La détermination et la gestion des problèmes de conciliation travail-famille», *Rapport d'enquête*, Québec, Gouvernement du Québec, juin 2001, 28 p.

CONSEIL DES AFFAIRES SOCIALES. *Agir ensemble : Rapport sur le développement*, Boucherville/Québec, Gaëtan Morin Éditeur/Gouvernement du Québec, 1990.

CONSEIL DES AFFAIRES SOCIALES. *Deux Québec dans un rapport sur le développement social et démographique*, Boucherville/Québec, Gaëtan Morin Éditeur/Gouvernement du Québec, 1989.

CONSEIL DES AFFAIRES SOCIALES ET DE LA FAMILLE. *Objectif santé : Rapport du comité d'étude sur la promotion de la santé*, Québec, Gouvernement du Québec, 1984.

CONSEIL DES COLLÈGES. *Rapport 1987-1988*, Québec, Gouvernement du Québec, 1988, 100 p.

CONSEIL DES COMMUNAUTÉS CULTURELLES DU QUÉBEC. *L'immigration et le marché du travail : Un état de la question*, Québec, Gouvernement du Québec, 1993.

CONSEIL DES COMMUNAUTÉS CULTURELLES DU QUÉBEC. *Table ronde sur l'immigration : Synthèse des discussions*, Québec, Gouvernement du Québec, 1987.

CONSEIL DU STATUT DE LA FEMME. *Des nouvelles d'elles : Les femmes âgées au Québec*, Québec, Gouvernement du Québec, septembre 1999.

CONSEIL DU STATUT DE LA FEMME. *La constante progression des femmes : Historique du droit des femmes*, Québec, Gouvernement du Québec, janvier 2000.

CONSEIL DU STATUT DE LA FEMME. *Parce que la jeunesse concerne aussi les femmes : Propositions d'actions en vue du Sommet du Québec et de la jeunesse*, Québec, Gouvernement du Québec, octobre 1999.

CONSEIL DU STATUT DE LA FEMME. *Parce que la jeunesse concerne aussi les femmes : Complément d'information aux propositions d'actions en vue du Sommet du Québec et de la jeunesse*, Québec, Gouvernement du Québec, novembre 1999.

CONSEIL NATIONAL DU BIEN-ÊTRE SOCIAL. *La justice et les pauvres*, Ottawa, printemps 2000.

CONSEIL NATIONAL DU BIEN-ÊTRE SOCIAL. *Profil de la pauvreté 1988*, Ottawa, avril 1988.

CONSEIL SUPÉRIEUR DE L'ÉDUCATION. *Pour une meilleure réussite scolaire des garçons et des filles, Avis au ministre de l'Éducation*, Québec, Bibliothèque nationale du Québec, octobre 1999, 101 p.

COOLEY, Charles Horton. *Human Nature and the Social Order*, New York, Scribner, 1902, 413 p.

CORNEAU, Guy. *Père manquant, fils manqué*, Montréal, Les Éditions de l'Homme, 1989, 183 p.

COUCHMAN, Robert. «Victimes canadiennes d'agression : Il ne suffit pas de compatir !», *Transition*, septembre 1988.

CRÊTE, Jean. *Comportement électoral au Québec*, Chicoutimi, Gaëtan Morin Éditeur, 1984, 447 p.

CROZIER, Michel. *Le phénomène bureaucratique*, Paris, Éditions du Seuil, 1972.

CROZIER, Michel et E. FRIEDBERG. *L'acteur et le système : Les contraintes de l'action collective*, Paris, Éditions du Seuil, 1977.

CUCHE, Denys. *La notion de culture dans les sciences sociales*, Paris, La Découverte, 1996, 123 p.

DAGNAUD, M. et D. MEHL. «Profil de la nouvelle gauche», *Revue française de science politique*, vol. 31, n° 2, 1982.

DAIGLE, Gérard, dir. *Le Québec en jeu*, Montréal, Presses de l'Université de Montréal, 1992, 810 p.

D'AMOURS, Martine. «Immigration et société québécoise», *Vie ouvrière*, mars 1988.

D'AMOURS, Martine. «Montréal multiculturel», *Vie ouvrière*, janvier-février 1987.

DANDURAND, Pierre. «Corriger le tir», *Relations*, n° 593, septembre 1993, p. 202-206.

DANDURAND, Pierre. «Les rapports ethniques dans le champ universitaire», *Recherches sociographiques*, vol. XXVII, n° 1, 1986, p. 41-77.

DE BILLY, Hélène. *Périodiques Reader's Digest Canada*, «Pusher d'espoir», [en ligne], <http://www.selection.ca/mag/2004/07/pops.html?printer_version=1> (page consultée le 24 octobre 2006).

DEFFONTAINES, Pierre. «Le rang, type de peuplement rural du Canada français», dans RIOUX, Marcel et Yves MARTIN, dir., *La société canadienne-française*, Montréal, Hurtubise HMH, (1953), 1971, p. 19-43.

DELRUELLE-VOSSWINKEL, Nicole. *Introduction à la sociologie générale*, Bruxelles, Éditions de l'Université de Bruxelles, 1987, 341 p.

DEMERS, M. et autres. *Indicateurs de l'éducation,* Québec, ministère de l'Éducation du Québec, 2005.

DÉREC, Nicole. «Auguste Comte», *Encyclopédie Larousse de la sociologie,* Paris, Librairie Larousse, 1978, p. 80-86.

DESAULNIERS, Jean-Pierre. «La téléréalité concourt à mettre en scène l'ambiguïté de la vérité : Là est l'intérêt du phénomène», *Relations,* n° 696, octobre-novembre 2004, p. 30-31.

DESCARRIES, Francine. «Le projet féministe à l'aube du XXIe siècle : Un projet de libération et de solidarité qui fait toujours sens», *Cahiers de recherche sociologique : La sociologie face au troisième millénaire,* n° 30, Montréal, UQAM/Département de sociologie, 1998.

DESCENT, David et autres. «Un nouvel acteur social : L'usager», *Possibles,* vol. 9, n° 1, 1984.

DESCENT, David, Louis MAHEU et autres. *Classes sociales et mouvements sociaux au Québec et au Canada,* Montréal, Albert Saint-Martin, 1989, 205 p.

DE SINGLY, François. *Sociologie de la famille contemporaine,* Paris, Nathan, 1996, coll. «128».

DESROCHERS, Lucie. *Pour une réelle démocratie de représentation : Avis sur l'accès des femmes dans les structures officielles du pouvoir,* Québec, Gouvernement du Québec/Conseil du Statut de la femme, avril 1994.

DHOQUOIS, Régine. *Appartenance et exclusion,* Paris, L'Harmattan, 1989, 303 p., coll. «Logiques sociales».

DION, Léon. *Société et politique : La vie des groupes,* t. 1 et 2, Québec, Presses de l'Université Laval, 1971.

DORÉ, Michel. *Faire progresser la démocratie,* Montréal, CSN, mai 2002.

DORÉ, Michel. *L'action politique à la CSN et les rapports avec les partis,* Montréal, CSN, janvier 2001.

«Dossier : Participer au pouvoir», *La Gazette des Femme,* mars-avril 1988.

DOWLING, Colette. *Le complexe de Cendrillon,* Paris, Grasset, 1982.

DOYLE, James. *The Male Experience,* Dubuque, Iowa, W.M.C. Brown Company, 1983.

DUCHESNE, Louis. *La situation démographique au Québec, éd. 1991-1992,* Bureau de la statistique du Québec, Québec, Les Publications du Québec, 1992.

DUPREZ, Dominique. «Du déclassement à la revendication à vivre autrement : Trajectoires sociales de la marginalité contemporaine», *Contradictions,* 1984, n° 40, p. 249 et n° 41, p. 158.

DURAND, Jean-Pierre. «Karl Marx», *Encyclopédie Larousse de la sociologie,* Paris, Librairie Larousse, 1992, p. 129-131.

DURAND, Jean-Pierre et Robert WEIL, dir. *Sociologie contemporaine,* Paris, Éditions Vigot, 1997.

DURKHEIM, Émile. *Le suicide : Étude de sociologie,* Paris, Presses Universitaires de France, (1930), 1991, 463 p.

DUVIGNAUD, Jean, dir. *La sociologie : Guide alphabétique,* Paris, Denoël, 1972.

EGELAND, Janice A. et autres. «Bipolar Affective Disorders Linked to DNA Markers on Chromosome II», *Nature,* vol. 325, février 1987, p. 783-787.

ELKOURI, Rime. «L'école de tous les chocs culturels», *La Presse,* 3 avril 2000.

ÉMOND, Denis et Bernard DESLANDES. *Ethnocontact : Conception d'une simulation informatisée sur l'acculturation,* Sherbrooke, Collège de Sherbrooke, août 1986.

ETZIONI, Amitai. *Modern Organization,* Englewood Cliffs, N. J., Prentice-Hall, 1964.

FAEGIN, Joe R. *Racial and Ethnic Relations,* Englewood Cliffs, N.J., University of Texas/Prentice-Hall, 1984.

FAEGIN, Joe R. *Social Problems : A Critical Power-Conflict Perspective,* Englewood Cliffs, N.J., Prentice-Hall, 1982.

FALARDEAU, Jean-Claude, dir. «La sociologique au Québec», *Recherches sociologiques,* vol. XV, n°s 2 et 3, Québec, Université Laval, 1974.

FALCONNET, Georges et Nadine LEFAUCHEUR. *La fabrication des mâles,* Paris, Éditions du Seuil, 1975.

FARLEY, John E. *Majority-Minority Relations,* Englewood Cliffs, N. J., Prentice-Hall, 1982.

FARRO, Antimo et Jean-Guy VAILLANCOURT. «Collective Movements and Globalization», dans HAMEL, P., M. MAIER et L. LUSTIGER-THALER. *Global Flows : New Frameworks for Collective Action,* London, Sage, 2001, p. 206-226.

FAVROD, Charles-Henri. *La sociologie,* Paris, Livre de poche, 1979, 208 p., coll. «Encyclopédie du monde actuel».

FÉDÉRATION DES COMITÉS DE PARENTS DE LA PROVINCE DE QUÉBEC INC. *La gratuité scolaire : Rapport d'étude et recommandations,* Montréal, Bibliothèque nationale du Québec, février 1993, 182 p.

FELDMAN, Robert S., Sylvain GIROUX et François CAUCHY. *Introduction à la psychologie : Approches contemporaines,* Montréal, McGraw-Hill, 1994, 651 p.

«Femmes et famille, suivez le guide : Droits, services, ressources, tout pour s'y retrouver», *La Gazette des femmes,* Québec, 1999.

FINKELHOR, David. *Les nouveaux mythes dans le domaine des agressions sexuelles d'enfants,* allocution présentée au Colloque sur les agressions sexuelles d'enfants tenue à Ottawa, 24-25 mai 1987, 16 p.

FINTERBUSCH, Kurt. *Taking Sides, Clashing Views on Controversial Social Issues,* 10e éd., Dushkin, McGraw-Hill, 1999.

FORCESE, Dennis. *The Canadian Class Structure,* Toronto, McGraw-Hill Ryerson, 1986, 202 p.

FORTIER, Roy. *Cahiers de recherches sociologiques,* n° 27, 1996.

FORTIN, Andrée. «Du voisinage à la communauté», *Cahiers de recherche sociologique,* vol. 6, n° 2, automne 1988, p. 147-159.

FORTIN, Andrée. *Histoires de familles et de réseaux : La sociabilité au Québec d'hier à demain,* Montréal, Albert Saint-Martin, 1987, 225 p.

FORTIN, Andrée. *Nouveaux territoires de l'art : Régions, réseaux, place publique,* Québec, Nota Bene, 2000.

FORTIN, Andrée. «Présentation», *Produire la culture, produire l'identité ?,* Sainte-Foy, Presses de l'Université Laval, 2000, p. XII.

FORTIN, Andrée et Duncan SANDERSON. *Espaces et identité en construction : Le Web et les régions du Québec,* Québec, Nota Bene, 2004.

FORTIN, Monique. *Discrimination systémique dans la fonction publique*, [en ligne], <http://sisyphe.org/article.php3?id_article=1538> (page consultée le 24 octobre 2006).

Fraternet : Droits des femmes, [en ligne], <http://www.fraternet.com/femmes/art63.htm> (page consultée le 24 octobre 2006).

FRÉCHETTE, Manuel. « Pour une pratique de la criminologie : Configurations de conduites délinquantes et portraits de délinquants », *Inadaptation juvénile*, cahier V, Montréal, Université de Montréal/Groupe de recherche sur l'inadaptation juvénile, 1980.

FRÉCHETTE, Manuel et Marc LEBLANC. « La délinquance cachée à l'adolescence », *Inadaptation juvénile*, cahier I, Montréal, Université de Montréal/Groupe de recherche sur l'inadaptation juvénile, 1979.

FRÉCHETTE, Pierre et J. P. VÉZINA. *L'économie du Québec*, 4e éd., Chenelière/McGraw-Hill, 1990.

FREID, Simon. *L'Observateur OCDE,* [en ligne], <http://observateurocde.org> (page consultée le 24 octobre 2006).

GAUTHIER, Madeleine, dir. « La migration des jeunes », *Recherches sociographiques*, vol. XLIV, n° 1, 2003.

GAUTHIER, Madeleine et Léon BERNIER, dir. *Les 15-19 ans : Quel présent ? Vers quel avenir ?,* Sainte-Foy, PUL/IQRC, 1997.

GAUTHIER, Madeleine et Pierre-Luc GRAVEL. « Les nouvelles formes d'engagement de la jeunesse québécoise », *L'annuaire du Québec 2004*, Fides, 2003.

GÉLINAS, Jacques B. *La globalisation du monde*, Montréal, Écosociété, 2000.

GERLACH, L.P. « Movements of Revolutionary Change : Some Structural Characteristics », *American Behavioral Scientist*, vol. 14, n° 6, 1971.

GIGUÈRE, Hélène. *Les classes stables au cégep : Portrait des pratiques des collèges et sentiment d'appartenance des étudiants et étudiantes*, Québec, Conseil des collèges, 1985, 91 p.

GODBOUT, Jacques. *Comme en Californie*, document audiovisuel VHS, 80 min 40 s, Montréal, Office national du film du Canada, 1983.

GODBOUT, Jacques. *La participation contre la démocratie*, Montréal, Albert Saint-Martin, 1983, 190 p.

GOFFMAN, Erving. *Asylums : Essays on the Social Situation of Mental Patients and Other Inmates*, Garden City, N.Y., Doubleday, 1961.

GOFFMAN, Erving. *La mise en scène de la vie quotidienne*, traduction de l'anglais d'Alain Accardo et Alain Kihm, Paris, Éditions de Minuit, (1959), 1973, 374 p.

GOFFMAN, Erving. *Les rites d'interactions,* traduction de l'anglais d'Alain Kihm, Paris, Éditions de Minuit, (1967), 1974, 230 p.

GOFFMAN, Erving. *Stigmate : Les usages sociaux des handicaps,* Paris, Éditions de Minuit, 1975, 175 p., coll. « Le Sens commun ».

GOSSELIN, J.-P. et Denis MONIÈRE. *Le trust de la foi*, Montréal, Québec/Amérique, 1978.

GOULDNER, Alvin. *The Coming Crisis of Western Sociology*, New York, Basic Books, 1970, 528 p.

GOUVERNEMENT DU QUÉBEC. « Les hommes et les femmes : Une comparaison de leurs conditions de vie », *Statistiques sociales*, Québec, Les Publications du Québec, 1994.

GOUVERNEMENT DU QUÉBEC. *S'entraider pour la vie : Stratégie d'action face au suicide*, 1998.

GRAND'MAISON, J. et S. LEFEBVRE. « La part des aînés : Recherche-action, 4e dossier », *Cahiers d'études pastorales*, Montréal, Fides/Université de Montréal, Faculté de théologie, 1994.

GREENE, Barbara. « Rompre le silence sur les mauvais traitements infligés aux Canadiens âgés : La responsabilité de tous », *Rapport du Comité permanent de la santé et du bien-être social, des affaires sociales, du troisième âge et de la condition féminine*, Ottawa, Chambre des communes, juin 1993.

GRÉGOIRE, Claude. « Prénoms : comparaison entre 1975 et 1990 de l'influence de Cyrano sur les nouveau-nés au Québec », *Rentes-Actualités*, vol. 6, n° 4, hiver 1992.

GROULT, Benoîte. *Cette mâle assurance*, Paris, Albin Michel, 1993.

GUILBAULT, Diane. *Femmes et pouvoir, la révolution tranquille*, Québec, Gouvernement du Québec/Conseil du statut de la femme, 1993.

GUILBEAULT, Steven et Jean-Guy VAILLANCOURT. « Changements climatiques, Protocole de Kyoto et le rôle des organisations non gouvernementales dans le cadre de ces grandes questions internationales » dans GENDRON, Corinne et Jean-Guy VAILLANCOURT, dir., *Développement durable et participation publique : De la contestation écologiste aux défis de la gouvernance*, Montréal, PUM, 2003.

GUNN, Angus M. *L'Afrique du Sud : Un monde au défi*, Vancouver, Legacy Press, 1990, 200 p.

HALL, Edward Twitchell. *The Hidden Dimension*, New York, Doubleday, 1966.

HAMEL, Pierre. « Crise de la redistribution étatique et financement des organisations populaires », *Revue internationale d'action communautaire*, n° 12, 1983, p. 63-77.

HARLEM BRUNDTLAND, Gro. *Notre avenir à tous*, Commission mondiale sur le développement et l'environnement, Genève, 1987.

HARLOW, Harry F. *Learning to Love,* New York, Ballantine, 1971.

HARVEY, Julien. « Racisme, ethnocentrisme, xénophobie et immigration », *L'Action nationale*, vol. LXXVII, n° 5, mai 1988.

HÉLIE-LUCAS, M.-A. « Les fondamentalismes contre les femmes », *Option-Paix*, printemps 1996.

HENRIPIN, Jacques. *Naître ou ne pas être*, Québec, Institut québécois de recherche sur la culture, 1989.

HERSKOVITS, Melville Jean. *Les bases de l'anthropologie culturelle*, Paris, Payot, 1967, 331 p.

HURTUBISE, Rock. *L'amour, le souhait et la société*, thèse citée par ÉMOND, Ariane, *Le Devoir*, 12 février 1992.

INKELES, Alex. *Qu'est-ce que la sociologie ? : Une introduction à la discipline et à la profession*, Scarborough, Ontario, Stanford University/Prentice-Hall, 1971.

INSTITUT DE LA STATISTIQUE DU QUÉBEC. *Caractéristiques des salariés rémunérés au salaire minimum (7,60 $/h) et de l'ensemble des salariés, et pourcentage des salariés rémunérés (7,60 $/h) dans chaque catégorie*, Québec, 19 mai 2006.

INSTITUT DE LA STATISTIQUE DU QUÉBEC. *Espérance de vie à la naissance selon le sexe*, Québec, 12 mai 2006.

INSTITUT DE LA STATISTIQUE DU QUÉBEC. *La violence, c'est pas toujours frappant, mais ça fait toujours mal*, [en ligne], <http://www.msss.gouv.qc.ca/sujets/prob_sociaux/violence-conjugale.html> (page consultée le 24 octobre 2006).

INSTITUT DE LA STATISTIQUE DU QUÉBEC. *Le Québec chiffres en main*, éd. 2005, p. 19.

INSTITUT MONDIAL DE MÉDIATIQUE. *Hommage à notre avenir à tous*, édition spéciale, Ottawa, 1988.

JOHNSON, Elizabeth S. et John B. WILLIAMSON. *Growing Old : The Social Problems of Aging*, New York, Holt, Rinehart and Winston, 1980.

JULIAN, Joseph et William KORNBLUM. *Social Problems*, Englewood Cliffs, N.J., Prentice-Hall, 1983.

JUSTICE INSTITUTE POLICY. *United States of America : Death by discrimination ? The continuing role of race in capital cases*, Amnesty International, 2003.

KATZ, E. et P. F. LAZARSFELD. *Personal Influence*, New York, 1955.

KAUFMAN, Jean-Claude. *La femme seule et le prince charmant*, Paris, Fernand Nathan, 1999.

KERBO, Harold R. *Social Stratification and Inequality : Class Conflit in Historical, Comparative, and Global Perspective*, 6ᵉ éd., McGraw-Hill Higher Education, 2006.

KIDD, Bruce. « Women and Sport History : The Women's Olympic Games — Important Breakthrough Obscured by Time », *CAAWS Action Bulletin*, printemps 1994.

KILBOURNE, Jean. « Sex Roles in Advertizing », dans SCHWARTZ, Meg, dir., *TV and Teens : Expert Look at the Issues*, Reading, Mass., Addison-Wesley, 1982.

KINGSLEY, David. « Extreme Social of a Child », *American Journal of Sociology*, nº 45, janvier 1940, p. 744-755.

KINGSLEY, David. « Final Note on a Case of Extreme Isolation », *American Journal of Sociology*, nº 52, mars 1947, p. 432-437.

KLANWATCH. *Intelligence Report : A Project of the Southern Poverty Law Center*, Montgomery, Ala., décembre 1992.

KLEIN, Naomi. *No logo — La tyrannie des marques*, Actes Sud/ Léméac, 2001.

KROEBER, Alfred Louis et Clyde KLUCKOHN. *Culture : A Critical Review of Concepts and Definitions*, New York, Anchor Books, 1952.

Jobboom.com, vol. 4, nº 1, janvier-février 2003.

« La 4ᵉ Conférence mondiale sur les femmes : Impact sur la femme rurale », *Le Vulgarisateur*, avril 1996.

LABELLE, Micheline. « Un lexique du racisme : Étude sur les définitions opérationnelles relatives au racisme et aux phénomènes connexes », *La coalition internationale des villes contre le racisme : document de discussion nº 1*, Montréal, UNESCO/ CRIEC, 2006.

LABERGE, Danielle et Shirley ROY, dir. « Marginalité et exclusion sociale », *Cahiers de recherche sociologique*, nº 22, Montréal, Université du Québec à Montréal/Département de sociologie, 1994, 158 p.

LACHANCE, G. « La culture en question. Libre-échange et culture : Un paradoxe ? », *Congrès de l'ACFAS*, Montréal, Albert Saint-Martin, 1988, p. 202-211.

LACOURSE, Marie-Thérèse. *Famille et société*, 3ᵉ éd., Montréal, Chenelière Éducation, 2005, 344 p.

LACOURSE, Marie-Thérèse avec la coll. de Michèle ÉMOND. *Sociologie de la santé*, 2ᵉ éd., Montréal, Chenelière Éducation, 2006, 246 p.

LAFONTANT, Jean et autres. *Initiation thématique à la sociologie*, Saint-Boniface, Éditions des Plaines, 1990, 483 p.

LAMONDE, Pierre et Jean-Pierre BÉLANGER. *L'utopie du plein-emploi*, Montréal, Boréal, 1986.

LAMONTAGNE, Yves et autres. *La jeunesse québécoise et le phénomène des sans-abri*, Montréal, Presses de l'Université du Québec, 1987, 77 p.

LANGLOIS, Simon. « Quatre décennies d'études sur la stratification sociale au Québec et au Canada », *Lien social et Politiques : Des sociétés sans classes ?*, nº 49, printemps 2003, p. 45-70.

LANGLOIS, Simon. « Tendances de la société québécoise » dans CÔTÉ, Roch C., dir., *Québec 1998*, Montréal, *Le Devoir*/ Fides, 1997.

LANGLOIS, Simon et autres. *La société québécoise en tendances : 1960-1990*, Québec, Institut québécois de recherche sur la culture, 1990, 667 p.

LAPLANTE, Robert et Isabelle PERRAULT. « Les oubliés de l'Histoire », *Possibles*, vol. 1, nᵒˢ 3 et 4, printemps-été 1977.

LAURENDEAU, Marc. *Les Québécois violents : la violence politique, 1962-1972*, Montréal, Boréal, 1990, 351 p.

LAVIGNE, Marie et Yolande PINARD. *Les femmes dans la société québécoise*, Montréal, Boréal Express, 1977.

LAZARSFELD, Paul. *Le métier de sociologue*, dans BOURDIEU, Pierre et autres, Paris, Mouton, 1968.

« Le coût d'être mère », *RAIF*, revue d'information pour les femmes, novembre-décembre 1986.

LEGARÉ, Anne. *Les classes sociales au Québec*, Montréal, Presses de l'Université du Québec, 1977, 197 p.

LEMIEUX, Denise, dir. *Familles d'aujourd'hui*, Québec, Institut québécois de recherche sur la culture, 1990.

LEMIEUX, Raymond et Jean-Paul MONTMINY. « La vitalité paradoxale du catholicisme québécois », dans DAIGLE, Gérard, dir., *Le Québec en jeu : Comprendre les grands défis*, Montréal, Presses de l'Université de Montréal, 1992, p. 575-606.

LEMIEUX, Raymond et Micheline MILOT. « Les croyances des Québécois : Esquisse pour une approche empirique », *Les cahiers de recherche en sciences de la religion*, vol. 11, Sainte-Foy, Université Laval, 1992, 383 p.

LEMIEUX, Vincent. *À quoi servent les réseaux sociaux ?* Sainte-Foy, Les Éditions de l'IQRC, 2000, 109 p.

Les femmes dans les parlements nationaux, [en ligne], <http://www.ipu.org/wmn-f/classif.htm> (page consultée le 24 octobre 2006).

LESEMANN, Frédéric. «La pauvreté: Aspects sociaux», dans DUMONT, Fernand, Simon LANGLOIS et Yves MARTIN, dir., *Traité de problèmes sociaux,* Québec, Institut québécois de recherche sur la culture, 1994, p. 581-604.

LEVINSON, Daniel J. *The Season of a Man's Life,* New York, Knopf, 1978, 363 p.

LIGHT, Donald, Jr. et Suzanne KELLER. *Sociology,* New York, Knopf, 1985.

MAHEU, Louis et autres. *La recomposition du politique,* Paris/Montréal, L'Harmattan/Presses de l'Université de Montréal, 1991, 324 p., coll. «Politique et économie: tendances actuelles».

MALAVOY, Sophie. «Pauvreté, la dérive», *La Gazette des femmes,* mars-avril 2000.

MARSHALL, Katherine. «Les couples à deux soutiens: Qui s'occupe des tâches ménagères?», *Tendances sociales canadiennes,* Ottawa, Statistique Canada, hiver 1993.

MARTIN, John P., Martine DURAND et Anne-Marie SAINT-MARTIN. *La réduction du temps de travail: une comparaison de la politique des 35 heures avec les politiques d'autres pays membres de l'OCDE,* Audition OCDE, Assemblée Nationale, 22 janvier 2003.

MARX, Karl. *Manuscrits de 1844,* Paris, Éditions Sociales, 1969.

MASSON, Dominique. «Formation des discours féministes et action institutionnelle: L'articulation des "intérêts des femmes" dans le développement régional au Québec», *Labrys, Études féministes,* [en ligne], <http://www.unb.br/ih/his/gefem/labrys6/quebec/domi.htm>, décembre 2004, (page consultée le 2 juillet 2006).

MASSON, Dominique. «Gouvernance partagée, associations et démocratie: les femmes dans le développement régional», *Politique et sociétés,* vol. 20, nos 2 et 3, 2001, p. 89-115.

MASSON, Dominique, dir. «Introduction», *Femmes et politiques: l'État en mutation,* Ottawa, Presses de l'Université d'Ottawa, 2005.

MASSOT, Alain. «Destins scolaires des étudiants du secondaire V: Une analyse comparative des secteurs français et anglais», *Recherches sociographiques,* vol. XX, no 3, 1979.

MASSOT, Alain. *Structures décisionnelles dans la qualification: Distribution du secondaire V à l'université,* thèse de doctorat en sociologie, Montréal, Université de Montréal, 1978.

MATOUK, Jean. *Mondialisation, altermondialisation,* Paris, Les Essentiels Milan, 2005.

MCCLOSKEY, Donna. «Les personnes sans domicile fixe», *Transition,* vol. 30, no 3, Canada, Institut Vanier de la Famille, automne 2000.

MCCORMICK, Naomi et Élisabeth RICE ALLGEIER. *Changing Boundaries, Gender Roles and Sexual Behavior,* Palo Alto, Calif., Mayfield Publishing Company, 1983.

MCKIE, Craig. «Le vieillissement de la population: La génération du baby boom et le XXIe siècle», *Tendances sociales canadiennes,* Ottawa, Statistique Canada, été 1993.

MEAD, George Herbert. *Mind, Self and Society: From the Standpoint of Social Behaviorist,* Chicago, Chicago University Press, (1934), 1965, 400 p.

MEAD, Margaret. *Mœurs et sexualité en Océanie,* Paris, Plon, 1963, 533 p.

MEISTER, Albert. *La participation dans les associations,* Paris, Flammarion, 1974.

MELUCCI, Alberto. «Mouvements sociaux, mouvements post-politiques», *Revue internationale d'action communautaire,* vol. 10, no 50, 1983, p. 13-30.

MENDRAS, Henri. *Éléments de sociologie,* Paris, A. Colin, 1967, 249 p., coll. «U».

MERTON, Robert K. *Éléments de théorie et de méthode sociologique,* Paris, Plon, 1965, 514 p.

MERTON, Robert K. *Social Theory and Social Structure,* New York, Free Press, 1957.

MÉTHOT, Caroline. *Du Vietnam au Québec: La valse des identités,* no 3, Québec, Institut québécois de recherche sur la culture, 1995, 224 p., coll. «Edmond-de-Nevers».

MICHELS, Roberto. *Les partis politiques,* Paris, Flammarion, 1971, 303 p.

MILGRAM, Stanley. *Soumission à l'autorité: Un point de vue expérimental,* traduction d'Émy Molinié, Paris, Calmann-Levy, 1974, 268 p.

MILLS, Charles Wright. *Les cols blancs: Essai sur les classes moyennes américaines,* Paris, Maspero, 1970, 411 p.

MINGUY, Claire et autres. *L'économie: Quand le E n'est plus muet!,* Québec, Gouvernement du Québec/Conseil du statut de la femme, mars 1992.

MINISTÈRE DE L'ÉDUCATION DU LOISIR ET DU SPORT. *Indicateurs de l'éducation,* [en ligne], <http://www.meq.gouv.qc.ca/stat/indic05/docum05/F5_7_2005.pdf> (page consultée le 23 octobre 2006).

MINISTÈRE DE L'ÉDUCATION DU LOISIR ET DU SPORT, DIRECTION DE L'ÉDUCATION, DU LOISIR ET DU SPORT ET DIRECTION DE LA RECHERCHE, DES STATISTIQUES ET DES INDICATEURS. *Le cheminement des élèves, du secondaire à l'entrée à l'université,* Québec, Gouvernement du Québec, 2004, p. 27.

MINISTÈRE DE L'ÉDUCATION, DU LOISIR ET DU SPORT, SECTEUR DE L'INFORMATION ET DES COMMUNICATIONS. *Indicateurs de l'Éducation, édition 2006,* 2006, p. 63.

MINISTÈRE DE LA FAMILLE ET DE L'ENFANCE, CONSEIL DE LA FAMILLE ET DE L'ENFANCE ET BUREAU DE LA STATISTIQUE DU QUÉBEC. *Un portrait statistique des familles et des enfants au Québec,* Québec, Gouvernement du Québec, 1999, 206 p.

MINISTÈRE DE LA SANTÉ ET DES SERVICES SOCIAUX. *Sujets — Problèmes sociaux: Agression sexuelle,* [en ligne], <http://www.msss.gouv.qc.ca/sujets/prob_sociaux/agressionsexuelle.html> (page consultée le 24 octobre 2006).

MINISTÈRE DE LA SÉCURITÉ PUBLIQUE, DIRECTION DE LA PRÉVENTION ET DE LA LUTTE CONTRE LA CRIMINALITÉ. *La criminalité au Québec: Statistiques 2003,* Québec, Gouvernement du Québec, octobre 2004, 81 p.

MINISTÈRE DES COMMUNAUTÉS CULTURELLES ET DE L'IMMIGRATION. *Énoncé de la politique en matière d'immigration et d'intégration*, Québec, Gouvernement du Québec, 1990*a*.

MINISTÈRE DES COMMUNAUTÉS CULTURELLES ET DE L'IMMIGRATION. *L'intégration des immigrants et des communautés culturelles : Document de réflexion et d'orientation*, Québec, Gouvernement du Québec, 1990*b*.

MINISTÈRE DES COMMUNAUTÉS CULTURELLES ET DE L'IMMIGRATION. *Le Québec en mouvement : Statistiques sur l'immigration*, Québec, Gouvernement du Québec, 1988.

MINISTÈRE DES COMMUNAUTÉS CULTURELLES ET DE L'IMMIGRATION. *Rôle de l'immigration internationale et avenir démographique du Québec*, Québec, Gouvernement du Québec, 1990*c*.

MINISTÈRE DES COMMUNAUTÉS CULTURELLES ET DE L'IMMIGRATION, DIRECTION DE LA PLANIFICATION ET DE L'ÉVALUATION. *Population immigrée recensée au Québec en 1986 : Importance et caractéristiques générales*, Document 3, Québec, Gouvernement du Québec, 1989.

MINISTÈRE DES COMMUNAUTÉS CULTURELLES ET DE L'IMMIGRATION, DIRECTION DE LA RECHERCHE ET DE L'ANALYSE PROSPECTIVE. *Immigrants admis au Québec selon les 15 pays de naissance, 2001-2005*, Québec, Gouvernement du Québec, 2005.

MINISTÈRE DES COMMUNAUTÉS CULTURELLES ET DE L'IMMIGRATION DU QUÉBEC, DIRECTION DES POLITIQUES ET DES PROGRAMMES DE RELATIONS INTERCULTURELLES ET DIRECTION DES COMMUNICATIONS. *L'intégration des immigrants et des Québécois des communautés culturelles : document de réflexion et d'orientation*, Montréal, Gouvernement du Québec, 1990, 18 p.

MOISAN, Lise. « Femmes à vos tableaux », *La vie en rose*, édition hors série, Les éditions du Remue-Ménage, septembre 2005.

MOISAN, Marie. *Pour que cesse l'inacceptable : Avis sur la violence faite aux femmes*, Québec, Gouvernement du Québec/Conseil du statut de la femme, 1993.

MONRIANI, Maria. *La face cachée des gangs de rue de Montréal*, Montréal, Éditions de l'Homme, 2006.

MOORE, Wilbert E. *Order and Change : Essays in Comparative Sociology*, New York, Wiley, 1967, 313 p.

MOORE, Wilbert E. *Social Change*, Englewood Cliffs, N.J., Prentice-Hall, (1963), 1974, 120 p.

MORIN, Jean-Michel. *Précis de sociologie*, Paris, Nathan, 1996.

MORISSETTE, Pierre. *Le suicide : Démystification, intervention, prévention*, Québec, Centre de prévention du suicide de Québec, 1984, 436 p.

MORISSETTE, René. « Les gains cumulatifs chez les jeunes travailleurs », *L'emploi et le revenu en perspective*, vol. 14, n° 4, hiver 2002, p. 33-40.

MUND, S.A. et F. H. NORRIS. « Differential Social Support and Life Change as Contributors to the Social Class Distress Relationship in Old Age », *Psychology and Aging*, vol. 6, 1991, p. 223-231.

MYERS, D.G. et Luc LAMARCHE. *Psychologie sociale*, Montréal, McGraw-Hill, 1992, 550 p.

NATIONS UNIES. *La situation des femmes dans le monde*, [en ligne], <http://www.droitshumains.org/Femme/excision 06-a.htm> (page consultée le 24 octobre 2006).

OCKRENT, Christine. *Le livre noir de la condition des femmes*, XO Éditions, 2006.

OGIEN, Albert. *Sociologie de la déviance*, Paris, A. Colin, 1999, 231 p., coll. « Un ».

OUELLETTE, Françoise-Romaine et Caroline MÉTHOT. « Les références identitaires des enfants adoptés à l'étranger : Entre rupture et continuité », *Nouvelles pratiques sociales*, vol. 16, n° 1, PUQ, Québec, 2003, p. 132-147.

PAGÈS-DELON, Michèle. *Le corps et ses apparences : L'envers du look*, Paris, L'Harmattan, 1989, 174 p.

PAPALIA, Diane E. et Sally WENDKOS OLDS. *A Child's World, Infancy through Adolescence*, New York, McGraw-Hill Book Company, 1982.

PAQUETTE, G. « La violence sur les réseaux canadiens de télé », *Paediatrics & Child Health*, n° 8, 2003, p. 293-295.

PAQUETTE, Louise. *La situation socio-économique des femmes : Faits et chiffres*, Québec, Les Publications du Québec, 1989.

PARADIS, France. « Les réseaux : Quand 2 plus 2 font 320 », *La Gazette des femmes*, vol. 15, n° 6, mars-avril 1994, p. 33-35.

PARADIS, Marguerite. *Histoires de passion et de raison : Jeunes et itinérantes*, Montréal, Éditions du Remue-Ménage, 1990, 148 p.

PETTIFER, Shirley et Janet TORGE. *L'agression sexuelle*, Montréal, Presses de la santé de Montréal, février 1987.

PIERCE, G.L. et M.L. RADELET. « Race, region and death sentencing in Illinois, 1988-1997 », *Oregon Law Review*, printemps 2002.

PLAMONDON, Isabelle. « Communautés culturelles : S'adapter pour se faire bien soigner », *La Presse*, 30 mars 1997.

PODNIECKS, E. et autres. *National Survey on the Abuse of the Elderly in Canada*, Toronto, Polytechnical Institute, 1990.

POLIN, Claude. « Émile Durkheim », *Encyclopédie Larousse de la sociologie*, Paris, Librairie Larousse, 1978*a*, p. 100-104.

POLIN, Claude. « Max Weber », *Encyclopédie Larousse de la sociologie*, Paris, Librairie Larousse, 1978*b*, p. 104-111.

POPULATION CRISIS COMMITTEE. *Briefing Paper*, 1988, p. 3.

POPULATION CRISIS COMMITTEE. *Country Rankings of the Status of Women : Poor, Powerless and Pregnant*, Washington, n° 20, juin 1988.

POULIN, Richard. « La prostitution érigée en système », *Le Devoir*, 26 mai 2004, p. A7.

POULIN Richard. « Prostitution mondiale incarnée », *Alternatives Sud*, vol. 12, Centre tricontinental/éditions Sylepse, 2005.

PRÉVOST, Nicole. *Les femmes sur le chemin du pouvoir*, Québec, Les Publications du Québec, 1988.

PRIEST, Gordon E. « Les aînés de 75 ans et plus », *Tendances sociales canadiennes*, Ottawa, Satistique Canada, 1993.

PRIVÉ, Marc et Renaud THÉRIAULT. *Enquête sur l'interruption des études à l'UQAC*, Chicoutimi, 1995, 51 p.

PRONOVOST, Gilles, dir. *Comprendre la famille : Actes du 1er symposium québécois sur la famille*, Montréal, Presses de l'Université du Québec, 1992.

PUBLICATIONS DU QUÉBEC (LES). *Les Statistiques démographiques : Les personnes âgées au Québec*, Québec, 1988.

QUINTY, Marie. « L'autre Chine », *Commerce*, Montréal, novembre 2004.

QUIVY, Raymond et Luc VAN CAMPENHOUDT. *Manuel de recherche en sciences sociales*, Paris, Bordas, 1988.

RABOY, Marc. *Les médias québécois*, Boucherville, Gaëtan Morin Éditeur, 1992, 280 p.

RAMOISY, Jacqueline. *La violence faite aux femmes : À travers les agressions à caractère sexuel*, Québec, Gouvernement du Québec/Conseil du statut de la femme, février 1995.

RAVANERA, Zenaida, Fernando RAJULTON et Thomas BURCH. « Early Life Transitions of Canadian Youth : Effects of Family Transformation and Community Characteristics », *Canadian Studies in Population*, vol. 30, n° 2, 2003, p. 327-354.

RENAUD, Jean. « Du français minoritaire au français dominant », *L'annuaire du Québec 2004*, Éditions Fides, 2003.

RÉSEAU ÉDUCATION-MÉDIAS. *Jeunes canadiens dans un monde branché, phase II : Sondage des élèves*, Enrin Research, novembre 2005, 43 p.

RIBORDY, François-Xavier. « Déviance et criminalité », dans LAFONTANT, Jean et autres, *Initiation thématique à la sociologie*, Saint-Boniface, Éditions des Plaines, 1990, p. 223-254.

RIFKIN, Jeremy. *La fin du travail*, Montréal, Boréal, 1997, 435 p.

RIOUX, Daniel. « Les francophones et les anglophones n'ont pas les mêmes goûts », *Le Journal de Montréal*, 13 décembre 1990, p. 82.

RIOUX, Marcel. « Remarques sur les pratiques émancipatoires dans les sociétés industrielles en crise », *Les pratiques émancipatoires en milieu populaire*, Québec, Institut québécois de recherche sur la culture, 1982, p. 45-78.

RIVIÈRE, Bernard. *Le décrochage scolaire au collégial : Le comprendre, le prévenir*, Montréal, Beauchemin, 1996, 221 p.

ROBERT, Jocelyne. *Le sexe en mal d'amour : De la révolution sexuelle à la régression érotique*, Éditions de l'Homme, 2005, 240 p.

ROBERTSON, Ian. *Sociology*, New York, Worth Publishers, 1981.

ROBINSON, John. « Changements et facteurs explicatifs de l'emploi du temps chez les parents, aux États-Unis, au Canada et au Québec », *Enfance, familles, générations*, n° 1, 2004.

ROCHER, Guy. « À la défense du réseau collégial ! », Montréal, FNEEQ/CSN, mars 2004.

ROCHER, Guy. « Évolution de l'institution régulatrice de la recherche », dans TURMEL, Andrée, dir., *Culture, institution et savoir : Culture française d'Amérique*, Québec, PUL, 1997, p. 45-55.

ROCHER, Guy. *Introduction à la sociologie générale*, 3 volumes, Montréal, HMH, 1969, 136 p.

ROCHER, Guy. « La culture politique du Québec », *L'Action nationale*, vol. 87, n° 2, février 1997, p. 17-37.

ROCHER, Guy. « L'institutionnalisation de la sociologie québécoise francophone : Entre le passé et l'avenir », *Cahiers de recherche sociologique*, n° 30, Montréal, Université du Québec à Montréal/Département de sociologie, 1998.

ROCHER, Guy. *Quelques thèmes et courants de pensée dans la sociologie contemporaine*, conférence prononcée lors du 1er colloque de l'Association des professeures et professeurs de sociologie des collèges, Cégep de Trois-Rivières, 8 juin 1993.

ROCHER, Guy. *Talcott Parsons et la sociologie américaine*, Paris, PUF, 1972.

ROGEL, Jean-Pierre. *Le défi de l'immigration*, Québec, Institut québécois de recherche sur la culture, 1989.

ROSANVALLON, Pierre. *La démocratie et les partis politiques*, Paris, Éditions du Seuil, 1979.

ROSE, Jerry D. *Introduction to Sociology*, Chicago, Rand McNally College, 1976, 535 p.

ROSZAK, Theodore. *L'homme-planète : La désintégration créative de la société industrielle*, Paris, Stock, 1980, 517 p.

ROUSSEL, Louis. *La famille incertaine*, Paris, Éditions Odile Jacob, 1989, 283 p.

ROY, Francine. *Statistique Canada*, « Étude spéciale — D'une mère à l'autre : L'évolution de la population active féminine au Canada », [en ligne], <http://www.statcan.ca/francais/freepub/11-010-XIB/00606/feature_f.htm> (page consultée le 24 octobre 2006).

ROY, Shirley. *Le genre comme fondement de la différenciation des formes de contrôle social : L'exemple de l'incarcération*, thèse de doctorat en sociologie, Montréal, UQAM, 1990.

ROY, Shirley. « L'itinérance : Forme exemplaire d'exclusion sociale ? », *Lien social et Politiques-RIAC*, n° 34, automne 1995, p. 73-80.

ROY, Shirley. *Seuls dans la rue : Portraits d'hommes clochards*, Montréal, Éditions Albert Saint-Martin, 1988, 174 p.

ROY, Shirley et Marc-Henry SOULET. « Présentation », *Sociologie et sociétés*, vol. XXXIII, n° 2, 2001, p. 3-11.

SALES, Arnaud et autres. *Le monde étudiant à la fin du XXe siècle : Rapport final sur les conditions de vie des étudiants universitaires dans les années quatre-vingt-dix*, Québec, ministère de l'Éducation, 1996, 372 p.

SADKER, Myra et David SADKER. « Sexism in the Schoolroom of the 80's », *Psychology Today*, n° 19, mars 1985.

SAEZ, Jean-Pierre et autres. *Identité, culture et territoires*, Paris, Desclée de Browwer, 1995, 267 p.

SAINSAULIEU, Renaud et autres. *Les Mondes sociaux de l'entreprise*, Paris, Desclée de Browwer, 1995.

SALINGER, M. Laurence. *Deviant Behavior 97/98*, Guilford, Dushkin Publishing Group Brown and Benchmark Publishers, 1997, 240 p.

SANTÉ CANADA, DIRECTION GÉNÉRALE DES PROGRAMMES ET DES SERVICES DE SANTÉ. « Le suicide au Canada », *Mise à jour du rapport du Groupe d'étude sur le suicide au Canada*, Ottawa, 1994.

SANTÉ ET BIEN-ÊTRE SOCIAL CANADA, CENTRE NATIONAL D'INFORMATION SUR LA VIOLENCE DANS LA FAMILLE. *Les mauvais traitements envers les personnes âgées*, Ottawa, novembre 1990.

SAUVAIN-DUGERDIL, Claudine et autres. « Parentalité et parcours de vie : Analyse des données du microrecensement famille », *Rapport scientifique pour le F.N.R.S.*, *Laboratoire de démographie et d'études familiales*, Université de Genève, 1998.

SCHAEFER, Richard T. *Sociology*, New York, McGraw-Hill, (1986), 1989, 694 p.

SCHAEFER, Richard T. et autres. *Sociology: An Introduction to First Canadian Edition*, Toronto, McGraw-Hill Ryerson, 1996.

SECRÉTARIAT À LA CONDITION FÉMININE. *La place des femmes dans le développement des régions, 5e orientation*, Québec, Gouvernement du Québec, 1997.

SERVICE CORRECTIONNEL DU CANADA. «Statistiques sur les délinquants autochtones», *Faits et chiffres*, Canada, décembre 2001.

SHEEHY, Gail. *Franchir les obstacles de la vie: Gail Sheehy*, traduction de Françoise et Guy Casaril, revue par Éric Merciat, Paris, Belfond, (1981), 1982, 392 p.

SHEEHY, Gail. *Les passages de la vie: les crises prévisibles de l'âge adulte*, traduction de l'anglais de Véronique Timmerman, Montréal, Presses Sélect, (1976), 1980, 316 p., coll. «Poche Sélect».

SHERIF, Muzafer. *The Psychology of Social Norms*, New York, Harper and Row, 1936.

SHORTER, Edward. *Naissance de la famille moderne*, Paris, Éditions du Seuil, (1977), 1981, 379 p.

SILLS, David. «Volontary Association: Sociological Aspects», *International Encyclopedia of the Social Science*, vol. 16, 1968, p. 362-379.

SINGER, Benjamin D. *Advertising and Society*, Don Mills, Ontario, University of Western Ontario/Addison-Wesley Publishers, 1986.

SPENCE, J.T. et R.L. HELMRICH. *The Psychological Dimensions of Masculinity and Femininity: Their Correlates and Antecedents*, Austin, University of Texas Press, 1978.

STATISTIQUE CANADA, CANSIM. Catalogue 87F0006XIE.

STATISTIQUE CANADA. *Compilations spéciales pour le Conseil du statut de la femme*, Institut de la statistique du Québec, juillet 2003.

STATISTIQUE CANADA. *Éducation: État de la scolarisation*, Québec, 1996.

STATISTIQUE CANADA. *Enquête sur la population active*, Ottawa, 1998.

STATISTIQUE CANADA. *Mariages, 2001*, Le Quodien, catalogue n° 84F0212XPB, Ottawa, novembre 2003.

STATISTIQUE CANADA. *Recensement 2001: Compilations spéciales préparées pour le Conseil du statut de la femme*, Institut de la statistique du Québec, juin 2003.

STATISTIQUE CANADA. *Recueil statistique sur la pauvreté et les inégalités socioéconomiques au Québec*, tableau 1.1.4: taux de faible revenu d'après le seuil de faible revenu (SFR-base 1992) après impôt, selon le type de famille, l'âge, le sexe, Québec, ISQ, 1980-2003.

STATISTIQUE CANADA, *Répartition du revenu au Canada selon la feuille du revenu 1997*, n° 13-207-XPB.

STATISTIQUE CANADA. *Revenu familial et participation aux études postsecondaires*, Division des études, de la famille et du travail, publication n° 11F0019MIF, octobre 2003.

STATISTIQUE CANADA. *Statistiques sur la criminalité du Canada, 1987*, Ottawa, Centre canadien de la statistique juridique, 1988.

STRUTT, Suzanne. «Apprendre à décoder les médias», *Évaluation-médias*, mai 1988.

SULLEROT, Évelyne. *Quels pères? Quels fils?*, Paris, Fayard, 1992.

SUPREME COURT OF PENNSYLVANIA. *Final Report of the Pennsylvania Supreme Court Committee on Racial and Gender Bias in the Justice System*, mars 2003.

SZABO, Denis et Marc LEBLANC. *La criminologie empirique au Québec*, Montréal, Presses de l'Université de Montréal, 1985, 451 p.

TEPPERMAN, Lorne et James CURTIS. *Everyday Life*, Toronto, McGraw-Hill Ryerson, 1992, 345 p.

TERRILL, Rolland et Robert DUCHARME. *Caractéristiques étudiantes et rendement scolaire*, Montréal, SRAM, 1994.

THÉRIAULT, Barbara. *Conservative Revolutionaries: Protestant and Catholic Churches in Germany after Radical Political Change in the 1990s*, Berghahn Books, New York/Oxford, 2004.

THÉRIAULT, Barbara. «Ordres légitimes et légitimité des ordres: Une approche "wébérienne" des institutions», dans COUTU, Michel et Guy ROCHER, dir., *La légitimité de l'État et du droit: Autour de Max Weber*, Québec, Presses de l'Université Laval, p. 175-186.

THÉRIAULT, Barbara. «The Carriers of Diversity within the Police Forces: A "Weberian" Approach to Diversity in Germany», *German Politics and Society*, Issue 72, vol. 22, n° 3, automne 2004, p. 83-97.

THORNTON, W.E., L. VOIGT et W. G. DOERNER. *Delinquency and Justice*, 2e éd., New York, Random House, 1987, 515 p.

TISCHLER, Henry L. *Introduction to Sociology*, Thomson Wadworth, 2004, p. 182-184.

TISCHLER, Henry L., Philipp WHITTEN et David E.K. HUNTER. *Introduction to Sociology*, Holt Rinehart and Winston, New York, 1983, 641 p.

TOURAINE, Alain. *L'après-socialisme*, Paris, Grasset, 1980, 283 p.

TRAVAIL CANADA. *Le milieu du travail en évolution, les tendances et les répercussions*, Ottawa, 1987, 20 p.

TREMBLAY, Diane-Gabrielle et Daniel VILLENEUVE. *L'aménagement et la réduction du temps de travail: Les enjeux, les approches, les méthodes*, Montréal, Télé-Université/Éditions Albert Saint-Martin, 1998, 362 p.

TREMBLAY, Jacinthe. «Une (grosse) goutte dans l'océan», *La vie en rose*, édition hors série, Les éditions du Remue-Ménage, septembre 2005.

TREVETHAN, Shelley et Christopher J. RASTIN. *Profil de délinquants sous responsabilité fédérale, membres de minorités visibles incarcérés et sous surveillance dans la collectivité*, Direction de la recherche, Service correctionnel du Canada, juin 2004.

TRUDEL, Lina. *La population face aux médias*, Montréal, VLB Éditeur/ICEA, 1992, 223 p.

TURNER, Jonathan H. *Sociology. Concepts and Uses*, New York, McGraw-Hill, 1994, 266 p.

TURENNE, Michèle. *Le profilage racial : Mise en contexte et définition*, Québec, Commission des droits de la personne et des droits de la jeunesse, juin 2005.

VAILLANCOURT, Jean-Guy. « Deux nouveaux mouvements sociaux québécois : Le mouvement pour la paix et le mouvement vert » dans DAIGLE, Gérard et Guy ROCHER, dir., *Le Québec en jeu : Comprendre les grands défis*, Montréal, PUM, 1992, p. 791-807.

VAILLANCOURT, Jean-Guy. « La sociologie de l'environnement : De l'écologie humaine à l'écosociologie » dans GENDRON Corinne et Jean-Guy VAILLANCOURT, dir., *Développement durable et participation publique : De la contestation écologiste aux défis de la gouvernance*, Montréal, PUM, 2003.

VAILLANCOURT, Jean-Guy. « Les Verts du Québec : Un mouvement qui se diffuse dans les divers secteurs institutionnels de la société » dans BOZONET, Jean-Paul et Joël JAKUBEC, dir., *L'écologisme à l'aube du XXIᵉ siècle : De la rupture à la banalisation ?*, Georg éditeur, 2000, p. 99-115.

VAILLANCOURT, Jean-Guy et Steven GUILBEAULT. « Changements climatiques : La complémentarité des scientifiques et des acteurs de la société civile », *L'Autre Forum*, février 2004, p. 27-30.

VALOIS, Jocelyne. *Sociologie de la famille au Québec*, 3ᵉ éd., Montréal, Centre Éducatif et Culturel, 2003.

VAN METER, Karl M., dir. *Encyclopédie Larousse de la sociologie*, Paris, Librairie Larousse, 1992, 831 p.

VANDER ZANDER, James W. *American Minority Relations*, New York, Knopf, 1983.

VEILLETTE, Suzanne, Michel PERRON et Gilles HÉBERT. *Les disparités géographiques et sociales et l'accessibilité au collégial : Étude longitudinale au Saguenay–Lac-Saint-Jean*, Jonquière, Collège de Jonquière, 1993.

WACQUANT, Loïc. « Des ennemis commodes : Étrangers et immigrés dans les prisons d'Europe », *Actes de la recherche en sciences sociales*, nᵒ 129, septembre 1999.

WARIDEL, Laure. *Acheter, c'est voter*, Écosociété, Équiterre, 2005.

WEBER, Max. *Économie et société*, Paris, Plon, 1976.

WEBER, Max. *L'éthique protestante et l'esprit du capitalisme*, Paris, Plon, 1964.

WILLIAMS, Robin M., Jr. *American Society*, 3ᵉ éd., New York, Knopf, 1970.

Index